westermann

Autorinnen und Autoren
Claudia Christ
Waltraud Erndl
Christine Fischer
Kathrin Maier
Michael Pöppl
Jakob Pritscher
Angelika Schrader

Mit Beiträgen von
Ulrike Lohse

Forum

Wirtschaft und Recht

9 I/III

BAYERN REALSCHULE

Die Mediencodes enthalten zusätzliche Unterrichtsmaterialien, die der Verlag in eigener Verantwortung zur Verfügung stellt.

Zu diesem Schülerband ist lieferbar:

Forum 9 I/III Lehrerband, ISBN 978-3-14-116651-4

westermann GRUPPE

Druck A[1] / Jahr 2021
Alle Drucke der Serie A sind inhaltlich unverändert.

Redaktion: Dr. Shida Kiani
Umschlaggestaltung/Layout: LIO Design GmbH, Braunschweig
Druck und Bindung: Westermann Druck GmbH, Braunschweig

ISBN 978-3-14-**116647**-7

Berufliche Orientierung

Wirtschaftliches Handeln in der Sozialen Marktwirtschaft

Verbraucherschutz und verantwortungsbewusstes Verbraucherverhalten

Grundzüge des Rechts

Stühletausch

Vergleich und Vorstellung von Ideen, Materialien, Ergebnissen, gemeinsame Auswertung

1. Jeder Schüler löst die gestellte Aufgabe und legt sein Ergebnisblatt auf seinen Stuhl.
2. Nun sucht sich jeder Schüler einen anderen Stuhl und liest das dort ausgelegte Ergebnis. Dann notiert er eine Rückmeldung.
3. Jeder geht auf seinen Platz zurück und prüft die Rückmeldung zu seiner Lösung.
4. Gemeinsam wird in der Klasse ein auswertendes Gespräch geführt.

Partnerabfrage

Aktivierung und Festigung des Gelernten durch Formulieren und Beantworten von Fragen

1. Findet euch mit einem Partner zusammen.
2. Bearbeitet zunächst die Aufgabe allein.
3. Formuliert ausgehend von eurer Lösung Fragen, die ihr eurem Partner stellen könnt.
4. Fragt euch nun mit euren Fragen gegenseitig ab. Wechselt nach jeder Frage. Der Fragensteller kann Hinweise und Tipps geben.
   Nachdem die Frage beantwortet wurde, liest der Fragensteller seine eigene Lösung vor.

Partnervortrag

Vergleich und Vorstellung von Ideen, Materialien, Ergebnissen

1. Lest die Aufgabenstellung.
   Arbeitet in Einzelarbeit einen Vortrag aus.
2. Setzt euch mit eurem Partner zusammen und einigt euch, wer zuerst der Sprecher und wer der Zuhörer ist.
3. Der Zuhörer hört aufmerksam zu und wiederholt dann, was der Sprecher erzählt hat.
   Der Sprecher achtet darauf, ob sein Vortrag vollständig und richtig wiedergegeben wird.
4. Danach wechselt ihr die Rollen.

Placemat

Zusammenführen von individuellen Gedanken als Gesprächsanlass, um zu einem Gruppenprodukt zu kommen

1. Ein Blatt wird entsprechend der Anzahl an Diskutierenden in gleich große Felder aufgeteilt. In der Mitte bleibt ein Feld für die Ergebnisse frei. Jeder schreibt seine Ergebnisse zum Arbeitsauftrag in ein Außenfeld.
2. Diese Ergebnisse werden in der Gruppe besprochen.
3. In der Mitte wird anschließend das übereinstimmende Arbeitsergebnis notiert.
4. Die Gruppe stellt ihre Ergebnisse vor.

Think-Pair-Share

kooperatives Lernen in einem 3-Schritt-System, Austausch von Ideen und Gedanken

1. Nachdenken:
   Denkt in Einzelarbeit über die Aufgabe nach, löst sie und macht euch Notizen.
2. Austauschen:
   Stellt eure Lösung dem Partner vor, lernt die Lösung des anderen kennen.
3. Stellt eurem Partner Fragen, tauscht euch aus und notiert ein gemeinsames Ergebnis.
4. Vorstellen:
   Stellt die gemeinsame Lösung in der Klasse vor, lernt weitere Lösungen kennen und vergleicht sie wieder mit der eigenen Lösung.

Lerntempoduett/Bushaltestelle

Lernen in individuellem Tempo mit kooperativem Austausch

1. Jeder Schüler bearbeitet die Aufgabe zunächst in Einzelarbeit.
2. Wenn ein Schüler fertig ist, steht er auf und wartet auf den nächsten Schüler, der fertig ist.
3. Beide Schüler vergleichen ihre Ergebnisse. Sie sind nun ein Expertenpaar.
4. Eine Wiederholung dieses Ablaufs mit weiteren Aufgabenstellungen ist möglich.

Zur Durchführung des Lerntempoduetts kann ein fester Treffpunkt im Klassenraum vereinbart und mit einem Schild als Bushaltestelle markiert werden.

Kugellager

Vergleich und Vorstellungen von Ideen, Materialien, Meinungen, Hausaufgaben, Ergebnissen einer Einzelarbeit

1. Teilt euch in zwei Gruppen. Bildet dann einen inneren und einen äußeren Stuhlkreis.
   Jeweils ein Schüler aus dem Innenkreis und sein Gegenüber aus dem Außenkreis bilden Gesprächspartner.
2. Der Schüler aus dem Außenkreis stellt seine Fragen, der Schüler aus dem Innenkreis beantwortet sie.
3. Die Gesprächspartner wechseln, indem der Außenkreis sich einen Platz weiterbewegt.
   Jetzt stellt der Schüler aus dem Innenkreis seine Fragen und der Partner im Außenkreis beantwortet sie.
4. Der Platz- und Rollenwechsel wird zwei- bis dreimal wiederholt.

Fishbowl

Diskussionsform eines Themas in einer Kleingruppe, während eine Großgruppe zuhört und sich beteiligen kann

1. Die Arbeitsgruppe setzt sich in einen inneren Stuhlkreis und diskutiert ein Thema/Problem.
   Ein Stuhl bleibt für einen Gast frei.
2. Die übrigen Schüler sitzen in einem äußeren Stuhlkreis und hören zu. Die Gesprächsgruppe im Innenkreis stellt ihre Arbeitsergebnisse vor.
3. Die Zuhörer im Außenkreis können sich am Gespräch beteiligen. Wer mitdiskutieren möchte, setzt sich als Gast auf den freien Stuhl bei der Arbeitsgruppe und äußert seinen Beitrag.
   Danach verlässt er den Innenkreis und setzt sich wieder auf seinen ursprünglichen Platz.
4. Andere, die nicht mehr mitdiskutieren möchten, können aussteigen und sich ebenfalls in den Außenkreis setzen.
   Zum Abschluss erfolgt eine Reflexion des Gesagten.

Marktplatz

Austausch von Informationen und Meinungen

1. Geht im Raum umher, bis ihr ein Signal von der Lehrkraft bekommt.
2. Bleibt dann stehen und besprecht mit der Person, die euch am nächsten steht, eure Aufgabe.
   Beim nächsten Signal geht ihr wieder weiter.
3. Wenn erneut das Signal erklingt, bleibt ihr wieder stehen und sprecht mit einer Person.

Galeriegang

Präsentation von Gruppenergebnissen

1. Bildet möglichst gleich große Gruppen.
2. Jede Gruppe bearbeitet ein anderes Thema.
3. Anschließend werden die Gruppen neu zusammengesetzt: Aus jeder alten Gruppe wechselt ein Experte in eine neue Gruppe.
4. Die Gruppen wandern von Station zu Station, bei der der jeweilige Experte die Arbeitsergebnisse präsentiert und Fragen beantwortet.

Graffiti

individuelles und kooperatives Lernen, Vorwissen oder bereits Gelerntes sammeln, strukturieren und visualisieren

1. Bildet so viele Gruppen, wie es Aufgaben gibt.
   Jede Gruppe erhält einen Arbeitsauftrag und einen Papierbogen.
2. Jede Gruppe beginnt mit ihrer Aufgabe.
   Jedes Gruppenmitglied schreibt seine Gedanken/Ideen zu der Aufgabe auf und achtet nicht darauf, was die anderen schreiben.
3. Nach einer gewissen Zeit wechselt ihr an einen anderen Gruppentisch und notiert dort eure Ideen.
   Ihr wechselt so lange die Tische, bis ihr wieder an dem eigenen ankommt.
4. Lest alle auf dem Bogen stehenden Ideen, ordnet sie, fasst die Ergebnisse zusammen und stellt sie der Klasse vor.

Liebe Schülerinnen und Schüler,

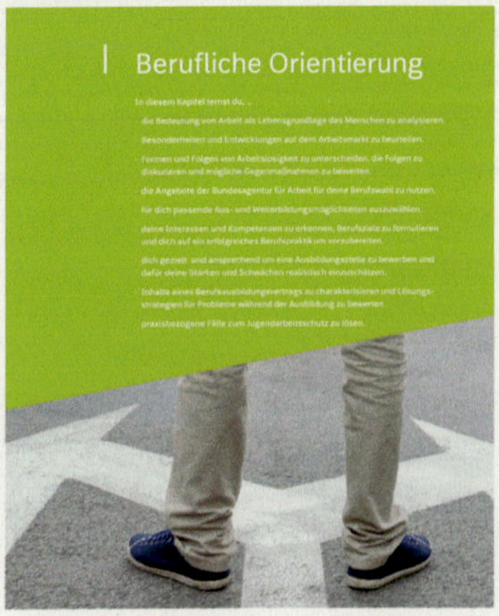

das Buch **„Forum“** begleitet euch durch das Fach Wirtschaft und Recht. Der Buchtitel stützt sich begrifflich auf den zentralen Marktplatz des historischen Römischen Reiches, das Forum Romanum. Hier wurde Politik gemacht, Handel getrieben und es wurden Gesetze erlassen. Nach diesem Vorbild entstand in vielen Städten ein Forum als **Mittelpunkt des wirtschaftlichen und öffentlichen Lebens.** Weil auch euer Buch wirtschaftliche, rechtliche und politische Fragen verbindet, trägt es diesen Namen.

Um euch die Arbeit mit dem Buch zu erleichtern, möchten wir euch die darin verwendeten Symbole kurz erläutern.

Jedes Großkapitel hat eine eigene Farbe und beginnt mit der **Auftaktseite**. Auf dieser erfahrt ihr, welche Kompetenzen und Inhalte ihr erlernen werdet.

Die Sozialversicherungen basieren auf dem **Solidarprinzip.**

In jedem Kapitel werden euch in den **Autorentexten** die wesentlichen Inhalte des jeweiligen Themas erklärt. Wichtige Begriffe sind fett hervorgehoben.

§ 1 BGB

Gesetzestexte sind an dem grauen Hintergrund zu erkennen.

M1

Anhand der **Materialien** mit Fallbeispielen, Bildern oder Grafiken erarbeitet ihr wirtschaftliche und rechtliche Fragestellungen. Soweit keine andere Quelle genannt ist, handelt es sich um Autorentexte. Der **durchgestrichene Stift** neben einigen Materialien soll daran erinnern, dass ihr nicht ins Buch schreiben dürft.

AUFGABEN

Die **Aufgaben** leiten euch bei der Auswertung der Materialien sowie der erklärenden Autorentexte an.

Galeriegang

Für manche Aufgaben wird vorgeschlagen, sie in **Gruppenarbeit** zu bearbeiten. Die verschiedenen kooperativen Lernformen sind auf S. 6/7 erläutert.

Zu den Aufgaben mit dem **Glühlampensymbol** findet ihr Hilfestellungen im Anhang auf S. 247 bis 249.

INFO

In den **Infokästen** am Rand erhaltet ihr zusätzliche Informationen und Begriffserklärungen.

WEBCODE

Seht ihr dieses Symbol, könnt ihr kurze Erklärfilme zum jeweiligen Thema oder hilfreiche Links im Internet abrufen. Gebt dazu den **Webcode** unter der Adresse *www.westermann.de/webcode* ein.

Bei diesen Seiten/Aufgaben übt ihr den bewussten Umgang mit Medien ein.

Methode

Auf den **Methodenseiten** lernt ihr wichtige Methoden aus den Bereichen Wirtschaft und Recht kennen und wendet sie an einem Beispiel an.

Lernaufgabe

Am Ende jedes Großkapitels wird euch eine **Lernaufgabe** gestellt, bei der ihr eure Kompetenzen an einem ausführlichen Beispiel anwenden könnt. Dabei sollt ihr in Einzel- und Gruppenarbeit möglichst selbstständig arbeiten.

Zusammenfassung

Jedes Großkapitel schließt mit einer **Zusammenfassung**. Sie erklärt noch einmal wichtige Fachbegriffe und stellt die Zusammenhänge grafisch dar.

I Berufliche Orientierung

In diesem Kapitel lernst du, ...

- die Bedeutung von Arbeit als Lebensgrundlage des Menschen zu analysieren.
- Besonderheiten und Entwicklungen auf dem Arbeitsmarkt zu beurteilen.
- Formen und Folgen von Arbeitslosigkeit zu unterscheiden, die Folgen zu diskutieren und mögliche Gegenmaßnahmen zu bewerten.
- die Angebote der Bundesagentur für Arbeit für deine Berufswahl zu nutzen.
- für dich passende Aus- und Weiterbildungsmöglichkeiten auszuwählen.
- deine Interessen und Kompetenzen zu erkennen, Berufsziele zu formulieren und dich auf ein erfolgreiches Berufspraktikum vorzubereiten.
- dich gezielt und ansprechend um eine Ausbildungsstelle zu bewerben und dafür deine Stärken und Schwächen realistisch einzuschätzen.
- Inhalte eines Berufsausbildungsvertrags zu charakterisieren und Lösungsstrategien für Probleme während der Ausbildung zu bewerten.
- praxisbezogene Fälle zum Jugendarbeitsschutz zu lösen.

1 Arbeit und Arbeitsmarkt

1.1 Arbeit als Lebensgrundlage des Menschen

INFO

Der **Begriff Arbeit** kommt vom mittelhochdeutschen *arebeit* und bedeutet Beschwernis, Leiden, Mühsal.

Arbeit kann verschiedene Bedeutungen haben. Sie kann eine Tätigkeit sein, mit der man gezielt etwas Bestimmtes erreichen möchte. Es kann sich aber auch um eine Tätigkeit handeln, mit der man seinen Lebensunterhalt erzielt. Oder aber Arbeit ist ein anderes Wort für einen Test in der Schule.

Du lernst den Begriff Arbeit auch in Physik (Mechanik) in der Jahrgangsstufe 9 kennen: Arbeit = übertragene Energie.

Arbeit im wirtschaftlichen Sinne

Sieh dir folgende Bilder an.

Alle Personen auf den Bildern arbeiten. Allerdings erzielen sie mit dem Einsatz ihrer geistigen und körperlichen Tätigkeit kein Einkommen. Sie gehen also keiner Arbeit im wirtschaftlichen Sinne nach.

Wir befassen uns hier aber nur mit dem **Arbeitsbegriff im wirtschaftlichen Sinne**. Darunter verstehen wir Arbeit, die bezahlt wird, für die man also ein **Einkommen bzw. Entgelt** erhält (Erwerbstätigkeit).

Arbeit

Arbeit im wirtschaftlichen Sinne zum Zweck des Gelderwerbs

sonstige Arbeit, z. B. Haus- oder Gartenarbeit, Schulaufgaben, ehrenamtliche Tätigkeit usw.

M1 Arbeit oder nicht?

Methode

Wochenübersicht: Wann arbeite ich?

Erstelle eine Wochenübersicht, in die du deine Tätigkeiten der kommenden Woche einträgst. Markiere farbig, was Arbeit im wirtschaftlichen Sinne (rot) und was sonstige Arbeit (blau) sowie was Freizeit (grün) ist. Folgende Übersicht kann dir als Muster dienen:

	Mo	Di	Mi	Do	Fr	Sa	So
14 Uhr	Haus-aufgabe		Haus-aufgabe		Haus-aufgabe		Oma
15 Uhr				Haus-aufgabe	Haus-aufgabe		Oma
16 Uhr	zu Jessie	Lernen Schul-aufgabe	Fußball-training	Zahn-arzt	Zeitung aus-tragen	Fußball-spiel	
17 Uhr	zu Jessie		Fußball-training	Zahn-arzt		Fußball-spiel	Haus-aufgabe
18 Uhr			Haus-aufgabe	Lernen SA	Kino		

AUFGABEN

1. *Think-Pair-Share:* Entscheide und begründe jeweils, welche Tätigkeiten in M1 Arbeit im wirtschaftlichen Sinne und welche nur ein Zeitvertreib sind. Diskutiert die Ergebnisse in der Klasse.
2. Stelle mithilfe der obigen *Methode* fest, welche Tätigkeiten du selbst im Alltag verrichtest. Handelt es sich dabei um Arbeit im wirtschaftlichen Sinne? Begründe deine Aussage im Zweiergespräch.

Arten der Arbeit

In unserem **arbeitsteilig organisierten Wirtschaftsleben** werden viele verschiedene Aufgaben und Tätigkeiten verrichtet, aus denen sich zahlreiche **unterschiedliche Berufe** gebildet haben.

Diese Berufe werden immer **spezialisierter** und allein an der Berufsbezeichnung ist nicht immer erkennbar, welche Tätigkeiten jemand ausübt. So kann z. B. ein Bäcker Brote und Semmeln in seiner eigenen Bäckerei herstellen oder aber in der Fabrik als Bäcker am Fließband stehen oder aber im Partyservice belegte Brötchen zubereiten. Allerdings wurden manche Berufsbezeichnungen genau angepasst und präzisiert, wie z. B. Kauffrau/-mann für Gesundheitswesen oder für Verkehrsservice oder für Büromanagement.

Man unterscheidet deshalb Arbeit nach unterschiedlichen Gesichtspunkten.

Beispiel für geistige Tätigkeiten: Richter

Unterscheidung nach der Art der beanspruchten Kräfte:

- **Geistige Tätigkeiten:**

Hierunter sind in erster Linie Denkaufgaben zu verstehen, wie z. B. die Erstellung von Präsentationen, Erarbeitung von Konzepten, Betreuung von Kunden, Erstellung von Angeboten. Typische Berufsgruppen sind Sekretäre, Lehrkräfte, Richter oder Rechtsanwälte.

- **Körperliche Tätigkeiten:**

Man denkt hier sicher zuerst an Handwerksberufe (wie z. B. Schreiner, Elektriker oder Maurer), die Kraft, Ausdauer und einen besonderen physischen Einsatz erfordern. Aufgrund der Technisierung und Digitalisierung haben diese Berufe aber auch zunehmend komplexere geistige Ansprüche.

Eine Einteilung in rein geistige oder körperliche Tätigkeiten ist heute kaum mehr möglich.

Beispiel für körperliche Tätigkeiten: Schreiner

Unterscheidung nach dem Umfang der Verantwortung:

- **Leitende (distributive) Tätigkeiten:**

Jemand, der in seinem Beruf Führungsaufgaben übernimmt und Weisungen an Mitarbeiter gibt, hat leitende Aufgaben. Ein Maurermeister, der in seinem eigenen Betrieb Gesellen beschäftigt, muss vielleicht selbst weniger körperlich arbeiten, jedoch trägt er die Verantwortung für die Entscheidungen, die er fällt.

- **Ausführende (exekutive) Tätigkeiten:**

Diese Arbeitnehmer führen ihre Tätigkeit in der Regel nach Anweisungen aus. Ihr eigener Verantwortungsbereich ist dadurch sehr eingeschränkt.

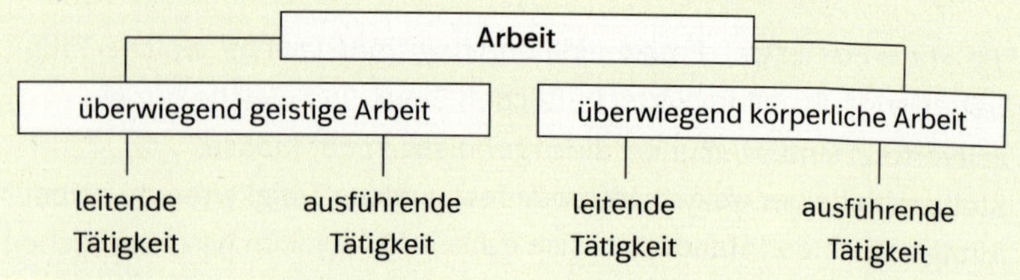

M2 Welche Art von Arbeit ist das?

M3 Ausbildungsberufe in Deutschland

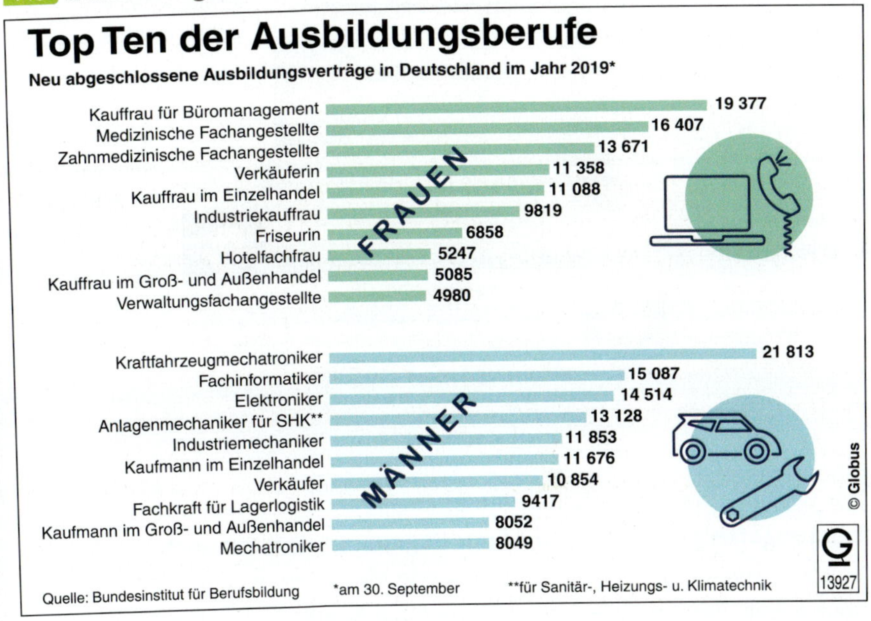

AUFGABEN

1. Ordne die Bilder in M2 den Arten der Arbeit auf S. 12 zu.
2. Schätze ein, warum es so viele ähnliche Berufsbezeichnungen gibt (M3).
3. Recherchiere im Internet (*Methode* auf S. 121) und erstelle ein Tätigkeitsprofil zum Beruf des Architekten und zum Beruf Fachinformatiker/in – Systemintegration.
4. Recherchiere (*Methode* auf S. 121), welche Spezialisierungen es im Bereich des Elektronikers gibt. Begründe, warum das wohl so ist.
5. Recherchiere im Internet (*Methode* auf S. 121), wie viele Berufe es derzeit im Handwerk gibt.

Motive zur Arbeit

Die Erwerbstätigkeit nimmt im Leben eines jeden Menschen einen zentralen Platz ein. Sie dient nicht nur zur Sicherung des Lebensunterhalts, sondern bedeutet für die meisten noch mehr, denn die Menschen haben die unterschiedlichsten **Motive**, um zu arbeiten. (Beachte dazu die Pyramide in M4.)

Obwohl die meisten Menschen die Notwendigkeit einer fast lebenslangen Arbeit und Berufstätigkeit akzeptieren, ist die **Einstellung zu ihrer Tätigkeit** sehr unterschiedlich.

INFO

Die Pyramide ist angelehnt an die **Bedürfnispyramide nach Abraham Maslow** (siehe Kapitel II.1.1, S. 77, M2).

M4 Bedeutung der Arbeit

Wir wissen, dass die Arbeitsleistung eines Menschen nicht nur von seiner **Leistungsfähigkeit**, wie z. B. seiner Begabung, sondern auch von seinem **Leistungswillen** abhängt. Hochmotivierte Menschen leisten gute und wertvolle Arbeit. Fast immer erhalten sie dadurch **Anerkennung**, die sie wiederum mit Zufriedenheit erfüllt. Je niedriger andererseits die Motivation zur Arbeit und je mehr sie nur als notwendiges Übel gesehen wird, um den Lebensunterhalt zu finanzieren, umso geringer werden der Arbeitserfolg und die erbrachte Leistung sein. Umgekehrt kann aber auch eine Tätigkeit selbst unbefriedigend und wenig motivierend sein. Viele empfinden Fließbandarbeit oder Arbeiten im Schichtbetrieb als belastend und wenig erfüllend.

Work-Life-Balance?

Ein weiteres Phänomen spielt in der Arbeitswelt von heute eine wichtige Rolle: **„Work-Life-Balance“**. „Work“ steht für die Erwerbstätigkeit und „Life“ für das Privatleben und die Freizeit mit Familie und Freunden. Viele Arbeitnehmer legen großen Wert darauf, dass beides ausgewogen ist (siehe M6).

M5 Aspekte der Arbeit

Aus: Bedeutung der Arbeit. Ein Kooperationsprojekt von GfK Verein und Bertelsmann Stiftung, www.bertelsmann-stiftung.de/fileadmin/files/user_upload/Bedeutung_der_Arbeit_final_151002_korr.pdf, 2015 (Zugriff: 23.4.2020), S. 14

M6 Work-Life-Balance

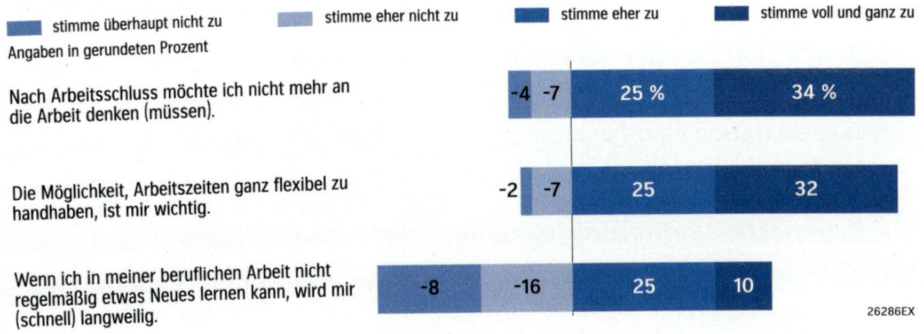

Aus: Bedeutung der Arbeit (siehe M5), S. 15 (Ausschnitt)

AUFGABEN

1. Beschreibe M4 und schätze ein, welche Motivation zur Arbeit bei folgenden Personen überwiegen wird:
   a) Der junge Familienvater Bernd K. arbeitet bei einem Autohersteller am Fließband.
   b) Leila W. ist Grundschullehrerin.
   c) Ines Z. arbeitet in einer Werbeagentur als Fotografin.
2. M5 zeigt, welche Aspekte den Arbeitnehmern wichtig sind. Lege für dich selbst die drei wichtigsten Beweggründe für Arbeit fest und begründe deine Auswahl.
3. Beantworte für dich folgende Frage: Arbeitest du, um zu leben, oder lebst du, um zu arbeiten?
4. Nenne Beispiele für ein mögliches Engagement der Unternehmen für den Umweltschutz und für Soziales (M5).
5. Begründe, warum Weiterbildungsmöglichkeiten für viele Arbeitnehmer eine große Rolle spielen (M5).
6. Widersprechen sich die drei Aussagen in M6? Diskutiert eure Meinung in der Klasse.

Rechtliche Grundlagen der Arbeit

Hoheitszeichen der Bundesrepublik Deutschland

Grundgesetz

Im **Grundgesetz** für die Bundesrepublik Deutschland ist die **freie Berufswahl** als Grundrecht gewürdigt.

> **Grundgesetz der Bundesrepublik Deutschland**
>
> **Art. 12**
>
> Die Deutschen haben das Recht, Beruf, Arbeitsplatz und Ausbildungsstätte frei zu wählen. Die Berufsausübung kann durch Gesetz oder aufgrund eines Gesetzes geregelt werden.

Jeder deutsche Staatsbürger darf seinen Beruf, den er ausüben möchte, frei wählen. Allerdings kann es sein, dass es gesetzliche Regeln bei der Ausübung des Berufs gibt.

Ein Arzt z. B., der eine Praxis eröffnen möchte, muss seine Niederlassung beantragen. Ein Händler muss das Ladenschlussgesetz beachten, genauso wie ein Metzger das Tierschutzgesetz. Bankkaufleute und Lehrkräfte beispielsweise haben eine besondere Verschwiegenheitspflicht.

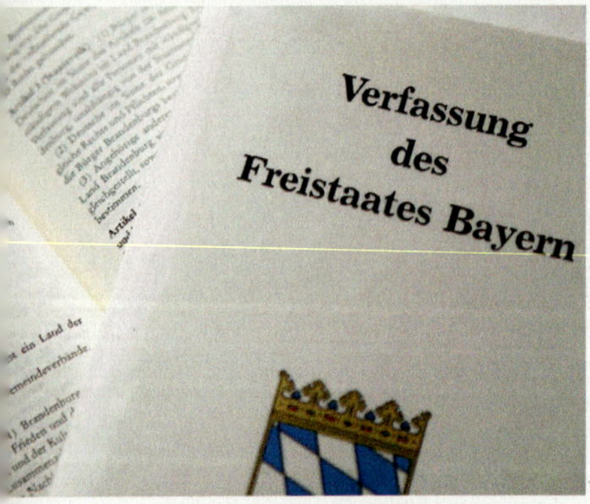

Bayerische Verfassung

Die **Bayerische Verfassung** behandelt die Arbeit in zwölf Artikeln (Art. 166 – 177) und hat sie unter den menschlichen Grundrechten als **schutzwürdig** herausgestellt.

> **Verfassung des Freistaates Bayern**
>
> **Art. 166**
>
> (1) Die Arbeit ist die Quelle des Volkswohlstandes und steht unter dem besonderen Schutz des Staates.
>
> (2) Jedermann hat das Recht, sich durch Arbeit eine auskömmliche Existenz zu schaffen.
>
> (3) Er hat das Recht und die Pflicht, eine seinen Anlagen und seiner Ausbildung entsprechende Arbeit im Dienste der Allgemeinheit nach näherer Bestimmung der Gesetze zu wählen.
>
> **Art. 167**
>
> (1) Die menschliche Arbeit ist als wertvollstes wirtschaftliches Gut eines Volkes gegen Ausbeutung, Betriebsgefahren und sonstige gesundheitliche Schädigungen geschützt.

Der Gesetzgeber hat durch die Verfassung den Auftrag, besondere Schutzbestimmungen zu erlassen, z. B. Arbeitszeitregelungen, Kündigungsschutz, Unfallschutz, Lärmschutz.

Allgemeine Erklärung der Menschenrechte

Auch in der **Allgemeinen Erklärung der Menschenrechte** durch die Vereinten Nationen findet die Arbeit besondere Würdigung.

> **Allgemeine Erklärung der Menschenrechte**
>
> **Art. 23**
>
> (1) Jeder Mensch hat das Recht auf Arbeit, auf freie Berufswahl, auf angemessene befriedigende Arbeitsbedingungen sowie auf Schutz gegen Arbeitslosigkeit.

M7 Recht auf Arbeit?

a) Samuel, der rot-grün-blind ist, möchte unbedingt Elektriker werden. Hat er ein Anrecht darauf?

b) Anna-Tara möchte gerne im Betrieb am Ort eine Ausbildung zur Lacklaborantin machen. Allerdings hat der Betrieb derzeit keinen Bedarf. Hat sie ein Anrecht auf einen Ausbildungsplatz dort?

c) Herr Kuhn ist arbeitslos geworden. Hat er ein Recht darauf, einen neuen Arbeitsplatz zu bekommen?

AUFGABEN

1. *Placemat:* Begründe, weshalb das Thema Arbeit wohl in diesen wesentlichen Gesetzestexten verankert ist.
2. Erläutere, was unter dem Art. 166 Abs. 1 Bayerische Verfassung zu verstehen ist.
3. Löse die Fälle in M7 mithilfe der Gesetzestexte.
4. Recherchiere (*Methode* auf S. 121), was die Vereinten Nationen sind, die die Allgemeine Erklärung der Menschenrechte verfasst haben.

1.2 Der Arbeitsmarkt

Allgemeine Grundlagen

Wie auf einem Gütermarkt treffen auch auf dem Arbeitsmarkt **Angebot und Nachfrage** aufeinander. Die erwerbsfähige Bevölkerung stellt ihr Arbeitskräftepotenzial zur Verfügung. Diesem Angebot an Arbeit steht auf der anderen Seite eine Nachfrage der Unternehmen und Behörden nach Arbeitskräften gegenüber.

Die **gesamte Arbeitsnachfrage** bzw. das **gesamte Arbeitsangebot (Arbeitsvolumen)** kann man messen: Dazu muss die durchschnittliche Arbeitszeit eines jeden Erwerbstätigen berücksichtigt werden. Ändert sich also die Zahl der Erwerbsfähigen oder die Arbeitszeit, dann beeinflusst dies das Arbeitsvolumen.

Der Arbeitsmarkt – kein Markt im herkömmlichen Sinn

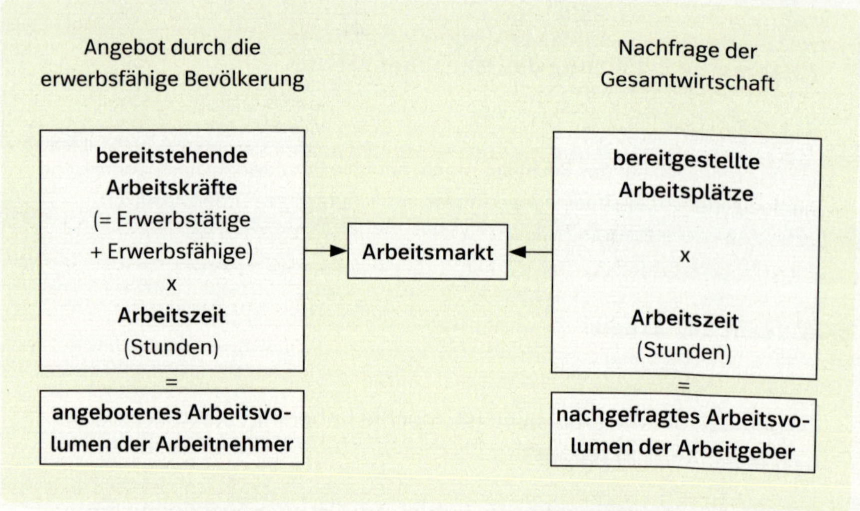

INFO

Mit der Bedeutung der Arbeit hast du auf S. 14/15 bereits gelernt, dass Menschen **unterschiedliche Beweggründe zur Arbeit** haben.

Obwohl es sich streng genommen um einen Markt handelt, so ist der Arbeitsmarkt doch ein besonderer. Die **Arbeitskräfte** sind nämlich **keine Ware**, kein Produkt, das produziert wird, um möglichst teuer verkauft zu werden.

Vielmehr sind sie **Individuen**, die unter menschenwürdigen Bedingungen arbeiten (Art. 1 GG) und ein angemessenes Entgelt für ihre Leistung erhalten möchten. Denn damit können sie ihre Ziele umsetzen, für die sie arbeiten. Zudem gibt es in Deutschland ein **soziales System**, das mit der Arbeitskraft und dem damit erwirtschafteten Vermögen finanziert wird und das die Arbeitnehmer gegen Krankheit, Arbeitsunfälle und Arbeitslosigkeit absichert.

AUFGABEN

1. Bestimme, wer auf dem Arbeitsmarkt die Nachfrage und wer das Angebot bildet.
2. *Partnerabfrage:* Begründe, inwiefern der Arbeitsmarkt kein Markt im herkömmlichen Sinn ist.

Entwicklungen auf dem Arbeitsmarkt

Demografischer Wandel

Die Bevölkerungszahl in Deutschland schrumpft. Die Altersstruktur wird sich weiter erheblich ändern. Es gibt immer mehr ältere Menschen. Auch eine verstärkte Zuwanderung wird dieses Defizit kaum schließen können. Zudem gehen mehr Kinder auf weiterführende Schulen und beginnen daher, später zu arbeiten. Die Zahl der Erwerbsfähigen wird also insgesamt weniger.

INFO

Personen, die dem Arbeitsmarkt nicht zur Verfügung stehen, wie Schülerinnen und Schüler, Hausfrauen und -männer oder Rentnerinnen und Rentner, werden als **Nichterwerbspersonen** bezeichnet.

M1 Demografischer Wandel

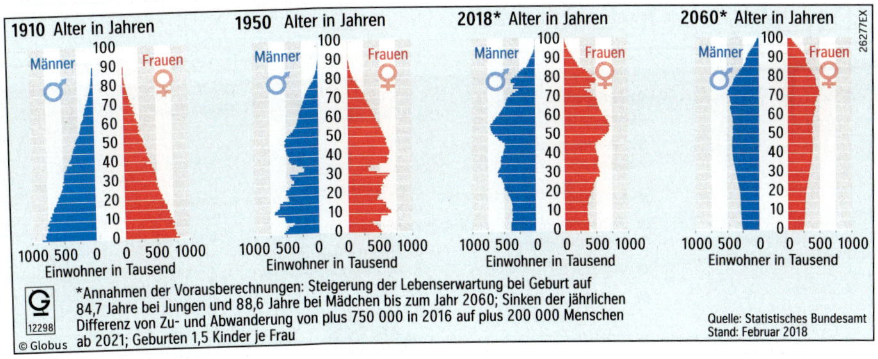

WEBCODE

WES-116647-111
Film: Einfach erklärt: Demografischer Wandel

WES-116647-112
Film: Einfach erklärt: Strukturwandel

Wandel in der Arbeitswelt

Im Jahr 1950 waren noch 25 Prozent der Erwerbstätigen in der Landwirtschaft tätig. Heute sind es unter 1 Prozent. Es gibt also eine enorme **Verschiebung der Erwerbstätigen in den Wirtschaftssektoren**. Besonders die Dienstleister, und hier die IT- und die Gesundheitsbranche, werden in den kommenden Jahren weiter zunehmen.

M2 Verschiebungen auf dem Arbeitsmarkt

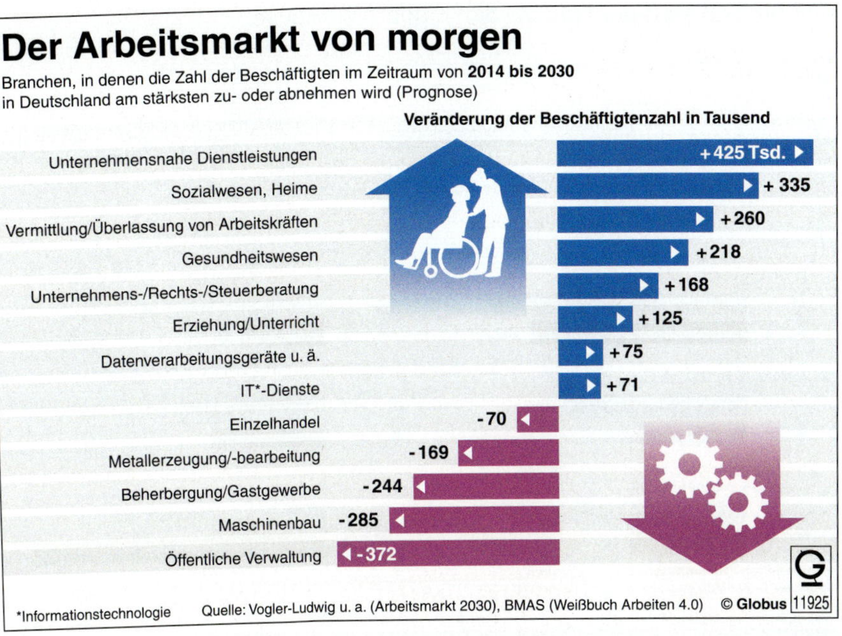

INFO

In der Volkwirtschaft werden klassischerweise drei Produktionsbereiche, die sogenannten **Wirtschaftssektoren**, unterschieden:

- **primärer Sektor:** sogenannte Urproduktion, z. B. Land- und Forstwirtschaft, Bergbau, Viehzucht, Jagd, Fischfang,
- **sekundärer Sektor:** Industrie und Gewerbe,
- **tertiärer Sektor:** Dienstleistungen und Verwaltung.

Heute wird in Bezug auf Dienstleistungen z. T. noch der **quartäre Sektor** unterschieden, in den alle Berufe fallen, die sich mit der Sammlung und Verarbeitung von Informationen befassen, z. B. Rechts- oder Wirtschaftsberater.

WEBCODE

WES-116647-113
Film: Einfach erklärt:
Digitalisierung der Arbeitswelt

Industrie 4.0

Diese Entwicklungen gehen noch weiter. Die **Digitalisierung** hat die Produktionsprozesse grundlegend verändert und völlig neue Berufsfelder geschaffen. Mit der **Industrie 4.0** ist es Computern in Netzwerken möglich, miteinander zu agieren und selbstständig zu handeln („Internet der Dinge"). **Künstliche Intelligenz** (KI) bedeutet, dass IT-Systeme selbstständig lernen. Algorithmen sind die Grundlage und erlauben Unternehmen eine passgenaue Planung.

M3 Industrie 4.0

Veränderungen in der Familienstruktur

Anders als noch vor einigen Jahrzehnten hat sich die **typische Rollenverteilung** von früher **gewandelt**. Die Frau blieb damals meistens bei den Kindern zu Hause und nur der Mann ging arbeiten. Heute nehmen sich viele Männer eine Auszeit vom Beruf (Elternzeit) für die Familie oder tauschen die Rollen und bleiben statt der Frau bei den Kindern zu Hause.

INFO

real
tatsächlich gegeben

ideal
hier: gewünscht, optimal, nicht besser vorstellbar

M4 Familie und Beruf

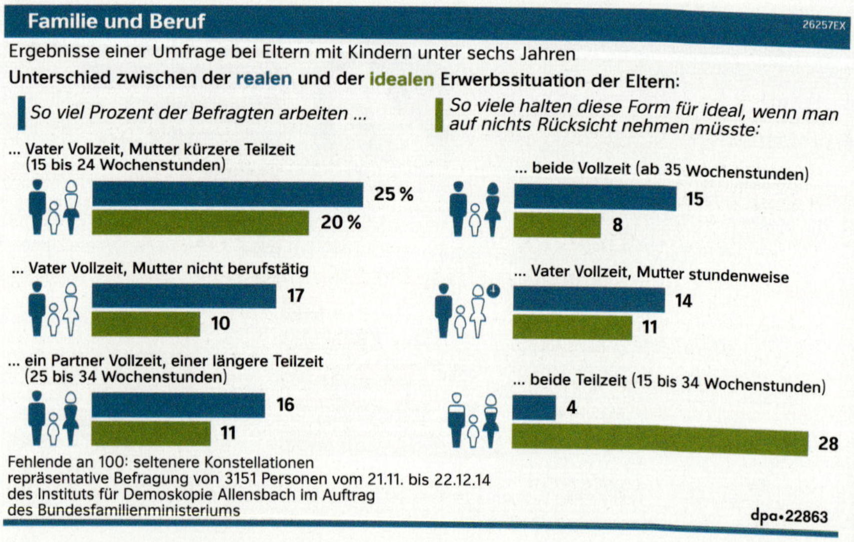

Neue Arbeitsformen

Zudem halten neue Arbeitsformen in Unternehmen Einzug:

- **Job-Sharing:** Zwei oder mehr Arbeitnehmer teilen sich mindestens eine Vollzeitstelle. Dieses System ähnelt der Teilzeitarbeit, allerdings stimmen sich die Mitarbeiter sehr stark untereinander ab. Der Arbeitsplatz ist so belegt, dass zu den Geschäftszeiten immer einer der Mitarbeiter anwesend ist, auch im Krankheitsfall.
- **Desk-Sharing:** Es gibt keine festen Arbeitsplätze mehr im Büro. Jeder kann sich täglich beliebig einen Platz wählen, denn nicht jeder arbeitet zur gleichen Zeit. Man braucht also weniger Arbeitsplätze.
- **Homeoffice:** Manche Arbeitgeber ermöglichen es den Arbeitnehmern, von zu Hause aus zu arbeiten. Damit lassen sich insbesondere Familienplanung und Arbeit leichter vereinbaren. Allerdings birgt dies auch Nachteile, z. B. eine weniger klare Trennung von Arbeit und Freizeit.
- **Bring your own device (BYOD):** Jeder kann sich mit seinem privaten Endgerät in die IT-Firmenstruktur einloggen und gemeinsame Datenbereiche nutzen. Das spart enorme Anschaffungs- und Wartungskosten.
- **Crowdsourcing:** Arbeitsaufträge werden z. B. über das Internet an die Öffentlichkeit („crowd" = Masse) gegeben, die dann freiwillig ihre Ideen und Vorschläge einbringt.

Job-Sharing

Homeoffice

Durch die Möglichkeiten, die **digitale Medien** bieten, könnten Arbeitnehmer grundsätzlich immer und überall arbeiten. Einzig der Bereich der Produktion und Fertigung ist noch an das Unternehmen gebunden. Vor allem **Start-up-Unternehmen** (siehe die Grafik auf S. 22) profitieren von immer neuen Formen der Umsetzung ihrer Geschäftsideen, die innovativ, neuartig und gewinnversprechend sind. Grundvoraussetzung für ein Funktionieren moderner Arbeitsformen ist ein gewisses Vertrauen und die Schaffung von Freiräumen.

Besondere Beschäftigungsformen

- **Teilzeitbeschäftigung:** Als teilzeitbeschäftigt gelten Arbeitnehmer, deren regelmäßige Wochenarbeitszeit geringer ist als die im Betrieb übliche Arbeitszeit für Vollzeitkräfte (z. B. 22 statt 38,5 Stunden).
- **Geringfügige Beschäftigung**, sogenannte **Minijobs**: Nicht die Zeit ist hier begrenzt, sondern das Einkommen. Allerdings müssen die in einer Branche geltenden Mindestlöhne eingehalten werden.
- **Befristete Beschäftigung:** Arbeitnehmer werden für eine bestimmte Dauer, z. B. ein Jahr, eingestellt.
- **Leiharbeit, Zeitarbeit:** Eine Leiharbeiterfirma beschäftigt Arbeitnehmer und verteilt sie auf dem Arbeitsmarkt je nach Bedarf.
- **Sabbatical:** Arbeitnehmer sammeln Zeit auf einem Arbeitszeitkonto an und können dann für eine gewisse Zeit in Urlaub gehen, meistens ein Jahr. Sie bleiben Beschäftigte des Unternehmens.

Sabbatical

Diese Beschäftigungsformen nehmen zu, da sie sowohl für Arbeitgeber als auch für Arbeitnehmer hohe Flexibilität in einer schnelllebigen Zeit ermöglichen.

WEBCODE

WES-116647-114
Film: Einfach erklärt:
Arbeitsverhältnisse

Infografiken auswerten

Eine Infografik ist eine bildliche Zusammenfassung von Daten und Inhalten, um diese übersichtlich darzustellen. Es können dabei sehr viele Informationen verarbeitet werden, ohne dass es chaotisch oder unklar wirkt.

Vorgehensweise bei der Auswertung

1. Stelle dir folgende grundlegenden Fragen zu der Infografik:
- Was ist das Thema? Wie lautet der Titel?
- Was wird genau dargestellt (z. B. Zeitraum, Prozentwerte/absolute Zahlen, bestimmte Bevölkerungsgruppen)? In welcher grafischen Form?
- Wann und wo ist die Grafik erschienen? Wer ist Herausgeber (derjenige, der die Daten verarbeitet hat)? Aus welcher Quelle stammen die Daten? Ist sie zuverlässig? Recherchiere ggf. dazu im Internet.

2. Finde heraus, welche Daten für deine Fragestellung wichtig sind:
- Ist eine zeitliche Entwicklung/Veränderung zu erkennen?
- Werden verschiedene Inhalte miteinander verglichen?
- Gibt es auffällige Höchst- oder Tiefstwerte?

3. Werte die Daten aus:
- Welche Schlussfolgerung kann man ziehen?
- Gibt es Regelmäßigkeiten oder Zusammenhänge?

Beispiel zur Auswertung

Worum geht es in dieser Grafik?
Es geht um Investitionen in europäische Start-ups (**Thema**) im Jahr 2015 (**Zeitraum**) in Euro (**absolute Zahlen**).

Was sind Start-up-Unternehmen?
Beachte die **Definition in der Grafik**.

Was könnte sich hinter dem Begriff Konsumentendienstleistungen/Onlinehandel verbergen?
Recherchiere zu **Begriffen**, die dir unklar sind, und finde Erklärungen oder Beispiele, hier: Lieferdienste, Onlinehändler und Shoppingclubs.

In welchen drei europäischen Städten wurde am meisten in Start-ups investiert? Warum ist das wohl so?
Ziehe **Schlussfolgerungen** aus den Ergebnissen.

grafische Form:
Blasendiagramm

Achtung:
in **Mio. €**

grafische Form:
Balkendiagramm

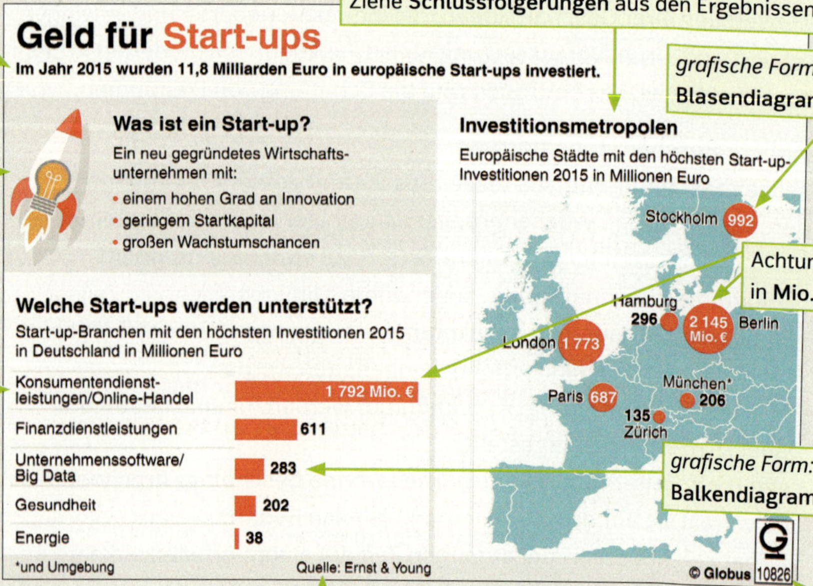

Welches ist die Quelle der Daten? Ist die Quelle seriös?
Quelle ist die Ernst & Young GmbH Wirtschaftsprüfungsgesellschaft, die in den Bereichen Wirtschaftsprüfung, Steuerberatung, Transaktionsberatung und Managementberatung tätig ist.

Wer ist Herausgeber? Ist der Herausgeber seriös?
Globus-Grafiken werden von der Deutschen Pressagentur (dpa) **herausgegeben** und können als seriös gelten.

M5 **Leiharbeit in Deutschland**

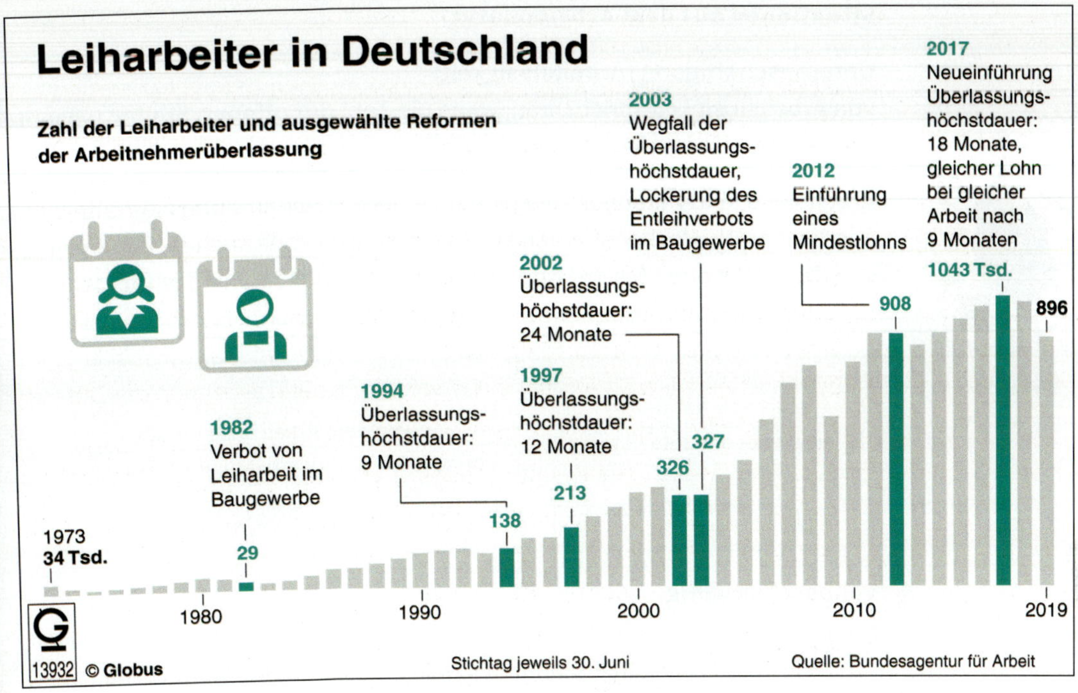

AUFGABEN

1. Betrachte die Grafik M1 (S. 19) und erkläre,
   a) warum es in dem Baum von 1950 einen Knick gibt.
   b) warum der Baum von 2060 so anders als der von 1910 aussieht.
2. Begründe, in welchen Branchen von M2 (S. 19) es die nächsten Jahre die stärksten Verschiebungen geben wird.
3. Stelle mithilfe von M3 (S. 20) heraus,
   a) welches die vier Stufen der industriellen Revolution sind.
   b) was das Besondere an Industrie 4.0 ist.
4. Begründe, welches Modell aus M4 (S. 20) du selbst bevorzugen würdest.
5. Diskutiert, welche Vor- und Nachteile Homeoffice mit sich bringen kann.
6. *Marktplatz:* Begründe, welche der unterschiedlichen Arbeitsformen (S. 21) für dich persönlich vorstellbar wäre.
7. Analysiere M5 mithilfe der *Methode* Infografiken auswerten auf S. 22. Beziehe dabei die folgenden Aspekte ein:
   a) Formuliere, wie sich die Zahl der Leiharbeiter verändert hat, und nenne Gründe für diese Veränderungen.
   b) Beschreibe die Auswirkungen der gesetzlichen Regelungen zu Ausleihverboten (1982) und der Einführung des Mindestlohns (2012) und bewerte diese Entwicklungen.
8. Berechne, um wie viel Prozent die Anzahl der Leiharbeitsverträge 2017 im Vergleich zum Jahr 2002 angestiegen ist (M5).
9. Reflektiere die Auswirkungen von Leiharbeit (M5) auf
   a) die Betroffenen, b) andere Arbeitnehmer, c) Unternehmen.

1.3 Arbeitslosigkeit

Situationen auf dem Arbeitsmarkt

Zeichnung: Gerhard Mester

Unterbeschäftigung (Arbeitslosigkeit)
Von Arbeitslosigkeit spricht man, wenn die **Zahl der offenen Stellen** wesentlich geringer ist als die **Zahl der Arbeitsuchenden.**

Arbeitslose sind Personen, die nicht in einem Beschäftigungsverhältnis mit mindestens 15 Wochenstunden stehen und nach Arbeit suchen. Zudem müssen diese Personen bei der Agentur für Arbeit arbeitsuchend gemeldet sein. Schüler, Studenten oder Rentner gelten demnach nicht als Arbeitslose.

$$\textbf{Arbeitslosenquote}\ (\%) = \frac{\text{gemeldete Arbeitslose} \cdot 100}{\text{Erwerbspersonen (Erwerbstätige + Arbeitslose)}}$$

Vollbeschäftigung
Die Zahl der Arbeitsuchenden entspricht in etwa der Zahl der offenen Stellen, d. h., alle arbeitswilligen Arbeitnehmer können einen zumutbaren Arbeitsplatz finden. Der Beschäftigungsgrad ist also sehr hoch. Weil es immer Personen gibt, die gerade auf der Suche nach einem Arbeitsplatz sind, gilt bereits eine Arbeitslosigkeit von zwei Prozent als Vollbeschäftigung.

Überbeschäftigung
Die Zahl der Arbeitsuchenden ist geringer als die Zahl der offenen Stellen. In den 1950/60er-Jahren lag die Arbeitslosenquote zeitweise unter ein Prozent. 1964 gab es z. B. 100.000 Arbeitslose, aber gleichzeitig 700.000 offene Stellen.

Diese drei Situationen auf dem Arbeitsmarkt lassen sich auch in Form eines **Preis-Mengen-Diagramms** darstellen, das dir auch im Zusammenhang mit der Preisbildung auf dem Markt wieder begegnen wird (siehe S. 84/85).

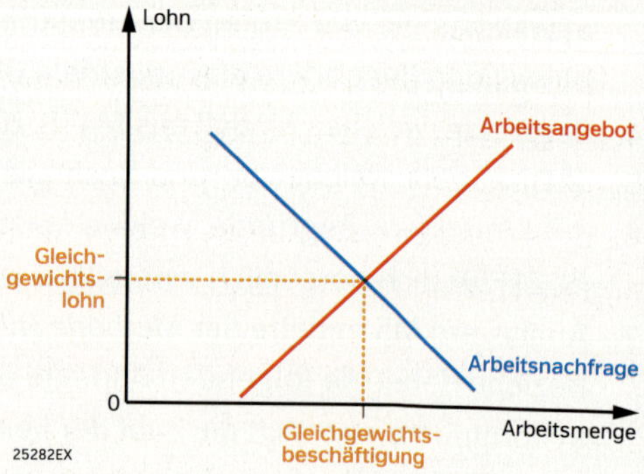

AUFGABEN

1. Partnervortrag: Erkläre in eigenen Worten die drei möglichen Situationen auf dem Arbeitsmarkt. Nutze dafür das Preis-Mengen-Diagramm.
2. Ordne ein, in welcher Situation sich der deutsche Arbeitsmarkt aktuell befindet. Recherchiere dazu bei der Bundesagentur für Arbeit (Webcode).
3. Vergleiche mithilfe einer Recherche (Webcode), ob es auf dem bayerischen Arbeitsmarkt Unterschiede zum gesamtdeutschen Arbeitsmarkt gibt.

WEBCODE

WES-116647-115
Statistiken der Bundesagentur für Arbeit zum Arbeitsmarkt

Formen der Arbeitslosigkeit

Friktionelle Arbeitslosigkeit

Möchte jemand seine Arbeitsstelle wechseln, so ist er unter Umständen kurzzeitig arbeitslos. Dies ist die friktionelle Arbeitslosigkeit.

Konjunkturelle Arbeitslosigkeit

Wenn sich die Konjunktur, also die gesamtwirtschaftliche Lage, verschlechtert, sinkt die Nachfrage. Die Unternehmen produzieren weniger, weil die Absatzmöglichkeiten sinken, und entlassen Arbeitskräfte, die sie aber in einer Aufschwungphase wiedereinstellen.

INFO

Die negative Entwicklung der Konjunktur im Jahr 2020 mit entsprechenden Auswirkungen auf die Arbeitslosenzahlen folgte aus der Corona-Pandemie seit Anfang 2020. Danach wird eine Erholung der Konjunktur angenommen.

M1 Konjunkturkurve

Strukturelle Arbeitslosigkeit

Sie entsteht durch dauerhafte Veränderungen in der Wirtschafts- und Arbeitswelt. Sie ist meist langfristig (siehe auch S. 19).

So verlagerte sich der Schwerpunkt der wirtschaftlichen Tätigkeit vom primären Sektor (Landwirtschaft) auf den sekundären Sektor (Produktion) und anschließend auf den tertiären Sektor (Dienstleistungen). Dadurch gingen im ersten Sektor viele Arbeitsplätze verloren, im tertiären wurden allerdings viele geschaffen (**intersektoraler Strukturwandel**).

Zudem gab es auch innerhalb der Sektoren strukturelle Veränderungen, die hauptsächlich aus technologischen Entwicklungen folgten (**intrasektoraler Strukturwandel**). Arbeitskräfte werden gerade im Produktionsbereich zunehmend durch Maschinen ersetzt. Aber auch im Verwaltungsbereich erledigen digitale Medien die Arbeit von Menschen.

Produktionsstrecke in einer Autofabrik in den 1930er-Jahren

Produktionsstrecke in einer Autofabrik heute

M2 Auswirkungen des Strukturwandels

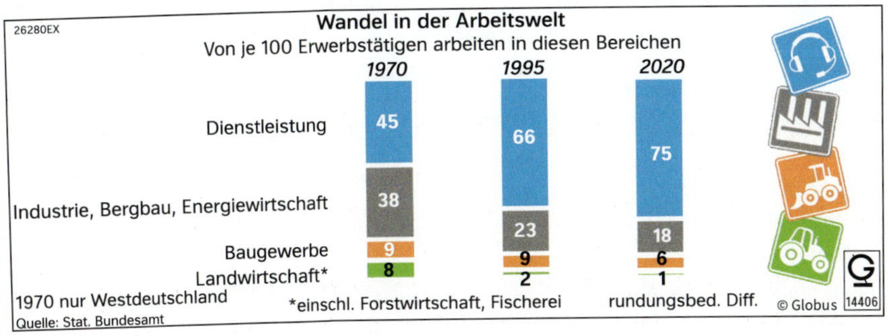

Die **Globalisierung** ermöglicht es Unternehmen, weltweit tätig zu sein. Arbeitsintensive Abläufe, wie in der Textilbranche, werden daher oft in sogenannte Billiglohnländer verlagert.

Der heutige Arbeitsmarkt erfordert von den Arbeitskräften ein hohes Maß an **Mobilität**. Viele Unternehmen verlagern ihre Standorte, zum Teil auch ins Ausland. Ist ein Arbeitnehmer nicht in der Lage, hier mitzugehen, so wird er arbeitslos. Schließen Großkonzerne einzelne Filialen, so sind mitunter Tausende Menschen plötzlich ohne Arbeit.

Saisonale Arbeitslosigkeit

Manche Branchen unterliegen saisonalen Schwankungen, d. h., sie sind nicht das ganze Jahr über gleich ausgelastet. Die Bau- oder Landwirtschaft haben z. B. im Winter weniger zu tun als im Sommer. Allerdings haben sich die winterlichen Verhältnisse und auch das Arbeitsmaterial geändert, sodass auch hier häufig das ganze Jahr über gearbeitet werden kann. Die Tourismusbranche bietet in der Nebensaison weniger Arbeitsplätze an als in der Hauptsaison.

Versteckte Arbeitslosigkeit

Viele Arbeitslose sind nicht arbeitsuchend bei der Bundesagentur für Arbeit gemeldet. Sie werden daher auch nicht statistisch erfasst. Häufig werden auch Arbeitsuchende, die sich in einer Umschulungsmaßnahme oder in Arbeitsbeschaffungsmaßnahmen befinden, nicht in die Statistiken aufgenommen.

M3 Arbeitslosenquote in Deutschland

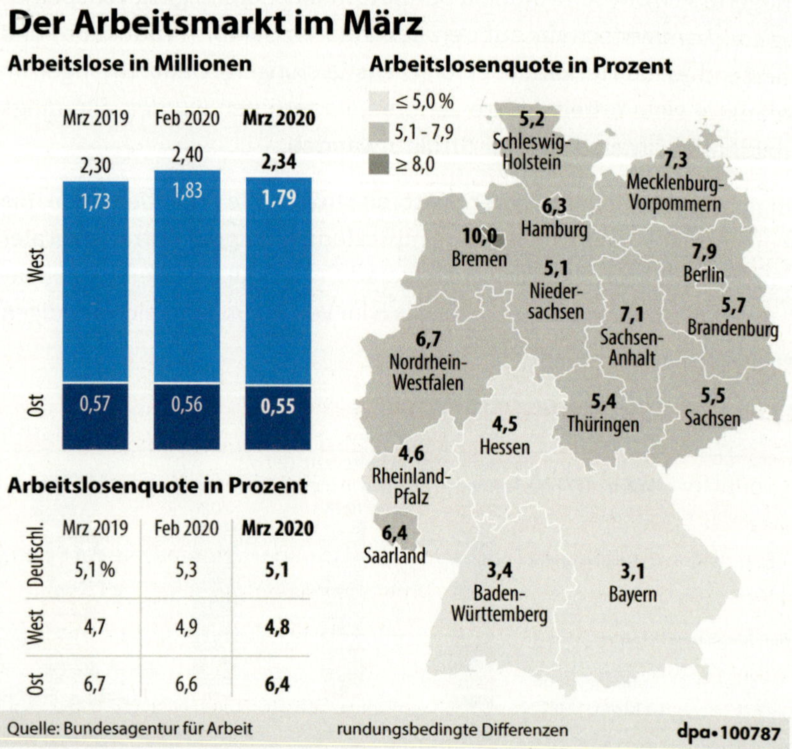

M4 Jugendarbeitslosigkeit in Europa

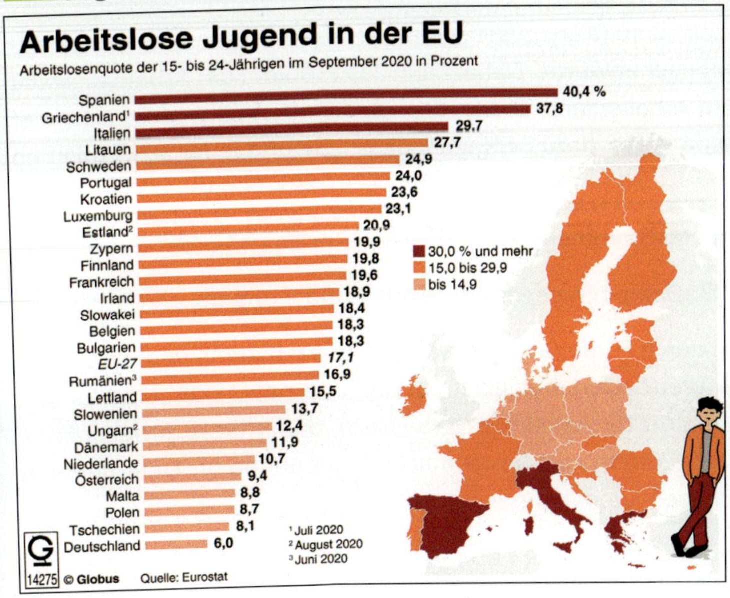

M5 Problemgruppen auf dem Arbeitsmarkt

AUFGABEN

1. Recherchiere im Internet (*Methode* auf S. 121) die Arbeitslosenzahlen aus dem Zeitraum der in M1 dargestellten Konjunkturkurve und stelle einen Zusammenhang zwischen Konjunktur und den Zahlen auf dem Arbeitsmarkt her.
2. *Fishbowl:* Diskutiert in der Klasse, warum eine gute wirtschaftliche Lage nicht immer mit einer positiven Situation auf dem Beschäftigungsmarkt einhergehen muss.
3. Erkläre die Wirtschaftssektoren und ihre Bedeutung im Laufe der Zeit (M2).
4. Schildere mithilfe der Grafik M3 die bundesweite Entwicklung der Arbeitslosenquote (*Methode* auf S. 22).
5. Recherchiere im Internet nach den aktuellen Arbeitslosenzahlen. Benutze dazu den Webcode auf S. 24.
6. Berechne aus den Zahlen in M3, wie viele Erwerbspersonen im März 2020 in Deutschland gemeldet waren.
7. Vergleiche die Arbeitslosenquoten im Norden und im Süden Deutschlands und suche nach Gründen für die Unterschiede (M3).
8. *Think-Pair-Share:* Erkläre, warum 2020 die Jugendarbeitslosigkeit in Spanien, Griechenland und Italien so hoch war (M4). Denke an wirtschaftliche Zusammenhänge.
9. a) Ermittle aus M4 den Rang Deutschlands in der Jugendarbeitslosigkeit.
   b) Versuche zu erklären, aus welchen Gründen dieser zustande kommt.
10. Diskutiert in der Klasse, warum die in M5 genannten Gruppen zu den Problemgruppen gehören.
11. Erläutere, warum Nichtqualifizierte (M5) besonders schwer auf dem Arbeitsmarkt zu vermitteln sind.

Maßnahmen gegen Arbeitslosigkeit

Der Begriff Arbeit ist im Grundgesetz verankert. Zudem ist er Teil der grundgesetzlichen **Menschenwürde**. Daher kann das Problem der Arbeitslosigkeit nicht allein dem Arbeitsmarkt überlassen werden. Vielmehr muss auch der Staat durch seine Politik dazu beitragen, dass jede und jeder arbeiten kann und darf.

a) Vorbeugende Maßnahmen

- **Staatliche Maßnahmen gegen drohende Entlassungen**

Der Staat kann durch Förderung des Wirtschaftswachstums und durch Verbesserung der Wettbewerbsfähigkeit auf den internationalen Märkten die Voraussetzungen für Unternehmen verbessern, damit diese Arbeitsplätze schaffen können. Zudem kann er rechtliche Regelungen für Unternehmen lockern, wie z. B. den Kündigungsschutz.

- **Kurzarbeit**

Drohende Entlassungen können von den Unternehmen selbst vermieden werden, indem die Arbeitnehmerinnen und Arbeitnehmer Kurzarbeit leisten, d. h., sie arbeiten übergangsweise weniger, erhalten aber auch weniger Lohn. Die Bundesagentur für Arbeit gleicht den Lohnausfall teilweise durch Kurzarbeitergeld aus. Bei Besserung der wirtschaftlichen Lage des Unternehmens werden die Mitarbeiterinnen und Mitarbeiter wieder normal beschäftigt.

- **Europäische Lösungen**

Grundsätzlich ist Arbeitslosigkeit zwar ein nationales Thema, allerdings wird durch den Binnenmarkt und die darin enthaltene Arbeitnehmerfreizügigkeit gewährleistet, dass alle EU-Bürgerinnen und -Bürger innerhalb der Europäischen Union arbeiten dürfen. Dies kann eine Arbeitslosigkeit abwenden. Allerdings müssen die Menschen sehr flexibel und mobil sein, um die Situationen auf dem Arbeitsmarkt europaweit auszugleichen.

b) Reduzierung einer bereits bestehenden Arbeitslosigkeit

Durch **politische Maßnahmen** versucht die Bundesregierung, Arbeitslose schneller wieder in den Arbeitsmarkt zu bringen.

Der Staat ist z. B. als Erhalter von Straßen, Schulen und anderen öffentlichen Bauten wesentlicher Bestandteil der Nachfrageseite auf dem Markt. Durch diese Aufgabe kann er die **Nachfrage steigern** und damit Arbeitsplätze schaffen, indem er Straßen und öffentliche Gebäude baut oder saniert oder in die digitale Infrastruktur investiert.

Außerdem hat er durch die **Bundesagentur für Arbeit** viele Instrumente zur Verfügung, die eine bereits bestehende Arbeitslosigkeit mindern können. Du erfährst im folgenden Kapitel I.1.4, S. 32/33 mehr über die Arbeit der Bundesagentur.

M6 Maßnahmen gegen Arbeitslosigkeit

M7 Weiterbildung als Maßnahme gegen Arbeitslosigkeit

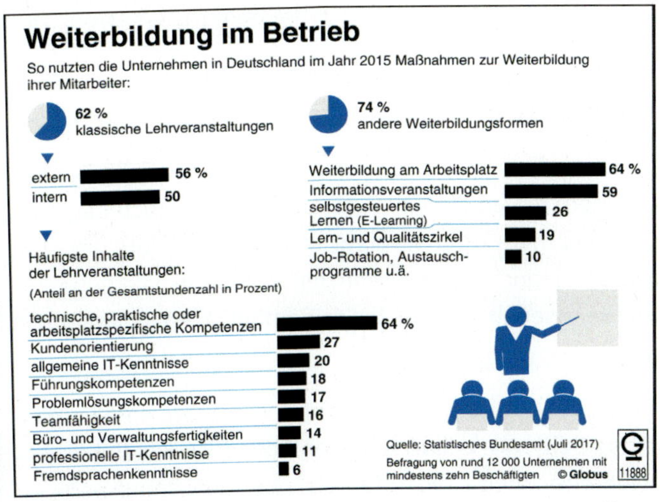

M8 Möglichkeiten bei Hilfebedürftigkeit

Die Grundsicherung
Leistungen für den Lebensunterhalt bei Hilfebedürftigkeit

erwerbsfähig	nicht erwerbsfähig	
mind. 3 Stunden täglich	vorübergehend	dauerhaft/ aus Altersgründen
Grundsicherung für Arbeitssuchende	Sozialhilfe	
Arbeitslosengeld II (Hartz IV)	Hilfe zum Lebensunterhalt	Grundsicherung im Alter und bei Erwerbsminderung
Grundlage		
Sozialgesetzbuch II	SGB XII	SGB XII
zuständige Behörde		
Arbeitsagentur	Sozialhilfeträger, etwa Stadt oder Kreis	

dpa•28123 Quelle: Bundesministerium für Arbeit und Soziales, Bundesagentur für Arbeit

AUFGABEN

1. In M6 findest du verschiedene Wege aus der Arbeitslosigkeit.
   a) Erkläre, was man unter einer Initiativbewerbung versteht.
   b) Erstelle eine Rangfolge der Möglichkeiten, die deiner Meinung nach am meisten erfolgversprechend sind.
2. Erläutere, mit welchen politischen Maßnahmen der Staat versucht, Arbeitslosen bei der Arbeitsuche zu helfen. Recherchiere dazu auch im Internet (siehe z. B. Webcode rechts und auf S. 24).
3. Eine grundlegende Möglichkeit der Arbeitsplatzerhaltung ist eine gute Qualifikation (M7). Gib an,
   a) welche Formen der Weiterbildung Unternehmen anbieten,
   b) welche Inhalte für die Unternehmen eine besondere Rolle spielen.
4. Beschreibe, welche Leistungen der Staat Hilfsbedürftigen anbietet und welche davon besonders Arbeitslose in Anspruch nehmen können (M8).

WEBCODE

WES-116647-116
interaktive Grafiken zur Struktur des Bundeshaushaltes (Einnahmen und Ausgaben des Staates → im Schaubild jeweils anklicken)

Auswirkungen der Arbeitslosigkeit

Oft wird die Wirkung der Arbeitslosigkeit auf die Betroffenen in der öffentlichen Diskussion vernachlässigt. Vielmehr sind häufig die entstehenden Kosten Thema.

a) Ökonomische Auswirkungen

Das wichtigste Ziel der staatlichen Arbeitsmarktpolitik ist die Verringerung von Arbeitslosigkeit und die Förderung der Beschäftigung.

Eine hohe Arbeitslosenzahl hat negative Auswirkungen auf die gesamte wirtschaftliche Situation. Zum einen bedeuten viele Arbeitslose hohe **Einbußen bei den staatlichen Einnahmen**, da die Einkommensteuer sinkt. Außerdem gibt es weniger Einnahmen durch die Umsatzsteuer, da weniger Menschen Geld für Konsumausgaben zur Verfügung haben.

Zum anderen erhöhen sich gleichzeitig die **Kosten für das soziale System**. Es müssen Lohnersatzleistungen, wie Arbeitslosengeld, an die Betroffenen gezahlt werden. Überdies steigen die staatlichen **Ausgaben für arbeitsmarktpolitische Maßnahmen**.

INFO

Arbeitsmarktpolitische Maßnahmen
sind alle Maßnahmen zur Vermeidung und Reduzierung der Arbeitslosigkeit, wie Weiterbildung, Subvention von wirtschaftlichen Branchen oder Vermittlung von Arbeitskräften. Zudem erhalten Arbeitslose Transferzahlungen wie Arbeitslosengeld oder Beiträge zur Sozialversicherung.
Auch die Förderung der internationalen Wettbewerbsfähigkeit der Wirtschaft gehört dazu, weil auch dadurch der Arbeitsmarkt gestärkt wird.

b) Psychosoziale Auswirkungen

Wird eine Person arbeitslos, dann ist das zunächst vielfach ein Schock. Schnell wird die Suche nach einem neuen Arbeitsplatz beginnen. Je nach Lage auf dem Arbeitsmarkt ist dies mehr oder weniger schnell von Erfolg gekrönt. Schlagen die Bemühungen jedoch fehl, so kann der Betroffene bald ungeduldig, pessimistisch und verzweifelt werden, bis er womöglich resigniert und in Depressionen verfällt.

Schlimmer noch ist die Situation, wenn der Betroffene sich um eine **Familie** kümmern muss und das Geld zum **Lebensunterhalt** benötigt. Existenzängste und Selbstzweifel führen schnell in einen Teufelskreis. Nicht selten nehmen Betroffene Kredite auf, die sie nicht mehr zurückbezahlen können. Durch die dauerhafte Sorge wird der Mensch in der Fähigkeit gelähmt, realistisch und objektiv zu denken.

Vor allem die **Langzeitarbeitslosigkeit** kann enorme psychische und gesundheitliche Probleme mit sich bringen. Betroffene fühlen sich gesellschaftlich isoliert, sie haben Schuldgefühle und sehen ihre Fähigkeiten entwertet. Manche haben gesundheitliche Probleme, immer weniger Hoffnung und neigen zu Suchtverhalten oder werden aggressiv.

Auch die **Angehörigen**, besonders Kinder, leiden oft unter der Arbeitslosigkeit. Nicht selten führt diese zu einer Beeinträchtigung des Wohlstands, der Selbstachtung und des sozialen Ansehens. Viele Kinder möchten nicht, dass Freunde oder Mitschüler von dieser Situation erfahren, und verheimlichen sie. Sie schließen sich damit selbst aus ihrem sozialen Umfeld aus und machen es sich dadurch unnötig schwer.

M9 Kosten der Arbeitslosigkeit

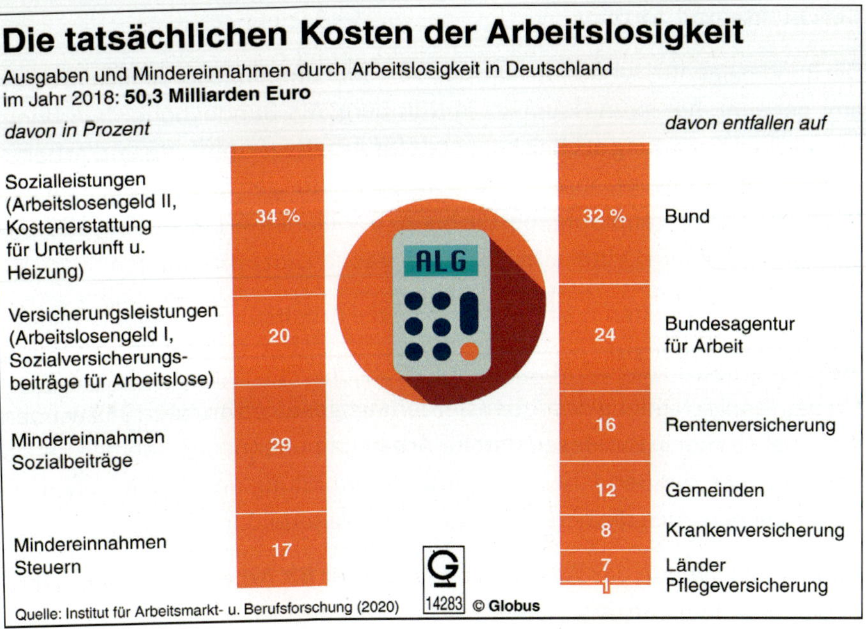

M10 Regelsätze Hartz IV

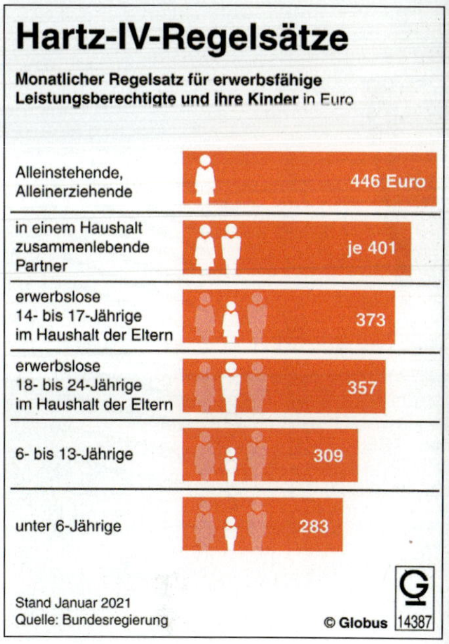

M11 Auswirkungen von Arbeitslosigkeit auf Betroffene

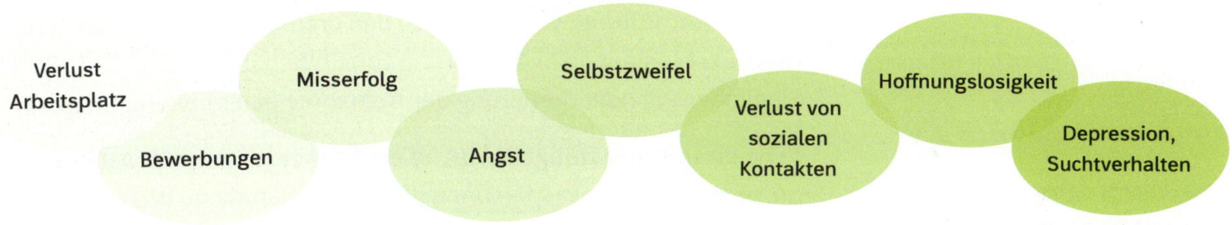

AUFGABEN

1. a) Benenne, wie hoch die Kosten der Arbeitslosigkeit im Jahr 2018 waren (M9).
   b) Im Jahr 1998 betrugen die Kosten noch 80,0 Mrd. Euro. Begründe, wie sich der starke Rückgang erklärt.
2. Vergleiche die Regelsätze für Hartz IV im Jahr 2021 (M10) mit den heutigen Regelsätzen. Recherchiere dazu die aktuellen Daten im Internet.
3. Frage deine Eltern nach allen monatlichen Ausgaben, die in der Familie anfallen.
   a) Erstelle daraus einen Haushaltsplan, in dem du Einnahmen und Ausgaben gegenüberstellst.
   b) Beurteile, ob der Regelsatz für Hartz IV (M10 bzw. eigene Recherche aus Aufgabe 2) ausreichend ist.
4. *Placemat:* Stelle dar, welche Maßnahmen jemand ergreifen könnte, der arbeitslos geworden ist, um den in M11 dargestellten „Teufelskreis" zu durchbrechen. Denke an den vorhergehenden Abschnitt auf S. 28/29. Betrachte auch das Schaubild zur Weiterbildung (S. 29, M7).

1.4 Die Bundesagentur für Arbeit

Geschichte und Aufbau

Die Bundesagentur für Arbeit, kurz auch BA oder umgangssprachlich Arbeitsamt genannt, hat ihren Hauptsitz in Nürnberg. Als Bundesbehörde erbringt sie seit ihrer Gründung als **Reichsanstalt für Arbeitsvermittlung und Arbeitslosenversicherung** im Jahre **1927** besondere Leistungen für den Arbeitsmarkt. Damals war ihre Hauptaufgabe, die bis zu 6 Millionen Arbeitslosen, das entsprach etwa einem Drittel aller Erwerbspersonen, zu unterstützen.

Erst nach dem Zweiten Weltkrieg nahmen die Arbeitsämter aber ihre eigentliche Arbeit wieder auf.

Mit der Verabschiedung des Arbeitsförderungsgesetzes im Jahr 1969 wurden die Arbeitsämter in **Bundesanstalt für Arbeit** umbenannt und nahmen neben den Aufgaben der Berufsberatung, Arbeitsvermittlung und Arbeitslosenversicherung nun auch die berufliche Aus- und Weiterbildung wahr.

Im Jahr **2004** wurde das Amt in **Bundesagentur für Arbeit** umbenannt. Ihre Aufgaben sind heute sehr vielfältig.

WEBCODE

WES-116647-117
Homepage der Bundesagentur für Arbeit

WES-116647-118
Hier kannst du dir eigene aktuelle Übersichten über die Arbeitsmarktsituation in bestimmten Berufsfeldern erstellen lassen.

Schwerpunkte in den Tätigkeiten

- **Arbeitsvermittlung:** Dies gehört zu den ursprünglichen Aufgaben der BA. Hierzu zählen auch die Aktivierung von Erwerbslosen und die berufliche Eingliederung oder Förderung der Aufnahme einer Erwerbstätigkeit.
- **Arbeitsmarktberatung:** Die BA ist ein Servicezentrum für Arbeitsuchende, aber auch Erwerbspersonen geworden. Berufliche Weiterbildungsmaßnahmen gehören ebenso zu ihren Aufgaben wie die Hilfe zum Verbleib in einer Beschäftigung. Zudem gibt es besondere Förderungen der Teilnahme von Menschen mit Behinderung am Arbeitsleben.
- **Berufsberatung:** Die BA übernimmt die Unterstützung bei der Berufswahl und Berufsausbildung. Dazu ist sie an Schulen präsent und arbeitet eng mit ihnen zusammen. In Kapitel I.2.2, S. 38–41, erfährst du genauer, welche Möglichkeiten die BA dir hier bietet.
- **Arbeitsmarktbeobachtung:** Die BA analysiert den Arbeits- und Ausbildungsmarkt und macht die Ergebnisse öffentlich. Siehe dazu den unteren Webcode. Hier findest du auch den aktuellen Stellenindex.
- **Arbeitsmarkt- und Berufsforschung:** Die Daten der Arbeitsmarktbeobachtung werden genau ausgewertet. Daraus entstehen Prognosen und Vorhersagen für den Arbeitsmarkt.
- **Zahlung von Entgeltersatzleistungen:** Wer arbeitslos geworden ist, hat Anspruch auf finanzielle Unterstützung. Das hast du im vorigen Kapitel bereits kennengelernt.

Berufliche Möglichkeiten in Europa

Besonders **Jugendlichen** bietet die Bundesagentur für Arbeit Unterstützung bei der beruflichen Orientierung.

Dabei vermittelt sie jungen Menschen auch die Möglichkeit, für eine gewisse Zeit im **europäischen Ausland** ein **Praktikum** zu absolvieren oder sogar dort zu arbeiten. Es gibt darüber hinaus viele **Programme**, die es erlauben, Europa mit seinen Arbeitsmöglichkeiten kennenzulernen. Beachte dazu auch die Links unter dem nebenstehenden Webcode.

Sowohl die Bundesagentur für Arbeit als auch das Programm Erasmus+ oder das Programm der Europäischen Kommission sowie die Bundesregierung bieten vielfältige Angebote für Heranwachsende an.

Durch den sogenannten **Binnenmarkt**, der 1993 gegründet wurde, ist es den europäischen Bürgerinnen und Bürgern erlaubt, überall in der Europäischen Union zu arbeiten und tätig zu sein. Solltest du also z. B. als Informatiker lieber in Frankreich arbeiten oder einen Friseursalon in Italien eröffnen wollen, dann darfst du das unter Voraussetzung deiner Fähigkeiten.

Es ist also durchaus eine Alternative, sich europaweit zu interessieren und über den eigenen Tellerrand zu blicken.

WEBCODE

WES-116647-119
nützliche Links für die Recherche nach Praktikumsmöglichkeiten in Europa

AUFGABEN

1. Erkläre, warum die Arbeitsämter gegründet wurden.
2. Erkundige dich bei deiner Wirtschaftslehrkraft oder der Beratungslehrkraft deiner Schule, ob und wann die Berufsberatung bei euch an der Schule Sprechstunden hat. Formuliere Fragen, die dich interessieren, und erprobt euer Gespräch zu zweit in einem kleinen Rollenspiel.
3. Recherchiere mithilfe des unteren Webcodes auf S. 32 zu einem Berufsfeld, das dich interessiert, die aktuellen Arbeitsmarktdaten für die Region Bayern.
   a) Ermittle, ob es hier mehr angebotene Stellen oder mehr Arbeitsuchende gibt.
   b) Könntest du dir vorstellen, ein anderes Berufsfeld zu wählen, das dich interessiert? Recherchiere die Lage hier.
   c) Beurteile, wie die Lage für alle Berufsfelder insgesamt aussieht.
4. Erläutere, was genau zu den Entgeltersatzleistungen gehören kann.
5. a) Recherchiere mithilfe des Webcodes in der Randspalte auf S. 33 nach Möglichkeiten, ein Praktikum im europäischen Ausland zu absolvieren.
   b) Elsa sagt: „Ich habe keine Lust, ein Jahr ins Ausland zu gehen, dann verliere ich nur den Anschluss in der Schule und außerdem kann ich das später immer noch machen."
   Entwickle Argumente, die Elsas Aussage entkräften, und schreibe ihr einen Brief.

2 Berufswahl und Ausbildung

2.1 Aus- und Weiterbildungsmöglichkeiten

INFO

Die **Duale Ausbildung** heißt so, weil sie an zwei Lernorten erfolgt: dem Ausbildungsbetrieb, mit dem die Auszubildenden einen Berufsausbildungsvertrag abschließen, und der Berufsschule, die an 1 bis 2 Tagen in der Woche oder im Blockunterricht besucht wird. Die Inhalte in Betrieb und Schule sind eng miteinander verzahnt und aufeinander abgestimmt. Daher genießt die duale Ausbildung international einen hervorragenden Ruf.

Berufliche Möglichkeiten

Mit dem Realschulabschluss stehen dir alle Wege in eine berufliche Karriere offen. So kannst du eine **Duale Ausbildung** beginnen, die praktische und theoretische Ausbildung eng miteinander verbindet. Während einer Dauer von in der Regel zwei bis dreieinhalb Jahren erlernst du praktisch einen Beruf in einem Unternehmen und hast gleichzeitig Unterricht an der Berufsschule. Außerdem kannst du mit der **Berufsschule Plus** eine Lehre im Handwerk beginnen und zugleich die Fachhochschulreife an der Berufsschule erwerben. Dies dauert in der Regel vier Jahre. Ähnlich funktioniert die **Duale Berufsausbildung und Fachhochschulreife** (DBFH), bei der du eine Berufsausbildung und gleichzeitig die Fachhochschulreife an der Berufsschule bzw. Fachoberschule erreichst.

Du weißt überhaupt noch nicht, was du werden möchtest? **Berufsfelder** helfen dir, zunächst eine grobe Richtung zu finden. Mit ihnen kannst du dir einen Überblick verschaffen, welche Berufe deinen Interessen entsprechen.

M1 Berufsfelder

Gesundheit

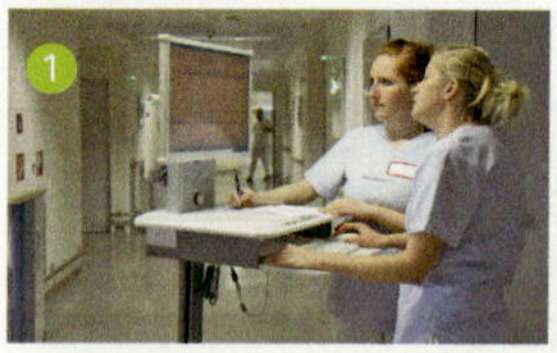

IT, Computer

Kunst, Gestaltung

Landwirtschaft, Umwelt

Medien

Metall, Maschinenbau

Naturwissenschaften

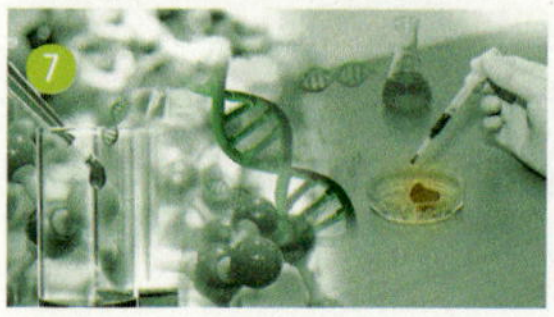

Produktion, Fertigung

Soziales, Pädagogik

Verkehr, Logistik

Technik

Wirtschaft, Verwaltung

WEBCODE

WES-116647-121
Weitere Informationen zu den Berufsfeldern kannst du hier bei der Bundesagentur für Arbeit recherchieren.

Im Idealfall wählst du deinen Beruf nach deinen **Interessen** aus. Darüber hinaus sind aber noch weitere **Kriterien bei der Berufswahl** wichtig.

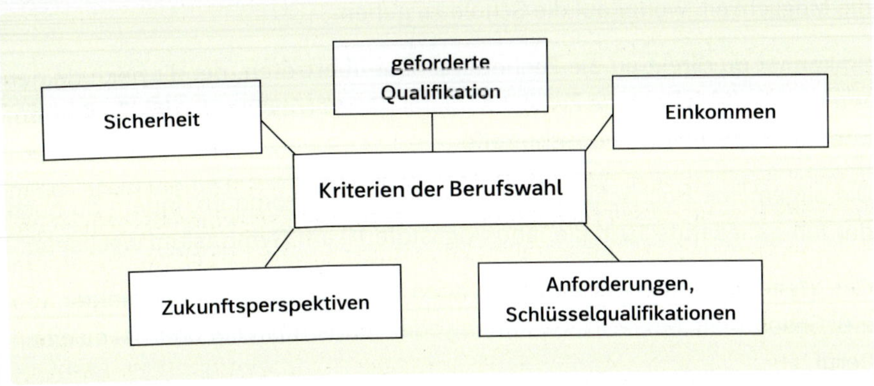

WEBCODE

WES-116647-122
Übersichtsseite zu Schule, Aus- und Weiterbildung von der Bundesagentur für Arbeit

Das Interesse ist das eine. Ob man aber auch die **Anforderungen** und **Qualifikationen** erfüllt, ist das andere. Du kannst z. B. an Musik sehr interessiert, aber leider völlig unmusikalisch sein. Der Beruf als Konzertpianist wird daher vermutlich ausscheiden. Oder der Beruf verlangt das Fachabitur, du hast aber den Realschulabschluss.

Es gibt **weitere Anforderungen**, wie etwa der Umgang mit Menschen, das Arbeiten im Freien oder am Computer. Es gehören auch die Schlüsselqualifikationen dazu. Pünktlichkeit, Teamfähigkeit, Leistungsbereitschaft oder Zuverlässigkeit sind nur einige der Eigenschaften, die gefordert werden können.

Vielen reicht es heute nicht mehr, einen Beruf zu erlernen und dann bis zum Rentenalter diese eine Tätigkeit auszuführen. Es ist wichtig, dass es die Möglichkeit gibt, sich **weiter- und fortzubilden** und weitere Ziele zu erreichen.
Das **Einkommen** spielt sicher eine nicht geringe Rolle. Jeder legt aber seinen Lebensstandard selbst fest.
Einen **sicheren Beruf** zu haben, kann beruhigend sein. Als Beamter auf Lebenszeit ist man z. B. beinahe unkündbar.

M2 Zusammenhang zwischen Bildung und Einkommen

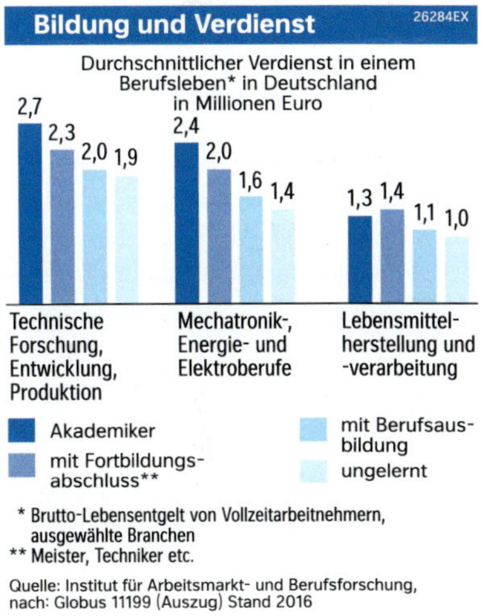

AUFGABEN

1. Erstelle ein Baumdiagramm (Randspalte) zur Lösung dieser Aufgaben:
   a) Welche zwei Berufsfelder aus M1 könnten für dich infrage kommen?
   b) Recherchiere mithilfe des Webcodes auf S. 34, welche einzelnen Berufe sich hinter diesen Berufsfeldern verbergen. Welcher Beruf hört sich für dich interessant an?
   c) Welche Anforderungen musst du für diesen Beruf erfüllen?
2. Stelle heraus, welche Vorteile du in einer Dualen Ausbildung siehst.
3. Gib an, welche Kriterien für dich bei der Berufswahl besonders wichtig sind, und erstelle eine Rangliste. Besprecht die Listen in Zweiergruppen.
4. a) Schätze ein, warum man in der Lebensmittelbranche mit einem niedrigeren Abschluss mehr verdient (M2).
   b) Überprüfe, welche Berufe hinter den Berufsfeldern in M2 stecken.

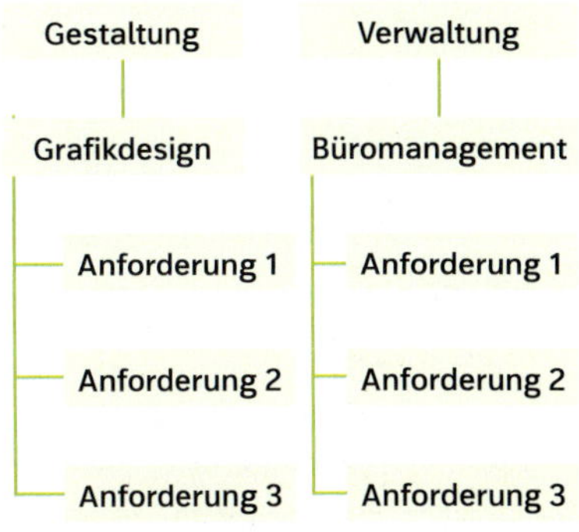

WEBCODE

WES-116647-123
Informationen zu den verschiedenen Schulformen bietet das Bayerische Staatsministerium für Unterricht und Kultus.

Weiterführende Schulen

Nach dem Realschulabschluss hast du neben der Dualen Ausbildung auch die Möglichkeit, weiter auf die Schule zu gehen.

So kannst du direkt an die **Fachoberschule** übertreten, die dir nach deinen Interessen verschiedene Zweige anbietet. Dort erreichst du das **Fachabitur** oder die **allgemeine Hochschulreife**.

Die allgemeine Hochschulreife kannst du auch bekommen, indem du nach der Jahrgangsstufe 10 in die Jahrgangsstufe 10 am **Gymnasium** wechselst.

Des Weiteren gibt es **Berufsfachschulen** für verschiedene Berufsfelder, wie z. B. Gesundheit, Musik, IT, Gestaltung oder Tourismus. Hier erlernst du einen Beruf.

Fachschulen dauern zwischen ein und vier Jahre. Hierzu zählen auch die Meisterschulen.

Fachakademien dauern zwei bis drei Schuljahre und bereiten auf eine gehobene Berufsausbildung vor. Es gibt sie mit verschiedenen Ausbildungsrichtungen wie z. B. Landwirtschaft, Medizinwesen oder Brauerei.

WEBCODE

WES-116647-124
Ausbildung oder Studium? Oder beides? Entscheidungshilfe der Bundesagentur für Arbeit

Studium

Je nach Qualifikation kannst du an die Universität oder an die Hochschule gehen. Mit einem Meister oder nach Abschluss einer Fachschule oder Fachakademie kannst du auch ohne Abitur ein Studium beginnen.

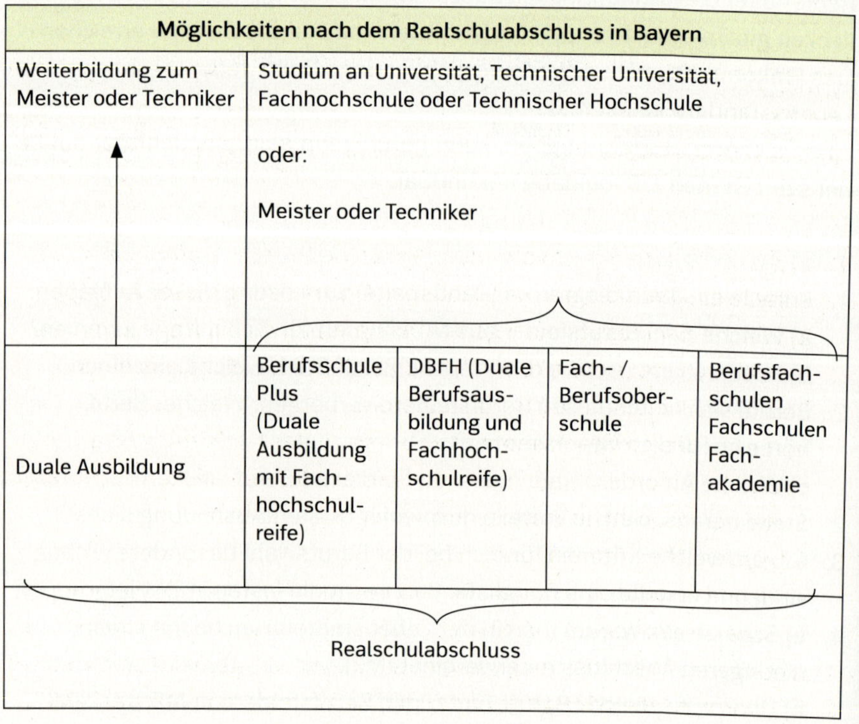

M3 Beliebte Studienfächer

Anzahl der Studierenden in Deutschland nach Studienfach und Geschlecht im Wintersemester 2018/19			
Studienfach	**männlich**	**weiblich**	**insgesamt**
Betriebswirtschaftslehre	122.176	113.110	235.286
Maschinenbau/-wesen	96.327	13.118	109.445
Rechtswissenschaft	51.166	65.677	116.843
Informatik	98.601	22.599	121.200
(Allgemein-)Medizin	36.479	59.636	96.115
Psychologie	21.725	63.465	85.190
Germanistik/Deutsch	16.152	56.449	72.601
Elektrotechnik/Elektronik	59.080	9.391	68.471

Aus: Studierende: Deutschland, Semester, Nationalität, Geschlecht, Studienfach © Statistisches Bundesamt (Destatis), Wiesbaden, 2020, Stand: 23.4.2020 (gekürzter Auszug)

M4 Möglichkeiten mit Realschulabschluss

a) Ebru, 16 Jahre, hat einen Ausbildungsvertrag als Mechatronikerin unterschrieben.

b) Rochus, 15 Jahre, möchte nach dem Realschulabschluss in den medizinischen Bereich gehen. Er weiß aber noch nicht genau, ob er Gesundheits- und Krankenpfleger oder vielleicht sogar Arzt werden will.

c) Merle, 15 Jahre, interessiert sich für den Bereich Gesundheitsmanagement.

M5 Unbesetzte Lehrstellen

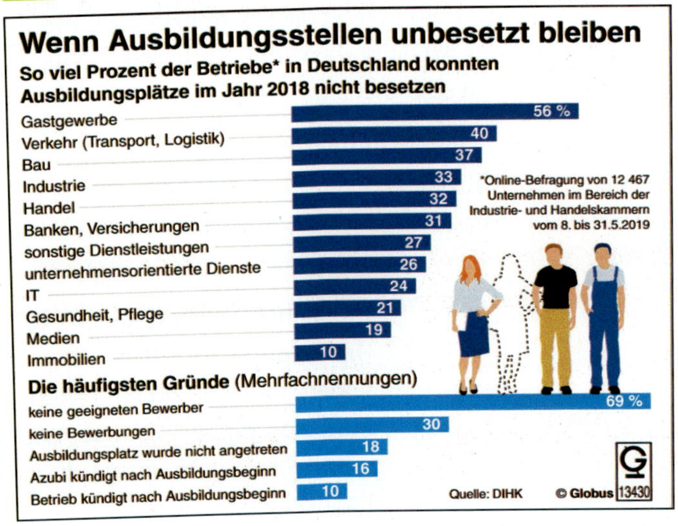

M6 Qualifizierung und Arbeitslosigkeit

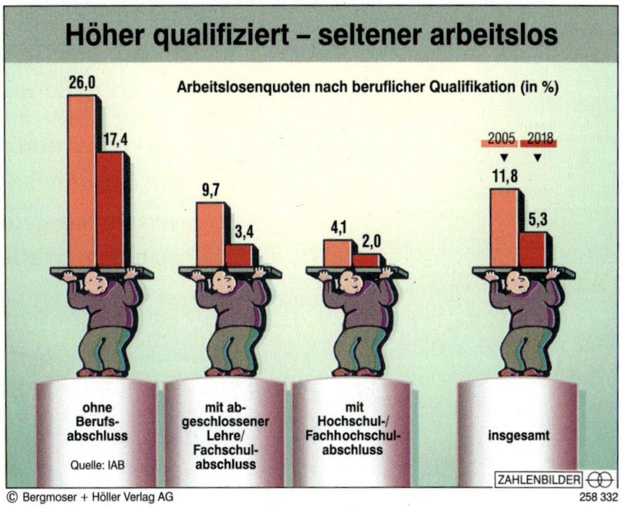

AUFGABEN

1. a) *Think-Pair-Share:* Formuliere mögliche Gründe, warum die Studienfachwahl bei Männern und Frauen z. T. so unterschiedlich ist (M3).
   b) Führt in der Klasse eine eigene Umfrage dazu durch, welches Studienfach ihr euch vorstellen könntet, und vergleicht das Ergebnis mit M3.
2. Lies die Fallbeispiele in M4 und erläutere:
   a) die Aufstiegsmöglichkeiten von Ebru nach der Ausbildung (Webcode).
   b) die zentralen Unterschiede in den beiden Berufen, die Rochus erwägt.
   c) welche Möglichkeiten Merle zur Verfügung stehen.
3. Analysiere M5 (*Methode* auf S. 22):
   a) Nenne einen möglichen Grund, warum so viele Arbeitsplätze im Gastgewerbe unbesetzt bleiben.
   b) Erläutere, was mit „keine geeigneten Bewerber" gemeint sein könnte.
4. Erkläre, wie Arbeitslosigkeit und Qualifikation zusammenhängen (M6).

WEBCODE

WES-116647-125
Informationen zum Beruf des Mechatronikers im BERUFENET der Bundesagentur für Arbeit

WEBCODE

WES-116647-126
nützliche Links für Recherchen rund um deine Berufswahl

2.2 Berufswahl als Entscheidungsprozess

Mein Weg zum richtigen Beruf

So manche von euch haben sicher schon überlegt, was sie später einmal werden möchten. Einige von euch haben vielleicht sogar schon ein Praktikum in einem Unternehmen absolviert.

Der Weg der Berufsfindung ist ein langer Prozess. Es ist wichtig, zuerst zu erkennen, was einem Spaß macht und was man gerne tut. Hier liegen in aller Regel auch die **eigenen Stärken**.

In einem **Gespräch mit der Berufsberatung** kannst du dich für einen **Berufswahltest** anmelden, um deine Stärken auch entsprechenden Berufen zuzuordnen.

Du solltest auch ins **Berufsinformationszentrum (BIZ)** fahren, um in den Materialien zu stöbern. Die Mitarbeiter dort können dir auf jeden Fall weiterhelfen. Es stehen Filme zu den einzelnen Berufen zur Verfügung, die du allerdings auch online ansehen kannst. Ebenso bietet die elektronische Plattform **BERUFENET** der Bundesagentur für Arbeit umfassende Recherchemöglichkeiten zu Berufsfeldern an und stellt über 3.200 Berufe vor.

Du kannst nun damit beginnen, bestimmte **Berufsfelder und Berufe** genauer anzuschauen. Es ist wichtig, die Tätigkeiten genau zu betrachten, die damit verbunden sind. Nur so kann man sich darüber klar werden, ob der Beruf auch zu einem passen könnte.

Im nächsten Schritt solltest du **Unternehmen in deiner Nähe** finden, in denen du ein **Praktikum** absolvieren kannst. Wie man hier vorgeht, lernst du in Kapitel I.2.3 (S. 44–47).

Beachte auch die **Termine und Fristen** für Anmeldungen zu Tests oder Bewerbungen.

Meine Stärken erkennen

WEBCODE

WES-116647-127
nützliche Links für das Erkennen der eigenen Stärken, z. B. Erkundungstool der Bundesagentur für Arbeit

Alina hat noch keine Ahnung, was sie werden möchte. Sie weiß auch nicht genau, was ihr liegt oder was sie gut kann. Ihre Wirtschaftslehrkraft Frau Sommerfeld empfiehlt ihr, einen Test zu machen, mit dem man sich selbst besser einzuschätzen lernt. Diese Tests nennt man **Selbstfindungs-, Selbsteinschätzungstests, Kompetenzchecks** oder auch **Potenzialanalyse**.

Eine gute Möglichkeit ist das **Erkundungstool der Bundesagentur für Arbeit**, bei dem du verschiedene Aufgaben bearbeitest, mit denen festgestellt wird, wo deine Stärken und Interessen liegen. Im Anschluss erhältst du eine Liste von Berufen, die zu dir passen könnten.

Es gibt auch verschiedene **Selbsteinschätzungstests in Papierform**. Allerdings erfordern diese eine aufwendige Auswertung.

Du kannst auch den **Berufswahltest** nach Anmeldung durch die Berufsberatung durchführen. In einem anschließenden Gespräch erfährst du alle Ergebnisse des Tests und kannst sie dir erklären lassen.

Frau Sommerfeld rät Alina: „Wichtig ist auch, dass du diese Potenzialanalyse nicht nur einmal machst. Wiederhole sie in einem Jahr, wenn es Zeit für die Bewerbung wird. Nicht selten ändern sich Interessen und Stärken."

M1 Welche Berufsfelder könnten zu diesen Interessen passen?

a) Ich versinke oft stundenlang beim Zeichnen.
b) Tiere und Pflanzen liegen mir besonders am Herzen.
c) Wenn etwas kaputt geht, versuche ich, es zu reparieren.
d) Auf meinem PC habe ich schon kleine Programme geschrieben.
e) Benötigt jemand Hilfe, bin ich gleich zur Stelle.

AUFGABEN

1. Nenne die drei Berufsfelder (S. 34, M1), die dich spontan am meisten interessieren würden. Begründe deine Entscheidung.
2. a) Ordne die Interessen (S. 39, M1) den Berufsfeldern (S. 34, M1) zu.
   b) Versuche, für dich selbst Interessen zu formulieren und zuzuordnen.
3. Führe das Erkundungstool der Arbeitsagentur durch (Webcode S. 39).
   a) Welche Berufe kommen für dich infrage? Schreibe die ersten drei auf.
   b) Entspricht dieses Ergebnis deinen Wünschen und Kompetenzen? Besprich dich mit einer Freundin oder einem Freund, wie sie/er dich sieht.
4. *Kugellager:* Tauscht euch in der Klasse aus: Habt ihr schon ein Praktikum absolviert? Wenn ja, in welchem Berufsfeld? Wenn nicht, in welchem Beruf würdet ihr gern ein Praktikum machen? Hefte dein Ergebnis oder deinen Wunsch mit Datum in deinem Portfolio (S. 42/43) ab.

WEBCODE

WES-116647-128
Berufe kennenlernen mithilfe der Bundesagentur für Arbeit

Anforderungen an meinen Wunschberuf

Alina hat drei Berufe gefunden, die zu ihr passen könnten. Einer davon ist Mediengestalterin digital und print im Arbeitsbereich Gestaltung und Technik. Sie weiß allerdings nicht genau, was tatsächlich von ihr erwartet wird. Sie recherchiert im Internet und wird vor allem auf drei Seiten fündig, die letztlich alle zur Bundesagentur gehören (siehe Webcode in der Randspalte). Frau Sommerfeld empfiehlt ihr, ein **Anforderungsprofil** zu erstellen, um einen besseren Überblick zu bekommen.

M2 Anforderungsprofil

Anforderungsprofil Mediengestalter digital und print (m/w/d)	
Voraussetzungen	rechtlich keine, Realschulabschluss oder Abitur von Vorteil
Kernaufgaben	Layout von Zeitschriften, Werbebroschüren oder Webseiten entwickeln und den Kunden präsentieren
Nebenaufgaben	Kalkulation von Aufträgen, Kundengespräche führen
Kenntnisse	Kunst, Deutsch, Englisch, Mathematik
Kompetenzen	Kreativität, Sinn für Ästhetik, Zeichnen, räumliches Vorstellungsvermögen, kaufmännisches Denken, organisatorische Fähigkeiten, handwerkliches Geschick, technisches Verständnis
Aufstiegsmöglichkeiten	Medienfachwirt, Techniker im Bereich Druck- und Medientechnik, Industriemeister, Studium

Teamfähigkeit – eine wichtige Schlüsselqualifikation

Schlüsselqualifikationen

Alina liest bei ihrer Recherche auch immer wieder von **Schlüsselqualifikationen**. Aber was ist darunter zu verstehen? Frau Sommerfeld gibt Auskunft: „Das sind Eigenschaften und Kompetenzen, die deine Einstellung, Arbeitsweise und dein Verhalten näher beschreiben. Sie werden auch Softskills genannt."

M3 Wichtige Schlüsselqualifikationen

Sorgfalt	Ausdauer	Entscheidungsfreude
Höflichkeit	Eigeninitiative	Kooperation
Teamfähigkeit	Offenheit	Toleranz
Kreativität	Zielstrebigkeit	Freundlichkeit

Regionale Angebote entdecken

Alina ist sich nun sicher, dass der Beruf der Mediengestalterin durchaus für sie infrage käme. Sie würde gerne ein Praktikum machen. Dazu muss sie aber erst einmal wissen, welche Unternehmen in diesem Beruf überhaupt ausbilden.

Am einfachsten ist die Suche über das **Internet** (siehe Webcode S. 40). Hier kann Alina sogar eine **App** herunterladen, um auf dem Laufenden zu bleiben. Zudem hat sie den Vorteil, dass ihr Vater in einem Unternehmen tätig ist, das eine eigene Medien- und Werbeabteilung hat. Sie will hier einmal anfragen. Ihre Tante hat sie außerdem auf eine Anzeige in der **Zeitung** aufmerksam gemacht.

Um den Jungen „typische Frauenberufe" (z. B. Erzieherin, Krankenschwester) und den Mädchen „typische Männerberufe" (z. B. Kfz-Mechatroniker, Schreiner) zu zeigen, organisieren die Staatsministerien für Arbeit und für Unterricht und Kultus den **Girls'Day** und **Boys'Day**; ein bundesweiter Aktionstag, der jährlich im März oder April stattfindet.

Methode

Stellenanzeigen auswerten

Betrachte die beiden folgenden Stellenanzeigen für eine Ausbildung.

1. Notiert in Partnerarbeit die Voraussetzungen und Schlüsselqualifikationen für diese Berufe.
2. Entscheide für dich, ob du diese Voraussetzungen erfüllst.
3. Befrage deine Partnerin oder deinen Partner, ob sie/er dich auch so sieht.
4. Welcher der beiden Berufe käme für dich eher infrage? Begründe deine Entscheidung. Besprecht euch in der Klasse.

Stellenanzeige 1: Sport- und Fitnesskaufmann (m/w/d)

Das bringen Sie mit:
- (Fach-)Abitur oder sehr gute Mittlere Reife
- Team- und Kommunikationsfähigkeit
- Interesse an kaufmännischen Fragen, an Sport und Fitness
- gepflegtes Erscheinungsbild
- Aufgeschlossenheit gegenüber Neuem
- Eigenverantwortlichkeit und Verantwortungsbewusstsein
- Leistungsbereitschaft
- selbstverständlicher Umgang mit dem PC sowie den gängigen Schreib- und Kalkulationsprogrammen

Stellenanzeige 2: Mediengestalter digital und print (m/w/d)

Voraussetzungen:
- Realschulabschluss mit gutem Notendurchschnitt oder Abitur/Fachhochschulreife
- belastbare Kenntnisse in Mathematik und Deutsch
- Grundkenntnisse in Englisch und IT
- Kreativität und großes Interesse an Gestaltung
- konzeptionelles Denken
- Teamgeist sowie fairer und respektvoller Umgang mit anderen Menschen
- Kommunikationsfähigkeit

Ein Portfolio für die Berufswahl anlegen

1. Erstelle einen Ordner für deine persönliche berufliche Orientierung:

   a) Kaufe einen Ordner mit Trennregister.

   b) Beschrifte den Ordner mit „Meine Berufswahl“.

   c) Beschrifte die Trennregister mit folgenden Inhalten:

   - ✓ Mein Profil
   - ✓ Mein Weg zu meinem Wunschberuf
   - ✓ Meine Bewerbung
   - ✓ Bescheinigungen/Zertifikate
   - ✓ Tipps für meine Berufswahl

   d) Sammle in diesem Ordner alles, was dir für deine Berufswahl wichtig erscheint:

   - ✓ **Mein Profil:** Selbst-, Fremdeinschätzungsergebnisse, Potenzialanalysen, Stärken und Schwächen, Berufswahltest(s)
   - ✓ **Mein Weg zu meinem Wunschberuf:** Anforderungsprofile, mögliche Unternehmen, Praktikumsstellen
   - ✓ **Meine Bewerbung:** Deckblatt, Anschreiben, Lebenslauf, Ausbildungsvertrag
   - ✓ **Bescheinigungen/Zertifikate:** Praktikumsbescheinigungen, Bescheinigungen des IT-Unterrichts, Sprachzertifikate, Bescheinigungen über soziales Engagement in Vereinen, in der Kirche oder Ähnliches, Ferienjobs
   - ✓ **Tipps für meine Berufswahl:** Vorlagen, zusätzliches Material auch über Veranstaltungen, Sozialversicherung, Finanzen (Schulden), Termine, Fristen

   e) Prüfe deinen Ordner ab und zu auf Vollständigkeit.

2. Finde zwei Berufe, die zu dir passen könnten. Vielleicht hast du auch das Erkundungstool der Bundesagentur für Arbeit durchlaufen. Nimm hier die zwei, die dir am meisten zusagen, sich aber doch unterscheiden.
   a) Erstelle ein Anforderungsprofil zu diesen Berufen. Nimm als Vorlage M2 auf S. 40 und verwende den dort angegebenen Webcode zur Recherche.
   b) Mache bei den Kenntnissen und Kompetenzen ein Häkchen, wenn du diese aus deiner Sicht erfüllst.
   c) Welche der Aufstiegsmöglichkeiten wären dir wichtig? Setze auch hier ein Häkchen.
   d) Betrachte nun die beiden Berufe und die Häkchen, die du gesetzt hast. Welcher der Berufe würde nun für dich wohl mehr infrage kommen? Gefällt dir dieser Gedanke?
3. Recherchiere mithilfe der *Methode* auf S. 121 im Internet nach dem Begriff Schlüsselqualifikationen. Erstelle eine Übersicht oder nimm M3 auf S. 40. Welche Schlüsselqualifikationen treffen auf dich besonders gut zu? Bitte eine Freundin oder einen Freund, diese Übersicht für dich auszufüllen. Gibt es Unterschiede zu deiner Selbsteinschätzung?
4. Suche mithilfe der Links unter dem Webcode auf S. 40 Unternehmen in deiner Region, die Praktikums- oder Lehrstellen für deinen Wunschberuf anbieten. Tragt eure Ergebnisse im Klassenverband in eine Landkarte ein.
5. Erkundige dich an deiner Schule, ob sie die Aktionen des Girls'Days und Boys'Days unterstützt.
6. Was sind „typische Männerberufe"? Was sind „typische Frauenberufe"? Benutze den Webcode rechts und nenne Beispiele.
   a) Beschreibe Kennzeichen von „typischen Männerberufen" und „typischen Frauenberufen".
   b) Betrachte die Übersicht der Berufe im Internet und stelle fest, welcher Beruf für dich eventuell infrage käme, obwohl er eigentlich „typisch" für das andere Geschlecht ist.
   c) Reflektiere, welche Probleme es geben könnte, wenn du diesen Beruf ergreifst.

WEBCODE

WES-116647-129
Informationen zum Girls'Day bzw. Boys'Day

2.3 Das Betriebspraktikum

Ausbildung zum Orgelbauer

Allgemeine Hinweise

Es gibt verschiedene Möglichkeiten, einen Beruf näher kennenzulernen, z. B. Expertengespräche mit Auszubildenden oder Unternehmern, Berufsinformationsmessen, Schnuppertage. Der beste Weg, einen bestimmten Beruf intensiver zu erleben, ist aber sicher, ein **mehrtägiges Praktikum** zu absolvieren.

Recherche

Du hast mittlerweile eine etwas genauere Vorstellung, in welche Richtung deine Berufswahl gehen könnte. Entscheide dich für einen Beruf, der dir im Moment am meisten zusagt, und recherchiere genauer dazu. Eine solche Recherche lässt sich auch gut zu zweit durchführen. Wichtig dafür ist, dass ihr den gleichen oder zumindest einen ähnlichen Berufswunsch habt. Ihr könnte eure Recherche in folgenden Schritten durchführen:

WEBCODE

WES-116647-120
Links zur Suche nach Lehr- und Praktikumsstellen

- Stellt zunächst fest, wo in eurer Nähe ein Praktikumsplatz angeboten wird. Sucht dabei nach konkreten Unternehmen, die diesen Beruf ausbilden. Hierfür könnt ihr z. B. den Webcode links nutzen.
- Geht im Internet auf eine Seite mit Landkarte und gebt als Suchbegriff euren Beruf ein. Eventuell müsst ihr den Ausschnitt der Ansicht verkleinern und noch mal in diesem Gebiet suchen. Vielleicht gibt es in eurer Region auch eine Broschüre mit Ausbildungsberufen und Unternehmen.
- Erstellt eine Liste mit den Unternehmen, die ihr gefunden habt.
- Suche nun für dich persönlich aus eurer Liste die drei Unternehmen heraus, die dir am meisten zusagen. Notiere dazu die Anschrift mit Telefonnummer, den zuständigen Ansprechpartner und ob es auf der Homepage ein Formular für Bewerbungen zu einer Praktikumsstelle gibt. Finde ansonsten heraus, wie man sich auf eine Praktikumsstelle bewerben soll (per Anruf, E-Mail oder Brief).

Kontaktaufnahme

Zur ersten Kontaktaufnahme empfiehlt es sich, das Unternehmen anzurufen oder eine E-Mail zu schreiben.

Mögliche Satzbausteine

Guten Tag Frau/Herr ..., mein Name ist ...

Ich interessiere mich für den Beruf des .../der ...

Bieten Sie in diesem Schuljahr Praktikumsplätze an?

Oh, das ist toll. Ginge es vielleicht in den Osterferien vom ... bis ...?

Checkliste – richtig telefonieren

✓ Lege dir Stift und Papier parat, damit du Notizen machen kannst.
✓ Notiert zu zweit zuvor Fragen, die für ein erstes Gespräch wichtig sein könnten.
✓ Erstelle für dich eine Übersicht, sodass du genügend Platz hast, um die Antworten zu notieren.
✓ Bedenke, dass du in aller Regel den zuständigen Ansprechpartner nicht direkt anrufen kannst, sondern mit der Vermittlung verbunden sein wirst. Nenne deinen Namen, sage, dass es sich um eine Praktikumsstelle handelt, und frage, ob du Frau/Herrn X sprechen könntest.
✓ Stelle dann deine Fragen und mache dir Notizen.

Kurzbewerbung

Trotz eines persönlichen Gesprächs wirst du wahrscheinlich deine Bewerbung um einen Praktikumsplatz schriftlich stellen müssen.

Sollte dein Unternehmen ein **Formular** für Bewerbungen anbieten, so folge einfach den vorgegebenen Schritten. Bei einer **offenen Bewerbung** kann es sein, dass du nur ein Bewerbungsanschreiben brauchst. Manche Unternehmen verlangen aber sogar für ein Praktikum einen Lebenslauf.

Checkliste – E-Mails schreiben und beantworten

- ✓ Deine E-Mail-Adresse sollte am besten aus deinem Namen bestehen. Du kannst für eine bestehende Adresse auch einen zweiten Namen einrichten.
- ✓ Setze dich selbst in BCC, sodass du prüfen kannst, ob die E-Mail richtig versendet wurde. In manchen E-Mail-Programmen kannst du auch eine Lesebestätigung setzen, damit du siehst, ob deine Mail gelesen wurde.
- ✓ Formuliere einen klaren Betreff, z. B. „Bewerbung um ein Praktikum als …“.
- ✓ Verwende eine höfliche Anrede, z. B. „Sehr geehrte Frau …“. Idealerweise kannst du einen Ansprechpartner namentlich ansprechen (vorher am Telefon erfragen). Achte darauf, dass du den Namen richtig schreibst.
- ✓ Überprüfe dein Anschreiben auf Tipp- oder Grammatikfehler.
- ✓ Verwende keine Abkürzungen oder Emojis.
- ✓ Formuliere einen passenden Abschlusssatz, z. B. „Über eine Antwort von Ihnen freue ich mich.“
- ✓ Wähle eine passende Grußformel, z. B. „Mit freundlichen Grüßen“.
- ✓ Vergiss nicht den Anhang, z. B. mit Lebenslauf, Zeugnis.

M2 „Bausteine“ für ein Anschreiben zur Praktikumsbewerbung

Derzeit | Frau Franksen | sozialen Zweig | in einer Woche | Frau Franksen, Personalleiterin | positive Antwort | Veranstaltungen | eine Praktikumsstelle | das Angebot eines Praktikumsplatzes

M1 Beispielvorlagen

Paula Brändl

Schlösslstraße 5
94424 Arnstorf
+49 (0)150/123 5xx xx
p.braendl@online.de

Lebenslauf

Persönliche Angaben

Name, Vorname	Brändl, Paula
Geburtstag, -ort	01.01.20xx in Landshut
Eltern	Brändl, Stefan, Vertriebsleiter
	Brändl, Petra, Grundschullehrkraft
Geschwister	Brändl, Frank, 19 Jahre, Student

Schulische Bildung

Sept. 20xx bis Juli 20xx	Grundschule Arnstorf
Sept. 20xx bis noch	Staatliche Realschule Arnstorf
Juli 20xx	Realschulabschluss

Qualifikationen

- sicherer Umgang mit Word, Excel und Power Point
- Englisch – PET
- Französisch – DELF B2

Hobbys

Tennis
Engagement bei der Freiwilligen Feuerwehr
Ministrantin

Arnstorf, 22. Juni 20xx
Paula Brändl

Paula Brändl

Schlösslstraße 5, 94424 Arnstorf | +49 (0)150/123 5xx xx | p.braendl@online.de

MediaDesign
……①……
Medienstraße 5
85000 Medienbach

22. Juni 20xx

Bewerbung um ……②…… als Mediengestalterin

Sehr geehrte ……③……,

auf der Homepage der Firma MediaDesign habe ich ……④…… als Mediengestalterin gesehen. Gerne möchte ich mich darum bewerben.

……⑤…… besuche ich die 8. Jahrgangsstufe der Staatlichen Realschule Arnstorf. Ich habe den ……⑥…… mit dem Fach Kunst belegt, das mir sehr viel Freude bereitet. Für ……⑦…… an der Schule gestalte ich gerne Plakate und Einladungen.

Das Praktikum würde ich gerne ……⑧…… in den Osterferien vom 10. bis 24. März oder in den Pfingstferien vom 15. bis 29. Mai absolvieren.

Über eine ……⑨…… freue ich mich sehr.

Freundliche Grüße

Paula Brändl

AUFGABEN

1. Führt zu zweit eine Recherche nach einem Praktikumsplatz durch.
2. Übt zu zweit ein Telefongespräch zur Praktikumsplatzsuche. Eine/-r ist Schüler/-in, die/der andere der Personalchef/-in des Unternehmens.
   a) Stimmt eure Fragen ab, überlegt euch Namen und einen Beruf. Nutzt die Übersicht der Schlüsselqualifikationen und Anforderungen (S. 40).
   b) Setzt euch Rücken an Rücken und tut so, als ob ihr miteinander telefonieren würdet. Nehmt eure Notizen zur Hand und ergänzt sie.
   c) Spielt euer Gespräch in der Klasse vor.
3. a) Füge die Bausteine aus M2 im Anschreiben in M1 (unten) ein.
   b) Formuliere einen alternativen Einstiegssatz.
   c) Nenne andere passende Grußformeln.

WEBCODE

WES-116647-101
Hier findest du die Beispielvorlagen aus M1 in Originalgröße.

Vorlagen für ein Bewerbungsanschreiben sowie einen tabellarischen Lebenslauf werden außerdem auf S. 53 und 55 gezeigt.

Mein Praktikum im Unternehmen

Zeitraum: ______________
Betreuer: ______________
Beruf: ______________
Abteilungen, die ich gesehen habe:
- ______________
- ______________

Was mir besonders gefallen hat:
- ______________
- ______________

Was mir nicht so gut gefallen hat:
- ______________
- ______________

Vorbereitung des Praktikums

Zur Vorbereitung des Praktikums ist es wichtig, dass du eine Art Berichtsheft anlegst, in welchem du dir Notizen machen kannst. Dein Heft kann folgende Punkte enthalten:

- Daten zum Unternehmen
- Anforderungsprofil: Erstelle das Anforderungsprofil im Vorhinein und hake dann einfach ab, was du während deines Praktikums erkennen konntest. Lass zusätzlichen Platz, damit du Punkte ergänzen kannst.
- Lege ein Raster mit der Anzahl der Tage an, die du im Unternehmen sein wirst. Lass genügend Platz, damit du Notizen zu deinen Tätigkeiten machen kannst.
- Erstelle eine Übersicht mit zwei Spalten zu positiven Eindrücken, aber auch zu negativen.

Durchführung des Praktikums

Mache dich im Vorfeld kundig, wie du gekleidet sein sollst. Für Berufe im Büro empfiehlt sich **gehobene Freizeitkleidung**, das bedeutet lange saubere Hosen, sauberes Shirt, keine Sportkleidung, bei Mädchen keine Spaghettiträger oder bauchfreie Kleidung.

Solltest du dein Praktikum in der Fertigung ableisten, so ist **Arbeitskleidung** angemessen, eine lange Hose meistens Pflicht. Ebenso kann ein langes Hemd verlangt werden. Feste Schuhe sind ebenso wichtig. Manchmal wird geeignete Kleidung aber auch von der Firma gestellt, damit sie den Sicherheitsstandards entspricht.

Nimm am ersten Tag auf jeden Fall Essen und Getränke selbst mit.

Melde dich zu Beginn an der Pforte oder am Empfang. Sei höflich, zurückhaltend und freundlich.

Am Abend, wenn du zu Hause bist, fülle dein Berichtsheft aus.

Wenn dein Praktikum zu Ende geht, frage höflich nach einer Praktikumsbestätigung. Sollte der Betrieb keine solche haben, so wende dich an deine zuständige Lehrkraft.

Nachbereitung

Nach dem Praktikum solltest du dein Berichtsheft zur Hand nehmen und die Tage nochmal Revue passieren lassen:

- Was war besonders beeindruckend?
- Was hat dir gar nicht gefallen?
- Könntest du dir vorstellen, diesen Beruf später zu erlernen?
- Oder gibt es einen ähnlichen Beruf, der vielleicht besser zu dir passen würde?

Eure Ergebnisse könntet ihr z.B. gut in Form eines Plakats (siehe *Methode* S. 47) zusammenfassen.

Ein Plakat gestalten

1. Formuliere Inhalte zu folgenden Überschriften:
- Mein Unternehmen
- Mein Beruf
- Anforderungsprofil dieses Berufs in diesem Unternehmen
- Meine Erfahrungen
- Warum mir dieser Beruf (nicht) gefällt.

2. Gestalte mit den obigen Inhalten ein Plakat in analoger oder digitaler Form. Das könnte wie unten aussehen.
3. Stelle mithilfe des Plakats deinen Beruf in der Klasse vor.
4. Ihr könnt nun eure besuchten Unternehmen auf einer Landkarte markieren und den Namen der Firma ergänzen.

Mein Beruf
- 3-jähriger Ausbildungsberuf im Handwerk
- Betätigungsfeld im Augenoptiker-Handwerk oder in der optischen und feinmechanischen Industrie
- Sehhilfen herstellen und individuell anpassen
- Kunden beraten
- Brillen, Kontaktlinsen und optische Geräte verkaufen
- Sehhilfen reparieren
- kaufmännische Arbeiten erledigen

Mein Unternehmen

Optik Linsmeier
Brillenstraße 5
85550 Sehfelden

Augenoptiker

Anforderungsprofil
- handwerkliches Geschick
- Sorgfalt
- Beobachtungsgenauigkeit
- Kundenorientierung
- Mathematik, Physik, Biologie
- Realschulabschluss sinnvoll

Meine Erfahrungen

Ich durfte
- Brillengestelle erwärmen und anpassen
- ein Glas schleifen
- den Unterschied zwischen harten und weichen Kontaktlinsen kennenlernen
- Brillen reparieren
- ein Kundengespräch führen
- Termine mit Kunden vereinbaren

Warum mir dieser Beruf gefällt
- sauberes Arbeiten
- Kundenkontakt
- präzises Arbeiten
- vielfältig

AUFGABEN

1. Erstellt im Klassenverband ein Berichtsheft mit den relevanten Daten. Ihr könnt das Heft auch am PC gestalten. Heftet es dann in eurem Portfolio ab. Vergesst nicht, je Praktikum eine eigene Seite anzulegen.
2. a) Teilt euch in fünf Gruppen auf und sucht jeweils nach Bildern mit passender Arbeitskleidung für (1) Industriekaufleute, (2) Industriemechaniker, (3) Schreiner, (4) Krankenschwestern, (5) Bankkaufleute.
   b) Beschreibt die Kleidung und stellt die Ergebnisse in der Klasse vor.
3. Erstellt in der Klasse nach Abschluss der Praktika jeweils ein Plakat.

2.4 Die Bewerbung

Neuntklässlerin Clara hat sich über die Vielzahl an Möglichkeiten für ihren beruflichen Werdegang informiert. Sie hat sich für eine Ausbildung zur Fremdsprachen-Industriekauffrau entschieden und die passende Stellenanzeige M1 gefunden. Nun möchte sie sich darauf bewerben.

Was bedeutet eigentlich „Bewerbung"?

„Bewerbung" heißt, für die eigene Person „Werbung" zu machen, das heißt, jemanden für sich zu gewinnen. Der Ausbildungsbetrieb erhält durch die Bewerbungsunterlagen einen ersten Eindruck von Clara, ohne dass er sie persönlich kennengelernt hat. Je informativer und aussagekräftiger die Unterlagen sind, desto größer sind ihre Chancen auf einen Ausbildungsplatz.

WEBCODE

WES-116647-102
Bei Planet Beruf von der Bundesagentur für Arbeit kannst du ein interaktives Bewerbungstraining absolvieren.

INFO

Berufsberater der Arbeitsagenturen
Die Berufsberater/-innen geben Auskunft und Hilfe beim Thema Bewerbung. An einigen Schulen findet diese Beratung auch während des Unterrichts statt.

M1 Stellenausschreibung

FREMDSPRACHEN-INDUSTRIEKAUFLEUTE (M/W/D)

HAST DU IMMER DIE RICHTIGE ANTWORT PARAT?
Dein englisches Sprachtalent ist genauso groß wie dein Teamgeist? Dich interessieren die Abläufe eines international aufgestellten Unternehmens? Dann wird dich eine Karriere als Fremdsprachen-Industriekaufmann/-frau begeistern! In deiner vielseitigen Ausbildung lernst du die Kernprozesse des Unternehmens kennen und bist danach für einen Einstieg z. B. in Projektunterstützung, Vertrieb, Marketing, Personal- oder Rechnungswesen sehr gut vorbereitet – und sicherlich nie um eine Antwort verlegen!

DEINE AUSBILDUNG
- fundierte Ausbildung in Fachdisziplinen wie Geschäftsprozesse, Marketing und Vertrieb, Kommunikation (mit Sprachunterricht Englisch), Arbeitsorganisation, Logistik, Beschaffung, Personal, Controlling, Buchhaltung
- praktische Einbindung und Betreuung durch erfahrene Ausbilder in den verschiedenen kaufmännischen Fachabteilungen
- Abschlüsse: Industriekaufmann/-frau; Fremdsprachenkorrespondent/-in Englisch

KURZ GEFASST
- Schulbildung: Realschule, Fachoberschule oder Gymnasium
- Ausbildungszeit: 2½ Jahre (4 Wochen Aufenthalt in Großbritannien)
- Berufsschule und Ausbildungsstätte im Wechsel

DEINE BEWERBUNG SCHICKST DU BITTE ÜBER UNSEREN ONLINE-STELLENMARKT ODER PER POST AN …

M2 Optimaler Ablauf einer Bewerbung

Die Bewerbungsunterlagen

Für ihre Bewerbung sucht Clara die erforderlichen Unterlagen zusammen. Bei einer **„klassischen" Bewerbung** (siehe auch S. 50) bestehen die Bewerbungsunterlagen aus dem Deckblatt, dem Bewerbungsanschreiben, dem Lebenslauf und den Anlagen. Meistens werden die Unterlagen in einer Bewerbungsmappe angelegt.

M3 Bestandteile einer Bewerbung

Deckblatt (siehe Randspalte)	• Gestalte dein Deckblatt ansprechend, denn es dient als erster Eindruck. • Achte auf das richtige Layout passend zum jeweiligen Beruf. • Verwende eine klare und strukturierte Übersicht. • Klebe das Bewerbungsfoto entweder auf das Deckblatt oder scanne es ein.
Bewerbungs-anschreiben	• Nimm Bezug auf die Stellenanzeige. • Stelle dir folgende drei W-Fragen: – Warum bewerbe ich mich in diesem Unternehmen? – Welchen Beruf möchte ich erlernen? – Was zeichnet mich aus für diesen Beruf? Wichtig: → Schreibe nie eine Vorlage ab, sondern mache dir selbstständig Gedanken. → Vergiss nicht deine Unterschrift.
Lebenslauf	• Mache zuerst Angaben zu deiner Person. • Danach folgt eine Zusammenfassung deines bisherigen Werdegangs in tabellarischer Form. • Vergiss nicht deine Unterschrift mit Datum.
Anlagen	In die Anlagen kommen wichtige Dokumente und Belege, z. B.: • Zeugnisse (jeweils das aktuellste), • Praktikumsbescheinigungen, • Urkunden (z. B. DELF, PET, Schülerleistungsschreiben etc.). Wichtig: → Verwende keine Originale, sondern nur Kopien (evtl. beglaubigt). → Der Anlagenvermerk kann sowohl auf dem Deckblatt als auch auf dem Bewerbungsanschreiben angeführt werden.

Bewerbung

Clara Müller
Bahnhofstr. 8c
94474 Vilshofen
Tel.: 08541/12345xx
E-Mail: clara.mueller@cmail.com

INFO

DELF
Diplôme d'Etudes en langue française

PET
Preliminary English Test

AUFGABEN

1. Charakterisiere die Bedeutung einer Bewerbung.
2. Erläutere den optimalen Ablauf einer Bewerbung (M2).
3. Beschreibe die vier Bestandteile einer „klassischen" Bewerbung (M3).
4. a) Arbeite aus M1 die Anforderungen heraus.
   b) Entscheide, mit welchen Bestandteilen der Bewerbung aus M3 du diese Anforderungen belegen kannst.

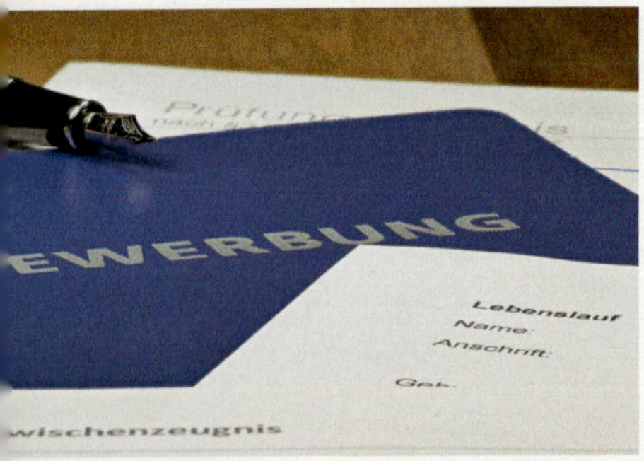

Arten von Bewerbung

Clara hat sich für eine „klassische" Bewerbung mit Bewerbungsmappe entschieden. Daneben gibt es aber noch viele weitere Arten von Bewerbungen.

a) Klassische Bewerbung nach DIN 5008

Die Bewerbung ist nach den Regeln des Deutschen Instituts für Normung (DIN) 5008 zu erstellen. Clara kann sich daran gut orientieren.

Die Formatierung einer Bewerbung nach DIN 5008

Allgemeine **Tipps** zur Verwendung eines Textverarbeitungsprogramms:
- Verwendung eines Anschriftfeldes (9-zeilig)
- Ausrichtung des Textes: in der Regel linksbündig; Blocksatz möglich
- Verwendung einer einheitlichen Schriftart für den gesamten Text
- Einfügen einer Faltkante
- Absatz- und Zeilenabstände: Abhängig von der Länge des Textes kann der Zeilenabstand 1 bis 1,5 betragen; eine sinnvolle Gliederung der Absätze wird empfohlen.

Möglichkeit der Einstellung der **Seitenränder**:
- links: 2,5 cm
- rechts: 2,0 cm
- oben: 2,0 cm
- unten: 2,0 cm

Wichtig ist, dass das Anschreiben eine DIN-A4-Seite nicht überschreitet.

M4 Welche Art der Bewerbung wird bevorzugt?

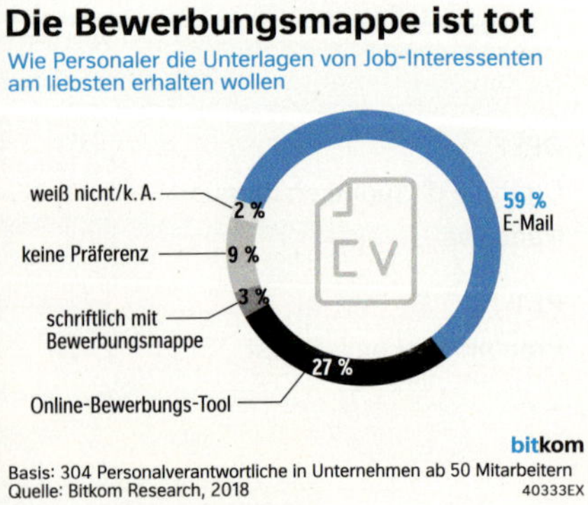

b) E-Mail-Bewerbung und Online-Bewerbung

Heute wünschen Unternehmen häufig eine Bewerbung **per E-Mail**. Dabei handelt es sich um eine **digitale Bewerbungsmappe**. Die Reihenfolge der Bewerbungsunterlagen unterscheidet sich bei einer E-Mail-Bewerbung nicht von der Reihenfolge in der klassischen Bewerbungsmappe (siehe S. 49).

Der wichtigste Bestandteil ist der **Anhang**: Die eigentlichen Bewerbungsunterlagen werden gesammelt in einer **PDF-Datei** im Dateianhang der E-Mail verschickt. Die PDF-Datei sollte sämtliche Bewerbungsunterlagen und Anhänge enthalten. Versende aber keine zu große Datei, da sie sonst möglicherweise im **Spam-Ordner** des Empfängers landet und nicht gefunden wird. Achte darauf, dass der **Dateiname** deiner Unterlagen auch ohne E-Mail zuzuordnen ist, zum Beispiel „Bewerbungsunterlagen_Clara_Mueller.pdf".

Die **Unterschrift** ist bei E-Mail-Bewerbungen zwar keine Pflicht, wird aber dennoch empfohlen. Dazu kannst du deine Unterschrift entweder einscannen bzw. fotografieren oder digital erzeugen bzw. zeichnen.

Daneben ist auch das Eingeben der Daten in eine **Eingabemaske auf der Unternehmenshomepage** eine beliebte Art der Online-Bewerbung.

Zeichnung: Klaus Pluth

c) Initiativbewerbung
Du bewirbst dich, obwohl **keine Stellenausschreibung** vom Unternehmen vorliegt. Dementsprechend existiert kein klar formuliertes Anforderungsprofil, auf das du in deinem Anschreiben Bezug nehmen kannst.

Mögliche Informationsquellen für besetzbare Stellen sind vielfältig. Neben Tipps aus dem persönlichen Netzwerk oder eigenem Interesse an einem Unternehmen können die Medien nützliche Informationen liefern.
Sich initiativ zu bewerben ist besonders bei großen Unternehmen sinnvoll.

d) Kurzbewerbung
Die Kurzbewerbung ist eine übliche Bewerbungsform für **Praktika, Minijobs** oder auch bei **internen Bewerbungen** und **Initiativbewerbungen**. Sie umfasst lediglich zwei Dokumentarten: ein aussagekräftiges Bewerbungsanschreiben (maximal eine Seite) und einen strukturierten Lebenslauf.

e) Bewerbungshomepage und Bewerbungsprofile
Mit dem technologischen Fortschritt stehen zunehmend alternative Herangehensweisen an eine Bewerbung offen. Eine davon ist die eigene Bewerbungshomepage. Achte hierbei aber auf die Privatsphäre deiner Daten!

Auch ein ansprechendes Profil in beruflichen sozialen Netzwerken wie Xing oder LinkedIn kann ein guter Ausgangspunkt zur Kontaktaufnahme sein.

f) Bewerbungsvideo
Das Bewerbungsvideo ist eine Möglichkeit, ein Alleinstellungsmerkmal zu kreieren, aber kein Ersatz für vollständige Bewerbungsunterlagen. Ein Bewerbungsvideo ist auch nicht für jeden Bewerber bzw. jede Branche geeignet.

AUFGABEN

1. *Marktplatz:* Begründe, dass E-Mail- und Online-Bewerbungen (b) von vielen Personalverantwortlichen bevorzugt werden (M4).
2. Schätze ein, wann eine Initiativbewerbung (c) ratsam ist.
3. Begründe, für welche Berufsgruppen die Erstellung
   a) einer Bewerbungshomepage (e),
   b) eines Bewerbungsvideos (f)
   sinnvoll sein kann.

Das Bewerbungsanschreiben

Das Bewerbungsanschreiben dient als erster Eindruck. Es entscheidet u.a. häufig darüber, ob du in eine engere Auswahl kommst.

Die Inhalte deines Anschreibens:

inhaltliche Kriterien	**Motivation** • Auslöser für die Bewerbung (z. B. Stellenanzeige, Familie, Freunde, Praktikum) • Gründe für die Wahl der Firma • Gründe für die Wahl des Berufes
	Hard Skills (schulischer Werdegang – Fähigkeiten) • Realschulabschluss • zusätzliche Kenntnisse: Sprachen (z. B. DELF), IT etc. • außerschulisch erlernte Kenntnisse (z. B. Rettungsschwimmer)
	Soft Skills (persönliche Fähigkeiten) → am besten immer mit Beispielen belegen • Teamfähigkeit (z. B. Sportverein, Chor/Musikgruppe) • soziale Kompetenz (z. B. Arbeit im Altenheim) • selbstständiges Arbeiten (z. B. Tutorentätigkeit) • Belastbarkeit (v. a. soziale Berufe) • Lernbereitschaft (z. B. Sprach- oder Computerkurs) • Kritikfähigkeit (z. B. Zusammenarbeit in Gruppen/Teams)
formale Kriterien	DIN 5008 (siehe S. 50)
	Rechtschreibung
	Ort, Datum und Unterschrift
	Anlagen

AUFGABEN

1. Erstelle einen Briefkopf mit deinen persönlichen Angaben wie in M5 auf S. 53 und speichere ihn ab. Du kannst den Briefkopf jetzt immer für deine zukünftigen Bewerbungen verwenden.
2. a) Erstelle ein komplettes Bewerbungsanschreiben nach der DIN 5008 als Privatbrief. Nimm im Anschreiben Bezug auf den Tätigkeitsbereich eines Berufes deiner Wahl.
   b) Bildet Zweiergruppen und lest gegenseitig eure Anschreiben. Markiert dabei mit ☺, was euch gut gefällt, und mit ☹, was ihr verbessern würdet. Erläutert eure Anmerkungen.
   c) Tragt in der Klasse zusammen, was euch bei den Anschreiben aufgefallen ist. Erstellt zusammen eine Liste mit Punkten, die zu beachten sind.
3. Diskutiert mögliche Gründe, warum das Bewerbungsanschreiben für viele Unternehmen eine wichtige Bedeutung hat.

M5 Bewerbungsanschreiben

Clara Müller
Bahnhofstraße 8c
94474 Vilshofen
Tel: 08541 12345xx
E-Mail: clara.mueller@cmail.com

WestermannTalk GmbH
Frau Nußbaumer
Am Leuchtturm 29
94036 Passau

Auch internationale Schreibweise zulässig: 20xx-08-12

12. August 20xx

Bewerbung um einen Ausbildungsplatz als Fremdsprachen-Industriekauffrau

Betreff mit genauer Berufsbezeichnung

Sehr geehrte Frau Nußbaumer,

konkreter Ansprechpartner

mit großem Interesse habe ich Ihr Lehrstellenangebot auf Ihrer informativen Homepage gelesen. Die Arbeit in einem Familienunternehmen kombiniert mit Auslandstätigkeiten interessiert mich sehr. Deshalb bewerbe ich mich um einen Ausbildungsplatz als Fremdsprachen-Industriekauffrau.

Momentan besuche ich die Jahrgangsstufe neun der Realschule Vilshofen und werde im Sommer 20xx die zehnte Klasse erfolgreich mit dem Realschulabschluss beenden.

Während meiner Schnupper-Praktikumswoche konnte ich bei der Firma Lander in Vilshofen erste Einblicke in den beruflichen Alltag einer Fremdsprachen-Industriekauffrau gewinnen. Besonders die Bandbreite an organisatorischen Aufgaben hat mich angesprochen. Vor allem die Telefonate und das Erstellen eines Briefs in englischer Sprache haben mir viel Freude bereitet.

Beziehe dich hier auf das Anforderungsprofil des Berufes!

Für die Ausbildung bringe ich mit der wirtschaftswissenschaftlichen Ausbildungsrichtung an der Realschule beste Voraussetzungen mit. Außerdem besitze ich gute Kenntnisse in der Fremdsprache Englisch sowie im Fach Informationstechnologie.
Als Mitglied der SMV arbeite ich gerne im Team zusammen und in meiner Freizeit helfe ich jüngeren Schülern im Fach Robotik und bei Hausaufgaben.

Hard Skills

Soft Skills

Über eine Einladung zu einem Vorstellungsgespräch freue ich mich sehr.

Mit freundlichen Grüßen

Clara Müller

Standardschluss mit Unterschrift; kann durch das Angebot für ein freiwilliges Praktikum ergänzt werden

Anlagen
- Lebenslauf
- Zeugniskopien
- Praktikumsbescheinigungen
- PET-Bescheinigung

Anlagen können auch auf dem Deckblatt angegeben werden. Jedoch müssen sie einmal in der Bewerbung vorkommen.

INFO

Fotos in einer Bewerbung
Du musst kein Bewerbungsfoto mitsenden. Empfehlenswert ist es aber meistens trotzdem. Stell dir vor, acht Schüler mit den gleichen Qualifikationen bewerben sich um eine Ausbildung, Bewerbungsfotos liegen nur in vier Bewerbungen vor. Wer wird dem Ausbilder in Erinnerung bleiben?

Anonyme Bewerbungen – vor- oder nachteilig?

Der tabellarische Lebenslauf

Der Lebenslauf gibt Auskunft über deine Person und sollte kurz und klar formuliert werden. Folgende Punkte sollte dein Lebenslauf beinhalten:

Persönliche Daten
• Name • Geburtsdatum • Geburtsort
Schulischer Werdegang
• Grundschule (Ort) von ... bis ... • weiterführende Schulen (Ort) von ... bis ... • Abschluss: Realschulabschluss mit Jahresangabe
Zusatzqualifikationen
• Sprachkenntnisse mit Angabe der Zertifikate • IT-Kenntnisse mit Angabe der Programme • schulisches Engagement: z. B. Tutor, SMV, Theater • außerschulisches Engagement: z. B. Betreuung älterer Menschen • persönliche Qualifikationen: z. B. Teamfähigkeit, Empathie, Zuverlässigkeit, Pünktlichkeit (mit Begründung, wo man diese erworben hat/anwendet)
Praktika
• geordnet nach Zeitpunkt • Firma, Tätigkeit
Hobbys
• Sport, Feuerwehr, Kirche etc. • Achtung: keine zweifelhaften Hobbys angeben oder gefährliche Hobbys wie Freeclimbing
Ort, Datum und Unterschrift

Datenschutz

Persönliche Daten (z. B. Geburtsdatum, Foto, nähere Angaben zu Eltern und Geschwistern, Religion, Staatsangehörigkeit) dürfen von den Betrieben nicht verlangt werden, sollten aber weitgehend in deiner Bewerbung stehen. Du musst selbst entscheiden, welche deiner Daten du preisgeben möchtest.

Unternehmen sind nach der Europäischen Datenschutz-Grundverordnung verpflichtet, dich über Speicherdauer oder Weiterleitung deiner Daten zu informieren.

AUFGABEN

1. Erstelle einen tabellarischen Lebenslauf wie in M6 auf S. 55 mit deinen Daten.
2. *Kugellager:* Manche Unternehmen akzeptieren anonyme Bewerbungen. Dabei verzichtet der Bewerber auf persönliche Angaben wie Name, Geschlecht, Geburtsdatum und Staatsangehörigkeit sowie auf ein Bewerbungsfoto.
   Diskutiert Vor- und Nachteile einer solchen Bewerbung aus der Sicht a) des Bewerbers und b) des Betriebes.

M6 **Tabellarischer Lebenslauf**

Lebenslauf

Persönliche Daten

Name:	Clara Müller
Geburtsdatum:	29. November 20xx
Geburtsort:	Passau
Staatsangehörigkeit:	Deutsch
Eltern:	Severin Müller, Bürokaufmann
	Renate Müller, Hotelfachfrau
Geschwister:	Jonas Müller, 21 Jahre

Schulausbildung

09/20xx – 07/20xx	Grundschule (Name, Ort)
09/20xx – 07/20xx	Realschule (Name, Ort)
07/20xx	Realschulabschluss

Praktika

04/20xx, 1 Woche	Praktikum Steuerberatungskanzlei Zack
06/20xx, 1 Woche	Praktikum Chemiewerk Explosiv AG
09/20xx, Schnupper-Praktikumswoche	Fachinformatikerin, Schornsteinfegerin, Erzieherin, Fremdsprachen-Industriekauffrau

Zusatzqualifikationen

EDV:	Grundlagen der Informationstechnologie
	Kenntnisse in MS Office
Sprachkenntnisse:	Englisch, Cambridge Certificate
Schulisches Engagement:	Klassensprecherin, SMV, Tutorin für jüngere Schüler
Persönliche Stärken:	Teamfähigkeit, Zuverlässigkeit

Hobbys

	Fußball, Schlagzeug spielen

Vilshofen, 12. August 20xx

Clara Müller

Zeichnung: Thomas Plaßmann

Vorsicht in sozialen Netzwerken

Bei deiner Bewerbung hast du an alles gedacht. Du hast ein aussagekräftiges Anschreiben geschrieben, einen detaillierten Lebenslauf verfasst und neue Bewerbungsfotos gemacht. Die Einladung zum Vorstellungsgespräch kann kommen. Jedoch vergessen Bewerber oft einen wichtigen Teil im Bewerbungsprozess – das Internet.

Mitarbeiter in Personalabteilungen sind nicht „von gestern“ und recherchieren nach den Bewerbern. Dabei gehört in vielen Unternehmen ein Blick in die Social-Media-Profile bei der Sichtung der Bewerbung genauso dazu wie das Lesen des Lebenslaufes.

Ob Partyfotos oder Fachdiskussionen, Hetze oder Networking – wie man soziale Netzwerke nutzt, macht so oder so Eindruck, auch bei Personalverantwortlichen. Ein **angemessener Social-Media-Auftritt** ist bei der Bewerbung um einen Job mittlerweile sehr wichtig.

M7 Soziale Netzwerke im Bewerbungsprozess

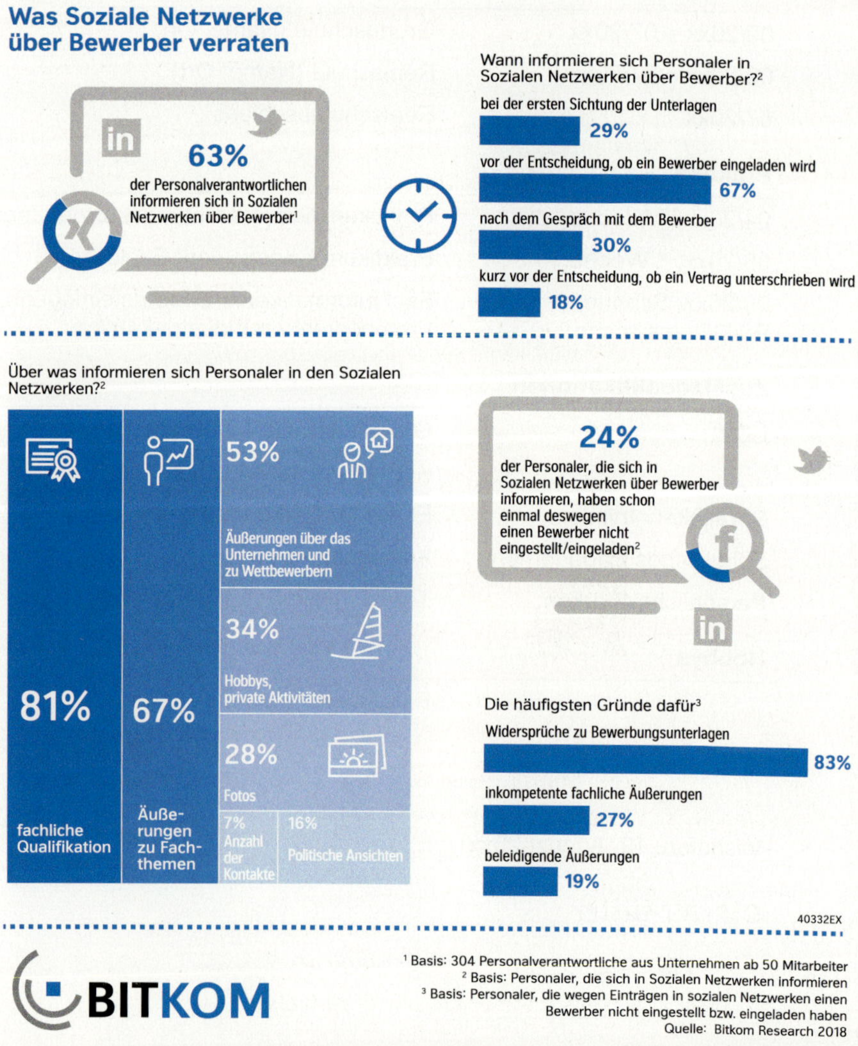

Zeitliche Planung einer Bewerbung

Clara hat ihre Bewerbungsunterlagen nun zusammengestellt. Doch wann ist der **beste Zeitpunkt**, um sie zu versenden?

Abhängig von der **Branche**, in der man sich bewirbt, sind bestimmte **Fristen** zu beachten. Eine Rolle spielt auch die **Größe des Unternehmens**: Große Unternehmen suchen in der Regel früher als kleine und mittelständische.

Clara sollte ihre Bewerbungsunterlagen um eine Ausbildung als Fremdsprachen-Industriekauffrau spätestens im September verschicken, wenn sie ihre Ausbildung im August des nächsten Jahres beginnen möchte.

M8 Fahrplan zum Ausbildungsberuf

8. Klasse:
- sich über verschiedene Berufe informieren
- viele Praktika machen

9. Klasse:

Februar
- Bewerbungsbeginn bei Banken, Versicherungen und einigen Großbetrieben
- Bewerbungsschluss für die Beamtenausbildung (mittlerer Dienst) beachten!

August/September
- Bewerbungsbeginn bei den meisten Betrieben und schulischen Ausbildungen

10. Klasse:

Februar
- Anmeldung für weiterführende Schulen (z. B. FOS)

August/September
- Ausbildungsbeginn

AUFGABEN

1. *Think-Pair-Share:* Erläutere mithilfe von M7 die Rolle von sozialen Netzwerken im Bewerbungsverfahren.
2. Überprüfe deine eigenen Profile in sozialen Netzwerken und verbessere diese gegebenenfalls.
3. Recherchiere, wann du dich für deine Wunschausbildung bewerben müsstest, und erstelle dir mithilfe von M8 einen eigenen „Fahrplan".
4. Recherchiere die Bewerbungsfristen im öffentlichen Dienst.

2.5 Der Auswahltest

Im Briefkasten von Clara liegt eine Einladung zum Auswahltest. Sie hat sich gegen die meisten Mitbewerber durchgesetzt. Wer bei dem Test am besten abschneidet, hat gute Chancen auf die Ausbildungsstelle.

Ein Auswahl- oder Einstellungstest prüft **nicht nur schulisches Wissen**, sondern auch **weitere Fähigkeiten**. Häufig werden einige dieser Schwerpunkte getestet:

- logisches Denken,
- technisches Verständnis,
- Arbeitstempo und Arbeitsgenauigkeit,
- psychologische Fähigkeiten,
- Umgang mit Zahlen und Rechenkenntnisse,
- Sprach- und Abstraktionsfähigkeit,
- Kenntnisse in Rechtschreibung und Zeichensetzung,
- Kreativität.

Zum Beispiel für die Ausbildung bei der Polizei musst du dich auch einem **Sporttest** unterziehen. Geprüft werden Kondition, Kraft und Koordination.

WEBCODE

WES-116647-103
Eine Orientierungshilfe zu Auswahltests mit Beispielaufgaben zum Üben bietet die Bundesagentur für Arbeit.

M1 Beispiele für Fragen beim Auswahltest

Allgemeinwissen
Wer war der/die erste Bundeskanzler/-in in der Bundesrepublik Deutschland?

a) Angela Merkel
b) Ludwig Erhard
c) Konrad Adenauer
d) Theodor Heuss

Rechnen und Mathematik
Ein neues Smartphone, das du dir kaufen willst, kostet 600 €. Du findest es in einem Laden im Angebot für 540 €. Wie viel Prozent würdest du sparen?

a) 3 %
b) 97 %
c) 10 %
d) 90 %

Deutsch und Sprache
Welches Wort ist hier nicht richtig geschrieben?

a) Kraftfahrzeug
b) Schiffahrt
c) Liquidität
d) Hypothek

Räumliche Vorstellung
Welche Anordnung von Symbolen gehört in das letzte Kästchen?

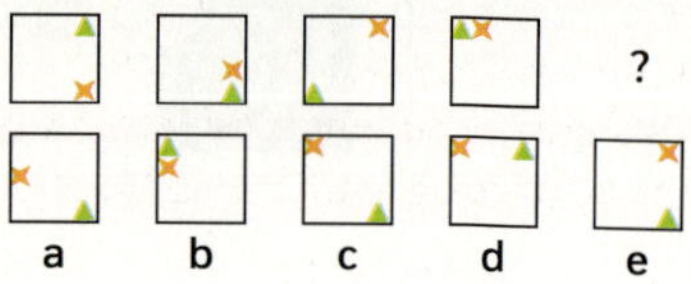

AUFGABEN

1. Löse den Auswahltest M1.
2. Recherchiere nach anderen Auswahl- bzw. Einstellungstests und nenne weitere Oberthemen (wie in M1 z. B. Allgemeinwissen).

2.6 Assessmentcenter

Manche Unternehmen laden ihre Bewerber auch zu einem **Assessmentcenter** ein. Dabei handelt es sich um ein spezielles Verfahren, mit dessen Hilfe Bewerber beurteilt werden. Zu diesem Zweck müssen die Bewerber ein oder mehrere Tage lang **verschiedene Aufgaben** bewältigen. Es gibt keine festen Regeln, wie ein Assessmentcenter aufgebaut ist und welche Aufgaben ein Bewerber im Rahmen dieses Tests absolvieren muss. Trotzdem haben die meisten Assessmentcenter Gemeinsamkeiten.

Typische Merkmale eines Assessmentcenters:

- An einem Assessmentcenter nehmen circa fünf bis 15 Bewerber teil.
- Die Bewerber müssen verschiedene Aufgaben erfüllen, z. B.:
  - **Selbstpräsentation bzw. Einzelpräsentation** über verschiedene Themen zur Überprüfung der Selbstständigkeit,
  - **„Postkorb"-Übungen**, in denen man in einer stressigen Situation Aufgaben sortieren, erledigen oder delegieren muss,
  - **Rollenspiele**, z. B. fiktive Verkaufsgespräche, in denen die sprachlichen/rhetorischen Qualitäten beurteilt werden,
  - **Planspiele** zur Beurteilung von logischem und strukturiertem Denken, z. B. Lösung eines Problems in einem fiktiven Fallbeispiel,
  - **Gruppendiskussionen**, in denen das Teamverhalten, aber auch das Diskussionsgeschick beurteilt werden,
  - **Interviews** und klassische **Eignungstests**.
- Die Bewerber müssen **miteinander agieren**.
- Die Bewerber werden **von mehreren Beobachtern beurteilt**.
- Die Bewerber müssen ihre eigene Leistung und die Leistung der anderen Teilnehmer beurteilen (**Feedback**).

M1 Typische Aufgaben im Assessmentcenter

M2 Beispiel für eine Gruppenarbeit im Assessmentcenter

Ihr sollt für eure Abteilung eine dreitägige Betriebsreise in eine europäische Großstadt auf die Beine stellen. Überlegt, in welche Stadt die Reise gehen soll, wie das Programm vor Ort aussieht und wie ihr die gesamte Tour – von der An- bis zur Abreise – organisieren wollt.

Nach: Marcus Mery, Das Assessment Center: Die Gruppenarbeit, in: https://www.ausbildungspark.com/assessment-center/die-gruppenarbeit/ (Zugriff: 27.1.2020) © 2020 Ausbildungspark Verlag GmbH, Offenbach am Main (verändert)

AUFGABEN

1. Erstelle für ein Assessmentcenter für einen Beruf und ein Unternehmen deiner Wahl eine Selbstpräsentation (drei bis fünf Minuten).
2. 💡 Wähle einen Begriff aus M1 und beschreibe diesen in Bezug auf das Assessmentcenter.
3. a) Löst in Gruppen die Aufgabe in M2.
   b) Stellt eure Ergebnisse vor und bewertet sie in einer Feedbackrunde.

typischer Ablauf eines Vorstellungsgesprächs

Ankunft
↓
Kennenlernen
↓
Motivation
↓
Werdegang
↓
Persönlichkeit
↓
deine Fragen

2.7 Das Vorstellungsgespräch

Clara ist auf der Zielgeraden: Ihr Auswahltest war erfolgreich und das Unternehmen möchte sie beim Vorstellungsgespräch persönlich kennenlernen. Jetzt muss sie nur noch einen „kühlen Kopf" bewahren und der Job ist zum Greifen nahe.

Im Vorstellungsgespräch möchte das Unternehmen ein möglichst objektives Bild von Clara bekommen. Natürlich zählt hier auch der **erste Eindruck**: Verhalten, Auftreten, Umgangsformen, Körpersprache (Mimik und Gestik), äußeres Erscheinungsbild, Geprächsführung, Selbstsicherheit, Pünktlichkeit und Höflichkeit.

Sie sollte sich aber auch **inhaltlich** auf das Vorstellungsgespräch vorbereiten: Informationen über den Ausbildungsbetrieb, Arbeitsbereich, Berufsprofil und aktuelles Zeitgeschehen sind einige Bereiche, zu denen sie befragt werden kann.

Typische Fragen und was dahintersteckt

In großen Firmen läuft das Vorstellungsgespräch meist nach einem allgemeingültigen Schema ab. Aber auch in kleineren Unternehmen kannst du unter anderem folgende Fragen erwarten:

Zeichnung: Rainer M. Osinger

Frage:	Hier geht es darum, ...
Warum wollen Sie diesen Beruf erlernen?	**... ob du deine berufliche Entscheidung gründlich getroffen hast.**
Weshalb bewerben Sie sich gerade bei uns?	**... ob du dich über das Unternehmen informiert hast.**
Treiben Sie Sport?	**... ob du Wert auf deine Gesundheit legst.**
Wieso halten Sie sich für diesen Beruf geeignet?	**... ob du dir gut überlegt hast, dass dieser Beruf zu dir passt.**
Welche Schulfächer liegen Ihnen, welche nicht besonders?	**... wofür du dich interessierst und ob du dich für etwas engagierst.**

WEBCODE

WES-116647-104
Film: Einfach erklärt: Vorstellungsgespräch

Eigene Fragen im Vorstellungsgespräch

Eigenen Fragen zeigen Interesse und erhöhen die Chance auf die Ausbildungsstelle. Clara hat sich diese Fragen überlegt:

- In welchen Bereichen werde ich eingesetzt?
- Gibt es die Möglichkeit zur Weiterbildung?
- Wie stehen die Übernahmechancen nach der Ausbildung?

Ein Erklärvideo erstellen

Ziel eines Erklärvideos ist es, komplexe Inhalte leicht verständlich auf die wichtigsten Informationen zu reduzieren. Damit dies gelingt, sind einige Kriterien zu beachten. Anhand der folgenden Schritte könnt ihr eurer Video erstellen. Am besten arbeitet ihr dabei in Gruppen zusammen.

WEBCODE

WES-116647-105
Informationen des Bayerischen Landesbeauftragten für den Datenschutz zu Videoaufnahmen im Schulunterricht

Kriterien eines guten Videos:
- ✓ gutes und inhaltlich korrektes Storyboard (Drehbuch)
- ✓ maximal fünf Minuten Länge
- ✓ hohe Bildqualität
- ✓ angemessene Sprache
- ✓ Unterhaltungswert

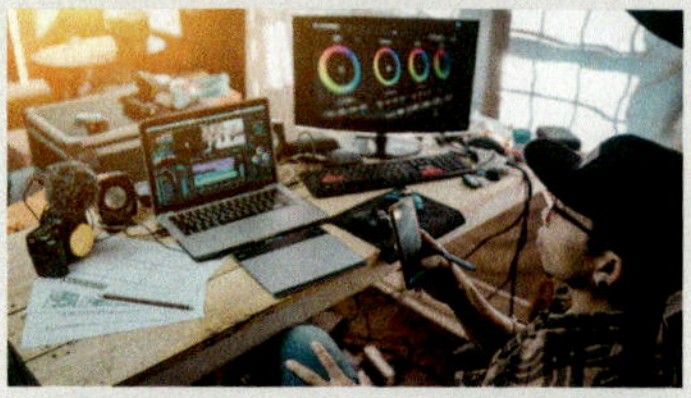

1. Thema festlegen und Ideen sammeln
- Bestimmt das Thema und recherchiert nach Informationen dazu.
- Entscheidet, ob ihr ein Realvideo (z. B. Interview, Reportage), Screencast (Aufnahme vom Compterbildschirm) oder Tutorial (Erklärung durch „Experten") erstellen möchtet.

2. Storyboard (Drehbuch) erstellen
- Erstellt eine Gliederung mit der Reihenfolge der Themen.
- Ordnet die von euch recherchierten Informationen der Gliederung zu.

3. Erklärvideo drehen und bearbeiten
- Legt fest, wie ihr filmen wollt – mit dem Handy oder der Kamera.
- Wählt den Ort, an dem ihr filmt, z. B. Klassenzimmer oder Schulgelände.
- Entscheidet, ob es einen Sprecher, Hintergrundmusik oder Bildelemente geben soll.
- Beachtet den Datenschutz (siehe Webcode oben).
- Schneidet eurer Video ggf. mit einer App zurecht.

4. Erklärvideo präsentieren und besprechen
- Präsentiert das Video vor der Klasse.
- Lasst eure Mitschülerinnen und Mitschüler einen Bewertungsbogen ausfüllen.

AUFGABEN

1. Legt in einem Bewertungsbogen die Kriterien fest, die für eure Videos wichtig sind. Das können auch noch weitere als die oben genannten Kriterien sein.
2. Erstellt in Gruppen Erklärvideos zum Ablauf des Bewerbungsverfahrens für eine Berufsgruppe eurer Wahl.
3. Präsentiert eure Videos in der Klasse und bewertet sie mit dem Bewertungsbogen.

Rollenspiel zum Vorstellungsgespräch

Ein Rollenspiel eignet sich gut zum Einüben eines Vorstellungsgesprächs. Hier könnt ihr euch in die Rolle des Bewerbers und des Personalverantwortlichen hineinversetzen. Aber auch die Rolle des Beobachters ist wichtig, um Tipps und Anregungen zu geben.

Vorbereitung des Rollenspiels

1. Bildet Dreierteams.
2. Sucht euch einen Betrieb und Ausbildungsberuf aus.
3. Verteilt die Rollen und lest die Rollenkarten genau durch.
4. Bereitet euch einzeln auf eure Rollen vor:
   - **Personalchef/-in:**
     Formuliere Fragen und mögliche Antworten. Auch die Reihenfolge der Fragen ist wichtig. Gestalte die Fragen offen, damit der Redeanteil der Bewerberin bzw. des Bewerbers hoch ist und du möglichst viele Informationen erhältst.
   - **Bewerber/-in:**
     Bereite dich auf mögliche Fragen vor. Überlege dir selbst Fragen, die du während des Gesprächs stellen kannst.
   - **Beobachter/-in:**
     Lege fest, worauf du während des Rollenspiels achten willst.

Durchführung des Rollenspiels

5. Nachdem die Rollen verteilt sind, wird das Vorstellungsgespräch gespielt. Zeitlicher Rahmen dafür sind ca. zehn Minuten.
   Achtet dabei auch auf formale Kriterien, z. B. Begrüßung, Vorstellung oder Gesprächsführung.
   Die Beobachter/-innen machen sich Notizen und sollten das Rollenspiel nicht stören.
6. Gegebenenfalls könnt ihr in weiteren Runden die Teams und Rollen tauschen.

Auswertung des Rollenspiels

7. In der Auswertung werden die Beobachtungen besprochen. Geht dabei unter anderem auf folgende Fragen ein:
   - Wie haben sich die Spielerinnen und Spieler gefühlt?
   - Was lief gut?
   - Was kann verbessert werden?
   - Würdet ihr die Stelle mit der Bewerberin bzw. dem Bewerber besetzen?

Rollenkarte Personalchef/-in

Du bist in dem Unternehmen für die Auswahl und Einstellung der Bewerber zuständig.

Achte auf folgende Punkte:

1. **Begrüßung:** Gehe auf den Bewerber zu. Gib ihm die Hand und frage ihn nach der Anreise. Das schafft Vertrauen.
2. **Platz anbieten:** Nach dem Handschlag bietest du dem Bewerber einen Platz an.
3. **Gespräch:** Stelle nun die Fragen, die du dir überlegt hast.
4. **Ende des Gesprächs:** Verabschiede dich unverbindlich. Gib keine Zu- oder Absage. Teile dem Bewerber mit, dass du dich meldest.

Rollenkarte Bewerber/-in

Du hast dich bei dem Unternehmen beworben und bist zum Vorstellungsgespräch eingeladen worden.

Achte auf folgende Punkte:

1. **Begrüßung:** Begrüße deinen Gesprächspartner. Sage kurz etwas zu deiner Anreise, wenn du danach gefragt wirst.
2. **Platz anbieten:** Nach dem Händeschütteln wartest du, bis dir ein Platz angeboten wird.
3. **Gespräch:**
   - Antworte in ganzen Sätzen.
   - Begründe immer deine Antworten.
   - Stelle zum Schluss deine selbst überlegten Fragen.
4. **Ende des Gesprächs:** Frage nach einem Termin für die Personalentscheidung bzw. nach dem weiteren Vorgehen.

Rollenkarte Beobachter/-in

Als Beobachter ist es deine Aufgabe, das Verhalten beider Seiten im Auge zu haben. Mache dir dazu Notizen.

Achte auf folgende Punkte:

- Begrüßung
- Platz einnehmen
- Vorstellung
- Art der Fragen (offen/geschlossen, hilfreich/unergiebig usw.)
- Begründung der Fragen
- Sicherheit beim Beantworten der Fragen
- Fragen des Bewerbers
- Verabschiedung

INFO

Ausbildungsvertrag
Jedes Unternehmen hat eigene Vorlagen für Ausbildungsverträge. Diese orientieren sich oft an **Mustern der Kammern** (Industrie- und Handelskammer/IHK, oder Handwerkskammer/HWK). Rechtliche Grundlage ist immer das Berufsbildungsgesetz. Ausbildungsverträge müssen von den Ausbildungsbetrieben in das **Verzeichnis der Berufsausbildungsverhältnisse der Kammern** eingetragen werden. Dafür müssen die Unternehmen einen Beitrag zahlen. Sollte dein Ausbildungsvertrag bereits eingetragen worden sein und du trittst die Ausbildungsstelle nicht an, so kann das Unternehmen die Kosten für den Registereintrag von der Kammer nicht zurückfordern. Unterzeichne einen Ausbildungsvertrag also nur dann, wenn du dir sicher bist, dass du die Stelle auch wirklich antreten willst.

2.8 Der Berufsausbildungsvertrag

Clara hat es geschafft: Sie hat nach dem Bewerbungsverfahren eine Zusage zur Ausbildung als Fremdsprachen-Industriekauffrau erhalten. Ihre Mutter muss sie als gesetzliche Vertreterin begleiten, um den Ausbildungsvertrag zu unterzeichnen, da Clara noch nicht volljährig ist.

§ 5 Berufsbildungsgesetz (BBiG) gibt ihr Auskunft, was die Ausbildungsordnung regelt. In den §§ 10, 11 BBiG findet sie nähere Bestimmungen zum Berufsausbildungsvertrag (siehe auch M1).

§ 5 BBiG Ausbildungsordnung

(1) Die Ausbildungsordnung hat festzulegen
1. die Bezeichnung des Ausbildungsberufes, der anerkannt wird,
2. die Ausbildungsdauer; sie soll nicht mehr als drei und nicht weniger als zwei Jahre betragen,
3. die beruflichen Fertigkeiten, Kenntnisse und Fähigkeiten, die mindestens Gegenstand der Berufsausbildung sind (Ausbildungsberufsbild),
4. eine Anleitung zur sachlichen und zeitlichen Gliederung der Vermittlung der beruflichen Fertigkeiten, Kenntnisse und Fähigkeiten (Ausbildungsrahmenplan),
5. die Prüfungsanforderungen.

§ 10 BBiG Vertrag

(1) Wer andere Personen zur Berufsausbildung einstellt (Ausbildende), hat mit den Auszubildenden einen Berufsausbildungsvertrag zu schließen.

AUFGABEN

WEBCODE

WES-116647-106
Hier findest du das BBiG im Internet.

1. a) *Think-Pair-Share:* Gemäß § 5 BBiG legt die Ausbildungsordnung die Bezeichnung des Ausbildungsberufes fest. Recherchiere die Besonderheit des Berufes von Fremdsprachen-Industriekaufleuten.
   b) Recherchiere das Anforderungsprofil von Fremdsprachen-Industriekaufleuten.
   c) Begründe, ob du dir vorstellen könntest, diesen Beruf auszuüben.
2. Bestimme die Begriffe Ausbildender und Auszubildender.
3. Claras Ausbildungsbetrieb möchte den Vertrag (M1) nur digital speichern. Hinterfrage, ob etwas dagegen spricht.
4. Nenne die Inhalte, die im Ausbildungsvertrag geregelt sind. Nutze dazu M1 oder recherchiere im Internet nach § 11 Berufsbildungsgesetz (BBiG).
5. Recherchiere, in welche Kammer (siehe Info) dein Ausbildungsvertrag, sofern du schon einen hast, oder dein Wunschberuf eingetragen wird.
6. Reflektiere Gründe für die vorgeschriebene Ausbildungsdauer (§ 5 Nr. 2 BBiG).

M1 Berufsausbildungsvertrag nach §§ 10, 11 Berufsbildungsgesetz

IHK

Antrag auf Eintragung

in das Verzeichnis der Berufsausbildungsverhältnisse

Zwischen dem/der Ausbildenden (Ausbildungsbetrieb)

Öffentlicher Dienst ☐

KNR	IHK-Firmenident-Nr.	Tel.-Nr.
1xx	123456xx	0851/978654xx

Ausbildungsbetrieb und Anschrift des/der Ausbildenden: WestermannTalk GmbH

Straße, Haus-Nr.: Am Leuchtturm 29

PLZ	Ort
94036	Passau

E-Mail-Adresse des/der Ausbildenden (Angabe freiwillig): c.nussbaumer@westermanntalk.com

Verantwortliche/r Ausbilder/in	Geburtsjahr
Constanze Nußbaumer	1970

und dem/der Auszubildenden

männlich ☐ **weiblich** ☒ **unbestimmt** ☐

Berufsausbildung im Rahmen eines dualen Studiums ☐

Name	Vorname
Müller	Clara

Straße, Haus-Nr.: Bahnhofstraße 8c

PLZ	Ort
94474	Vilshofen

Geburtsdatum	Staatsangehörigkeit
29.11.20xx	deutsch

E-Mail-Adresse (Angabe freiwillig)	Mobil-/Tel.-Nr. (Angabe freiwillig)
clara.mueller@cmail.com	0171/123456xx

Gesetzlicher Vertreter[1]: Eltern

Namen, Vornamen der gesetzlichen Vertreter: Renate und Severin Müller

Straße, Haus-Nr.: Bahnhofstraße 8c

PLZ	Ort
94474	Vilshofen

wird beigefügter Vertrag zur Ausbildung im Ausbildungsberuf Fremdsprachen-Industriekauffrau

mit der Fachrichtung / dem Schwerpunkt / der/den Wahlqualifikation/en / dem/den Wahlbaustein/en etc. **nach Maßgabe der Ausbildungsordnung[2] geschlossen.** Industriekauffrau mit Fremdsprachenkorrespondentin

Höchster allgemeiner Schulabschluss[3]: Mittlerer Bildungsabschluss

Berufsvorbereitung, berufliche Grundbildung

- ☐ Betriebliche Qualifizierungsmaßnahme
- ☐ Schulisches Berufsgrundbildungsjahr
- ☐ Berufsvorbereitungsmaßnahme (SGB III)
- ☐ Schulisches Berufsvorbereitungsjahr
- ☐ Berufsfachschule ohne voll qualifizierenden Berufsabschluss

Zuständige Berufsschule: Berufsschule Passau

Berufsfeld: Wirtschaft, Verwaltung

A Die Ausbildungszeit beträgt nach der Ausbildungsordnung 36 Monate.

☐ Es wird eine Verkürzung der Ausbildungszeit um ___ Monate beantragt.

Verkürzungsgrund:

Das Berufsausbildungsverhältnis beginnt am 01.09.20.xx und endet am 28.02.20xx.

B Die Probezeit (Nr. 1.2) beträgt 4 Monate[4].

C Die Ausbildung findet in [Name/Anschrift der Ausbildungsstätte(n)]

94036 Passau

und den mit dem Betriebssitz für die Ausbildung üblicherweise zusammenhängenden Bau-, Montage- und sonstigen Arbeitsstellen statt.

D Ausbildungsmaßnahmen außerhalb der Ausbildungsstätte(n) sind für den folgenden Zeitraum in der/den folgenden Ausbildungsstätte(n) vorgesehen (hierzu zählen auch Auslandsaufenthalte) (Nr. 3.12):

01.3.200xx - 31.03.20xx Aufenthalt in der Zweigstelle Manchester, Großbritannien

E Der/Die Ausbildende zahlt dem/der Auszubildenden eine angemessene Vergütung (Nr. 5); diese beträgt zurzeit monatlich brutto

€	700,00	760,00	870,00	
im	ersten	zweiten	dritten	vierten

Ausbildungsjahr.

Öffentliche Förderung der Ausbildung (monatlich, regelmäßig, mehr als 50 % der Kosten): ja ☐ nein ☒

Wenn ja[5]:

F Die regelmäßige Ausbildungszeit in Stunden beträgt täglich[6] 7,6 und wöchentlich 38.

Teilzeitausbildung wird beantragt (Nr. 6.2): ja ☐ nein ☒

G Es besteht ein Urlaubsanspruch

im Kalenderjahr	20xx	20xx	20xx	20xx	
Werktage					
Arbeitstage	9,0	28,0	29,0	5,0	

H Der Ausbildungsnachweis wird wie folgt geführt: schriftlich ☒ elektronisch ☐

I Hinweise auf anzuwendende Tarifverträge und Betriebsvereinbarungen; sonstige Vereinbarungen:

Tarifvertrag:
Groß- und Außenhandelstarifvertrag

Die sachliche und zeitliche Gliederung

☐ ist beigefügt.

☒ liegt der IHK mit Stand vom 15.08.20xx vor.

1) Vertretungsberechtigt sind beide Eltern gemeinsam, soweit nicht die Vertretungsberechtigung nur einem Elternteil zusteht. Ist ein Vormund bestellt, so bedarf dieser zum Abschluss des Ausbildungsvertrages der Genehmigung des Vormundschaftsgerichtes.

2) Solange die Ausbildungsordnung nicht erlassen ist, sind gem. § 104 Abs. 1 BBiG die bisherigen Ordnungsmittel anzuwenden.

3) Abschluss:
- 01 Hauptschulabschluss / Berufsreife / Abschluss der Mittelschule
- 02 Qualifizierter Hauptschulabschluss / Qualifizierender Abschluss der Mittelschule
- 03 Mittlerer Bildungsabschluss
- 04 Fachhochschulreife
- 05 Hochschulreife
- 06 Hochschulabschluss
- 07 Im Ausland erworbener Abschluss, nicht zuzuordnen
- 08 Sonstiger Abschluss
- 09 Ohne Abschluss

4) Die Probezeit muss mindestens einen Monat und darf höchstens vier Monate betragen.

5) Öffentliche Förderung des Ausbildungsverhältnisses:
- 01 Sonderprogramm des Bundes/Landes
- 02 Außerbetriebliche Berufsausbildung nach §§ 74 Abs. 1 Nr. 2, 76, 78 SGB III
- 03 Ausbildung für Menschen mit Behinderung - Reha nach §§ 73 Abs. 1 u. 2, 115 Nr. 2, 116 Abs. 2 u. 4, 117 SGB III
- 04 Betriebsnahe Förderung (nur in Brandenburg)

6) Das Jugendarbeitsschutzgesetz sowie für das Ausbildungsverhältnis geltende tarifvertragliche Regelungen und Betriebsvereinbarungen sind zu beachten.

Rechte und Pflichten von Auszubildenden und Ausbildenden

Mit dem Beginn einer Ausbildung geht man bestimmte Pflichten ein. Das **Berufsbildungsgesetz** legt in **§ 13** einige grundlegende **Pflichten** fest, die **Auszubildende** erfüllen müssen. Dies sind gleichzeitig rechtmäßige Erwartungen, die Ausbildende an ihre Auszubildenden haben können.

Aber auch die Ausbildenden haben Pflichten, die u. a. **§ 14 BBiG** regelt. Dies sind zugleich **Rechte der Auszubildenden** gegenüber ihren Ausbildenden.

§ 13 BBiG Verhalten während der Berufsausbildung
Auszubildende haben sich zu bemühen, die berufliche Handlungsfähigkeit zu erwerben, die zum Erreichen des Ausbildungsziels erforderlich ist. Sie sind insbesondere verpflichtet,
1. die ihnen im Rahmen ihrer Berufsausbildung aufgetragenen Aufgaben sorgfältig auszuführen,
2. an Ausbildungsmaßnahmen teilzunehmen, für die sie nach § 15 freigestellt werden,
3. den Weisungen zu folgen, die ihnen im Rahmen der Berufsausbildung von Ausbildenden, von Ausbildern oder Ausbilderinnen oder von anderen weisungsberechtigten Personen erteilt werden,
4. die für die Ausbildungsstätte geltende Ordnung zu beachten,
5. Werkzeug, Maschinen und sonstige Einrichtungen pfleglich zu behandeln,
6. über Betriebs- und Geschäftsgeheimnisse Stillschweigen zu wahren,
7. einen schriftlichen oder elektronischen Ausbildungsnachweis zu führen.

M2 Meine Pflichten – als Auszubildende/-r muss ich …

- mich bemühen, das Ausbildungsziel zu erreichen und dazu die mir übertragenen Aufgaben sorgfältig ausführen,
- in die Berufsschule gehen,
- den Weisungen meines Ausbilders folgen,
- die Ordnung in meinem Betrieb beachten,
- Werkzeug, Maschinen usw. pfleglich behandeln,
- die Schweigepflicht beachten,
- ein Berichtsheft führen …

AUFGABEN

1. a) Beschreibe die Rechte und Pflichten aus M2 und M3.
   b) *Fishbowl:* Diskutiert Sinn und Zweck der Rechte und Pflichten.
2. Konkretisiere, was mit „Ausbildungsmaßnahmen" gemeint ist, für die Auszubildende freigestellt werden (§ 13 BBiG, Nr. 2).
3. Recherchiere den Begriff „weisungsberechtigt" (§ 13 BBiG, Nr. 3).
4. Gib an, was man unter einem „schriftlichen oder elektronischen Ausbildungsnachweis" versteht (§ 13 BBiG, Nr. 7).
5. Clara findet es überflüssig, ein „Berichtsheft" zu führen. Begründe die Notwendigkeit dieser Maßnahme.

§ 14 BBiG Berufsausbildung

(1) Ausbildende haben

1. dafür zu sorgen, dass den Auszubildenden die berufliche Handlungsfähigkeit vermittelt wird, die zum Erreichen des Ausbildungsziels erforderlich ist, und die Berufsausbildung in einer durch ihren Zweck gebotenen Form planmäßig, zeitlich und sachlich gegliedert so durchzuführen, dass das Ausbildungsziel in der vorgesehenen Ausbildungszeit erreicht werden kann,
2. selbst auszubilden oder einen Ausbilder oder eine Ausbilderin ausdrücklich damit zu beauftragen,
3. Auszubildenden kostenlos die Ausbildungsmittel, insbesondere Werkzeuge, Werkstoffe und Fachliteratur, zur Verfügung zu stellen, die zur Berufsausbildung und zum Ablegen von Zwischen- und Abschlussprüfungen, auch soweit solche nach Beendigung des Berufsausbildungsverhältnisses stattfinden, erforderlich sind,
4. Auszubildende zum Besuch der Berufsschule anzuhalten,
5. dafür zu sorgen, dass Auszubildende charakterlich gefördert sowie sittlich und körperlich nicht gefährdet werden.

(2) Ausbildende haben Auszubildende zum Führen der Ausbildungsnachweise nach § 13 Satz 2 Nummer 7 anzuhalten und diese regelmäßig durchzusehen. Den Auszubildenden ist Gelegenheit zu geben, den Ausbildungsnachweis am Arbeitsplatz zu führen.

(3) Auszubildenden dürfen nur Aufgaben übertragen werden, die dem Ausbildungszweck dienen und ihren körperlichen Kräften angemessen sind.

M3 Meine Pflichten – als Ausbildende/-r muss ich ...

- dafür sorgen, dass meine Auszubildenden den Ausbildungsberuf durch eine geeignete Person im Betrieb erlernen und die Prüfungen bestehen können,
- den Auszubildenden kostenlos das Arbeitsmaterial zur Verfügung stellen,
- sie für die Berufsschule freistellen und ihnen Zeit geben, das Berichtsheft zu führen,
- die Auszubildenden charakterlich fördern ...

AUFGABEN

6. Erläutere, was mit § 14 Absatz 1 Nummer 1 BBiG gemeint ist.
7. *Graffiti:* Beurteile, ob folgende Verhaltensweisen zulässig sind:
   a) Clara möchte kommende Woche nicht in die Berufsschule gehen.
   b) Claras Unternehmen bittet sie, sich von ihrem ersten Gehalt einen Laptop für die Ausbildung zu kaufen.
   c) Beim Abendessen in der Familie erzählt Clara von einem neuen großen Auftrag in der Firma und über den berühmten Kunden.
8. Diskutiert die Bedeutung der Forderung, den Auszubildenden charakterlich zu fördern (§ 14 Abs. 1 Nr. 5 BBiG).
9. Bewerte, ob es in deinen Augen richtig ist, dass die Ausbildungsinhalte so genau geregelt sind.

Mögliche Konflikte in der Ausbildung

Erik hat eine Ausbildung als Baustoffprüfer begonnen. Er dachte, dass er dabei viel Zeit mit Kollegen und Kunden im Betrieb und auf Baustellen verbringen würde. Stattdessen muss er sehr umfangreiches Theoriewissen zu Materialien und chemischen Technologien lernen. Was soll er tun?

Viele Auszubildende gehen mit **falschen Vorstellungen** in den Beruf. Inhalte oder Abläufe sind oft anders als vermutet. Die Praxis kann häufig erst nach der Theorie folgen.

Manchmal gibt es auch **Probleme mit den Vorgesetzten**. Nach der Schule haben viele Jugendliche das Bedürfnis nach Unabhängigkeit und Selbstständigkeit und empfinden die Anweisungen der Ausbilder als Gängelung.

Manche Auszubildende haben auch **Schwierigkeiten mit den Leistungen**. Vor allem die Berufsschule wird von den Jugendlichen häufig als überflüssig betrachtet. Sie verkennen, dass das duale Ausbildungssystem in Deutschland eine enge Verzahnung von betrieblicher Ausbildung und schulischer Bildung darstellt. Ausbildungsbetriebe beklagen häufig, dass die jungen Menschen zu wenig Leistungsbereitschaft mitbringen. Ebenso sind die mathematischen und sprachlichen Kenntnisse oft nicht ausreichend.

Manche Ausbildungen werden aus **privaten Gründen** abgebrochen. Hierzu zählen familiäre oder finanzielle Schwierigkeiten. Auch gesundheitliche Probleme gehören in diesen Bereich. Oft können Berufe nicht mehr ausgeübt werden wegen Allergien oder zu schwerer Tätigkeiten, wie sie etwa im Pflegebereich anfallen.

Mögliche Lösungsansätze

Ein Abbruch einer Lehre ist die letzte Möglichkeit, um die Probleme zu bewältigen. Vorher sollten Auszubildende und Betrieb nach konstruktiven Lösungen suchen. Als Auszubildender kann man z. B.:

- ein ehrliches Gespräch mit dem Betrieb und der Berufsschule führen,
- die zuständige Kammer zur Konfliktlösung heranziehen. Viele Kammern haben für solche Fälle eine Schlichtungsstelle.

Zudem kann man die Beratungsangebote der Bundesagentur für Arbeit nutzen. Sie unterstützt auch in finanziellen Fragen oder bei Lerndefiziten.

M4 Probezeit

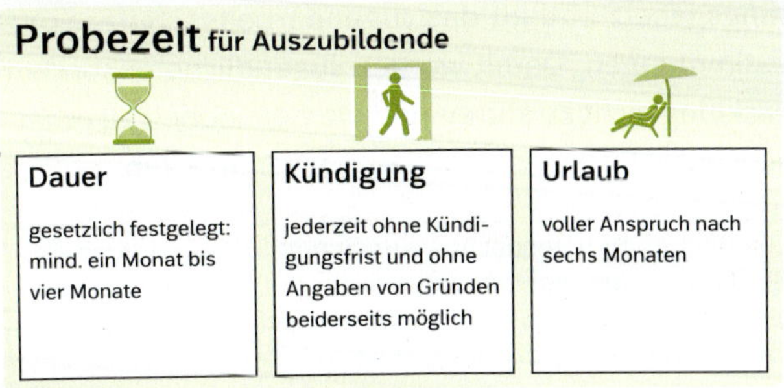

M5 Ausbildungsabbruch

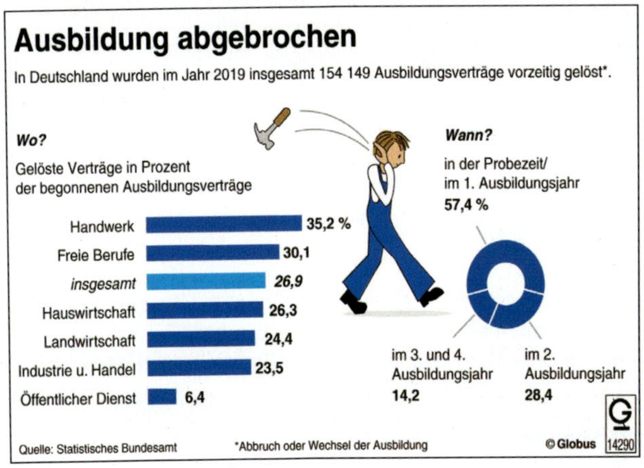

M6 Defizite von Schulabgängern

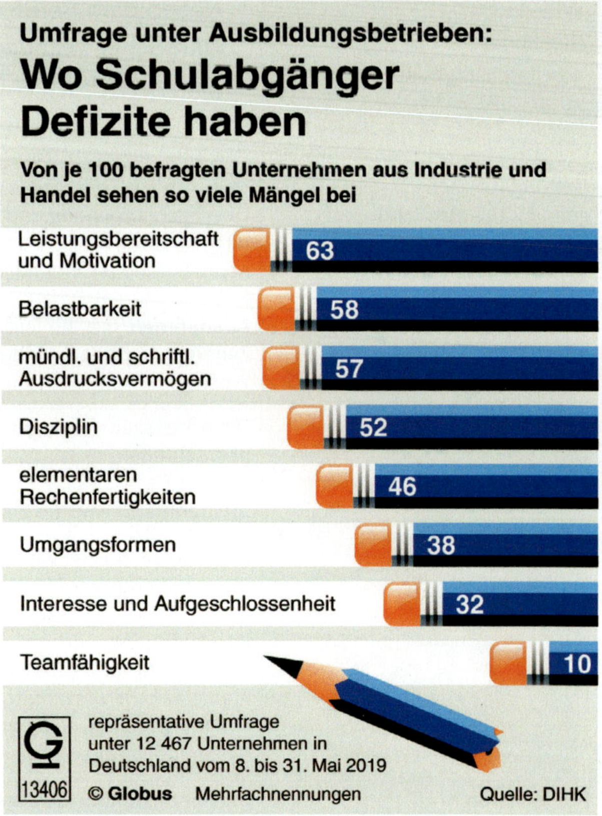

AUFGABEN

1. Reflektiere, ob eine Probezeit deiner Ansicht nach sinnvoll ist (M4). Beachte dabei die Vor- und Nachteile für Auszubildende.
2. Erkläre, ob „Ausbildung abgebrochen" und „Ausbildungsvertrag gelöst" dasselbe bedeuten (M5).
3. Nenne mögliche Gründe, warum Jugendliche ihren Ausbildungsplatz aufgeben (M5).
4. Begründe, ob nach deiner Ansicht die schulische Vorbildung etwas mit Ausbildungsabbrüchen (M5) zu tun hat.
5. Entwickelt im Klassengespräch Lösungsmöglichkeiten für Erik (S. 68).
6. Eriks Chef wies ihn schon mehrmals an, seine Privateinfahrt am Morgen von Schnee zu befreien. Beurteile, ob Erik dies wirklich tun muss.
7. *Placemat:* Stelle heraus, welches Verhalten hinsichtlich der Sicherheit im Betrieb und des Kundenkontakts von Mitarbeitern erwartet wird.
8. *Think-Pair-Share:*
   a) Nenne Gründe für die Defizite von Schulabgängern (M6).
   b) Entwickle Vorschläge, wie man diesen Defiziten entgegenwirken könnte.
9. „Lehrjahre sind keine Herrenjahre." Bewerte diesen Spruch.

WEBCODE

WES-116647-107
Hier findest du das Jugendarbeitsschutzgesetz im Internet.

2.9 Jugendarbeitsschutz

Neben dem Berufsbildungsgesetz enthält das Jugendarbeitsschutzgesetz (JArbSchG) wichtige Bestimmungen. Damit werden Jugendliche gesondert geschützt, um ihre Entwicklung nicht zu stören und die Gesundheit zu erhalten. Sie dürfen daher nicht zu viel, zu lange oder zu schwer arbeiten.

 **Geltungsbereich** gem. §§ 1, 2 JArbSchG **Verbot Kinderarbeit** gem. § 5 JArbSchG	Das JArbSchG gilt für die Beschäftigung von Jugendlichen zum Schutz vor Überforderung, Überbeanspruchung und Gefährdung am Arbeitsplatz. Jugendlicher ist, wer 15, aber noch nicht 18 Jahre alt ist. Das Gesetz gilt sowohl für Auszubildende als auch für Arbeitnehmer. Kind ist, wer noch nicht 15 Jahre alt ist. Kinderarbeit ist verboten. **Ausnahmen:** u. a. für leichte, geeignete Arbeiten, z. B. Babysitten, Nachhilfestunden, Zeitungsaustragen, Mitarbeit im Unternehmen der Eltern (ab 13 J. bis max. 10 Std./ Woche).
 **Arbeitszeit** gem. § 8 JArbSchG	Die Arbeitszeit von Jugendlichen darf täglich 8 und wöchentlich 40 Std. nicht überschreiten. **Ausnahmen:** max. 8,5 Std. täglich, jedoch verkürzte Arbeitszeit an anderen Werktagen.
 **Berufsschulbesuch** gem. § 9 JArbSchG	Die Berufsschulzeit wird auf die Ausbildungs- und Arbeitszeit angerechnet und der Auszubildende wird für den Berufsschulunterricht freigestellt. **Beschäftigungsverbot:** • vor einem vor 9 Uhr beginnenden Unterricht (dies gilt auch für über 18-Jährige). • an einem Berufsschultag pro Woche mit mehr als 5 Unterrichtsstunden. • in Berufsschulwochen mit mind. 25 Unterrichtsstunden planmäßigem Blockunterricht an mind. 5 Tagen.
 **Ruhepausen** gem. § 11 JArbSchG	Die Mindestdauer je Pause ist 15 Minuten. Bei mehr als 4,5 Std. Arbeitszeit ist sie 30 Minuten und bei mehr als 6 Std. Arbeitszeit ist sie 60 Minuten lang.
 **Freizeit, Nachtruhe** gem. §§ 13, 14 JArbSchG	Es müssen mind. 12 Stunden Freizeit sein bis zum nächsten Arbeitsbeginn. Jugendliche dürfen nur in der Zeit zwischen 6 und 20 Uhr beschäftigt werden. **Ausnahmen:** z. B. Gaststätten, Bäckereien.
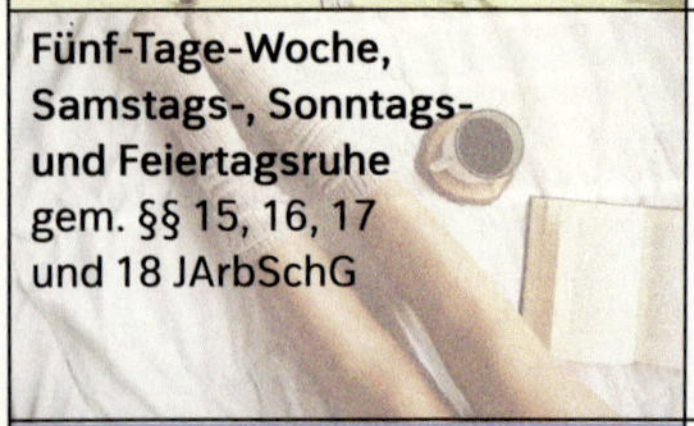 **Fünf-Tage-Woche, Samstags-, Sonntags- und Feiertagsruhe** gem. §§ 15, 16, 17 und 18 JArbSchG	Samstags und sonntags darf keine Beschäftigung stattfinden (5-Tage-Woche). Grundsätzlich gilt auch ein Beschäftigungsverbot an Feiertagen. **Ausnahmen:** Betriebe mit Samstags-/Sonntagsarbeit, jedoch Ausgleich an einem anderen Wochentag, mind. 2 Samstage/Sonntage im Monat sollen beschäftigungsfrei bleiben. Ausnahmen gibt es auch für gesetzliche Feiertage (dann ebenfalls Ausgleichstag). Ein absolutes Verbot gilt für den 25.12., den 1.1., den ersten Osterfeiertag und den 1.5.
 **Urlaub** gem. § 19 JArbSchG	Für jedes Kalenderjahr ist dem Jugendlichen ein bezahlter Erholungsurlaub zu gewähren. Die Tage sind abhängig vom Alter des Jugendlichen: • unter 16 Jahre: mindestens 30 Werktage • unter 17 Jahre: mindestens 27 Werktage • unter 18 Jahre: mindestens 25 Werktage
 **Beschäftigungsverbote** gem. §§ 22, 23 JArbSchG	Ein Beschäftigungsverbot gilt für Arbeiten, welche die physische und psychische Leistungsfähigkeit übersteigen (z. B. Akkord- und Fließbandarbeit mit vorgegebenem Arbeitstempo), gefährliche Arbeiten (Gefahrstoffe) und bei Arbeiten, die mit Unfallgefahren verbunden sind.
 **Gesundheitliche Betreuung** gem. §§ 32, 33 JArbSchG	Zum Schutz der Jugendlichen wird ein ärztliches Gesundheitszeugnis angefertigt. Dabei findet die erste Untersuchung frühestens 14 Monate vor Beginn der Beschäftigung und eine Nachuntersuchung in den letzten 3 Monaten des ersten Ausbildungsjahres statt.

M1 Verstöße gegen das Jugendarbeitsschutzgesetz

a) Der Auszubildende David darf des Öfteren wie ein Erwachsener Akkordarbeit leisten und ist ganz stolz darauf. Hinzu kommt, dass er damit richtig gut verdient.

b) Roland, der eine Ausbildung zum Schweißer macht, darf mitunter schon seit Beginn der Ausbildung alleine mit dem Schweißgerät arbeiten. Bis jetzt hatte er auch nur ein paar Verbrennungen auf seiner Haut von der Hitze beim Schweißen.

c) Mia berichtet ihrer Freundin: „Stell dir vor, nächste Woche soll ich nach dem Berufsschulunterricht gleich in die Firma gehen, denn ich hab nur sechs Unterrichtsstunden."

d) Evrim musste in ihrem Ausbildungsbetrieb bis 20.00 Uhr Überstunden machen. Aufgrund der guten Auftragslage musste sie am nächsten Tag um 07.00 Uhr beginnen.

e) Eva macht eine Ausbildung zur Automobilkauffrau. Ihr Ausbilder will, dass sie aufgrund der guten Auftragslage drei Mal im Monat sechs Tage pro Woche arbeiten soll.

f) Karl macht eine Ausbildung zum Lageristen. In seinem Ausbildungsbetrieb geht es zurzeit richtig rund und jetzt haben sein Ausbilder und er vereinbart, dass er seine Arbeit in der nächsten Zeit schon um 05.30 Uhr beginnen soll.

g) Lisas Ausbildungsbetrieb meint, dass einige Fächer nicht so wichtig sind und sie doch besser zur Arbeit anstatt in die Berufsschule gehen soll.

h) Lenas Ausbildung als Fachinformatikerin ist ziemlich interessant, allerdings arbeitet sie durchschnittlich mindestens 8,5 Stunden täglich.

AUFGABEN

1. Nenne den Personenkreis, für den das Jugendarbeitsschutzgesetz gilt.
2. Begründe, weshalb Jugendliche einem besonderen Arbeitsschutz unterliegen.
3. Entscheide mithilfe der Auszüge aus dem Jugendarbeitsschutzgesetz, welche Verstöße in den Fällen in M1 vorliegen.
4. *Think-Pair-Share:* Gestalte ein Merkblatt zur Ferienarbeit mit folgenden Inhalten: Altersgrenzen, Arbeitszeit, Pausenregelung, Arten der Arbeit, Akkordarbeit.

„Parcours“ Bewerbungsverfahren

Edon und seine Freundin Jana gehen in die 9. Klasse der Realschule. Es wird Zeit, dass sie sich um passende Ausbildungsstellen bewerben. Bis sie ihren Ausbildungsplatz antreten können, durchlaufen sie verschiedene Stationen. Einige der Aufgaben, mit denen sie es dabei zu tun bekommen, können auch dir auf deinem Weg zum Ausbildungsplatz begegnen.

1 *Stühletausch:* Edon interessiert sich zunächst für eine Ausbildung im mittleren nicht technischen Verwaltungsdienst. Ihn reizt die Sicherheit der Beamtenlaufbahn. Er meldet sich deshalb für das Auswahlverfahren beim Bayerischen Landespersonalausschuss an und nimmt daran teil.
Recherchiere mithilfe des Webcodes
a) den Anmeldetermin für die nächste Auswahlrunde,
b) die Inhalte, die bei dem Test abgefragt werden,
c) die Verwaltungsbereiche, für die man sich bewerben kann.

WEBCODE
WES-116647-131
Informationen des Bayerischen Landespersonalausschusses

2 Danach beschließt Edon, sich doch besser um eine Ausbildung als Schornsteinfeger zu bewerben. Er hat sich überlegt, dass er gern häufiger draußen sein möchte und lieber handwerklich arbeitet. Unten siehst du seinen ersten Anlauf für ein Bewerbungsanschreiben. Seine Freundin Jana ist entsetzt: „Das kannst du so nicht losschicken!“

> Kaminkehrermeister J. Brandt
> Reinestr. 25
> 91522 Ansbach
>
> **Bewerbung auf die Ausbildungsstelle bei Ihnen**
>
> Liebe Damen und Herren,
> nach längerem Überlegen habe ich mich entschieden, mich bei Ihnen um die Ausbildungsstelle zu bewerben.
> Meinen Schulabschluss werde ich im Juli 20xx erwerben.
> Über eine positive Antwort würde ich mich sehr freuen.
>
> MfG
> Edon Huber
>
> Anlagen

a) *Lerntempoduett:* Korrigiere Edons Bewerbungsanschreiben.
b) Stelle dir vor, du bist für die Einstellung der Auszubildenden verantwortlich. Reflektiere Gründe, die gegen die Einstellung von Edon sprechen.
c) Formuliere mindestens drei Fragen, die du Edon in einem Vorstellungsgespräch stellen würdest.
d) Entwickle passende Antworten von Edon zu deinen Fragen aus c).

3 Jana bewirbt sich als Kauffrau im Büromanagement und hat die erste Hürde im Bewerbungsverfahren genommen. Sie wird zum Assessmentcenter eingeladen.

a) Erkläre kurz, was ein Assessmentcenter ist.

b) Eine häufige Aufgabe ist die „Postkorb“-Übung. Löse selbst die folgende Aufgabe, die Jana bei ihrem Assessmentcenter gestellt bekommt.

> Auf Ihrem Schreibtisch finden Sie verschiedene Notizen und E-Mails vor, die Sie innerhalb von 20 Minuten schriftlich und mit vorzeigbarem Ergebnis bearbeiten müssen. Beginnen Sie nach dem Startzeichen.
>
> - Ihr Vorgesetzter muss eine E-Mail an einen englischen Geschäftspartner schicken. Er bittet Sie, folgenden Abschnitt zu übersetzen: *Bitte übersenden Sie uns Ihr Angebot bis zum Dienstag. Wir werden es prüfen und Ihnen bis Freitag eine Rückmeldung geben. Mit den besten Grüßen*
> - Ihre Kollegin, 25 Jahre, hat morgen Geburtstag. Überlegen Sie sich ein kleines Geschenk.
> - Sie müssen noch Ihre Selbstpräsentation für die Bewerbung um eine bessere Position im Unternehmen vorbereiten. Stellen Sie schon mal eine Gliederung mit fünf inhaltlichen Punkten zusammen.
> - Sie müssen für ein Mittagessen mit wichtigen Kunden für übermorgen ein Lokal in der Nähe aussuchen.

4 Auch das Assessmentcenter hat Jana erfolgreich absolviert. Sie bereitet sich nun auf das Vorstellungsgespräch vor.

a) Jana hat sich überlegt, dass man ihr folgende Fragen im Bewerbungsgespräch stellen könnte. Formuliere kurz mögliche Antworten.

- Möchten Sie vielleicht einen Kaffee?
- Wieso haben Sie sich bei uns beworben?
- Erzählen Sie doch mal etwas über sich.
- Sie als junge Frau möchten bestimmt bald eine Familie gründen?
- Welche Fähigkeiten zeichnen Sie für diesen Beruf aus?
- Was machen Sie denn in Ihrer Freizeit?

b) 💡 Erstellt in Gruppen eine Mindmap (*Methode* auf S. 140) mit Regeln für ein angemessenes Auftreten („Knigge“) im Vorstellungsgespräch.

INFO

Knigge

Adolph Freiherr von Knigge veröffentlichte 1788 sein Buch „Über den Umgang mit Menschen“, das heute noch Grundlage ist für Anstands- und Benimmregeln in verschiedenen Situationen, wie z. B. beim Vorstellungsgespräch.

Arbeit
im wirtschaftlichen Sinne bedeutet Arbeit zum Zweck des Gelderwerbs. Dabei kann man unterscheiden zwischen

überwiegend geistiger Arbeit
- leitende Tätigkeit, z. B. Richter
- ausführende Tätigkeit, z. B. Verwaltungsangestellte

überwiegend körperlicher Arbeit
- leitende Tätigkeit, z. B. Handwerksmeister
- ausführende Tätigkeit, z. B. Kfz-Mechaniker

Wie auf einem Gütermarkt treffen auch auf dem **Arbeitsmarkt** Angebot und Nachfrage aufeinander.

Arbeitslosigkeit
bedeutet, dass die Zahl der offenen Stellen wesentlich geringer als die Zahl der Arbeitsuchenden (Unterbeschäftigung) ist.

Maßnahmen gegen Arbeitslosigkeit

vorbeugende Maßnahmen
- staatliche Maßnahmen, wie Lockerung des Kündigungsschutzes
- Kurzarbeit
- europäische Lösungen im Binnenmarkt

Maßnahmen zur Reduzierung von Arbeitslosigkeit
- staatliche Maßnahmen, wie Erhöhung der Nachfrage im Straßenbau o. Ä.
- Maßnahmen der Bundesagentur für Arbeit

Bei der Suche nach einem Arbeitsplatz hilft auch eine gut geplante **Berufswahl**, z. B. in diesen Schritten:

Berufsfelder, einzelne **Berufe** und ihre **Anforderungsprofile** erkunden, **Betriebspraktikum** absolvieren

? =

eigene **Stärken und Schwächen** analysieren, eigene **Interessen** und **Ziele** priorisieren, **Beratungsangebote** nutzen

Bewerbungsverfahren

1. sich informieren z. B. Stellenanzeigen → 2. Bewerbungsunterlagen erstellen → 3. evtl. Interview (Telefon oder Video) → 4. evtl. Auswahltest/ Assessmentcenter → 5. Vorstellungsgespräch

Berufsausbildungsvertrag
begründet Berufsausbildungsverhältnis mit Rechten und Pflichten für beide Seiten (nach §§ 13, 14 BBiG)

Jugendarbeitsschutzgesetz
gilt für die Beschäftigung von Jugendlichen (15–17 Jahre)
zum Schutz vor Überforderung und Gefährdung am Arbeitsplatz

II Wirtschaftliches Handeln in der Sozialen Marktwirtschaft

In diesem Kapitel lernst du, ...

- deine eigenen Bedürfnisse zu überprüfen und diese der Bedürfnispyramide nach Maslow zuzuordnen.
- dein wirtschaftliches Handeln zu konkretisieren und das Minimal- und das Maximalprinzip anzuwenden.
- die Kennzeichen eines Marktes darzustellen und den Marktmechanismus anzuwenden.
- Deutschlands Weg zur Sozialen Marktwirtschaft nachzuvollziehen.
- verschiedene Wirtschaftsordnungen voneinander abzugrenzen.
- dich mit den Zielen der Sozialen Marktwirtschaft und ihren einzelnen Bausteinen auseinanderzusetzen.

1 Wirtschaftliches Handeln

1.1 Wirtschaften – was ist das?

Bedürfnisvielfalt versus Güterknappheit

M1 Wer ist besonders stark verschuldet?

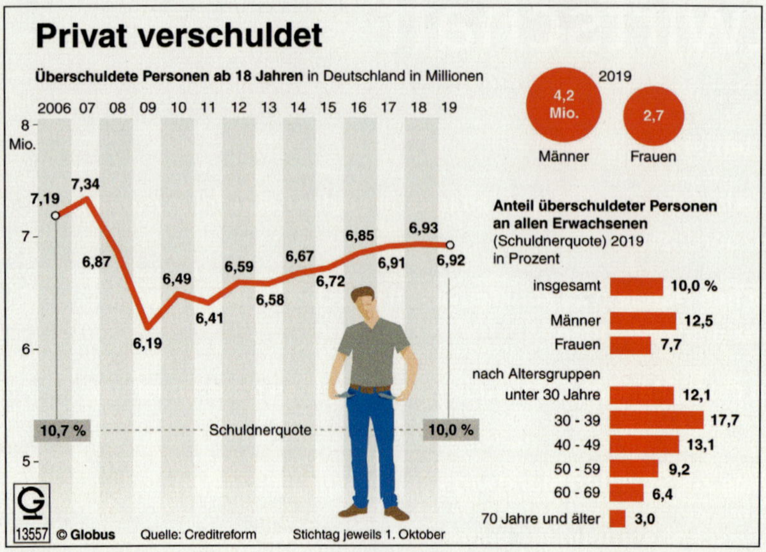

Verschuldung ist heute allgegenwärtig. Viele Menschen kaufen Waren und stellen danach fest, dass sie sich diese eigentlich nicht leisten können. Worauf ist dies zurückzuführen?

Jeder Mensch hat **Wünsche** und Vorstellungen, die er verwirklichen möchte. Jugendliche sparen oft auf das erste eigene Motorrad, auf den Führerschein und dann auf das Auto. Die Eltern möchten ein Eigenheim schaffen. Die Erfüllung dieser Wünsche ist stets mit Geld verbunden. Deshalb muss genau geplant werden, was in der Realität zum jeweiligen Zeitpunkt tatsächlich verwirklicht werden kann.

WEBCODE

WES-116647-211
Film: Einfach erklärt:
Bedürfnisse

Hinzu kommt, dass es unendlich viele Wünsche gibt, die durch die Werbung noch zusätzlich gesteigert werden.

Anstelle von Wünschen spricht man in wirtschaftlichen Zusammenhängen von Bedürfnissen. Unter einem **Bedürfnis** versteht man einen **vorherrschenden Mangel**, der möglichst beseitigt werden soll.

Welche Arten von Bedürfnissen gibt es?
Bedürfnisse können in drei Stufen eingeteilt werden:

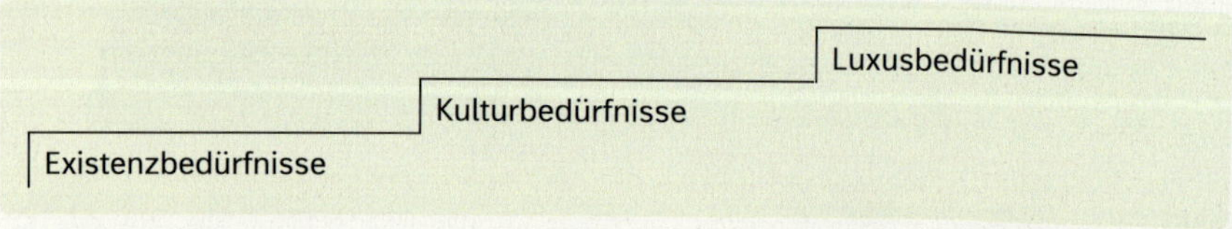

1. Zuerst gilt es, die grundlegenden Bedürfnisse (**Existenzbedürfnisse**) zu erfüllen: Essen, Trinken und Schlafen. Diese sind lebensnotwendig.
2. Danach können Bedürfnisse gestillt werden, die in unserer Gesellschaft/Kultur inzwischen zur Normalität geworden sind: Entspannung vor dem Fernseher, Kino und Sport. Auch Telefon, Autos, Computer und Reisen werden inzwischen als selbstverständlich erachtet (**Kulturbedürfnisse**).
3. Darüber hinaus gibt es Bedürfnisse, die entbehrlich erscheinen: exklusive Sportwagen, Schmuck, Luxusappartements oder teurer Wein (**Luxusbedürfnisse**).

1943 stellte der Psychologe **Abraham Maslow** allerdings fest, dass es noch weitere Bedürfnisse gibt, die nicht mit Geld erfüllt werden können (**immaterielle Bedürfnisse**). Im Gegensatz dazu können **materielle Bedürfnisse**, wie z. B. nach Tablets, Sportausrüstungen oder Autos, mit Geld gestillt werden. Alle Bedürfnisse haben je nach Individuum eine unterschiedliche Gewichtung. Deshalb hat Maslow sie mithilfe einer Pyramide dargestellt.

M2 Die Bedürfnispyramide nach Abraham Maslow

M3 Beispiele für Bedürfnisse

Schlaf	Kontakte
Musik	Arbeitsplatz
Gerechtigkeit	Wohnung
Macht	Komplimente
Mitbestimmung	Altersvorsorge

Was versteht man unter „wirtschaften"?

Geld – Geld im Überfluss zu haben, wie Dagobert Duck, das wäre der Traum vieler Menschen, um all ihre unbegrenzten Bedürfnisse zu erfüllen. Aber jeder von uns kommt nach einem kurzen Blick in den Geldbeutel schnell wieder in der Realität an. Geld im Überfluss – Fehlanzeige! Es gilt, mit den vorhandenen Mitteln zurechtzukommen: Wir müssen **wirtschaften**.

© Disney

AUFGABEN

1. *Stühletausch:* Erkläre folgenden Ausspruch des Dichters Wilhelm Busch: „Ein jeder Wunsch, wenn er erfüllt, kriegt augenblicklich Junge."
2. a) Beschreibe, welche Altersgruppe am meisten verschuldet ist (M1).
   b) Begründe, warum sich mehr Männer als Frauen privat verschulden (M1).
3. Ordne die Beispiele (M3) der Bedürfnispyramide nach Maslow (M2) zu.
4. Erstellt eure eigene Bedürfnispyramide (M2):
   - Schreibt vier Wünsche auf jeweils eine Karte.
   - Befestigt die Karten an der Tafel.
   - Ordnet eure Wünsche und heftet Doppelnennungen übereinander, sodass man sieht, wie oft diese genannt werden.
   - Versucht, eine gemeinsame Rangfolge aufzustellen.
5. Vergleicht eure Rangfolge mit der Maslow-Pyramide (M2) und reflektiert, welche Probleme sich dabei ergeben.

Wozu führt eine Güterknappheit?

Engpass bei Speicherchips: Smartphone-Anbieter reduzieren Produktion

Silicon Valley. Aufgrund eines Brandes in der größten Produktionsstätte für Speicherchips kann die Firma Ei-Chip vorhandene Aufträge nicht mehr erfüllen. Es wird Jahre dauern, bis alles wieder entsprechend aufgebaut ist.
Die großen Abnehmer sind gezwungen, ihre eigene Produktion zu drosseln. Inzwischen existiert auf dem Weltmarkt ein enormer Engpass. Der Preis der Speicherchips steigt ständig weiter. Das hat dazu geführt, dass sich bis jetzt ein Smartphone bereits um ca. 50 % verteuert hat. Leidtragende sind wieder einmal die Konsumenten.

Der Zeitungsartikel verweist auf ein normales wirtschaftliches Geschehen:

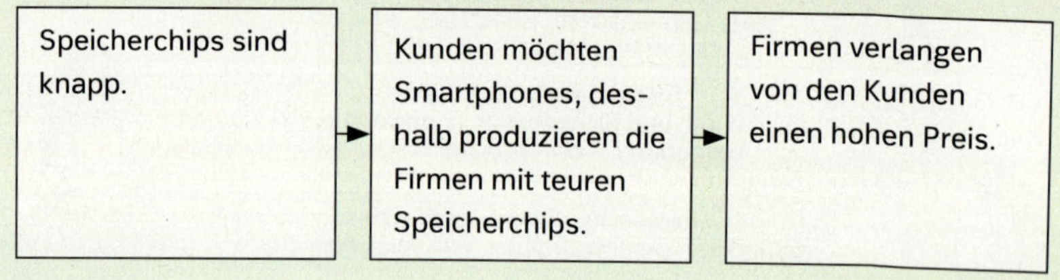

Knappheit führt dazu, dass der Preis für das knappe Gut ansteigt. **Güter** sind im wirtschaftlichen Sinne die Gesamtheit aller **Mittel**, die dazu dienen, ein **Bedürfnis zu befriedigen**. Sie können wie folgt eingeteilt werden:

Einteilung von Gütern

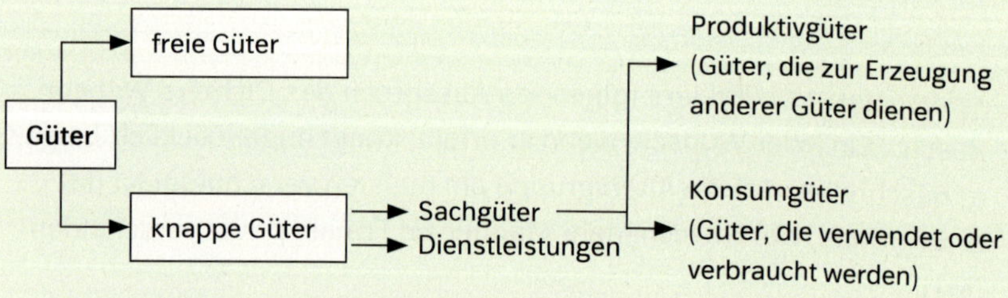

Allerdings sind heutzutage die sogenannten **freien Güter**, die auf der Erde kostenlos zur Verfügung stehen, vom Menschen bedroht. Wir alle zerstören unsere Umwelt durch Müll, verpesten die Luft durch Abgase und verseuchen den Boden durch Schadstoffe. Dies kann früher oder später dazu führen, dass etwa das freie Gut „reines, klares Wasser" zu einem **knappen Gut** wird. Betriebe verkaufen schon längst das freie Gut Wasser an uns alle: Der Verkaufsschlager Mineralwasser existiert bereits seit 1821 in Deutschland.

M4 Was ist was?

a) Dienstleistungen	b) Produktivgut	c) freies Gut	d) Konsumgut (Gebrauchs-/ Verbrauchsgut)

AUFGABEN

1. Ordne die einzelnen Güter in M4 den Güterarten von a) bis d) korrekt zu.
2. *Placemat:* Nenne weitere Beispiele für die Güterarten in M4 a) bis d).
3. Erläutere, was man unter einem Produktivgut versteht.
4. Nenne weitere Beispiele dafür, wie aus einem freien Gut ein knappes Gut werden kann.
5. Beurteile die Aussage: „Knappheit ist der Anfang allen Wirtschaftens."

Das ökonomische Prinzip

M5 Was will ich? Entscheidungen gehören zum Leben!

Antonia, 13 Jahre, trifft sich heute mit ihren Klassenkameraden Michael, Raphael und Ayca in der Stadt. Sie planen, ins Kino (10 Euro) und dann zum Eisessen (8 Euro) zu gehen. Dafür hat Antonia von ihrer Mutter insgesamt 20 Euro bekommen. In der Stadt sieht Ayca in einem Geschäft eine tolle Hose, die auf 15 Euro reduziert ist. Ayca passt leider nicht hinein, aber Antonia sieht darin einfach traumhaft aus. Sie überlegt und grübelt: 15 Euro. Soll ich tatsächlich die 15 Euro dafür ausgeben? Dann kann ich nicht mehr mit ins Kino gehen. Antonia muss sich entscheiden. Was ist mir wichtiger? Welches Bedürfnis steht im Vordergrund? Alles zu haben ist nicht möglich.

Wie funktioniert wirtschaftliches Handeln?
Durch Antonias Beispiel ist klar: Das Geld, das zur Verfügung steht, reicht in der Regel nicht aus, um alles einkaufen zu können, was man sich wünscht. Häufig besteht ein Widerspruch zwischen den **Bedürfnissen (Wünschen)** und den **finanziellen Mitteln (Geld)**.

Mit seinem Geld möchte jeder von uns möglichst sorgfältig umgehen und es **effektiv** (wirkungsvoll) einsetzen. Daher ist es wichtig, immer den Mitteleinsatz und das Ergebnis miteinander zu vergleichen. Als Hilfe für einen bewussten Umgang mit den vorhandenen Mitteln kann das **ökonomische Prinzip** (Prinzip der Wirtschaftlichkeit) dienen. Dieses kann auf zwei Arten verwirklicht werden:

a) Minimalprinzip (Sparsamkeitsprinzip)
Antonia möchte das angesagte Smartphone der Firma TalkSmart kaufen. Sie vergleicht Angebote und recherchiert im Internet nach dem günstigsten Preis.

Antonia weiß in unserem Beispiel ganz genau, was sie will. Das Ergebnis ihres Wunsches ist festgelegt: Es muss das Smartphone der Firma TalkSmart sein. Ein anderes kommt nicht infrage. Nur der Weg dorthin ist ihr freigestellt. Selbstverständlich wird sie genau überlegen, wo sie es kauft, und auf den Preis achten.

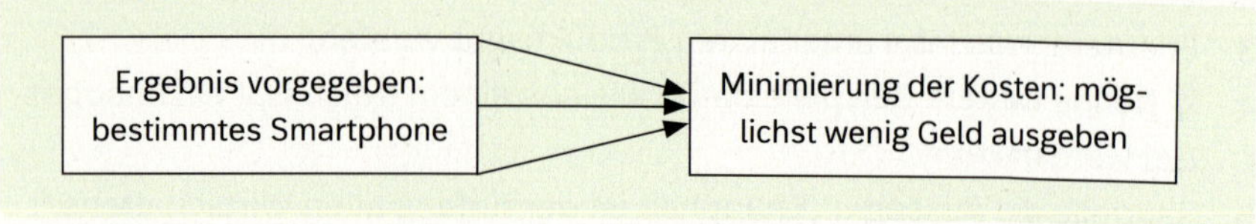

Beim Minimalprinzip ist das Ergebnis stets vorgegeben, aber der Weg dazu (Mitteleinsatz) ist freigestellt. Jeder wird aber versuchen, das Ergebnis mit einem minimalen Mitteleinsatz zu verwirklichen. Deshalb heißt das Prinzip Minimal- oder Sparsamkeitsprinzip.

b) Maximalprinzip (Ergiebigkeitsprinzip)

Antonia erhält von ihrer Oma zum Geburtstag 50 Euro. Sie erstellt eine Liste ihrer Wünsche, startet im Internet einen Preisvergleich und überlegt genau, was sie nun mit den 50 Euro verwirklichen kann.

Antonia kann mit dem Geld kaufen, was sie möchte. Deshalb muss sie überlegen, was sie sich genau wünscht und was sie sich leisten kann. In diesem Fall ist ihr Mitteleinsatz (Geld) bekannt, aber es ist nicht sicher, was sie sich dafür kauft. Sie wird aber versuchen, ihren Nutzen zu maximieren (Maximalprinzip).

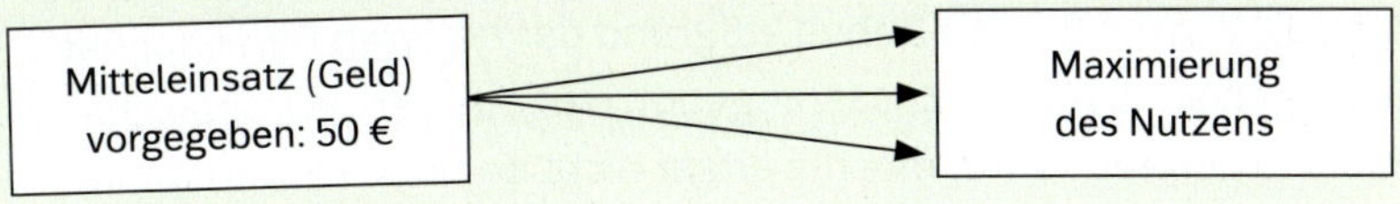

M6 Minimal- oder Maximalprinzip?

a) Der 2-Liter-Tank eines Motorrads ist voll. Es soll möglichst weit damit gefahren werden.
b) Ein Roller soll für 50 km möglichst wenig Sprit verbrauchen.
c) Frau Winter gibt ihrer Tochter Annette 60 Euro für den Einkauf zu ihrer Geburtstagsparty.
d) Tai möchte sich den neuen Drucker der Firma Planet Druck kaufen. Er recherchiert im Internet.
e) Emil geht mit einem Einkaufszettel einkaufen.

AUFGABEN

1. Beschreibe das Dilemma, in dem Antonia steckt (M5).
2. Diskutiert zu zweit, wie ihr an Antonias Stelle entscheiden würdet (M5).
3. a) Schreibe für eine Woche (Mo. – Fr.) auf, wie viel Geld du zur Verfügung hast und was du dir dafür gekauft hast.
   b) Überprüft zu zweit, ob eure Ausgaben aus Aufgabe 3a sinnvoll waren.
4. Erkläre die zwei Formen des ökonomischen Prinzips in eigenen Worten.
5. Fasse das ökonomische Prinzip in einer Mindmap (*Methode* auf S. 140) zusammen.
6. Ordne die Fälle in M6 begründet dem Minimal- oder Maximalprinzip zu.
7. Du möchtest mit deinem Taschengeld eine Hose kaufen. Schildere, wie du nach dem a) Minimalprinzip und b) Maximalprinzip vorgehen würdest.
8. Beurteile, nach welchem Prinzip ein Unternehmer handelt, der seinen Standort ins Ausland verlagert.

1.2 Der Markt mit Angebot und Nachfrage

M1 Interessenslagen – eine Zeitung berichtet

Rekordernte in Bayern

München. Optimale Temperaturen und genügend Niederschlag haben dazu geführt, dass die diesjährige Qualität der Kartoffeln optimal ist und die Landwirte eine Rekordernte einbringen können. Um die Lage der Bauern und der Verbraucher richtig einschätzen zu können, möchten wir zwei Betroffenen Gehör verschaffen:

Landwirt Meier, den wir interviewen konnten, sieht die Rekordernte kritisch: Hat er sonst für 1 Kilo Kartoffeln 2,00 Euro erhalten, so kann er jetzt wahrscheinlich nur mit 1,20 Euro rechnen. Hinzu kommt, dass die Kosten für den Anbau aufgrund der höheren Benzinpreise gestiegen sind. An das Zusatzangebot, das aus dem europäischen Ausland kommen wird, möchte er gar nicht denken. Es wird für ihn immer schwerer, seine Produkte zu verkaufen. Um den Preis nicht komplett kaputt zu machen, hat er beschlossen, einen Teil seiner Ernte an die Schweine zu verfüttern bzw. als Brennstoff in der Biogasanlage zu nutzen. Landwirt Meier meint: „Wenn ich das nicht mache, gehe ich pleite“, und hofft, dass andere Anbieter ähnlich reagieren werden.

Frau Horneber ist von dem Verhalten der Landwirte entsetzt. Endlich können eine gute Ernte eingefahren und viele Konsumenten damit versorgt werden. Durch das große Angebot an Kartoffeln (egal ob aus Deutschland oder aus dem Ausland) können die Kartoffeln günstig erworben werden. Dadurch muss weniger Geld vom Einkommen für Kartoffeln ausgegeben werden und es können andere Dinge angeschafft werden. Die Nachfrage nach Kartoffeln wird doch sicherlich steigen, wenn die Kartoffeln nur 1,00 Euro bis 1,20 Euro pro Kilogramm kosten. Sie hofft, dass dadurch die Preise für Kartoffeln zukünftig geringer sind.

Herr Meier und Frau Horneber sehen die Rekordkartoffelernte aus einer unterschiedlichen Sichtweise:

a) Herrn Meier, der die Kartoffeln anbaut, erntet und verkaufen möchte (**Verkäufer bzw. Anbieter**), ist es wichtig, einen angemessenen Preis zu erzielen. Er bezieht durch den Verkauf sein Einkommen. Er muss das Saatgut, den Dünger und die Produktionskosten für das nächste Jahr mit dem Gewinn finanzieren. Gelingt dies nicht, ist sein Betrieb gefährdet.

b) Frau Horneber möchte möglichst wenig Geld für Kartoffeln ausgeben (**Käufer bzw. Nachfrager**). Sie hat ein festes finanzielles Budget zur Verfügung und es ist für sie von Vorteil, wenn ein Produkt billiger wird, da sie dann weitere Produkte erwerben kann. Die Existenz eines Betriebes ist für sie nachrangig.

Somit haben **Verkäufer** und **Käufer** unterschiedliche **Interessen**.

Einflussfaktoren auf Angebot und Nachfrage

Angebot
- Preis
- Herstellungskosten
- Konkurrenz
- vorhandene Kapazitäten
- Gewinnhöhe

Nachfrage
- Preis
- vorhandenes Einkommen
- Bedürfnisse
- Preis anderer Güter
- persönliche Einstellung

Es zeigt sich, dass die **Anbieter** für ihre Produkte einen möglichst **hohen Preis** erhalten möchten, damit ihre Herstellungskosten gedeckt sind und sie noch einen Gewinn erzielen. Dadurch schaffen sie sich ein Polster für schlechte Zeiten. So sind sie auch gegenüber der Konkurrenz gewappnet. Eine wichtige Rolle spielt somit auch die Anzahl der Konkurrenten.

Für die **Nachfrager** ist oft zuerst der Preis entscheidend. Sie hoffen auf einen **geringen Preis**. Dadurch können sie ihr vorhandenes Einkommen aus ihrer Sicht effektiver einsetzen und noch weitere Güter von derselben Geldmenge kaufen. Allerdings kann die persönliche Einstellung dazu führen, dass Regionalität, Qualität oder Service in den Vordergrund rücken und deshalb freiwillig mehr Geld für das Produkt gezahlt wird. Dies geschieht auch bei Einkäufen unter Zeitdruck oder aufgrund mangelnder Information.

AUFGABEN

1. Erläutere, warum
   a) Landwirt Meier trotz Rekordernte befürchtet, dass er pleitegeht (M1).
   b) Frau Horneber die Rekordernte äußerst positiv sieht (M1).
2. Stelle die Pro- und Kontra-Argumente von Herrn Meier und Frau Horneber gegenüber.
3. *Partnervortrag:* Erkläre, was unter Angebot und Nachfrage verstanden wird.
4. Stelle die Faktoren, die Angebot und Nachfrage prägen, in einer Tabelle gegenüber und erläutere diese.
5. Im Supermarkt kostet eine Wassermelone 1,79 Euro und im Bioladen 3,99 Euro. Herr Neureiter entscheidet sich für die teurere. Nenne zwei Gründe dafür und zwei dagegen.
6. Überprüfe deine Einkaufsgewohnheiten darauf, inwiefern der Preis für dich entscheidend ist. Begründe dies.

WEBCODE

WES-116647-221
Film: Einfach erklärt:
Das Marktmodell

Ein Preis-Mengen-Diagramm erstellen

Herr Meier und Frau Horneber haben der Redaktion nach dem erfolgten Interview einen Überblick gegeben, wie viele Kartoffeln sie zu welchem Preis anbieten bzw. kaufen würden.

Für die Erstellung des Preis-Mengen-Diagramms werden die einzelnen Werte auf der x-Achse (Menge) und dann auf der y-Achse (Preis) einzeln eingetragen und schließlich miteinander verbunden.

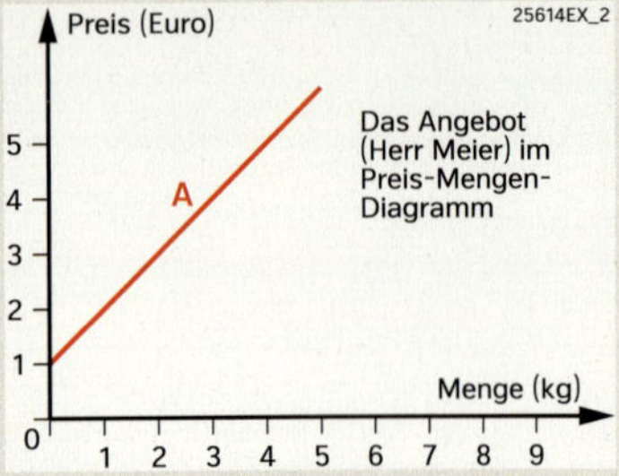

a) Herr Meier:

Menge in kg	0	1	2	3	4
Preis in €	1,00	2,00	3,00	4,00	5,00

Dies kann mittels eines Preis-Mengen-Diagramms dargestellt werden.

Es sind zwei Dinge ersichtlich:
- Herr Meier verkauft unter einem gewissen Preis gar keine Kartoffeln.
- Je höher der Preis ist, desto mehr Kartoffeln möchte er verkaufen.

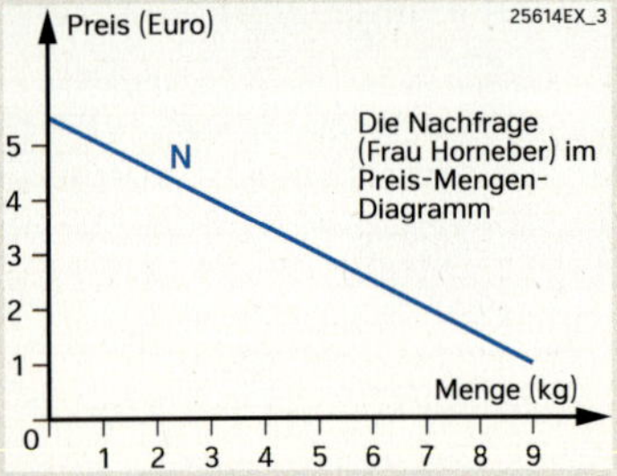

b) Frau Horneber:

Menge in kg	9	7	5	3	1
Preis in €	1,00	2,00	3,00	4,00	5,00

Dies kann ebenfalls im Preis-Mengen-Diagramm dargestellt werden.

Hier sind ebenfalls zwei Dinge erkennbar:
- Frau Horneber kauft weniger Kartoffeln, wenn sie teuer sind.
  Ab einem gewissen Preis würde sie überhaupt keine Kartoffeln mehr kaufen.
- Sind sie allerdings billig, so kauft Frau Horneber mehr Kartoffeln.

Markt: Treffpunkt zwischen Angebot und Nachfrage
Es kann folglich ein Zusammenhang zwischen der Menge und dem Preis sowohl im Nachfrage- als auch im Angebotsbereich festgestellt werden. Beide Gruppen treffen auf einem Markt, z. B. dem Wochenmarkt, zusammen.

Dieses Zusammentreffen kann auch anhand beider Diagramme dargestellt werden.

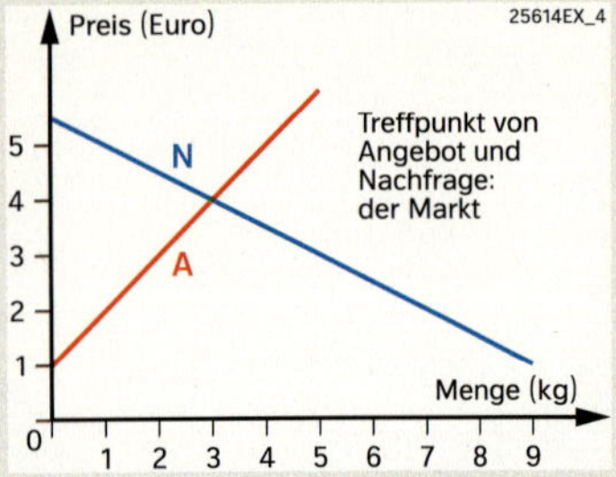

Gleichgewichtspreis und Gleichgewichtsmenge
Beim Zusammentreffen von Angebot und Nachfrage entsteht ein Schnittpunkt. An diesem Schnittpunkt möchte der Kunde genau die entsprechende Menge zu dem Preis kaufen und der Verkäufer genau die entsprechende Menge zu dem gleichen Preis verkaufen. An diesem Punkt sind beide Seiten zufrieden und es ist ein Gleichgewicht entstanden.

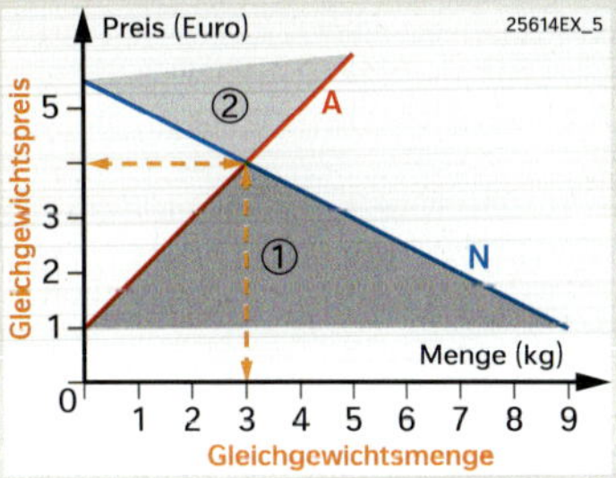

In diesem Gleichgewicht kann sowohl ein Preis (**Gleichgewichtspreis**) als auch eine Menge (**Gleichgewichtsmenge**) abgelesen werden. In unserem Fall wären dies 3 Kilogramm Kartoffeln und ein Preis von 4,00 Euro.

Für die Volkswirtschaft ist der **Gleichgewichtspreis** stets das Optimum. Denn die Anbieter können ihre Ware zu dem Preis vollständig verkaufen und alle Nachfrager, die zu diesem Preis einkaufen möchten, können dies tun. Es entsteht keine Lagerhaltung und die Wirtschaft läuft optimal.

Was passiert vor dem Erreichen des Gleichgewichtspreises und der Gleichgewichtsmenge (Bereich ①)?

Im Bereich ① liegt der Preis zwischen 1,00 Euro und 4,00 Euro. Frau Horneber möchte hier viel einkaufen (bei 1,00 Euro sogar 9 Kilogramm), aber dem Anbieter ist der Preis zu niedrig: Es herrscht ein **Nachfrageüberhang**. Der Anbieter lagert in dieser Situation lieber die Kartoffeln ein, als diese zu dem niedrigen Preis zu verkaufen. Das Angebot wird in dieser Situation vermindert.

Was passiert nach dem Erreichen des Gleichgewichtspreises und der Gleichgewichtsmenge (Bereich ②)?

Im Bereich ② liegt der Preis zwischen 4,00 Euro und 5,00 Euro. Der Anbieter Herr Meier ist bereit, für diesen hohen Preis eine große Menge anzubieten. Der Nachfragerin Frau Horneber hingegen ist der Preis zu hoch, sodass sie wenig nachfragt. Es besteht ein **Angebotsüberhang**.

Die bisher dargestellte **Preisbildung** ist allerdings nur **modellhaft**. Das bedeutet, dass sie auf diese Weise in der Praxis nicht stattfindet. Bisher sind wir davon ausgegangen, dass die Anbieter, die mehr als den Gleichgewichtspreis verlangen, nichts verkaufen. Ein Nachfrager, der weniger als den Gleichgewichtspreis bezahlen möchte, würde keine Kartoffeln erhalten. **In der Wirklichkeit** werden unterschiedliche Preise verlangt und auch bezahlt. Der Grund hierfür ist, dass es z. B. Verkäufer gibt, die froh sind, überhaupt etwas zu verkaufen und dadurch zumindest einen Teil ihrer Kosten decken können.

AUFGABEN

1. Beschreibe den Zusammenhang zwischen Menge und Preis sowohl von der Nachfrage- als auch von der Angebotsseite her.
2. *Stühletausch:* Erkläre, wie der Gleichgewichtspreis entsteht.
3. Charakterisiere die Situation bei
   a) Nachfrageüberhang (Bereich ①) und
   b) Angebotsüberhang (Bereich ②).
4. Es liegen dir folgende Werte der Angebots- und Nachfrageseite vor:

Angebotsmenge in kg	50	150	250	350	450
Nachfragemenge in kg	550	450	350	250	150
Preis in €	1,00	2,00	3,00	4,00	5,00

Erstelle mit den vorgegebenen Werten ein Preis-Mengen-Diagramm und bestimme zeichnerisch Gleichgewichtspreis und -menge.

Das Modell des einfachen Wirtschaftskreislaufs

Die Wirklichkeit ist meist zu umfangreich, um alle Einzelheiten darzustellen. Deshalb greift man häufig zu **Modellen**, also vereinfachten Abbildungen der Wirklichkeit. Ein solches Modell ist auch der einfache Wirtschaftskreislauf.

Seit der Entstehung der ersten Berufe im Mittelalter kam es dazu, dass Familien Arbeitskräfte beschäftigten. In der Landwirtschaft waren es früher Mägde und Knechte, die ihre Arbeitskraft dem Landwirt zur Verfügung stellten und dafür Kost und Logis (Unterbringung) erhielten.

Der Einsatz von Arbeitskräften hat sich heute auf alle Wirtschaftsbereiche ausgedehnt: Betriebe (**Unternehmen**) stellen Produkte her und verkaufen sie. Für die Herstellung sind Arbeitskräfte nötig. Diese erhalten von den Unternehmen für ihre Arbeit Lohn bzw. Gehalt. Mit diesem Entgelt (Lohn/Gehalt) bestreiten die **(privaten) Haushalte** ihr Leben: Miete, Essen und andere Wünsche. Sie kaufen dabei wiederum Güter bei den Unternehmen ein, die somit mehr Güter produzieren können. So entsteht ein Kreislauf, der das wirtschaftliche Geschehen abbildet. Daher wird er als **Wirtschaftskreislauf** bezeichnet.

In unserem Beispiel wird nur die Beziehung zwischen den beiden **Sektoren Unternehmen** und **Haushalte** dargestellt und die Realität damit sehr stark vereinfacht. Daher spricht man vom **Modell des einfachen Wirtschaftskreislaufs**.

Das hier dargestellte Kreislaufmodell besteht aus **zwei Strömen**:

Geldstrom: Hier finden sich das Einkommen (Lohn, Gehalt, **Zinsen, Pacht**) der privaten Haushalte und die Konsumausgaben, die die privaten Haushalte davon finanzieren.

Güterstrom: Die privaten Haushalte stellen den Unternehmen Arbeit, **Kapital** oder auch Boden zur Verfügung. Von den Unternehmen fließt ein Güterstrom zu den privaten Haushalten. Es handelt sich um die Waren und Dienstleistungen, die an die privaten Haushalte verkauft werden.

Anhand der Geld- und Güterströme wird klar, dass sowohl Unternehmen als auch Haushalte aufeinander angewiesen sind: Fragen die Haushalte weniger Produkte nach, so werden weniger produziert. Dafür werden allerdings auch weniger Arbeitskräfte benötigt.

INFO

Unternehmen
alle Firmen, die Sachgüter oder Dienstleistungen gegen Entgelt herstellen

(private) Haushalte
Wirtschaftseinheit, die aus nur einer Person oder mehreren zusammenwohnenden Personen besteht

Sektor
Teil eines Ganzen

INFO

Zinsen
Preis für das Überlassen von Geld, z. B. bei einem Kredit

Pacht
vertraglich vereinbartes Überlassen einer Sache zur Nutzung auf Zeit, z. B. eines Ackers

Kapital
hier: Geld für Investitionen

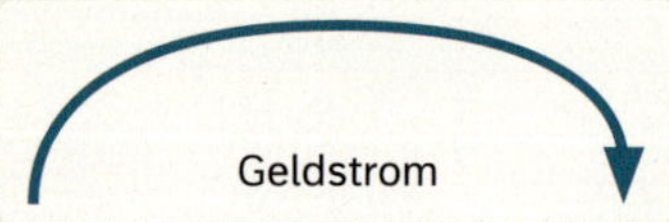

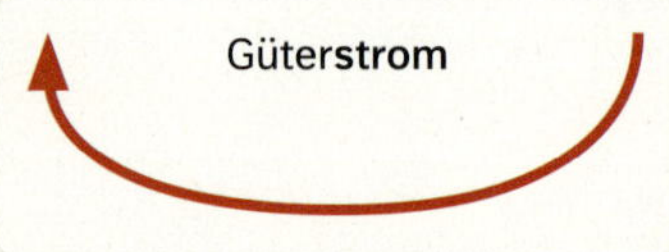

Unternehmen und Haushalte sind aufeinander angewiesen.

Generell bildet der Wirtschaftskreislauf das wirtschaftliche Geschehen **innerhalb eines bestimmten Zeitraumes in einer Volkswirtschaft** ab.

Da die wirtschaftlichen Abläufe in einer Volkswirtschaft sehr vielfältig und komplex sind, hat man beschlossen, im Modell des Wirtschaftskreislaufs nur noch den **Geldstrom** darzustellen, damit es nicht zu unübersichtlich wird. Die Güterströme werden also in der Regel im Kreislaufmodell weggelassen.

Im Modell des **einfachen Wirtschaftskreislauf** werden zwecks Vereinfachung zudem einige weitere Gegebenheiten außen vor gelassen:

- Im Sektor Haushalte gibt es kein Sparen. Es wird angenommen, dass die Haushalte ihr Kapital sofort wieder ausgeben.
- Im Sektor Unternehmen wird unterstellt, dass nur so viele Güter produziert wie auch verkauft werden. Es gibt keine Lagerhaltung.
- Es wird unterstellt, dass es keine Beziehungen zum Ausland gibt.

Dies entspricht natürlich nicht ganz der Realität, aber für das Verständnis des wirtschaftlichen Geschehens leistet der einfache Wirtschafskreislauf dennoch einen wertvollen Beitrag.

AUFGABEN

1. *Partnervortrag:* Erkläre das Modell des einfachen Wirtschaftskreislaufs.
2. Frau Müller arbeitet im Hotel Arena in Nürnberg. Sie erhält monatlich 1.200 Euro. Davon zahlt sie 700 Euro für Miete, 200 Euro für Essen, 200 Euro für Kleidung, 8 Euro für Kino und 92 Euro für Benzin. Erstelle mit diesen Werten ein Schaubild des einfachen Wirtschaftskreislaufs und vermerke die einzelnen Geldströme.
3. a) Reflektiere, inwiefern der Wirtschaftskreislauf auf S. 86 die Realität vereinfacht.
   b) Erkläre, warum im wirtschaftlichen Bereich nur der Geldstrom interessant ist.
4. *Galeriegang:* Folgere, was im Modell des einfachen Wirtschaftskreislaufs passiert, wenn
   a) die Arbeitnehmer eine Lohnerhöhung erhalten.
   b) die privaten Haushalte beschließen, weniger Güter einzukaufen.
   c) die Unternehmer weniger Produkte herstellen.

WEBCODE

WES-116647-212
Film: Einfach erklärt:
Der Wirtschaftskreislauf

2 Die Soziale Marktwirtschaft als Wirtschaftsordnung

2.1 Entwicklung der Sozialen Marktwirtschaft

M1 Ein Land in Schutt und Asche – Deutschland nach dem 2. Weltkrieg

zerstörtes Dresden 1945

Frauen beim Trümmerklopfen

3,5 Millionen Kriegstote

60 % der Bevölkerung stark unterernährt

10 Millionen Flüchtlinge und Vertriebene

50 % der Kapazität der deutschen Wirtschaft zerstört

50 % der Wohnfläche zerstört

Fleisch-Marke 50 Gramm	Fleisch-Marke 50 Gramm
Fleisch-Marke 25 Gramm	Fleisch-Marke 25 Gramm
Fleisch-Marke 25 Gramm	Fleisch-Marke 25 Gramm
Fleisch-Marke 20 Gramm	Fleisch-Marke 20 Gramm
Fleisch-Marke 20 Gramm	Fleisch-Marke 20 Gramm

Lebensmittelkarte

Die Fotos und Schlagzeilen oben stellen die dramatische Ausgangssituation Nachkriegsdeutschlands dar.

Aufgrund der Zerstörungen gab es zudem nur geringe Vorräte an Nahrungsmitteln und sonstigen Waren. Damit diese für eine größere Anzahl von Menschen reichten, wurden sie rationiert. Nur wer eine entsprechende Lebensmittelkarte (Bild links) oder einen Bezugsschein vorweisen konnte, erhielt das Produkt.

Es herrschte Hunger vor, denn mit einer Lebensmittelkarte erhielt man gerade einmal Nahrungsmittel mit 1.200 bis 1.500 Kalorien.

Viele konnten ihr Überleben daher nur mit Tauschgeschäften sichern: Städter fuhren aufs Land und tauschten dort Hausrat, Kleidung oder Wertgegenstände gegen Butter, Speck oder Kartoffeln. Der Tauschhandel blühte.

Geld wurde als Tauschmittel nicht mehr eingesetzt, denn die Reichsmark hatte ihren Wert verloren. Für einen erfolgreichen Tausch zählten nur noch Lebensmittelkarten oder interessante Waren wie Zigaretten.

Dennoch war die deutsche Bevölkerung in den Nachkriegsjahren arbeitswillig und größtenteils arbeitsfähig. Sie wollten ihr Land wiederaufbauen und eine Perspektive bekommen.

INFO

Internationale Ruhrbehörde
Diese Behörde kontrollierte gemäß dem Ruhrstatut vom 28.4.1949 die Produktion von Kohle, Koks und Stahl im Ruhrgebiet, um eine Wiederaufrüstung Deutschlands zu verhindern. Sie bestand zunächst aus Vertretern der Westalliierten und der Beneluxstaaten, Ende November 1949 trat auch Westdeutschland bei. 1952 wurde die Behörde aufgelöst und stattdessen die „Europäische Gemeinschaft für Kohle und Stahl“ (Montanunion) gegründet.

Der **Wiederaufbau Deutschlands** nach dem Zweiten Weltkrieg war schwer, zumal es bald zu Konflikten unter den vier Siegermächten – den USA, Großbritannien, Frankreich und der Sowjetunion – kam. Sie hatten das deutsche Territorium nach Kriegsende in **vier Besatzungszonen** aufgeteilt.

Als jedoch die **Sowjetunion** 1945 begann, in ihrem Gebiet eine Verstaatlichung der Industrie durchzuführen, beschlossen die **drei Westmächte**, die von ihnen kontrollierten Teile Deutschlands wiederaufzubauen.

Hierfür setzten sie folgende **Maßnahmen** um:

- keine wirtschaftliche Zerschlagung Westdeutschlands,
- Schaffung eines „Vereinigten Wirtschaftsgebietes“ im Jahr 1947,
- Finanzhilfen aus den USA für den Kauf nötiger Güter zum Wiederaufbau (Marshall-Plan),
- Einführung einer neuen Währung (Deutsche Mark, DM) im Jahr 1948 (Die bisherige Reichsmark wurde durch diese Währungsreform für wertlos erklärt und die Bewohner der drei Westzonen erhielten die neue Währung: zunächst 40 DM für jeden Bewohner, dann nochmals 20 DM.),
- Aufhebung gesetzter Preisvorschriften.

Erste Erfolge konnten mithilfe dieser Maßnahmen rasch verzeichnet werden. Westdeutschland erholte sich langsam wieder.

AUFGABEN

1. Schildere die Bedingungen im Nachkriegsdeutschland (M1).
2. *Partnerabfrage:* Begründe den Wiederaufbau Westdeutschlands aus Sicht der drei westlichen Siegermächte.

Plakat zu einer Ausstellung im Haus der Geschichte der Bundesrepublik Deutschland

2.2 Wirtschaftsordnungen im Vergleich

Als **Wirtschaftsordnung** bezeichnet man alle Rahmenbedingungen, die der Staat für Unternehmen (Produzenten) und Haushalte (Konsumenten) schafft. Dabei müssen stets vier Grundfragen geklärt werden:

Eine Wirtschaftsordnung regelt

- **Für wen wird produziert?**
- **Was soll produziert werden?**
- **Wie soll es produziert werden?**
- **Welche Menge wird produziert?**

Generell besteht bei der Beantwortung dieser Fragen die Möglichkeit, dass entweder der Staat für alles zuständig ist und die Produktion und Verteilung steuert (**staatliche Wirtschaftslenkung**) oder dass Angebot und Nachfrage sich auf dem Markt selbst regulieren (**Freie Marktwirtschaft**).

M1 Staatliche Wirtschaftslenkung (Planwirtschaft) im Überblick

Bei der Planwirtschaft oder Zentralverwaltungswirtschaft, wie sie auch genannt wird, werden alle Vorgänge, die die Wirtschaft betreffen, zentral von der Regierung gesteuert. [...] Die sogenannte Planstelle muss schätzen, wie viele Waren oder Dienstleistungen die Bevölkerung verbrauchen wird. Alle Waren und Dienstleistungen, Preise und Löhne werden dann in einem Gesamtplan [der z. B. fünf Jahre gültig ist] festgelegt. [...] [Dafür ist es notwendig], dass die Güter, Rohstoffe und Unternehmen dem Staat gehören.

Aus: Tanja Lindauer/Co-Autorin: Britta Pawlak, Lexikon: Planwirtschaft, in: https://www.helles-koepfchen.de/artikel/3141.html, Mainz, 26.11.2011 (Zugriff: 21.4.2020)

INFO

Beispiele für Planwirtschaften:
Kuba, Nordkorea

M2 Freie Marktwirtschaft im Überblick

Im Gegensatz zur Planwirtschaft [...] haben in einer freien Marktwirtschaft die Haushalte und die Unternehmen das Zepter in der Hand. Die Betriebe allein entscheiden, mit wie vielen Leuten sie welche Waren oder Dienstleistungen wie und wo produzieren und zu welchem Preis sie diese anbieten. Die Haushalte [...] wiederum entscheiden, wo und für wen sie arbeiten und wofür sie ihre Einkommen ausgeben. Der „Ort", an dem sich Unternehmen und Haushalte treffen, ist der Markt. [...] [Allerdings führte diese Wirtschaftsordnung in vergangenen Zeiten dazu,] dass große Teile der Bevölkerung in sozialem Elend lebten.

Aus: Institut der deutschen Wirtschaft Köln Medien GmbH (Hrsg.), Wirtschaft und Schule, Arbeitsblatt „Soziale Marktwirtschaft", in: https://www.wirtschaftundschule.de/unterrichtsmaterialien/staat-und-wirtschaftspolitik/arbeitsblaetter/soziale-marktwirtschaft-wirtschaftsordnung/, Köln, 28.8.2018, S. 2 (Zugriff: 21.4.2020)

INFO

Beispiele für Freie Marktwirtschaften:
Hongkong, Singapur, USA

Den grundlegenden **Marktmechanismus**, das Wechselspiel von **Angebot und Nachfrage**, hast du bereits auf S. 84/85 behandelt.
Siehe hierzu auch den Film: Einfach erklärt: Das Marktmodell unter dem Webcode WES-116647-221

Für Westdeutschland setzte sich mit Unterstützung der Westalliierten schließlich das Konzept der **Sozialen Marktwirtschaft** durch, als dessen „Väter" insbesondere **Alfred Müller-Armack** und **Ludwig Erhard** gelten.

M3 Soziale Marktwirtschaft im Überblick

Deutschlands Wirtschaftsordnung ist die Soziale Marktwirtschaft. Sie wurde aus der Freien Marktwirtschaft entwickelt. Damit keine zu großen sozialen Ungerechtigkeiten entstehen, greift der Staat durch bestimmte Regeln in die Freie Marktwirtschaft ein. [...] Zum Beispiel gibt es Gesetze zum Kündigungsschutz, die verbieten, dass ein Arbeitnehmer von einem Tag auf den anderen entlassen wird. [...] Auch sorgt der Staat dafür, dass bei gefährlichen Arbeiten die Arbeitnehmer [...] geschützt werden. Kurz, die Freiheit der Marktwirtschaft wird da eingeschränkt, wo sie unsozial ist, wo sie nur den Starken dient und den weniger Starken schadet. Das Privateigentum wird geschützt, aber wer Eigentum hat, hat auch Verantwortung dafür, wie er damit umgeht.

Aus: Gerd Schneider/Christiane Toyka-Seid, Soziale Marktwirtschaft, in: Bundeszentrale für politische Bildung (Hrsg.), HanisauLand, https://www.hanisauland.de/lexikon/s/soziale_marktwirtschaft.html, Bonn (Zugriff: 5.4.2020)

In der Sozialen Marktwirtschaft sollten die **Vorteile der Freien Marktwirtschaft** erhalten bleiben und zugleich die negativen Aspekte durch eine **soziale Komponente** reduziert werden. Alfred Müller-Armack formulierte die **Grundidee der Sozialen Marktwirtschaft** wie folgt:

„Sinn der Sozialen Marktwirtschaft ist es, das Prinzip der Freiheit auf dem Markte mit dem des sozialen Ausgleichs zu verbinden."

(Zitat aus: Alfred Müller-Armack, Soziale Marktwirtschaft, in: Handwörterbuch der Sozialwissenschaften, Stuttgart: Gustav Fischer Verlag, 1956, S. 390)

Durch die Soziale Marktwirtschaft sollte das **Ziel „Wohlstand für alle"** erreicht werden.

M4 Ziele der Sozialen Marktwirtschaft

Soziale Marktwirtschaft

↓

Ziel: „Wohlstand für alle"

durch

freie wirtschaftliche Entfaltung | soziale Sicherheit und Gerechtigkeit

↓

Grundsatz:
„So viel Markt wie möglich, so viel Staat wie nötig."
(Karl Schiller, 1966–1972 Bundeswirtschaftsminister)

Zwei „Väter" der Sozialen Marktwirtschaft

Prof. Dr. Alfred Müller-Armack (1901–1978) war Wirtschaftswissenschaftler und u. a. 1958–1963 Staatssekretär im Bundeswirtschaftsministerium.

Prof. Dr. Ludwig Erhard (1897–1977) war u. a. 1945/46 bayerischer Wirtschaftsminister, 1949–1963 Bundeswirtschaftsminister und 1963–1966 Bundeskanzler.

WEBCODE

WES-116647-222
Film: Einfach erklärt:
Der Staat in der Sozialen Marktwirtschaft

M5 Armut wächst weltweit

„Zeltstadt"

Menschenschlange vor einer Armenspeisung

M6 Beispiele: Leben in unterschiedlichen Wirtschaftsordnungen

Beispiel 1: Mike sitzt mit seinen drei Geschwistern am Mittagstisch, als sein Vater erzählt: „Ich wurde mit sofortiger Wirkung entlassen, weil die Aufträge im Unternehmen eingebrochen sind. Es wurden 50 Prozent der Arbeitnehmer freigestellt. Daher müssen wir uns in nächster Zeit finanziell stark einschränken. Unser Erspartes reicht ungefähr für sechs Monate. In dieser Zeit muss ich unbedingt einen neuen Job finden, sonst müssen wir aus der Wohnung und wir haben keine Verwandten, die wir um Hilfe bitten können. Lasst uns fest zusammenhalten, dann werden wir auch diese Krise überstehen!"

Beispiel 2: Alma fällt in der Schule die Treppe hinunter und bricht sich den Fuß. Die Gemeindeunfallversicherung übernimmt die Kosten.

Beispiel 3: Magdalena möchte sich eine Uhr kaufen. Allerdings kann sie nur zwischen zwei Modellen auswählen, und es wird auch die nächsten zwei Jahre nur diese beiden Modelle zu kaufen geben.

Beispiel 4: Herr Arend erhält gegenwärtig Arbeitslosengeld I. Dieses beträgt in der Regel 60 Prozent des ehemaligen Nettoentgelts. Weil Herr Arend mehrere Kinder hat, erhöht sich das Arbeitslosengeld auf 67 Prozent. Falls er nach einem Jahr keine neue Stelle findet, würde er Arbeitslosengeld II als Grundsicherung für erwerbsfähige Arbeitslose beziehen. Hilfebedürftige, die nicht mehr erwerbsfähig sind, bekommen stattdessen Sozialhilfe. Beides dient zur Sicherung des Lebensunterhalts und eines menschenwürdigen Existenzminimums.

M7 Wie die Soziale Marktwirtschaft funktioniert

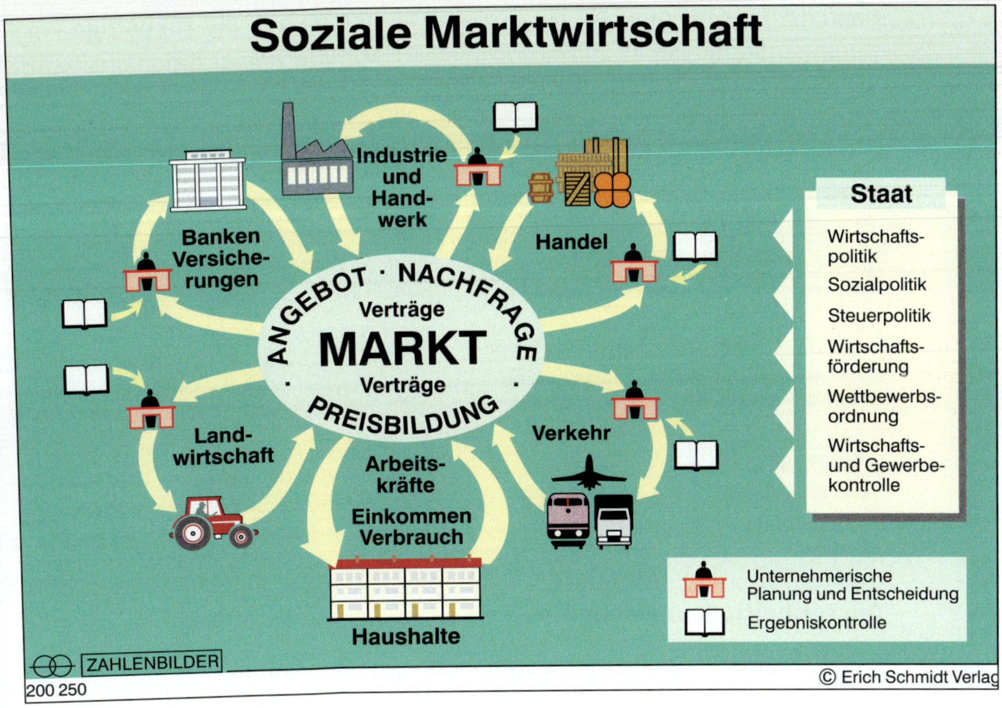

AUFGABEN

1. Beschreibe die Grundidee und Ziele der Sozialen Marktwirtschaft (M4).
2. Erkläre folgende Aussage des ehemaligen Bundeswirtschaftsministers Karl Schiller: „So viel Markt wie möglich, so viel Staat wie nötig.“ (M4)
3. Beschreibe die beiden Fotos in M5. Begründe, in welcher Wirtschaftsordnung derartige Situationen vermehrt vorkommen können.
4. *Lerntempoduett:* Ordne den vier Beispielen in M6 die jeweilige Wirtschaftsordnung zu (M1, M2 oder M3 auf S. 90/91). Begründe deine Entscheidung.
5. a) Recherchiere im Internet, wie hoch das Arbeitslosengeld II („Hartz-IV-Satz“) gegenwärtig für Alleinerziehende mit einem Kind ist.
   b) Beurteile die Höhe des Arbeitslosengeldes II.
6. *Think-Pair-Share:*
   a) Nenne weitere Unterstützungsmaßnahmen, die sozial schwächer gestellte Menschen in Deutschland erhalten.
   b) Beurteile jeweils zwei Vor- und Nachteile der staatlichen Unterstützungsmaßnahmen.
7. Analysiere die Infografik M7 im Hinblick auf die Rolle des Staates und des jeweiligen Unternehmens.
8. Art. 20 Abs. 1 GG lautet: „Die Bundesrepublik Deutschland ist ein demokratischer und **sozialer** Bundesstaat.“ Erkläre die Bedeutung dieses Artikels.
9. „Zeiten hoher Arbeitslosigkeit stellen eine Herausforderung für den Staat dar.“ Erläutere diese Aussage.

WEBCODE

WES-116647-223
Informationen zum Arbeitslosengeld II auf der Homepage des Bundesministeriums für Arbeit und Soziales

2.3 Bausteine der Sozialen Marktwirtschaft

Nach der Entscheidung für die Soziale Marktwirtschaft als zukünftige Wirtschaftsordnung galt es, diese umzusetzen. Mithilfe zweier Bausteine wurde die Soziale Marktwirtschaft ausgestaltet:

Soziale Marktwirtschaft

freiheitliche Bausteine		soziale Bausteine	
wirtschaftliche Freiheit	Markt und freier Marktzugang	Chancengleichheit	
Privateigentum an Produktionsmitteln	Wettbewerb	soziale Sicherung: Sozialversicherung	soziale Sicherung: Grundsicherung und Sozialhilfe

Die freiheitlichen Bausteine

Konsumentin beim Produktvergleich

Freiheit ist ein Grundpfeiler unserer Wirtschaftsordnung und muss in vier Bereichen vom Staat garantiert werden.

a) Wirtschaftliche Freiheit

Für das Funktionieren eines Marktes ist es wichtig, dass jeder Marktteilnehmer in seiner **wirtschaftlichen Tätigkeit** und in seinen **Entscheidungen frei** ist. Es gibt keine Einschränkung oder Bestrafungen, wenn jemand anders reagiert, als es erwartet wird.

Entscheidungsfreiheit

Haushalte (Konsumenten)	Unternehmen (Produzenten)
• Wie wird das Einkommen verwendet?	• Wird ein Unternehmen gegründet?
• Welche Güter werden gekauft?	• Welche Güter werden produziert?
• Wo werden die Güter gekauft?	• Wo werden die Güter produziert?
• Passt der Preis oder wird verhandelt?	• Wie werden die Güter produziert?
• Was wird in der Freizeit unternommen?	• Wie viele Arbeitnehmer werden eingestellt?
	• Werden Arbeitnehmer ausgebildet oder nicht?
	• Welcher Preis ergibt sich?

Selbstverständlich ist es möglich, z. B. mithilfe von **Werbung**, Einfluss auf die Entscheidungen zu nehmen: Denn mit einer gezielten Werbung kann der Konsument neben Informationen zum Produkt auch einen gewissen Kaufanreiz erhalten.

b) Privateigentum an Produktionsmitteln

Sobald einer Person ein Gegenstand gehört, passt sie auf diesen in der Regel besser auf. Diese Feststellung trifft auch auf den produzierenden Bereich zu: In der Marktwirtschaft kann ein Unternehmer frei entscheiden und selbstständig planen, wie er seine Mittel einsetzt. Jeder Unternehmer wird dabei darauf achten, dass seine gekauften **Produktionsmittel** (Maschinen, Fahrzeuge usw.) **effektiv eingesetzt** und dass sie außerdem **pfleglich behandelt** werden. Folglich ist garantiertes Privateigentum für die (Soziale) Marktwirtschaft sehr wichtig.

Unternehmerin vor ihren Produktionsmitteln

c) Markt und freier Marktzugang

Im **Grundgesetz** ist in **Artikel 9** festgelegt, dass alle das Recht haben, Vereine und Gesellschaften zu gründen. Demnach kann auch jeder – wenn er die nötigen Voraussetzungen erfüllt – ein Unternehmen gründen.

Die dort produzierten Güter und Dienstleistungen werden von den Unternehmen auf dem Markt angeboten und von den Haushalten nachgefragt. Es gibt **keine Beschränkungen für einen Markteintritt**. Allerdings können auch jederzeit Unternehmen aufgrund von sinkender Nachfrage ihre Position am Markt verlieren bzw. den Markt verlassen müssen.

d) Wettbewerb

Neben der wirtschaftlichen Freiheit, dem Privateigentum an Produktionsmitteln und dem freien Marktzugang ist ein funktionierender Wettbewerb für die Marktwirtschaft unabdingbar. Denn ein Hauptziel eines jeden Unternehmens ist es, möglichst viel **Gewinn zu erzielen**. Dazu ist es nötig, möglichst viele Kunden von den eigenen Produkten zu überzeugen. Eine **Konkurrenzsituation** zu Anbietern gleicher oder ähnlicher Produkte entsteht.

Die Unternehmen können sich nur mit den **erlaubten Mitteln des Wettbewerbs** (Preis, Serviceleistungen oder **Konditionen**, siehe S. 97–99) von anderen Unternehmen absetzen. Eine **Beschränkung des Wettbewerbs**, z. B. durch Preisabsprachen zwischen Unternehmen, **ist verboten**.

INFO

Konditionen
hier: Lieferungs-, Zahlungsbedingungen

AUFGABEN

1. Jeder Konsument ist generell frei in seinen Entscheidungen. Nenne zwei Beispiele, in denen ein Konsument in seiner freien Entscheidung in der Realität eingeschränkt ist.
2. Beurteile die Bedeutung des Marktzugangs in der Marktwirtschaft.
3. *Marktplatz:* Reflektiere, was passieren würde, wenn das Privateigentum nicht mehr garantiert wäre.

Lernen an Stationen: „Wettbewerb belebt das Geschäft“

M1 Eine Bäckerei in der Krise

Gegenwärtig ist die Lage kritisch für die Bäckerei Himmel, denn im örtlichen Supermarkt hat eine Backstation aufgemacht. Warum 0,40 – 0,75 Euro für eine Semmel bezahlen, wenn man Semmeln für gerade mal 0,20 Euro kaufen kann? Die Kundschaft wandert der Bäckerei Himmel in Scharen ab. Fritz Himmel ist kurz vorm Aufgeben, denn mit den Dumping-Preisen der Konkurrenz kann er nicht mithalten. Es muss gehandelt werden!

Ihr werdet euch auf den nächsten Seiten mit dem Problem „steigender Konkurrenz“ der Bäckerei Himmel auseinandersetzen. Dafür wurde das Thema in fünf Stationen unterteilt. So könnt ihr jeweils selbst entscheiden, in welcher Abfolge ihr die verschiedenen Bereiche des Themas untersuchen möchtet.

Zunächst solltet ihr euch die Texte zu allen Stationen gut durchlesen, damit ihr einen Überblick über die gesamte Problemstellung erhaltet. Wichtig ist, dass die Station fünf zum Schluss bearbeitet wird, weil sie eine Zusammenfassung darstellt.

Grundsätzlich muss jeder von euch alle Stationen durchlaufen. Ihr bestimmt aber selbst, mit welcher Station ihr beginnt. Erstellt zu jedem einzelnen Aufgabenkomplex eine Lösung. Eure Lehrkraft wird im Vorfeld erklären, ob ihr die Aufgaben alleine, in einem Tandem oder in einer kleinen Gruppe lösen sollt.

Wenn ihr eine Station gelöst habt, könnt ihr die nächste Station bearbeiten. Nach drei bis vier Unterrichtsstunden solltet ihr alle fünf Stationen selbstständig und in eurem eigenen Tempo durchlaufen haben. Eure Lehrkraft steht euch als Berater/-in zur Verfügung.

Mithilfe der Station fünf sollt ihr selbst kontrollieren, ob ihr den Themenkomplex verstanden habt.

Station 1: Der Preis

„Was sind die Kunden bereit, für die Ware zu zahlen?"

„Wie hoch sind die Kosten im Betrieb?"

„Welchen Preis verlangt die Konkurrenz?"

Diese Fragen stellen sich alle Unternehmen. Sie versuchen, durch Marktforschung sowie die Analyse der eigenen Kosten und der Konkurrenzsituation einen realistischen Preis für ihr Produkt zu finden. Um sich dabei gegenüber der Konkurrenz abzusetzen, wenden Unternehmen u. a. folgende Strategien an:

a) Änderung des Sortiments oder der Qualität
Durch bewusste Änderung des Sortiments (z. B. Erweiterung der Produktpalette) oder durch Verbesserung der Qualität der bisherigen Produkte können Verbraucher dazu bewegt werden, höhere Preise zu bezahlen. Auch Trend- oder Bioprodukte werden von vielen Verbrauchern geschätzt.

b) Generierung einer eigenen Marke
Durch die Schaffung einer eigenen Marke mit guter Qualität kann es gelingen, qualitätsbewusste Menschen, die gerne auf Markenprodukte zurückgreifen, zum Kauf zu bewegen.

c) Gewährung von Sonderkonditionen (Preisvorteile)
Attraktive Sonderkonditionen werden von Geschäften bewusst angeboten: Ihr seid wahrscheinlich mit dem Werbeslogan „Kaufe drei, zahle zwei" oder dem Prinzip der „Happy Hour" vertraut. Bei der „Happy Hour" erfolgt z. B. eine Preisreduzierung auf das gesamte Sortiment eine halbe Stunde vor der Geschäftsschließung am Abend.

Derartige Sonderkonditionen können sich auch auf die Preise in unterschiedlichen Gebieten beziehen: So waren Re-Importe bei Fahrzeugen aus dem EU-Ausland oft kostengünstiger, als der Kauf des gleichen Fahrzeugs im Inland gekostet hätte.

d) Gewährung von räumlichen Preisvorteilen
Händler verkaufen teilweise neben dem Geschäft auch in Verkaufswagen. Dadurch bedienen sie Kunden, denen der Weg ins Geschäft zu weit ist. Allerdings wird in solchen Verkaufswagen meist ein höherer Preis verlangt.

M2 Weitere Beispiele für Preisstrategien

- Kundenkarte
- Rabattkarte
- Gutscheine
- SuperSparPreis
- Hauptsaison/ Nebensaison
- Preiserhöhung zu Weihnachten
- Vorverkauf
- Frühbucherrabatt
- Schlussverkauf

AUFGABEN

1. Ordne den Beispielen im Text auf dieser Seite und in M2 zu, ob es sich jeweils um eine zeitliche, räumliche oder sachliche Preisdifferenzierung handelt.
2. a) Stelle in einer Mindmap (*Methode* auf S. 140) konkrete Aktivitäten im Bereich Preis dar, die du Herrn Himmel (M1) empfehlen würdest.
   b) Reflektiere die Risiken, die in den von dir vorgeschlagenen Aktivitäten aus Aufgabe 2 a stecken könnten.
3. Gestalte ein Plakat zum Thema Preis.

Station 2: Der Service

Die Kundenzufriedenheit ist entscheidend für das Bestehen eines Unternehmens. Aus diesem Grund sollten Unternehmen die Stellschraube „Service" genau analysieren.

Denn wenn

- sich die Kunden nicht gut behandelt fühlen,
- ihre Anliegen nicht in einer angemessenen Zeit gelöst werden,
- auf ihr Anliegen überhaupt nicht oder verspätet reagiert wird,

wandern sie zur Konkurrenz ab. Es gilt in der Regel: Unternehmen mit einem guten bis überdurchschnittlichen Kundenservice werden bevorzugt.

Falls ein Unternehmen schlecht erreichbar ist, die Lösung der Anliegen verzögert, die Reparaturen mangelhaft sind usw., verliert es Kunden und schädigt seinen Ruf. Deshalb ist dieser Bereich oft entscheidend für die Kundenbindung.

AUFGABEN

1. Nenne drei Gründe, warum der Bereich Service von den Unternehmen sehr gewissenhaft bedient werden sollte.
2. a) Entwickle fünf Maßnahmen, die Fritz Himmel (M1) im Bereich Service umsetzen könnte.
   b) Schätze die Erfolgsaussichten dieser Maßnahmen ein.
3. Manche Leute sprechen von einer „Servicewüste Deutschland".
   a) Schildere einen realen Fall aus deiner Vergangenheit, bei dem du mit Problemen im Servicebereich konfrontiert warst.
   b) Entwickle Vorschläge, welche Vorgehensweise du dir von den Unternehmen gewünscht hättest.
4. Beurteile folgendes Zitat von Henry Ford:
   „Wenn das Produkt nicht hält, was es verspricht, und dem Kunden keinen echten Servicevorteil bietet, ist es für den Hersteller besser, das Produkt nicht einzuführen. Sonst macht er damit die schlechteste Art von Werbung – einen unzufriedenen Kunden."

Station 3: Die Konditionen

„Wer mit fairen Partnern um jeden Preis um jeden Preis feilscht, riskiert um jeden Preis faire Partner." *KarlHeinz Karius (Autor)*

„Im Einkauf liegt der Gewinn."
alte Kaufmannsweisheit

„Handeln" beim Einkauf wird immer üblicher. Ziel ist es, Waren möglichst kostengünstig zu erwerben. Dies wird auch dadurch erleichtert, dass sich auf Vergleichsportalen die Preise anderer Anbieter schnell abfragen lassen. Auch unter Geschäftspartnern sind Preisverhandlungen gängig. Vor Bestellungen wird meist ein Angebot angefordert, das die Preise und Konditionen (Bedingungen) auflistet. Diese entscheiden einerseits, zu welchem Preis die Produkte später angeboten werden können, und andererseits über die Höhe des eigenen Gewinns, der für die Stabilität eines Unternehmens wichtig ist. Deshalb prüfen Unternehmen die Konditionen sehr genau:

a) Rabattstaffel
Bei einer höheren Bestellmenge wird ein Preisnachlass gewährt.

INFO

Beispiel für Rabattstaffel
Preis bei Lieferung von
50 Stück: 300,00 €
1.000 Stück: 4.000,00 €
5.000 Stück: 12.500,00 €
...

b) Lieferungsbedingungen
Bei der Lieferung „frei Haus" übernimmt der Verkäufer die Verpackungs- und Versandkosten. Der Kunde erhält dadurch einen Preisvorteil. Bei der Lieferung „ab Werk" ist der Käufer für die Abholung der Ware zuständig. Er muss alle Kosten dafür tragen. Im Internet wird inzwischen oft eine Mischung aus diesen beiden Varianten verwendet, z. B.: „Ab einem Einkaufswert von 75 Euro erfolgt eine versandfreie Lieferung, darunter fallen 8 Euro an."

c) Zahlungsbedingungen
Auch die Zahlungsbedingungen können sich stark unterscheiden:

Zahlungsbedingung	Folge
Zahlung erfolgt durch Vorkasse.	Der Käufer muss den Preis noch vor Erhalt der Ware bezahlen.
Zahlung erfolgt per Rechnung: „nach Erhalt rein netto".	Nach dem Erhalt der Ware muss der vollständige Rechnungsbetrag beglichen werden.
Zahlung erfolgt per Rechnung: „Zahlungsziel 30 Tage, bei Zahlung innerhalb von 8 Tagen 2 % Skonto".	Nach dem Erhalt der Ware muss die Rechnung bezahlt werden. Wenn innerhalb von 8 Tagen bezahlt wird, kann 2 % vom Rechnungsbetrag abgezogen werden. Danach ist der vollständige Rechnungsbetrag zu zahlen.

AUFGABEN

1. Lieferungs- und Zahlungsbedingungen sind für Großkunden äußerst interessant. Begründe dies.
2. Entwickle Vorschläge für Konditionen, die die Bäckerei Himmel (M1) den Kunden anbieten könnte.
3. Du möchtest ein ganz bestimmtes Tablet kaufen. Beim örtlichen Händler kannst du dieses gleich mitnehmen und erhältst einen Vor-Ort-Service. Im Internet ist es günstiger, aber du musst die Lieferung bezahlen und der Anbieter sitzt in Großbritannien. Begründe, wo du das Tablet kaufst.
4. Sepp Winter hat im Internet ein Auto für 5.000 Euro gekauft und gleich per Vorkasse bezahlt. Reflektiere die Risiken, die hier bestehen könnten.

Station 4: Nachhaltigkeit

WEBCODE

WES-116647-224
Film: Einfach erklärt: Nachhaltigkeit

Unser Ökosystem wird durch unser Handeln täglich strapaziert und geschädigt. Allerdings erfolgt immer mehr ein Umdenken bei den Verbraucherinnen und Verbrauchern. Dieser Wandel erfasst auch die Unternehmen: Nachhaltigkeit wird zunehmend als Ziel gesetzt.

Die Nachhaltigkeit in Unternehmen setzt bereits beim Einkauf ein. Denn durch die Anlieferung von regionalen Händlern reduziert sich der Transportweg und weniger Abgase fallen an.

Auch die Herstellung der Produkte rückt ins Visier: Werden Schadstoffe eingesetzt? Können die Abfallprodukte einer weiteren Verwendung zugeführt werden? Kann Abfall vermieden werden? Ist die Verwendung von Plastik nötig oder können andere Verpackungsmaterialien verwendet werden? Wie sind die Arbeitsbedingungen? Erfolgt eine ordentliche Bezahlung?

Das Erreichen des Ziels der Nachhaltigkeit bedingt oft weitreichende Änderungen im Unternehmen: So muss teilweise die Produktauswahl umgestellt werden. Andere Lieferanten rücken ins Visier (z. B. Fair-Trade-Händler), der Preis muss angepasst und die Servicemitarbeiter müssen geschult werden. Ebenso wichtig sind die Verbesserung des Betriebsklimas und die Unterstützung der Mitarbeiter (sozialer Gedanke).

AUFGABEN

1. Begründe, dass Nachhaltigkeit für Unternehmen ein wichtiges Stellrädchen sein sollte.
2. Auch Bäcker Fritz Himmel (M1) liegt die Nachhaltigkeit sehr am Herzen. Er erklärt dazu: „Umweltschutz ist Menschenschutz."
   Bewerte diese Aussage.
3. Der soziale Gedanke ist in jedem Unternehmen unterschiedlich stark ausgeprägt. Nenne Gründe, die für eine soziale Ausprägung im Unternehmen sprechen, und Gründe, die dagegen sprechen könnten.
4. Erstelle eine Mindmap (*Methode* auf S. 140) mit Vorschlägen, wie du Nachhaltigkeit in einem Unternehmen deiner Wahl umsetzen würdest.

Station 5: Entwicklung einer Strategie

Im Beispiel M1 auf S. 96 hast du die Bäckerei Himmel und ihr Problem mit der steigenden Konkurrenz kennengelernt. Du sollst die Bäckerei nun in dieser schwierigen Zeit beraten, damit sie trotz Konkurrenz zukünftig gut bestehen kann.

Für die Bearbeitung dieser Station ist es somit nötig, dass du dich in die Situation eines Unternehmensberaters versetzt, der ein derartiges Unternehmen betreut und versucht, es wieder „auf die Erfolgsspur“ zu bekommen.

AUFGABEN

1. Formuliere das Ziel, das du für die Bäckerei Himmel (M1) setzt.
2. Beschreibe genau das Umfeld, das vor deinem Eingreifen vorlag. Stelle dabei Chancen und Risiken in einer Pro-Kontra-Liste (*Methode* auf S. 141) gegenüber.
3. Analysiere die Stärken und Schwächen der Bäckerei Himmel.
4. a) Entwickle strategische Maßnahmen, die du aufgrund des Umfeldes und der Stärken und Schwächen ergreifen würdest.
   b) Stelle diese Maßnahmen in einer Mindmap (*Methode* auf S. 140) dar.
5. Für die Gewinnung von möglichen Kapitalgebern ist eine durchdachte Präsentation nötig. Erstelle eine Präsentation für die Bäckerei Himmel (analog oder digital).
6. Die Mitarbeiter sind entscheidend für den zukünftigen Erfolg der Bäckerei Himmel. Konkretisiere die Maßnahmen, die du für diesen Bereich ergreifen würdest.
7. Ein entscheidender Vorteil könnte für die Bäckerei Himmel die Nachhaltigkeit sein. Entwickle Maßnahmen, die du im Bereich Nachhaltigkeit bei der Bäckerei Himmel umsetzen würdest.

Die sozialen Bausteine

a) Chancengleichheit

M3 Was ist gerecht?

Alle Menschen sollen für ihre Entwicklung die gleichen Chancen erhalten. Menschen sind jedoch unterschiedlich und werden dies immer bleiben. Dennoch ist jedem die Möglichkeit einzuräumen, sich **unabhängig von Geschlecht, sozialer Herkunft, Alter, Aussehen, Behinderung oder Glauben** zu entwickeln. Dies ist auch in der **Bayerischen Verfassung** verankert:

Auszüge aus der Bayerischen Verfassung

Art. 3

(2) [...] [Der Staat] fördert und sichert gleichwertige Lebensverhältnisse und Arbeitsbedingungen in ganz Bayern, in Stadt und Land.

Art. 128

(1) Jeder Bewohner Bayerns hat Anspruch darauf, eine seinen erkennbaren Fähigkeiten und seiner inneren Berufung entsprechende Ausbildung zu erhalten.

(2) Begabten ist der Besuch von Schulen und Hochschulen, nötigenfalls aus öffentlichen Mitteln, zu ermöglichen.

Zur Verwirklichung der Chancengleichheit ergreift der **Staat zahlreiche Maßnahmen**, z. B.:

- Ausbau der Infrastruktur (vor allem auf dem Land),
- Pendlerpauschale,
- Ausbau von Kita-Plätzen,
- verbindliches Kindergartenjahr,
- Leistungen für Jugendliche im Rahmen des Pakets Bildung und Teilhabe,

- öffentliche (kostenlose) Schulen,
- Berufsberatung,
- öffentliche (kostenlose) Hochschulen und Universitäten,
- Leistungen nach dem Bundesausbildungsförderungsgesetz (BAföG),
- Inklusion,
- Unterstützungsleistungen (wie Landeserziehungsgeld, Betreuungsgeld, Erziehungsberatung),
- Umschulungen,
- Erwachsenenbildung,
- Kindergeld,
- Mütterrente,
- Elterngeld.

M4 Ein Gespräch

AUFGABEN

1. Analysiere die Zeichnung M3.
2. *Marktplatz:* „Jeder soll gleiche Chancen erhalten."
   Beurteile, warum dieser Anspruch oft schwierig umzusetzen ist.
3. Die Bundes- bzw. Länderregierungen finanzieren viele Projekte, um Chancengleichheit zu erreichen.
   a) Wähle vier Maßnahmen aus der Aufzählung auf dieser Doppelseite aus und erläutere, wie dadurch Chancengleichheit erreicht werden soll.
   b) Schätze ein, ob das nach deiner Ansicht mit diesen Maßnahmen gelingen kann.
4. Stelle einen Zusammenhang der Zeichnung M4 mit der Chancengleichheit her.
5. Von dem Publizisten Robert Jungk stammt folgendes Zitat:
   „Jeder Einzelne muss die Möglichkeit haben, das in ihm steckende schöpferische Potenzial zu entwickeln."
   Erkläre, was er damit meint.

WEBCODE

WES-116647-225
Film: Einfach erklärt: Sozialversicherungen

b) Soziale Sicherung

Deutschland ist laut **Artikel 20 Absatz 1 Grundgesetz** ein **sozialer Staat**. Allerdings sind im Grundgesetz keine Regelungen getroffen worden, was konkret in diesem Bereich umgesetzt werden soll. Aus diesem Grund ist es Aufgabe der Politik, den sozialen Gedanken auszugestalten. Folgende Elemente werden dabei als besonders wichtig angesehen:

- Die Bürgerinnen und Bürger sollen **gegen Lebensrisiken abgesichert**, also kranken-, pflege-, renten-, arbeitslosen- und unfallversichert sein.
- Das **Existenzminimum** soll stets gesichert sein.

Sozialversicherung

Beispiel 1: Lena bricht sich beim Volleyballspielen im Sportunterricht den Finger. Sie wird anschließend ins Krankenhaus gefahren.

Beispiel 2: Frau John wird nach 20 Jahren betriebsbedingt gekündigt.

Beispiel 3: Nach einem Autounfall lag Herr Klein drei Wochen auf der Intensivstation. Jetzt besucht er eine Rehabilitationsmaßnahme.

Es kann schnell passieren, dass ein **Unglücksfall** uns persönlich trifft. Meist gehen damit **hohe Kosten** einher. Diese könnten viele Bürgerinnen und Bürger nicht „aus eigener Tasche" bezahlen. Um alle gegen Lebensrisiken abzusichern, wurden daher seit dem Ende des 19. Jahrhunderts verschiedene **verpflichtende Sozialversicherungen** eingeführt:

Versicherung	Einführungsjahr
Krankenversicherung	1883
Unfallversicherung	1884
Rentenversicherung	1889
Arbeitslosenversicherung	1927
Pflegeversicherung	1995

Die Sozialversicherungen basieren auf dem **Solidarprinzip**: Der wirtschaftlich Stärkere wird finanziell mehr belastet, um den wirtschaftlich Schwachen zu entlasten bzw. zu unterstützen. So leisten alle Arbeitnehmer monatlich ihren Beitrag für die Sozialversicherungen, dessen Höhe vom Lohn abhängt. Zusätzlich übernimmt der Arbeitgeber noch mal etwa den gleichen Anteil. Im Bedarfsfall erhalten dann alle die gleichen Leistungen aus den Sozialversicherungen. Jeder Einzelne trägt also nach seinen Möglichkeiten zur Gemeinschaft bei und wird durch diese unterstützt, gemäß dem Motto **„Einer für alle, alle für einen"**.

Einzahlungen und Auszahlungen in der Sozialversicherung

gegenwärtige Einzahlung (gesetzlich vorgeschrieben) →  → **gegenwärtige Auszahlung** (durch Rechtsanspruch)

Beiträge sind nach Leistungsfähigkeit gestaffelt

Auszahlung aufgrund von Krankheit, Arbeitsunfällen, Arbeitslosigkeit, Erwerbsunfähigkeit, Alter und Pflegebedürftigkeit

Allerdings hat sich vor allem aufgrund des **demografischen Wandels** die **Belastung der Sozialversicherungen** – speziell der **Rentenversicherung** – erhöht: Hier stehen immer weniger Einzahler immer mehr Leistungsempfängern gegenüber (mehr dazu erfährtst du auf S. 109). Um dies abzufedern, wurden teilweise Beitragssätze angepasst, und der Staat unterstützt das Sozialsystem beträchtlich (siehe M5). Immer wieder kommt jedoch auch die Diskussion auf, ob das Sozialversicherungssystem von der Solidargemeinschaft überhaupt so aufrechterhalten werden kann.

INFO

Generationenvertrag – Besonderheit der Rentenversicherung
In der Rentenversicherung wird das Solidarprinzip mithilfe des sogenannten Generationenvertrags umgesetzt: Das bedeutet, dass die gegenwärtig Berufstätigen mit ihren Beiträgen die Renten der Älteren finanzieren. Sie erwerben damit zugleich den Anspruch auf ihre eigene Rente, die dann aus den Beiträgen der nächsten Generation finanziert wird. Dieses Umlageverfahren erscheint allerdings durch den demografischen Wandel zunehmend gefährdet. Siehe hierzu auch den Film: Einfach erklärt: Demografischer Wandel unter dem Webcode WES-116647-226

M5 Ausgaben des Bundes für die soziale Sicherung

 141 135

AUFGABEN

1. Nenne Gründe, warum die einzelnen Sozialversicherungen in dieser Reihenfolge eingeführt worden sind.
2. Erläutere den Sinn jeder einzelnen Sozialversicherung.
3. Erkläre die Bedeutung von Solidarität in der Sozialen Marktwirtschaft.
4. „Jeder zweite Euro für Soziales“: Erkläre diese Aussage mithilfe von M5.
5. *Fishbowl:* Recherchiere im Internet Lösungsansätze, die gegenwärtig im Hinblick auf die „Krise“ der Sozialversicherungen thematisiert werden. Diskutiert diese im Klassenverband.

Grundsicherung und Sozialhilfe

M6 Wie soll es weitergehen?

Franz (25 Jahre) wurde aufgrund einer Erkrankung berufs- und erwerbsunfähig. Er weiß gegenwärtig nicht, wie es weitergehen soll.

Durch die Sozialversicherungen sind wir gegen die meisten Lebensrisiken versichert (siehe S. 104/105). Trotzdem kann es passieren, dass eine **Notlage** eintritt, in der diese Versicherungen nicht greifen bzw. ausreichen. Wenn dies geschieht, erhält man **Unterstützung vom Staat**, um ein **menschenwürdiges Leben** zu führen. Voraussetzung ist, dass die Person nachgewiesenermaßen **hilfsbedürftig** ist, also weder die eigenen finanziellen Mittel (Einkommen, Vermögen) genügen, noch z. B. Angehörige unterstützen können. Zudem wird geprüft, ob eine **Erwerbsfähigkeit** gegeben ist.

Leistungen zur Bestreitung des Lebensunterhalts bei Hilfebedürftigkeit, wenn ...

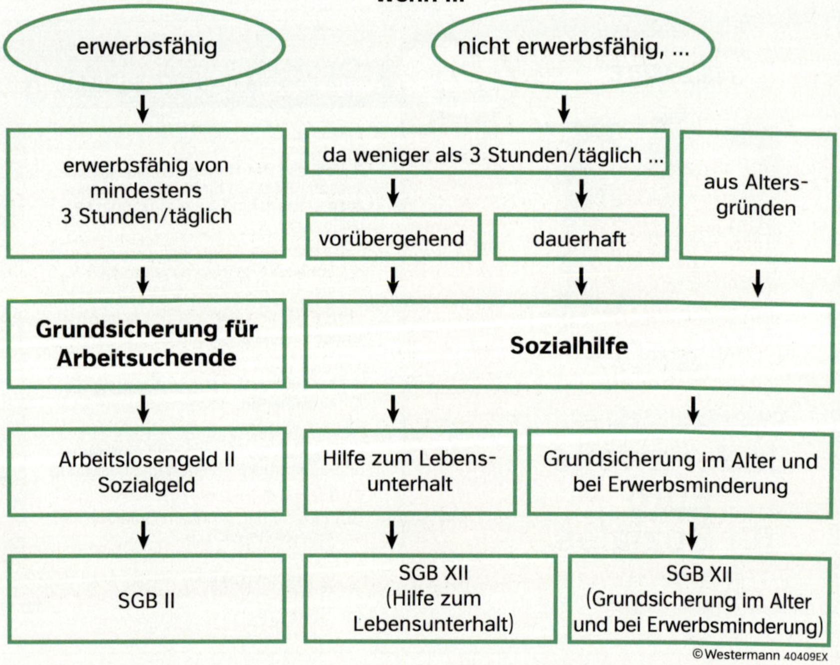

Quelle: Bundesministerium für Arbeit und Soziales, Referat Information, Monitoring, Bürgerservice, Bibliothek (Hrsg.), Sozialhilfe und Grundsicherung im Alter und bei Erwerbsminderung, Bonn, Stand: Juni 2018, S. 14

Falls eine **Erwerbsfähigkeit** vorliegt, gelten die Betroffenen als **arbeitsuchend** und erhalten die **Grundsicherung** in Form von **Arbeitslosengeld II** („Hartz IV"). Zusätzlich trägt die Arbeitsagentur in einem bestimmten Rahmen Miete und Heizkosten und der Staat die Beiträge zur Kranken-, Renten- und Pflegeversicherung. Leben im Haushalt außerdem nicht erwerbsfähige Personen, wie z. B. Kinder unter 15 Jahren, erhalten diese **Sozialgeld**.

INFO

Arbeitslosengeld I
wird aus der Arbeitslosenversicherung finanziert und richtet sich nach dem Durchschnittsgehalt des letzten Jahres (60 % des Nettoentgelts bzw. 67 %, falls Kinder vorhanden sind).

Arbeitslosengeld II
wird aus Steuergeldern finanziert und sichert ein Existenzminimum nach einem vorgegebenen Regelsatz.

Erwerbsfähigkeit
liegt vor, wenn jemand regelmäßig mindestens drei Stunden täglich arbeiten kann. Zudem muss die Person mindestens 15 Jahre alt sein und darf das Regelalter der gesetzlichen Rentenversicherung noch nicht erreicht haben.

Wer nicht **erwerbsfähig** ist, erhält **Sozialhilfe**. Diese ist eine Art „Auffangnetz" und soll die Betroffenen vor Armut und sozialer Ausgrenzung schützen.

§1 SGB XII Aufgabe der Sozialhilfe

Aufgabe der Sozialhilfe ist es, den Leistungsberechtigten die Führung eines Lebens zu ermöglichen, das der Würde des Menschen entspricht.

Je nach Dauer der Erwerbsunfähigkeit werden zwei Formen der Sozialhilfe unterschieden: Besteht die Aussicht, dass die Person wieder erwerbsfähig wird, erhält sie **Hilfe zum Lebensunterhalt**. Besteht diese Aussicht nicht, bekommt sie die **Grundsicherung im Alter und bei Erwerbsminderung**.

Ziel der Grundsicherung und Sozialhilfe ist eine **lebenswerte Gesellschaft**, in der alle am gesellschaftlichen Reichtum teilhaben können.

M7 Immer mehr alte Menschen brauchen Hilfe vom Staat

Immer mehr Rentner können von ihrer Rente nicht leben und sind auf Sozialhilfe angewiesen. Gleiches gilt für Menschen mit einer Erwerbsminderung. Das zeigen Zahlen des Statistischen Bundesamts.
So ist die Zahl der Rentner und Erwerbsgeminderten, die Grundsicherung bezogen haben, im Dezember 2018 auf knapp 1,08 Millionen gestiegen. Das waren 1,9 Prozent mehr als im Jahr davor. Erwerbsminderungen machen 48 Prozent aus, Altersarmut 52 Prozent: Rund 560.000 Menschen jenseits der 65 sind aus finanziellen Gründen ein Fall für die Sozialhilfe – das sind 150.000 mehr als vor zehn Jahren.
In Berlin betrifft das knapp 44.000 Bürger. Trotz des Anstiegs sind nach Meinung von Experten tatsächlich noch viel mehr Menschen von Altersarmut betroffen. „40 bis 50 Prozent der Bedürftigen verzichten auf staatliche Sozialleistungen", heißt es beim Sozialverband VdK.

Nach: Heike Jahberg, Immer mehr Rentner leben von Sozialhilfe, in: https://www.tagesspiegel.de/politik/armut-im-alter-immer-mehr-rentner-leben-von-sozialhilfe/24178122.html, 3.4.2019 (Zugriff: 21.4.2020) (verändert)

AUFGABEN

1. Erstelle eine Mindmap (*Methode* auf S. 140) zum Thema Sozialhilfe.
2. Erläutere, welche Leistungen Franz (M6) erhalten kann.
3. Recherchiere im Internet nach der aktuellen Höhe der Sozialhilfe.
4. Begründe, dass immer mehr Rentner auf Sozialhilfe angewiesen sind (M7).
5. *Kugellager:* Diskutiert, warum Sozialhilfe für viele Menschen nötig ist, und entwickelt Ideen, wie man einigen helfen könnte, dass sie diese Leistung nicht mehr in Anspruch nehmen müssen.

c) Herausforderungen des Sozialsystems

M8 Beispiele zur sozialen Sicherung

Fallbeispiel 1: Luisa, 20 Jahre, wurde arbeitslos. Zuvor hat sie zwei Jahre bei ihrem Lehrbetrieb gearbeitet und dadurch Ansprüche für die Arbeitslosenversicherung erworben. Daher erhält sie zurzeit Arbeitslosengeld I, das allerdings in zwei Monaten ausläuft. Nun will Luisa Arbeitslosengeld II beantragen. Denn sie sieht gegenwärtig nicht ein, wieder zu arbeiten. Sie möchte sich lieber mit Freunden treffen. Arbeiten strengt nur an und es ist doch toll, Geld so zu erhalten.

Fallbeispiel 2: Verena, 35 Jahre alt, arbeitet täglich acht Stunden als Reinigungskraft. Sie erhält den Mindestlohn von 9,35 Euro (Stand: 2020) und kommt damit kaum über die Runden. Verena empfindet es als äußerst ungerecht, dass es Menschen gibt, die arbeiten könnten, aber nicht wollen. Sie sieht sich als Finanzier dieser Menschen.

Fallbeispiel 3: Juliane, 32 Jahre, wird es ganz mulmig, wenn sie die Bevölkerungspyramiden Deutschlands im Zeitverlauf anschaut (siehe M10). Sie fürchtet, dass es auf Dauer nicht funktionieren kann, wenn immer weniger Einzahler immer mehr Menschen finanzieren müssen.

Fallbeispiel 4: Roland, 40 Jahre, findet es nicht gut, dass der Staat so viel Geld für das Sozialversicherungssystem ausgibt. Er ist dafür, dass jeder für sich selbst vorsorgt und später im Alter diese Geldanlage für seinen Lebensunterhalt nutzt (private Vorsorge).

Fallbeispiel 5: Franz, 28 Jahre, muss als Alleinstehender höhere Beiträge zu den Sozialversicherungen zahlen. Er ärgert sich darüber, dass er davon später nicht profitiert. Zudem fragt er sich, wie er zusätzlich noch privat für sich vorsorgen soll. Er möchte irgendwann auch eine Familie gründen und sieht sich finanziell zu stark belastet.

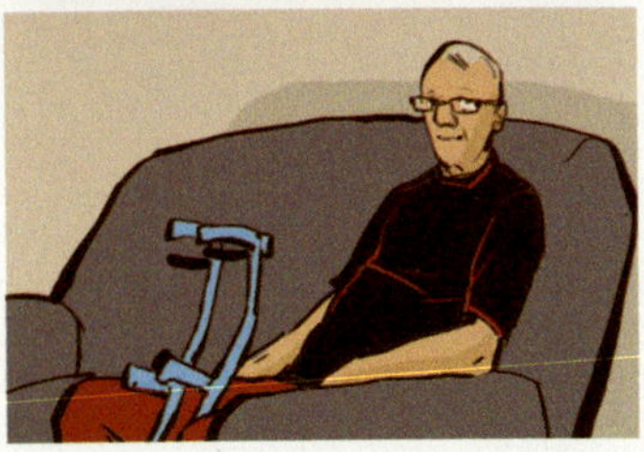

Fallbeispiel 6: Richard, 58 Jahre, wurde durch einen Unfall erwerbsunfähig. Er kann keiner Beschäftigung mehr nachgehen, obwohl er bisher immer gerne gearbeitet hat. Er ist dankbar, dass ihn das soziale Netz in seiner jetzigen Lage auffängt.

M9 Generationenvertrag in Gefahr?

Der Generationenvertrag (siehe S. 105) soll dafür sorgen, dass wir alle später von der nachfolgenden Generation als Rentner finanziert werden. Doch verschiedene Veränderungen bewirken, dass das gegenwärtige Rentensystem in Bedrängnis gerät:

1. Der demografische Wandel (siehe M10)
Die Bevölkerungspyramiden zeigen ein wachsendes Ungleichgewicht zwischen der älteren und jüngeren Generation: Steigende Lebenserwartung und sinkende Geburtenraten führen dazu, dass immer weniger Beitragszahler immer mehr Rentner finanzieren müssen.

2. Weniger lückenlose Beschäftigung
Betrachtet man die Lebensläufe vieler Beschäftigter, so fällt auf, dass es immer wieder zu Arbeitgeberwechseln kommt. Es ist heutzutage sehr unwahrscheinlich geworden, von der Ausbildung bis zur Rente beim gleichen Betrieb beschäftigt zu sein. Zudem gibt es meist Zeiten, in denen keine Beiträge zur gesetzlichen Rentenversicherung gezahlt wurden (z. B. bei Arbeitslosigkeit oder Selbstständigkeit).

3. Sinkende Höhe der staatlichen Renten aus der Rentenversicherung
Hierbei wird das Rentenniveau betrachtet. Darunter versteht man das Verhältnis zwischen dem durchschnittlichen Einkommen der Erwerbstätigen und der Standardrente. Im Jahr 2019 lag das Rentenniveau bei 48 %. Wer also immer ein durchschnittliches Gehalt hatte, erhält als Rente ca. 48 % des letzten Bruttogehalts. Zukünftig wird das Rentenniveau voraussichtlich weiter sinken, sodass nachfolgende Generationen weniger staatliche Rente erhalten werden. Somit ist es gerade für die junge Generation wichtig, zusätzlich privat vorzusorgen.

M10 Bevölkerungspyramiden in Deutschland

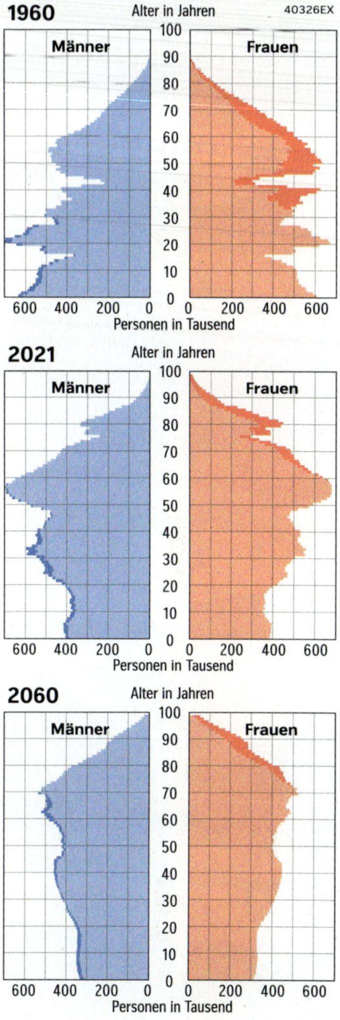

14. koordinierte Bevölkerungsvorausberechnung für Deutschland
Quelle: © Statistisches Bundesamt (Destatis), 2019

AUFGABEN

1. Erstelle mithilfe der Fallbeispiele in M8 eine Pro-Kontra-Liste (*Methode* auf S. 141) zu den Vor- und Nachteilen der sozialen Sicherung.
2. Erkläre, dass die Entwicklung der Bevölkerung in Deutschland (M10) zu einer Steigerung der Einzelbelastung jedes Arbeitnehmers führt.
3. Suche dich in der Bevölkerungspyramide von 2021 und 2060 (M10). Reflektiere, welches Problem du auf dich zukommen siehst.
4. Erläutere das in M9 dargestellte Problem.
5. Seit 1.1.2021 gibt es die Grundrente. Recherchiere die Voraussetzungen, die man dafür erfüllen muss, und die maximale Höhe der Grundrente.
6. Recherchiere (*Methode* auf S. 121) Möglichkeiten der privaten Altersvorsorge und berechne die private Rente, die du mit einem Beitrag von 50 €/Monat bei einem Renteneintritt mit 67 Jahren erhalten würdest.

Überlebensszenario

Eure Klassenfahrt soll dieses Mal in wärmere Gefilde führen. Deshalb wurde ein Kleinflugzeug für euch alle gechartert. Mitten über dem Meer stottert der Motor des Flugzeuges. Der Pilot kann gerade noch auf einer Insel eine Notlandung durchführen. Dabei geht allerdings die komplette Maschine zu Bruch. Etwas angeschlagen klettert ihr aus der Maschine.

Bevor die Maschine Feuer fängt, können von einigen eurer Mitschüler noch folgende Gegenstände geborgen werden:

Ausstattung

Franziska	kann 50 Wurstkonserven retten
Ben	hat 3 Messer eingesteckt
Ömer	nimmt 5 Feuerzeuge mit
Tom	geht nie ohne seinen Verbandskasten
Fritz	hat eine Axt aus dem Flieger mitgenommen
Anna-Lena	hat im Flieger 2 Kochtöpfe gefunden

Allerdings passieren, kaum dass ihr euch auf der Insel orientiert habt, mehrere Dinge, die eure Lage verändern:

Vorkommnisse

- Affen stehlen 30 Wurstkonserven.
- Anna-Lena tauscht einen Kochtopf gegen den Verbandskasten.
- Franziska möchte gerne Obst essen.
- Ben verstaucht sich den Fuß und kann nicht mehr arbeiten und nicht mehr jagen.
- Auf der Insel entdeckt ihr ein großes Süßwasserreservoir.
- Fische können leicht gefangen werden.

Euer Auftrag

Ihr solltet erst einzeln überlegen und dann gemeinsam als Klasse diskutieren, was ihr tun müsst, um auf eurer Insel „Wohlstand für alle“ zu erreichen.

1 Fritz möchte auf der Insel die Planwirtschaft einführen. Gestalte ein Plakat, auf dem du darstellst, wie er vorgehen wird.

2 Franziska ist damit nicht einverstanden und sucht Verbündete, um die Freie Marktwirtschaft einzuführen. Entwickle Ideen, wie sie ihre Mitschüler von dieser Wirtschaftsordnung überzeugen könnte. Erstelle hierfür eine Mindmap (*Methode* auf S. 140).

3 Ben ist von Franziskas Idee nicht begeistert. Begründe, warum er gegenwärtig mehr zur Planwirtschaft tendiert.

4 Anna-Lena möchte keine Aufspaltung der Klasse. Deshalb bittet sie Franziska, zu überlegen, ob die Soziale Marktwirtschaft ein Kompromiss wäre. Erläutere die Vorteile der Sozialen Marktwirtschaft für die Gruppe.

5 Franziska hat aufgrund des Diebstahls der Affen nur noch 20 Wurstkonserven. Sie wünscht sich aber eine Banane. Erkläre, wie Tom, der ein Dutzend Bananen von einer Palme gepflückt hat, in der Marktwirtschaft mit Franziska verhandeln wird.

6 Die vier Jungs tun sich zusammen: Fritz jagt, Ben spendiert ein Messer, Ömer liefert das Feuer und Tom kocht. Dadurch können sie sich gut ernähren. Allerdings möchten sie mit den Mädels nicht teilen. Begründe, wie sie ihre Überproduktion stattdessen abbauen werden.

7 Da Bens verstauchter Fuß immer schlimmer wird, benötigt er eine Bandage. Schätze ein, wie er nun sein Verhalten aus Aufgabe 6 ändern wird.

8 Franziska baut mit Anna-Lena um das große Süßwasserreservoir einen Zaun. Sie angeln zahlreiche Fische, die sie nun tauschen wollen. Ebenso wollen sie für das einzige Trinkwasser auf der Insel Gegenleistungen sehen. Erkläre, dass es derartige Aktivitäten in der Planwirtschaft nicht geben kann.

9 Anna-Lena schreibt ihre Bedürfnisse in den Sand: Bananen, Süßwasser, Unterstützung, Hütte, Schlaf, Mitbestimmung, Gespräche. Ordne diese der Bedürfnispyramide nach Maslow zu.

10 Beurteile die Wirtschaftsordnungen Planwirtschaft, Freie Marktwirtschaft und Soziale Marktwirtschaft auf der einsamen Insel.

11 Begründe, warum Privateigentum und Konkurrenz eine wichtige Grundlage für die (Soziale) Marktwirtschaft sind.

Bedürfnisse
sind Mangelerscheinungen, die möglichst beseitigt werden sollen. Sie lassen sich z. B. unterteilen in Existenzbedürfnisse, Kulturbedürfnisse und Luxusbedürfnisse

↓

Wirtschaften
nennt man den Einsatz der vorhandenen Mittel, um Bedürfnisse zu befriedigen.
Dies erfolgt mittels des **ökonomischen Prinzips**:
- Minimalprinzip
- Maximalprinzip

↓

Produkte werden mithilfe von Geld gehandelt, sodass ein **Markt** entsteht.

↓

Angebot (Anbieter, Unternehmen) und **Nachfrage** (Kunden, Haushalte) bestimmen den **Preis**.

↓

Unternehmen und **Haushalte** sind voneinander abhängig: Ein **Wirtschaftskreislauf** entsteht.

↓

Wirtschaftsordnung
Rahmenbedingungen, die der Staat für Unternehmen und Haushalte schafft.

↓

1. **Für wen** wird produziert?
2. **Was** wird produziert?
3. **Wie** wird es produziert?
4. **Wie viel** wird produziert?

↓

Lösungsmöglichkeiten

↓

Planwirtschaft
Staat bestimmt,
was in welcher Menge produziert wird

↓

kein Privateigentum an Produktionsmitteln,
sondern Verstaatlichung

Freie Marktwirtschaft
Angebot und Nachfrage bestimmen den Preis,
dadurch Regulierung von Produktauswahl und -menge

↓

Privateigentum an Produktionsmitteln,
zugleich ungehindertes starkes Eigeninteresse und Egoismus, da keine staatliche Regulierung

↓

Soziale Marktwirtschaft
Angebot und Nachfrage bestimmen den Preis. Es herrscht ein **freier Markt.**
Allerdings wacht der Staat über dem Marktgeschehen und gestaltet dieses durch **Regelungen und Gesetze.**
Der Einzelne wird dadurch geschützt (**soziale Komponente**).

Ziel: „Wohlstand für alle"

↓

freiheitliche Elemente
- wirtschaftliche Freiheit
- Privateigentum
- freier Markt und Marktzugang
- Wettbewerb

soziale Elemente
- Chancengleichheit
- soziale (Ab-)Sicherung

III Verbraucherschutz und verantwortungsbewusstes Verbraucherverhalten

In diesem Kapitel lernst du, ...

- verschiedene Quellen für Verbraucherinformationen zu bewerten und dein eigenes Konsumverhalten am Prinzip der Nachhaltigkeit auszurichten.
- die Angebote unabhängiger Institutionen zur Verbraucherberatung und rechtliche Bestimmungen zum Verbraucherschutz als Informationsquelle zu nutzen.
- verschiedene Möglichkeiten der Kapitalanlage und Kapitalbeschaffung zu unterscheiden und dabei die Gefahren einer Überschuldung zu erkennen.
- geeignete Zahlungsmöglichkeiten situationsgerecht auszuwählen und kritisch mit modernen Medien beim Zahlungsverkehr umzugehen.
- Möglichkeiten und Gefahren von E-Commerce zu beurteilen.
- mit deinen Daten besonders bei Social Media sensibel umzugehen.

1 Informationsbeschaffung und Informationsverarbeitung

1.1 Quellen für Verbraucherinformation

M1 Richtig einkaufen – aber wo und was?

Das **produzierende Gewerbe** verfolgt das Ziel, seine Produkte am Markt bestmöglich abzusetzen. Dem großen und sich aufgrund technischer Neuerungen immer wieder verändernden Angebot steht der **Verbraucher** gegenüber und hat die „Qual der Wahl". Bei der **Auswahl des „richtigen" Produkts** sind viele Aspekte zu berücksichtigen, wobei jeder für sich selbst entscheiden muss, was ihm besonders wichtig ist.

M2 Welche Informationen können bei der Entscheidung für ein spezielles Angebot helfen?

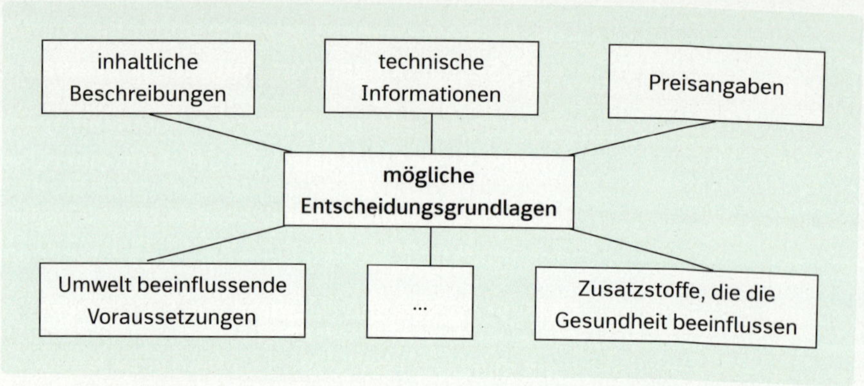

Auch für **junge Verbraucher** stellt sich schon dieses Entscheidungsproblem. *Beispiel:* Du wünschst dir ein eigenes Tablet, das du für deine privaten, aber auch für schulische Zwecke nutzen kannst. Du gehst in den Fachhandel und stehst vor vielen verschiedenen Geräten in unterschiedlichen Preiskategorien. Welches Tablet ist nun das richtige?

Möglicherweise hilft dir ein **Gespräch mit dem Verkäufer**, der dir etwas empfehlen kann. So eine Beratung kann durchaus informativ sein. Allerdings erhalten manche Verkäufer Provisionen für den Verkauf eines bestimmten Produkts. Auch dies kann ein möglicher Grund für eine Empfehlung sein.

Auch die **Werbung** verspricht vieles. Sie ist aber selten für eine realistische Entscheidungsfindung brauchbar.

Daher versuchen viele Verbraucher, andere Informationsquellen zu finden, die seriös und aussagekräftig sind. In der heutigen Zeit wird viel im **Internet** recherchiert. Aber auch hier ist Vorsicht geboten, denn es gibt viele Portale, die zwar auf den ersten Blick dem **Produkt- und Preisvergleich** dienen, letztendlich aber von den dahinterstehenden Unternehmen manipuliert werden, welche den Portalen Vermittlungsprovisionen bei Vertragsabschlüssen zahlen. So kommen über Vergleichsportale häufig andere Empfehlungen als bei unabhängigen Institutionen heraus (zum Preisvergleich siehe S. 152–154).

Daneben gibt es auch **Testberichte privater Anbieter** und **Kundenrezensionen**, sowohl zu Verbrauchsgütern als auch zu Hotels oder Gaststätten. Stell dir z. B. vor, du möchtest dir einen neuen Füller kaufen. Es gibt viele Produkte in den verschiedensten Preisklassen, aber worin unterscheiden sie sich genau?

M3 Füller im Vergleichstest Schreib-Ass

Modell	Füller 1	Füller 2	Füller 3	Füller 4	Füller 5	Füller 6
Testergebnis Schreib-Ass	1,3 (sehr gut)	1,7 (gut)	1,9 (gut)	2,1 (gut)	2,1 (gut)	2,6 (befriedigend)
Kunden-bewertung	★★★★★ (1 Bewertung)	★★★★☆ (28 Bewertungen)	★★★★☆ (53 Bewertungen)	★★★★☆ (5 Bewertungen)	★★★☆☆ (2 Bewertungen)	★★★★★ (68 Bewertungen)

Manche Kunden finden das gekaufte Produkt gut, andere sehen an dem gleichen Produkt nur viele negative Dinge. Das Internet ist „geduldig", aber eine schlechte Bewertung kann einem Unternehmen auch sehr schaden, was für die Konkurrenz wiederum gut ist. Man weiß in der Regel nie sicher, wer die Rezension verfasst hat, außer man wählt einen Bericht einer unabhängigen Institution, die du später im Kapitel noch kennenlernen wirst.

M4 Zwei Kundenrezensionen zu einem Füller

★★★★★
Der Füller ist mein absolutes Lieblingsschreibgerät! Er liegt durch den geriffelten Griff optimal in der Hand. Die Feder ist auch gut haltbar. Immerhin schreibe ich nun seit einigen Wochen fast jeden Tag damit. Und ich habe sogar das Gefühl, dass ich damit weniger Tinte verbrauche. Ich bin so begeistert, dass ich direkt noch zwei Füller bestellt habe, einen für mich (für rote Schrift ;-)) und einen als Geschenk. Also, bei diesem Füller ist alles topp!

★☆☆☆☆
Zuerst war ich vom Design ganz angetan, aber nach zwei Monaten Nutzung bin ich total enttäuscht. Die Feder war schnell verbogen, nun schmiert der Füller und läuft ständig aus. Er ist bei längerem Schreiben auch unangenehm anzufassen, da der geriffelte Griff an der Hand reibt. Die Verschlusskappe wird wohl auch bald zerbrechen, da man sie immer mühsam abziehen muss. Und das bei dem Preis!!! Ich kann nur jedem vom Kauf abraten ... ☹

AUFGABEN

1. Diskutiere anhand von M1, welche Vor- und Nachteile die unterschiedlichen Formen der angebotenen Produkte haben.
2. Nenne auf Grundlage deiner eigenen Erfahrungen weitere mögliche Entscheidungsgrundlagen, die bei der Produktauswahl hilfreich sind (M2).
3. a) Bewerte die Rezensionen in M4 und reflektiere dabei, warum man für das gleiche Produkt zwei so unterschiedliche Bewertungen bekommt.
   b) Erläutere, wie sich diese Kundenrezensionen und der Testbericht aus M3 auf dein Kaufverhalten auswirken könnten.
4. Beurteile die Aussagekraft der besten Bewertung in M3.
5. *Fishbowl:* Diskutiert im Klassenverband, wie man Kundenrezensionen als Informationsquelle einschätzen kann.
6. a) Wähle ein Produkt aus und recherchiere mithilfe der *Methode* auf S. 121, welche Bewertungen und Empfehlungen du im Internet finden kannst.
   b) Überprüfe die gefundenen Seiten auf Aktualität und Seriosität.

1.2 Entscheidungskriterien beim Kauf

M1 Wofür Jugendliche ihr Geld ausgeben

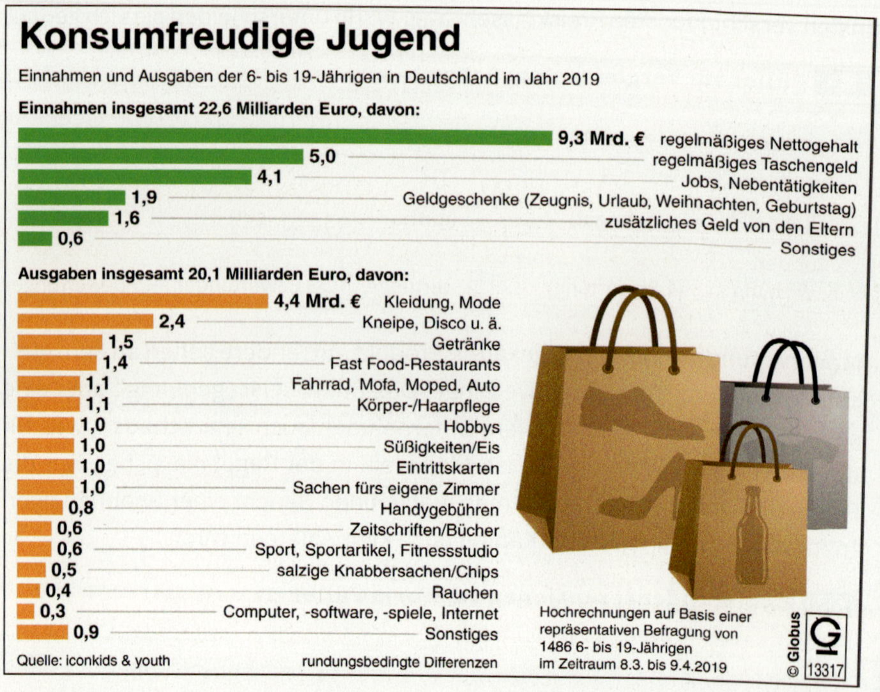

Wovon hängt es ab, wofür man sein Geld ausgibt? Kaufentscheidungen müssen alle **Verbraucher** treffen. Auch du als junge Verbraucherin oder junger Verbraucher bekommst vermutlich Taschengeld und vielleicht auch mal Geldgeschenke oder besserst (in Zukunft) dein Taschengeld durch einen Ferienjob auf.

Bei jeder **Kaufentscheidung** gibt es grundlegende **Entscheidungskriterien**. Je nachdem, was einem persönlich wichtig ist, entscheidet man sich für oder gegen Markenprodukte, schützt mit seiner Kaufentscheidung die Umwelt oder berücksichtigt gesundheitliche oder soziale Aspekte.

Ökonomische Aspekte

Jeder Verbraucher hat nur **begrenzte finanzielle Mittel zur Verfügung** und sollte sich daher folgende Fragen vor seiner Kaufentscheidung stellen:

- **Was kaufe ich ein?** Viele Menschen neigen zu unüberlegten Spontankäufen und geben Geld für Produkte aus, die sie eigentlich nicht brauchen. Um dies zu vermeiden, hilft es, wenn man sich z. B. anhand eines Einkaufszettels bereits vorher genau überlegt, was man wirklich benötigt.
- **Wo kaufe ich ein?** Es ist immer gut, Preise zu vergleichen. Kaufe ich im Supermarkt, im Discounter, im Fachhandel oder über das Internet ein? Beim Preisvergleich sollte man sich aber auch über die unterschiedlichen Serviceleistungen klar werden.

- **Wie viel kaufe ich ein?** Es gibt immer wieder Rabattaktionen, bei denen Produkte ab einer bestimmten Menge günstiger sind. Aber braucht man die größere Menge wirklich? Im Versandhandel ist die Lieferung häufig ab einem bestimmten Bestellwert kostenfrei.
- **Wann kaufe ich ein?** Bei Obst und Gemüse ist der Preis von der jeweiligen Saison abhängig. Günstigere Preise gibt es häufig auch beim Saisonwechsel.

Wichtig sollte ebenfalls sein, ob man mit der **Qualität der Ware** zufrieden ist. Wie aber läuft eine Kaufentscheidung in der Realität ab?

M2 Der Einkauf

Pauls Mutter holt nach der Arbeit Pauls kleine Schwester Josefine vom Kindergarten ab und fährt noch beim Supermarkt vorbei, weil sie Nudeln und Karotten für das Mittagessen benötigt. Josefine hat schon einen riesigen Hunger und quengelt. Deswegen kauft Pauls Mutter ihr gleich eine Breze.
Heute Morgen war ihr Mann entsetzt, dass gar kein Kaffee mehr in der Dose war. Neben dem Kaffee landen auch noch Kiwi, Bananen und Birnen in dem Einkaufswagen. Die sind nämlich im Angebot. Da Paul sich über Chips freut und Pauls Papa Erdnüsse liebt, nimmt sie gleich beides. Pauls Mama weiß nicht, ob noch genügend Toilettenpapier zu Hause ist und nimmt daher lieber noch eine Packung mit. Dann sieht sie auf einmal die Werbung im Laden: Spiele sind heute 10 % billiger. Sie denkt an die kommenden Geburtstage ihrer Neffen und Nichten und greift zu. An der Kasse will Josefine unbedingt noch Gummibärchen und Traubenzucker haben und bricht deswegen in Tränen aus. Pauls Mama ist nun völlig genervt. Sie muss doch dringend nach Hause. Der Einkauf hat sowieso schon viel zu lange gedauert. Um weiterem Gequengel ihrer Tochter zu entgehen, erfüllt sie ihr ihren Wunsch. Über die hohe Rechnung ist die Mutter geschockt.

AUFGABEN

1. a) Beschreibe die Grafik M1 (*Methode* auf S. 22).
   b) Wähle ein Produkt, das du dir selbst gerne kaufst, und begründe, warum du genau dieses Produkt (z. B. Marke, Hersteller ...) bevorzugst.
2. Stelle dar, wie du beim Einkaufen von folgenden Produkten ökonomische Entscheidungen treffen kannst: **a)** Fruchtgummis, **b)** Getränke und Brotzeit für den Wandertag, **c)** Hefte, **d)** vitaminreiches Obst und Gemüse.
3. a) Bewerte, wie der Einkauf der Mutter in M2 verlaufen ist.
   b) Erstelle eine Liste mit Tipps, wie man ökonomischer einkaufen könnte. Diskutiert eure Ergebnisse in der Klasse.

Ökologische Aspekte

M3 Produktion, Transport, Entsorgung – zum Schaden der Umwelt?

1

2

3

Mit unserem Kaufverhalten beeinflussen wir die Umwelt auf vielfältige Weise. Eine große Rolle spielen die Umstände der **Produktion**, der **Versorgung** bzw. des Transports sowie der **Entsorgung** der Produkte. Daher sollte man sich bei jedem Kauf auch fragen, wie die Ökobilanz des Produktes ist.

Bei der **Ökobilanz** wird u. a. gemessen, welche Rohstoffe und wie viel Energie für die Herstellung des Produkts aufgewendet werden müssen. Ebenfalls wird berücksichtigt, ob es sich um erneuerbare Rohstoffe handelt und wie lange das Produkt genutzt werden kann. Auch die Fleischproduktion wirkt sich aufgrund des CO_2-Ausstoßes z. B. von Rinderherden auf die Ökobilanz aus.

Um die Ökobilanz des Kaufverhaltens insgesamt zu verbessern, sind u. a. folgende Faktoren von Bedeutung.

a) Nachhaltige Produktion

Unter **Nachhaltigkeit** versteht man, dass von den knappen natürlichen Ressourcen unseres Planeten nur so viel verbraucht werden sollte, dass sich das ökologische System wieder erholen kann. Dies heißt z. B., nicht immer mehr zusätzliche Anbauflächen zu roden, um Produkte anzubauen. Die gerodeten Anbauflächen wirken sich negativ auf die Ökobilanz eines Produktes aus, weil dafür Bäume gefällt werden, die für die lebenswichtige Sauerstoffproduktion und die Senkung des CO_2-Anteils in der Luft verantwortlich sind.

b) Reduzierung der Schadstoffbelastung beim Transport

Viele Güter müssen transportiert werden, weil Produktionsort und Absatzmärkte auseinanderliegen. Die **Art des Transportmittels** und die **Transportentfernungen** spielen bei der Frage, wie ökologisch ein Produkt ist, eine wichtige Rolle. Eine per Flugzeug eingeflogene Kartoffel aus Ägypten hat z. B. eine viel schlechtere Ökobilanz als eine per Lkw transportierte Kartoffel aus Frankreich und diese wiederum eine schlechtere Bilanz als eine Kartoffel aus Bayern.

c) Reduzierung der Abfallmenge

Wichtig für die Ökobilanz ist ebenfalls, wie hoch die **Verkaufsquote** der betreffenden Produkte ist. Ein Großteil der hergestellten Waren wird nämlich gar nicht verkauft, sondern nach der Produktion sofort entsorgt.

INFO

Der übermäßige Ausstoß des Gases **Kohlendioxid** (CO_2) gilt als eine der Hauptursachen für die Erwärmung des Erdklimas.

WEBCODE

WES-116647-311
Film: Einfach erklärt: Nachhaltigkeit

Dies betrifft vor allem die **Lebensmittelindustrie**. Lebensmittel, die das Mindesthaltbarkeitsdatum überschritten haben, werden meist direkt im Supermarkt weggeworfen. Leider geschieht das auch mit Obst und Gemüse, das in Form und Aussehen nicht der Norm entspricht, aber in Geschmack und Qualität völlig einwandfrei ist. Es kommt oft nicht einmal in den Handel, weil die Verbraucher meist äußerlich einwandfreies Obst und Gemüse bevorzugen.

Aber auch **technische Geräte und Kleidungsstücke** landen häufig im Müll, ohne je verkauft worden zu sein. Das betrifft z. B. Rücksendungen von Onlinebestellungen, die oft nicht erneut in den Verkauf gehen, weil das Wegwerfen für das einzelne Unternehmen unaufwendiger und damit kostengünstiger ist.

Die privaten Haushalte handeln z. T. ebenfalls wenig nachhaltig, z. B. wenn noch genießbare Lebensmittel in den Abfall wandern oder zahlreiche Kleidungsstücke nur ungetragen im Schrank hängen bleiben und schließlich weggeworfen werden. Überlegt einmal, wie viele Dinge ihr besitzt, die ihr nicht nutzt bzw. ungenutzt entsorgt? Es gibt bestimmt jemanden, der für die Sachen Verwendung hätte. Vielleicht kannst du sie ja an jemanden weitergeben?

Auch die **Entsorgung** ist ein großes Problem. Es entsteht immer mehr Müll. Ein Grund dafür ist, dass Produkte viel zu umfangreich eingepackt werden, ohne dass es notwendig ist – z. B. um die Werbefläche zu vergrößern oder den Diebstahlschutz zu erhöhen. Als Verbraucher kann man darauf achten, nur Produkte zu kaufen, die auf eine übermäßige Verpackung verzichten oder wiederverwertbare Verpackungen verwenden.

Der Weg der effektiven Reduzierung des **Plastikmülls** ist sicherlich noch sehr lang. Die dramatische Vermüllung der Meere zeigt uns aber, wie dringend nötig ein Umdenken hier ist.

M4 Was passiert mit dem Plastik?

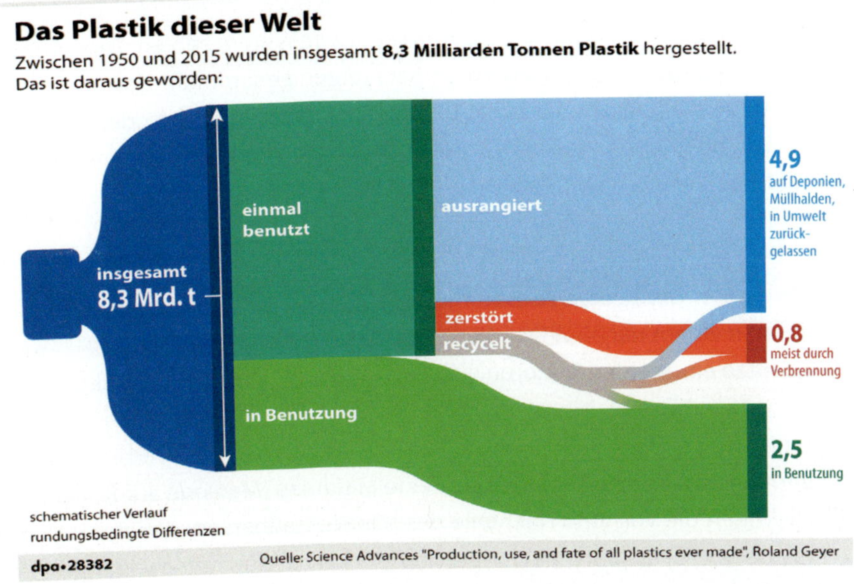

d) Vermeidung gesundheitsschädlicher Stoffe

Mit jedem Produktkauf beeinflussen wir neben der Umwelt auch die **Gesundheit**. Vor allem wenn wieder einmal ein Lebensmittelskandal die Schlagzeilen der Presse füllt, wird uns dies deutlich bewusst. Erhöhte Werte des Pflanzenschutzmittels Fibronil in Hühnereiern und die Diskussionen um den Einsatz des Unkrautvernichtungsmittels Glyphosat zeigen uns, dass eine immer höhere Produktion von Lebensmitteln meist mit einer zunehmenden Belastung der produzierten Lebensmittel mit **Schadstoffen** verbunden ist.

Seit Jahrzehnten wird über die Probleme und Gefahren **nicht artgerechter Tierhaltung** diskutiert. Der Tierschutz hat im Jahr 2002 sogar eine Verankerung als Staatsziel im Grundgesetz (Art. 20 a) erfahren. Die Tierhaltung hat auch Auswirkungen auf die Gesundheit des Menschen. Z. B. führt die häufige Verabreichung von großen Mengen Antibiotika in der Fleischproduktion dazu, dass bakterielle Keime resistent gegen Antibiotika werden und die Antibiotika deswegen auch im Einsatz beim Menschen nicht mehr wirken. Dies ist ein großes Problem bei der Behandlung von Infektionserkrankungen.

e) Mülltrennung und Recycling

Neben der Müllvermeidung kann bei der Kaufentscheidung auch die Möglichkeit der **Wiederverwertung der Materialien**, d. h. das **Recycling**, im Mittelpunkt stehen. Dies hat zwei große Vorteile. Zum einen wird der Abfall verringert und zum anderen werden die immer knapperen Rohstoffe nicht weiter verbraucht. Zusätzlich zu diesen positiven Effekten für die Umwelt entstand ein neuer, eigener Wirtschaftszweig der Aufarbeitung und Verarbeitung des Mülls.

Sehr gut wiederverwendet werden können Altglas, Papier, Kunststoffabfälle und organische Abfälle. Um den Verpackungsmüll zu reduzieren, wurde zu Beginn der 1990er-Jahre das Sammel- und Verwertungssystem **„Der Grüne Punkt"** durch die „Duales System Deutschland GmbH" gegründet. Heute sind in Deutschland ingesamt neun anerkannte duale Systeme aktiv.

Durch den Kauf von Produkten, die zum **Mehrwegsystem** zählen, kann Abfall vermieden werden. Dabei werden Verpackungen gesammelt. Nach der Reinigung und Befüllung können z. B. Getränkeflaschen und -kisten oder Joghurtgläser von den Kunden gekauft werden. Damit die Verpackungen wieder zurückgebracht werden, wird ein Pfand verlangt.

INFO

Am 1.1.2019 trat das neue **Verpackungsgesetz** in Kraft. Es trifft Regelungen für alle, die Verpackungen gewerbsmäßig in Deutschland in den Verkehr bringen. Beispielsweise müssen sie sich bei der „Zentralen Stelle Verpackungsregister" registrieren, ihre Beiträge entrichten und Daten melden.

AUFGABEN

1. *Graffiti:* Stelle einen Zusammenhang zwischen den drei Bildern in M3 und einem nachhaltigen Verbraucherverhalten her.
2. Schätze ein, welche Faktoren sich auf die Ökobilanz eines Produktes auswirken können. Nimm dafür ein Produkt deiner Wahl als Beispiel.
3. Erläutere deine eigenen Möglichkeiten, umweltbewusstes Verbraucherverhalten zu zeigen. Erstelle dazu eine Mindmap (*Methode* auf S. 140).
4. Diskutiert die Vor- und Nachteile des Mindesthaltbarkeitsdatums (siehe S. 119) als Entscheidungskriterium bei der Kaufentscheidung.

Sichere Internetrecherche

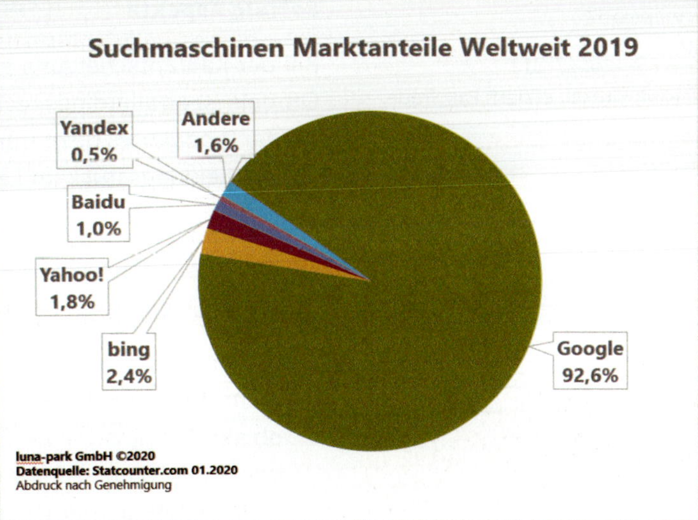

Bei einer Internetrecherche solltest du u.a. auf diese Punkte achten:

- Wähle eine **geeignete Suchmaschine** oder einen **Webkatalog** aus.
- Achte auf einen **richtigen und genauen Suchbegriff/Suchtext**: Je exakter man das zu findende Ergebnis einschränkt, desto besser passen die Ergebnisse.
- Achtung: Es gibt Internetseiten, die für die vorrangige **Auflistung** bezahlen und so immer weit oben auf der Ergebnisliste erscheinen.
- Überprüfe jede Internetseite auf
  - die **Seriosität** des Erstellers (Impressum beachten: Es enthält den Namen und die Adresse des Inhabers der Seite inklusive Kontaktmöglichkeit per E-Mail oder Telefon sowie bei gewerblichen Anbietern die Rechtsform)
  - die **Aktualität** der Inhalte (Stand, Erstellungsdatum)
  - den **Wahrheitsgehalt** durch Abgleich mit weiteren Quellen, z.B. mit anderen Internetseiten, einem Lexikon, Gesprächen im Familienkreis, der Schule ...
- Beachte: Jeder Ersteller einer Internetseite/des Artikels vertritt nur seine subjektive Meinung bzw. Einschätzung. Stets sollte man herausfinden, aus welcher **Interessenslage** der Ersteller handelt. Du kannst für weitere Informationen eine sogenannte **Whois-Abfrage** starten.
- Auch die **Webadresse** (URL) solltest du dir genauer ansehen: So sind Seiten, die mit „https" beginnen, in der Regel sicherer als solche, die mit „http" beginnen. Dann besitzen die Betreiber ein Zertifikat zum Identifizieren ihrer Website. In vielen Browsern wird dies außerdem durch ein Schlosssymbol am Beginn der URL angezeigt.

INFO

Whois-Abfrage
(von engl.: who is = wer ist)
Mithilfe einer Whois-Abfrage können Informationen zu den Inhabern einer Internet-Domain abgefragt werden. Daten für .de-Domains lassen sich nur über die DENIC eG (Deutsches Network Information Center) recherchieren, .com oder .net-Domains z.B. über die ICANN (Internet Corporation for Assigned Names and Numbers). Daneben gibt es diverse Online-Anbieter für Whois-Abfragen.

AUFGABEN

5. a) Analysiere die Grafik M4 (*Methode* auf S.22).
   b) Führe eine Erkundung dazu durch, was alles in Plastik verpackt ist, und reflektiere dabei mögliche Widersprüche und Probleme.
   c) Erstelle eine Liste mit Möglichkeiten, wie man im Alltag Plastikmüll vermeiden kann.
6. *Galeriegang*: Recherchiert in Gruppen mithilfe der obigen *Methode*, was bei einer artgerechten Tierhaltung berücksichtigt werden muss, und erstellt ein Infoblatt für andere Verbraucher.
7. „Was der Umwelt schadet, schadet am Ende auch der Gesundheit der Menschen." Belege diese Aussage anhand von Beispielen.

WEBCODE

WES-116647-312
Film: Einfach erklärt: Fair Trade

Soziale Aspekte

Bei der Kaufentscheidung sollten auch soziale Aspekte eine Rolle spielen. Oftmals ist es allerdings recht schwierig herauszufinden, ob soziale Aspekte bei der Produktion, beim Transport oder Verkauf überhaupt beachtet wurden. Einem Kleidungsstück im Laden sieht man auf den ersten Blick meist nicht an, wie es genau produziert und nach Deutschland transportiert wurde.

Es gibt jedoch Möglichkeiten, mehr darüber in Erfahrung zu bringen. Dabei kann man u. a. danach fragen:

- ob das Produkt in Zwangs- oder Kinderarbeit oder unter anderen menschenunwürdigen Arbeitsbedingungen produziert wurde,
- ob alle Arbeitnehmerrechte beachtet wurden und z. B. der Betriebsrat bei seiner Interessenswahrnehmung nicht behindert wurde,
- ob Mindeststandards des Umweltschutzes und des Gesundheitsschutzes eingehalten wurden,
- ob alle an der Produktionskette Beteiligten fair bezahlt wurden und ob die Arbeitnehmer sozial abgesichert sind,
- ob alle an der Produktionskette beteiligten Firmen ordnungsgemäß Steuern und Sozialabgaben abgeführt haben.

M5 **Soziale Aspekte der Kaufentscheidung**

Ein erstes Anzeichen ist der **Preis** der Ware. Je billiger eine Ware angeboten wird, desto weniger sind vermutlich soziale Mindeststandards eingehalten worden. Aber auch bei höheren Preisen kann man sich nicht sicher sein.

Sozialsiegel versuchen hier, die Kunden aufzuklären. Sie sollen bestätigen, dass die Produktion unter menschenwürdigen Bedingungen erfolgte. Unter dem Dach der Organisationen, die das Siegel vergeben, wird ein Produkt ausgezeichnet, wenn es den Anforderungen entspricht, und auch ein fairer Mindestpreis für das Produkt festgelegt. Dadurch wird sichergestellt, dass den Produzenten ein höheres und sicheres Einkommen zur Verfügung steht.

Dafür werden die Produkte, die ein Siegel tragen sollen, immer wieder durch unangekündigte Kontrollen überprüft. Die Warenproduktion findet allerdings häufig nicht in Deutschland statt. Daher ist die Kontrolle zum Teil schwierig.

Es gibt viele unterschiedliche Siegel. Als Verbraucher muss man genau prüfen, wofür das Siegel vergeben wurde und wer das Siegel vergeben hat.

Einige Beispiele für Siegel:

- Das **Siegel Fairtrade** ist das bekannteste Siegel für den fairen Handel. Fairtrade International (FLO) hat Kriterien für Plantagen entwickelt und faire Löhne sowie Mindestpreise für die Produkte eingeführt. Es wurden sogenannte offene Standards festgelegt, die veränderten Bedingungen angepasst werden können und von den beteiligten Partnern weiterentwickelt werden sollen. Auch andere Organisationen greifen auf diese bestehenden Standards zurück.
- Die **Siegel von FSC®**, einer internationalen unabhängigen Organisation, werden für Holz und Holzprodukte sowie u. a. Papier-, Kautschuk- oder Bambusprodukte aus nachhaltiger Forstwirtschaft vergeben. FSC ist die Abkürzung für Forest Stewardship Council®. Unter nachhaltiger Forstwirtschaft versteht man, dass nicht mehr Bäume gefällt werden dürfen, als auch gleichzeitig wieder aufgeforstet werden oder von Natur aus nachwachsen. Darüber hinaus berücksichtigen die Siegel von FSC soziale, ökologische, aber auch ökonomische Aspekte.
- Das **Siegel GoodWeave** wird z. B. für Teppiche aus Indien oder Nepal von einer gemeinnützigen Organisation vergeben, die gegen die Kinderarbeit in diesen Ländern vorgeht. Anhand der Nummer kann nachvollzogen werden, wo genau der Teppich hergestellt wurde. Das Siegel GoodWeave hat seit Herbst 2009 das Siegel RugMark ersetzt. Auf älteren Teppichen ist also noch Letzteres zu finden.

AUFGABEN

1. a) Beschreibe anhand von M5, warum du dich beim Einkaufen auch für die Herstellungsbedingungen der Ware interessieren solltest.
   b) *Stühletausch:* Erkläre, warum soziale Aspekte für die Kaufentscheidung wichtig sind.
2. a) Stelle dar, welche sozialen Aspekte du bei deinen Kaufentscheidungen berücksichtigst.
   b) Ergänzt in Partnerarbeit weitere Möglichkeiten.
3. Diskutiert folgende Thesen in eurer Klasse:
   a) „Soziale Aspekte können nur die Familien bei ihrer Kaufentscheidung berücksichtigen, die über ein hohes Einkommen verfügen."
   b) „Höhere Preise führen zu mehr sozialer Gerechtigkeit!"
4. *Galeriegang*: Überprüft arbeitsteilig z. B. mithilfe einer Internetrecherche (*Methode* auf S. 121), welche Voraussetzungen für die Siegel erfüllt sein müssen.
5. a) Wähle eines der drei Siegel aus und überprüfe bei deinem nächsten Einkauf, auf welchen Produkten du es findest.
   b) Vergleicht eure Ergebnisse in der Klasse.

2 Einrichtungen und Bestimmungen zum Verbraucherschutz

2.1 Einrichtungen zum Verbraucherschutz

Stiftung Warentest

Die **Stiftung Warentest** wurde 1964 auf Beschluss des Deutschen Bundestages gegründet. Sie prüft anonym und nach wissenschaftlichen Kriterien Waren und Dienstleistungen in ganz Deutschland und veröffentlicht ihre Testberichte. Dabei erhält das Unternehmen eine staatliche Förderung, damit die Tests objektiv und unabhängig durchgeführt werden können.

Auszüge aus einem Warentest: Geräuschreduzierende Bluetooth-Kopfhörer

Preisspanne ca. (Euro)	305 bis 390	284 bis 385	279 bis 355	157 bis 219	400 bis 500
Mittlerer Preis ca. (Euro)	335	310	296	172	455
Erstmals veröffentlicht	Neu	Neu	Neu	Neu	test 1/2018
test - QUALITÄTSURTEIL 100 %	GUT (2,0)	GUT (2,0)	GUT (2,2)	GUT (2,3)	GUT (2,4)
Ton 25 %	gut (1,9)	gut (1,9)	gut (1,9)	gut (2,1)	gut (2,2)
Unterdrückung von Umgebungsgeräuschen 25 %	sehr gut (1,4)	sehr gut (1,5)	gut (2,3)	gut (2,0)	gut (2,4)
Reduktion der Umgebungsgeräusche	++	++	+	+	O
Rauschpegel bei aktiver Reduktion	++	+	+	+	++
Handhabung 25 %	befriedigend (2,8)	gut (2,3)	befriedigend (2,8)	befriedigend (2,8)	befriedigend (2,8)
Gebrauchsanleitung	–*)	O	⊖	O	⊖
Bluetooth	++	+	+	+	+
Bedienelemente und Anzeigen	O	O	⊖	O	O
Transport/Reinigen	++/++	++/++	++/++	⊖/++	O/+
Tragekomfort 15 %	gut (1,7)	gut (2,5)	gut (1,8)	gut (2,4)	gut (2,3)
Aufsetzen und Anpassen	+	+	+	+	++
Tragekomfort im Alltag/bei Bewegung	+/+	O/O	+/+	+/O	+/O
Eignung für Brillenträger	++	+	++	+	+
Akku und Umwelt 10 %	befriedigend (2,6)	gut (2,1)	gut (1,7)	gut (2,4)	gut (2,4)
Akku	+	+	++	+	+
Schallabstrahlung	O	O	+	+	O
Verarbeitung und Fallfestigkeit	+	+	+	+	+
Schadstoffe 0 %	befriedigend (2,9)	sehr gut (1,0)	sehr gut (1,0)	befriedigend (3,5)	sehr gut (1,0)

Bewertungsschlüssel der Prüfergebnisse (bei gleichem Qualitätsurteil Reihenfolge nach Alphabet)

++	= sehr gut (0,5–1,5)
+	= gut (1,6–2,5)
O	= befriedigend (2,6–3,5)
(–)	= ausreichend (3,6–4,5)
–	= mangelhaft (4,6–5,5)
*)	= führt zur Abwertung

Nach: Stiftung Warentest, Test Geräuschreduzierende Bluetooth-Kopfhörer, in: test 05/2018, S. 26 f. (gekürzt und Produktnamen neutralisiert)

Methode

Einen Warentest durchführen

- **Produktauswahl:** Welches Produkt soll getestet werden?
- **Angebot prüfen:** Welche Angebote, also z. B. welche Marken dieses Produkts, sollen getestet werden?
- **Beschaffung** der zu testenden Angebote im Handel
- **Ziel des Testes:** Was soll durch den Test herausgefunden werden? Was ist uns bei dem Produkt wichtig?
- **Festlegung der Beurteilungskriterien:** z. B. Preis, Aussehen, Zusätze ...
- **Festlegung der Testmethode:** Ein verdeckter Test ist z. B. aussagekräftiger als ein Test, bei dem die Marke gleich erkennbar ist.
- **Testdurchführung** (ggf. arbeitsteilig) und **Auswertung**

Verbraucherzentralen

In allen 16 Bundesländern bieten die **Verbraucherzentralen** Beratung und Information zu Fragen des Verbraucherschutzes, helfen bei Rechtsproblemen und vertreten die Interessen der Verbraucher auf Landesebene.

Die **Verbraucherzentrale Bayern** ist, ebenso wie die anderen Verbraucherzentralen, eine überwiegend öffentlich finanzierte, gemeinnützige Organisation. Die 16 Beratungsstellen sind in ganz Bayern verteilt. Daneben gibt es noch eine große Anzahl an **Energieberatungsstellen**.

INFO

Weitere hilfreiche **Informationsquellen für Verbraucher** sind z. B. das Verbrauchermagazin Ökotest, die Fernsehsendung Montags-Check im Ersten (früher ARD-Ratgeber) sowie die Internetseiten und Publikationen der Länderministerien für Ernährung, Umweltschutz und Verbraucherschutz.

Screenshot von der Homepage der Verbraucherzentrale Bayern e. V. unter der Rubrik Beratung, www.verbraucherzentrale-bayern.de/beratung-by (Zugriff: 29.1.2020)

Aufgaben der Verbraucherzentralen

- Verfolgen von Rechtsverstößen, z. B. gegen das Gesetz gegen unlauteren Wettbewerb, durch Abmahnungen und Klagen
- Vertretung der Verbraucherinteressen auf politisch-parlamentarischer Ebene
- Information der Öffentlichkeit und der Medien über wichtige Themen des Verbraucherschutzes
- Zusammenarbeit mit Schulen und Einrichtungen der Jugend- und Erwachsenenbildung

AUFGABEN

1. Die Stiftung Warentest ist eine objektive Informationsquelle. Begründe aus Sicht der Verbraucher, weshalb man solche Institutionen braucht.
2. Führt in der Klasse einen eigenen Warentest (*Methode* auf S. 124) durch.
3. Recherchiere im Internet (*Methode* auf S. 121),
   a) wo es die nächste Verbraucherzentrale gibt,
   b) welche Möglichkeiten dir die Verbraucherzentralen anbieten, um Rat einzuholen,
   c) Bereiche, in denen die Verbraucherzentralen Beratungen anbieten.
4. *Think-Pair-Share*: Deine Tante möchte sich ein neues Smartphone kaufen. Begründe, welche Kriterien sie deiner Meinung nach bei ihrer Kaufentscheidung berücksichtigen sollte.

2.2 Bestimmungen zum Verbraucherschutz

WEBCODE
WES-116647-321
Film: Einfach erklärt: Verbraucherschutz

Kennzeichnung von Produkten

Um den Verbrauchern eine Orientierungshilfe zu bieten, hat der Staat Produktkennzeichnungen geschaffen, für die bestimmte Merkmale erfüllt sein müssen.

a) Güte- oder Handelsklassen
Sie kennzeichnen **Erzeugnisse der Landwirtschaft**, z. B. Kartoffeln, Eier, Obst, Gemüse, oder Produkte der Fischerei. **Handelsklasse** ist eine Bezeichnung innerhalb der Bundesrepublik. In der Europäischen Union spricht man von **Güteklassen.**

Die Handelsklassen und Güteklassen stufen die Produkte nach **Qualität und Beschaffenheit** ein. Die Qualitätseinstufung erfolgt aber eher anhand der äußerlich sichtbaren Qualität. Rückschlüsse z. B. auf den Vitamin-, Nährstoff- und Mineralstoffgehalt der Produkte oder die Verwendung von Konservierungsstoffen und Chemikalien zu ziehen, ist dagegen nicht möglich.

Die Einteilung in Güteklassen hat **Vor- und Nachteile**. Bei Obst und Gemüse macht die Einteilung in Güteklassen nach gleichem Aussehen den Transport und die Verpackung deutlich einfacher. Es fallen jedoch auch viele Waren durch das Raster, gelangen nicht in den Verkauf und werden letztlich entsorgt (z. B. „schrumpeliges" oder krummes Gemüse).

Eier werden zuerst einmal in vier **Größenklassen** eingeteilt: S, M, L und XL. Der aufgedruckte Code, der in der EU vorgeschrieben ist, setzt sich folgendermaßen zusammen.

Die erste Ziffer des Erzeugercodes ist die Art der Legehennenhaltung:

0	ökologische Erzeugung
1	Freilandhaltung
2	Bodenhaltung
3	Kleingruppenhaltung/Käfighaltung

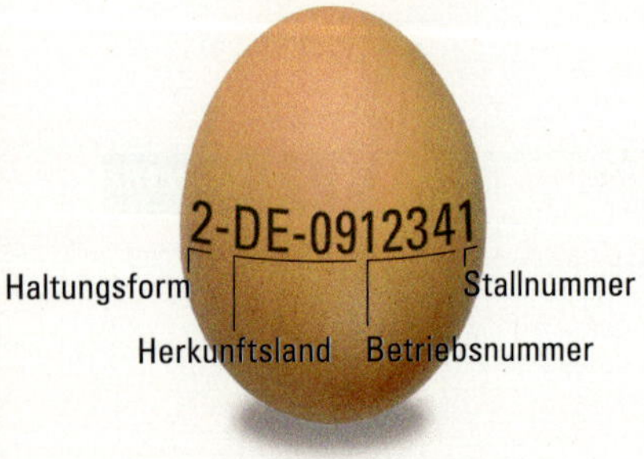

Die Buchstaben weisen darauf hin, in welchem Land der Erzeugerbetrieb registriert ist. (z. B. DE für Deutschland). Danach folgt als erster Teil der Zahlenfolge die Angabe des Bundeslandes (z. B. 09 für Bayern). Dann gibt es in Deutschland noch eine individuelle Betriebsnummer, bei der exakt der Betrieb und der Stall abgelesen werden können (z. B. Betrieb mit der Registriernummer 1234, Stall Nr. 1).

So kann man nachvollziehen, woher ein Ei stammt. Dies ist vielen Menschen auch besonders wichtig, da es fast jährlich zu großen Skandalen im Lebensmittelbereich kommt. Bei **regionalen Produkten** besteht ein größeres **Verbrauchervertrauen**. Darüber hinaus sind auch die **Transportlieferwege** bei regionalen Produkten kürzer, was zum einen dem Umweltschutz dient und zum anderen auch der **Qualität der Ware** zugute kommt.

b) Warenkennzeichen

Bekannte Kennzeichen sind z. B. **„Reine Schurwolle"** oder **„Echtes Leder"**. Durch diese Kennzeichnung ist es für die Verbraucher leichter, die Ware von Imitaten oder anderen Materialien zu unterscheiden. Die Kennzeichnung dient auch der richtigen Materialpflege.

c) Gütesiegel, Qualitätszeichen

Die Kennzeichnung von Waren mit Gütesiegeln verfolgt den Zweck, den Verbrauchern das nötige Vertrauen zu geben, dass diese Produkte gut sind.

Seit 1. Juli 2010 ist das **EU-Bio-Logo** eingeführt. Alle vorverpackten, ökologisch erzeugten Lebensmittel, die einen Verarbeitungsschritt in der EU erfahren haben, müssen das Logo tragen. Bei unverpackten Lebensmitteln kann das EU-Bio-Logo freiwillig verwendet werden.

Zusätzlich zum EU-Bio-Logo kann freiwillig das **staatliche Bio-Siegel** genutzt werden. Dieses gibt es in Deutschland schon seit 2001. Beide Kennzeichen stehen für die Einhaltung der EU-Rechtsvorschriften für den ökologischen Landbau, die regelmäßig überprüft wird. Heute greifen immer mehr Menschen zu Bioprodukten, obwohl diese in der Regel teurer sind. Die höheren Preise ergeben sich, weil die Felderträge aufgrund der Anbauvorschriften geringer sind und eine am Tierwohl orientierte Tierhaltung höhere Kosten verursacht.

Auch **nicht staatliche Organisationen** vergeben Siegel (siehe auch S. 123). Produkte aus der ökologischen Landwirtschaft tragen z. B. häufig Siegel, die aussagen, dass sich der Produzent bei der Herstellung oder Erzeugung zusätzlich zu den EU-Rechtsvorschriften für den ökologischen Landbau an die festgelegten Vorgaben eines privaten Anbauverbandes gehalten hat. Die Betriebe werden von ihrem Verband regelmäßig überprüft.

Grundsätzlich sollte man sich immer informieren, worüber genau ein Siegel Auskunft gibt. Das Siegel „CE" sagt z. B. nichts über die Qualität der Produkte aus. Es ist eine **Selbsterklärung des Herstellers**. Er erklärt mit Anbringen des CE-Kennzeichens, dass sein Produkt den gesetzlichen – insbesondere europäischen – Bestimmungen entspricht.

Leider gibt es immer wieder „schwarze Schafe", die Siegel fälschen oder verwenden, wenn sie nicht angebracht sind. Firmen kreieren z. T. auch selbst Siegel, die nur geringe Aussagekraft haben. Diese Firmen haben die Erfahrung gemacht, dass sich solche Siegel verkaufsfördernd auswirken und die meisten Kunden den Aussagegehalt des Siegels ohnehin nicht kennen.

d) Prüfsiegel

Das GS-Prüfzeichen oder das Siegel, das bei der Hauptuntersuchung für Kraftfahrzeuge angebracht wird („Plakette"), sind die bekanntesten Prüfsiegel. Dabei werden die Produkte oder Fahrzeuge von staatlich zugelassenen Prüfstellen technisch überprüft, damit Risiken und Gefahren durch den Umgang ausgeschlossen werden können. Auch müssen z. B. Spielgeräte auf öffentlichen Spielplätzen regelmäßig auf Sicherheit überprüft werden.

e) Normungen

Normungen sollen es den Verbrauchern erleichtern, sich passende Produkte zu kaufen. Darüber hinaus helfen Normungen bei der Herstellung und beim Transport von Produkten.

Durch Normungen werden Gegenstände **vereinheitlicht**. Dabei sind nicht Gesetze oder Vorschriften Grundlage. Normungen gehen lediglich auf **Empfehlungen** zurück, an die sich aber viele halten, was einen großen Nutzen für die Allgemeinheit mit sich bringt.

So unterliegen viele Produkte – z. B. Glühbirnen, Papiergrößen und Schrauben – Normungen, aber nicht alle. In vielen Ländern gibt es etwa noch unterschiedliche Stromstecker und Netzspannungen.

Länderübersicht Steckertypen

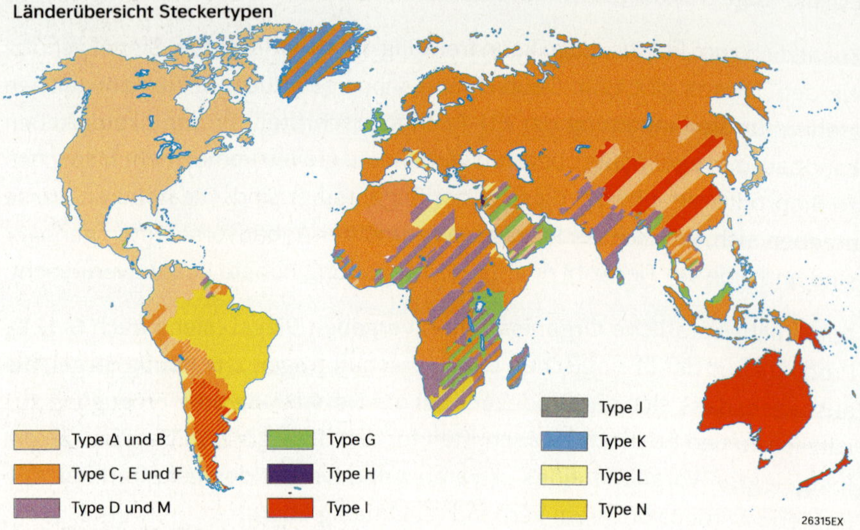

INFO

Die unterschiedlichen **Typen bei den Steckkontakten** ergeben sich durch die unterschiedlichen Stromspannungen und die unterschiedlichen Formen der Steckkontakte.

In Deutschland gibt es das **D**eutsche **I**nstitut für **N**ormung. Alle genormten Artikel tragen den Zusatz **DIN**. Das bedeutet, dass diese Produkte innerhalb Deutschlands immer gleiche Maße oder andere Gemeinsamkeiten haben.

DIN A4 bedeutet z. B., dass ein Blatt Papier exakt 210 mm x 297 mm groß ist. Jeder Drucker oder Kopierer verwendet die gleichen Formate. Auch die Stecker an den Elektrogeräten passen bei uns in jede Steckdose, aber nicht überall im Ausland, wo für Geräte Adapter benötigt werden.

M1 Unterschiedliche Ladekabel und Speicherkarten

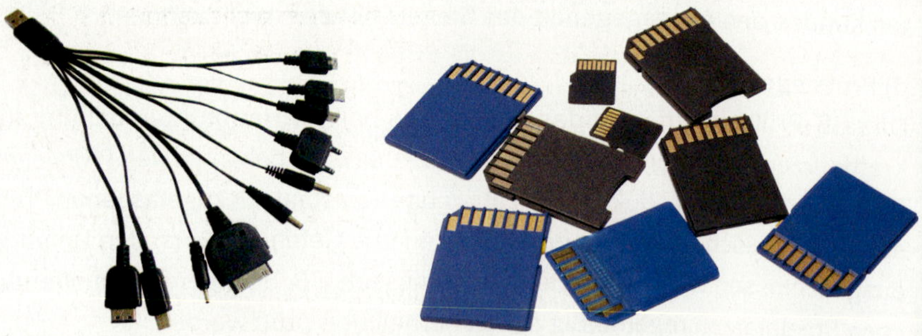

f) E-Nummern

Auf allen **Lebensmitteln** müssen die **Bestandteile und Zusammensetzungen** der Produkte angegeben werden. Die Anordnung erfolgt nach abnehmender Menge. Aufgrund von zunehmenden Allergien und Lebensmittelunverträglichkeiten ist es besonders wichtig zu wissen, was in den Lebensmitteln wirklich enthalten ist. Es gibt auch Verbraucher, die sich vegan oder vegetarisch ernähren wollen. Tierische Produktbestandteile verstecken sich sehr häufig in Lebensmitteln, von denen man es gar nicht erwartet.

M2 Was steckt im Joghurt?

Durchschnittlicher Nährwert	pro 100 g	pro Portion (150 g)
Brennwert	452 kJ 107 kcal	679 kJ 161 kcal
Fett - davon gesättigte Fettsäuren	5,1 g 3,7 g	7,7 g 5,6 g
Kohlenhydrate - davon Zucker	17,0 g 16,0 g	25,5 g 24,0 g
Eiweiß	4,6 g	6,9 g
Ballaststoffe	0,1 g	0,2 g
Natrium	0,04 g	0,06 g

Alle **Zusatzstoffe**, die in der Europäischen Union zugelassen sind, sind mit **E-Nummern** gekennzeichnet. Dazu zählen z. B. unterschiedliche Farbstoffe oder Konservierungsstoffe. Auf diese Weise erfährt man etwa, ob in einem Joghurt frisches Obst, natürliche Aromastoffe oder nur Aroma (siehe Info) verwendet wurden. Natürliche Aromastoffe werden aus Früchten, Obst oder Gemüse hergestellt, dagegen wird Aroma künstlich erzeugt.

INFO

Auf einigen Lebensmitteln findet sich die **Bezeichnung „Typ“** oder **„Geschmack“**, z. B. Typ Erdbeere. Dann enthält das Produkt entweder gar keine oder nur sehr geringe Mengen der eigentlichen Zutat und der Geschmack kommt nur durch künstliche Aromen zustande.

AUFGABEN

1. Es gibt eine Vielzahl von Güte- oder Prüfsiegeln (Abschnitt a–d). Erkläre den Unterschied und diskutiere die Bedeutung für deine Situation als Verbraucher.
2. Überprüfe im Internet (*Methode* auf S. 121), welche Voraussetzungen erfüllt werden müssen, damit ein landwirtschaftlicher Betrieb seine Produkte mit dem staatlichen Biosiegel vertreiben darf (Abschnitt c).
3. Beurteile, ob eine Vereinheitlichung der Ladekabel oder Speichermedien (M1) von Vorteil wäre:
   a) aus Sicht der Verbraucher, b) aus Sicht der Unternehmen.
4. *Stühletausch:* Begründe an einem von dir selbst gewählten Beispiel, wie sich Normungen (Abschnitt e) positiv auf andere technische Entwicklungen auswirken.
5. Recherchiere, welche Zusatzstoffe in der EU zugelassen sind (Abschnitt f).
6. a) Wähle ein Produkt und vergleiche die Zutatenliste mit M2.
   b) Bewerte, ob die Angaben verständlich und hilfreich für Verbraucher sind.

Preisangabenverordnung

Preise haben in unserer Wirtschaftsordnung eine herausragende Funktion. Händler haben ein Interesse daran, den Preis ihrer Ware gering erscheinen zu lassen, und wenden hierbei auch verkaufspsychologische Tricks an. So ist euch sicherlich schon aufgefallen, dass eine Ware z. B. nicht mit 2,00 Euro ausgezeichnet wird, sondern meist mit nur 1,99 Euro, weil durch die Verwendung dieser sogenannten **Schwellenpreise** der Preis geringer erscheint.

Der Gesetzgeber regelt mit der **Preisangabenverordnung**, was er bei der Preisauszeichnung für zulässig ansieht und was nicht. Er verlangt unter anderem, dass alle ausgestellten Waren mit Preisen ausgezeichnet sind, dass diese Preise stets die gesetzliche Umsatzsteuer beinhalten und dass neben dem Gesamtpreis auch der sogenannte Grundpreis angegeben wird.

Der **Grundpreis** ist der Preis, der sich auf eine bestimmte Mengeneinheit (z. B. 1 kg, 1 l, 100 g) bezieht. Der Verbraucher möchte ja nicht bei jedem Produkt mit dem Taschenrechner nachrechnen müssen, welches Produkt wirklich das günstigere ist.

M3 Welches Angebot ist das beste?

Neben der Preisangabenverordnung gibt es sehr viele andere Vorschriften, die Verbraucher schützen sollen. Ein weiteres Beispiel sind die **Gesundheitsvorschriften**, die im Lebensmittelbereich und in den Restaurants beachtet werden müssen.

AUFGABEN

1. *Placemat:* Verbraucherschutzverbände prangern häufig sogenannte Mogelpackungen an. Erläutere, was man unter einer Mogelpackung versteht.
2. Im Einzelhandel gibt es viele verkaufspsychologische Tricks. Gehe aufmerksam durch einen Discounter oder Supermarkt und
   a) beschreibe, wie die Waren dort angeordnet sind.
   b) erläutere, warum der Händler diese Anordnung gewählt hat.
   c) begründe, warum Eltern in der Kassenzone eines Supermarktes über die sogenannte „Quengelware“ schimpfen könnten.
3. Begründe, für welches Waschmittel aus M3 du dich bei den gegebenen Informationen entscheiden würdest.
4. *Fishbowl:* Diskutiert, ob die Musterfeststellungsklage die Zweifel in M4 entkräften kann.

Musterfeststellungsklage

Im Jahr 2015 wurde festgestellt, dass mehrere Hersteller von Dieselfahrzeugen die Abgaswerte ihrer Fahrzeuge manipuliert hatten. Die betroffenen Verbraucher konnten daraufhin ihre Fahrzeuge teilweise nur noch eingeschränkt nutzen und der Wert ihrer Fahrzeuge brach ein. Unter dem Eindruck dieses Dieselabgasskandals führte der Gesetzgeber das Verfahren der **Musterfeststellungsklage** ein. Sie soll die Durchsetzbarkeit der Verbraucherrechte erhöhen, wenn viele Verbraucher von gleichgelagerten Fällen betroffen sind.

M4 Kann ich mich als Verbraucher alleine wehren?

Herr Zweifler hat eine Gebühr von seiner Bank in Höhe von 7,48 Euro in Rechnung gestellt bekommen, die seiner Ansicht nach unwirksam ist. Er beschwert sich bei seiner Bank, die die Erstattung jedoch ablehnt. Auf der einen Seite will sich Herr Zweifler das nicht gefallen lassen und vor Gericht seine Ansprüche durchsetzen, auf der anderen Seite gehen ihm aber folgende Gedanken durch den Kopf:

Ich habe Angst vor einem Prozess!

Für 7,48 Euro lohnt sich doch das alles nicht!

Was meinst du, wie viel Zeit so ein Prozess mich kostet? Ich habe was Wichtigeres zu tun!

Die großen Konzerne sind doch viel mächtiger als ich allein!

Die Konzerne haben doch eh die besten Anwälte an der Hand und ich kenne noch nicht einmal einen Anwalt!

So ein Prozess ist doch viel zu teuer! Wenn ich den am Ende verliere, bleibe ich nur auf den Kosten sitzen!

Bei **gleichartigen Massenverfahren** können jetzt **bestimmte Verbraucherschutzverbände** eine Musterfeststellungsklage vor Gericht einreichen. Die betroffenen Verbraucher müssen sich nur noch in einem Register registrieren lassen. Gewinnt der Verbraucherschutzverband die Musterfeststellungsklage, dann erspart es den Verbrauchern zwar nicht automatisch, einen eigenen Prozess zu führen. Für diesen eigenen Prozess sind aber die wesentlichen rechtlichen Fragen bereits entschieden. In dem Einzelprozess wird dann in der Regel nur noch über die konkrete Höhe des eingetretenen Schadens des Verbrauchers verhandelt.

3 Möglichkeiten der Kapitalanlage

Benjamin hat 15.000 Euro von seiner Tante geerbt. Er möchte das Geld nicht direkt ausgeben, sondern für später sparen. Doch es gibt sehr viele Möglichkeiten für eine Geldanlage und Benjamin kennt sich damit noch überhaupt nicht aus. Er informiert sich über seine Möglichkeiten.

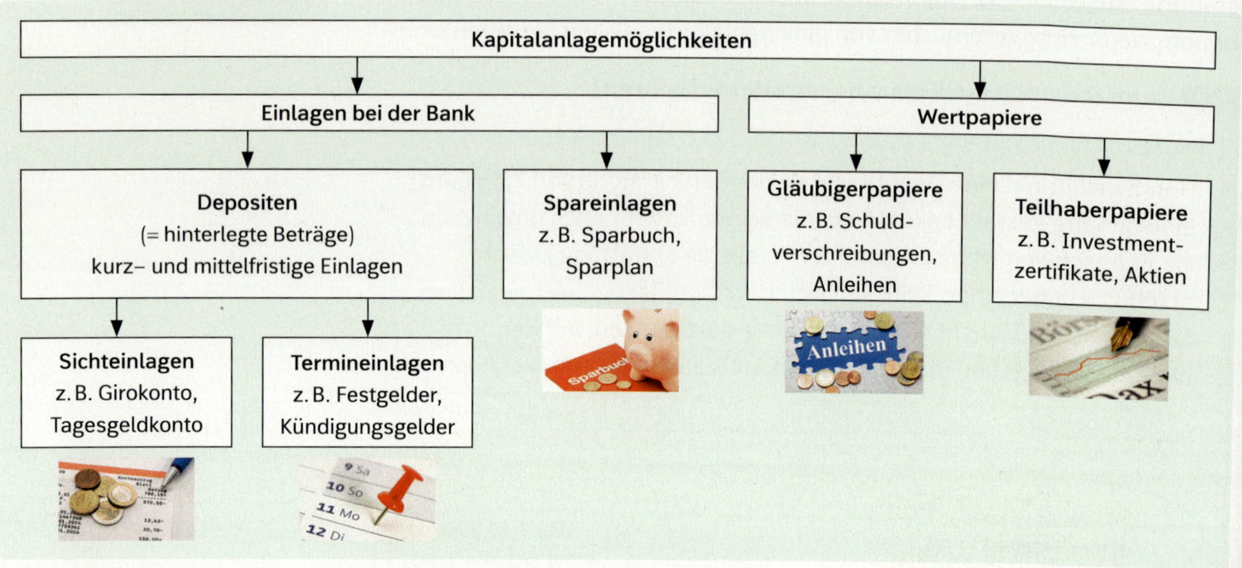

3.1 Einlagen bei der Bank

Sichteinlagen

Laufzeit/ Kündigungsfrist:	keine
Verzinsung:	keine oder sehr geringe

Bei Sichteinlagen kann **jederzeit** über das Guthaben verfügt werden. Beispiele für Sichteinlagen sind das **Girokonto** oder das **Tagesgeldkonto**.

Beim **Girokonto** erhält der Kunde in der Regel keine Zinsen. Oft ist es sogar so, dass **Kontoführungsgebühren** gezahlt werden müssen. Über das Girokonto kann der **tägliche Zahlungsverkehr**, z. B. Geld abheben, Überweisungen (siehe S. 146–148), einfach getätigt werden.

Beim **Tagesgeldkonto** erhält der Anleger Zinsen. Diese sind jedoch sehr niedrig und variabel. Über das Tagesgeldkonto kann der Zahlungsverkehr nicht direkt abgewickelt werden. Hierfür muss das Geld zunächst auf ein **Referenzkonto**, meist das Girokonto, umgebucht werden. Dabei gibt es aber keine Begrenzungen in der Höhe der Geldsumme. Dadurch ist auch das Tagesgeldkonto sehr **flexibel nutzbar**.

Termineinlagen

Laufzeit/ Kündigungsfrist:	jeweils mindestens 30 Tage
Verzinsung:	Zinsen, je nach Laufzeit

Termineinlagen sind ausschließlich zum **Sparen** und nicht für den Zahlungsverkehr ausgelegt. Sie sind **nicht täglich verfügbar**, sondern auf eine bestimmte **Laufzeit** oder eine bestimmte **Kündigungsfrist** (je mindestens 30 Tage) festgelegt. Da die Banken dadurch besser kalkulieren können, sind sie höher verzinst als Sichteinlagen. In der Regel gilt: **je länger die Laufzeit, desto höher die Zinsen**. Unterschieden werden **Festgelder** und **Kündigungsgelder**.

Bei **Festgeldern** wird das Geld über eine **vereinbarte Laufzeit** zu einem **festen Zinssatz** angelegt. Nach Ende der Laufzeit werden diese dann ohne Kündigung fällig.

Kündigungsgelder haben keine feste Laufzeit, aber können nur zu der **vereinbarten Kündigungsfrist** gekündigt werden. Meist sind diese **variabel verzinst**.

Spareinlagen

Laufzeit: unbefristet
Kündigungsfrist: mindestens 3 Monate

Verzinsung: variable Zinsen

Auch die Spareinlagen dienen nicht dem Zahlungsverkehr. Sie werden immer **beurkundet**. Im Gegensatz zu den Termineinlagen sind **nachträgliche oder regelmäßige Einzahlungen** möglich. Auf Spareinlagen erhalten Anleger **variable Zinsen**. Diese werden jährlich dem Anlagekapital gutgeschrieben. Beispiele für Spareinlagen sind das Sparbuch oder Sparpläne.

Spareinlagen können jederzeit unter Einhaltung der Kündigungsfrist gekündigt werden. Banken bieten meist einen **monatlichen Freibetrag** (in der Regel 2.000 Euro) an, über den auch ohne Kündigung verfügt werden kann.

M1 Geldanlagen

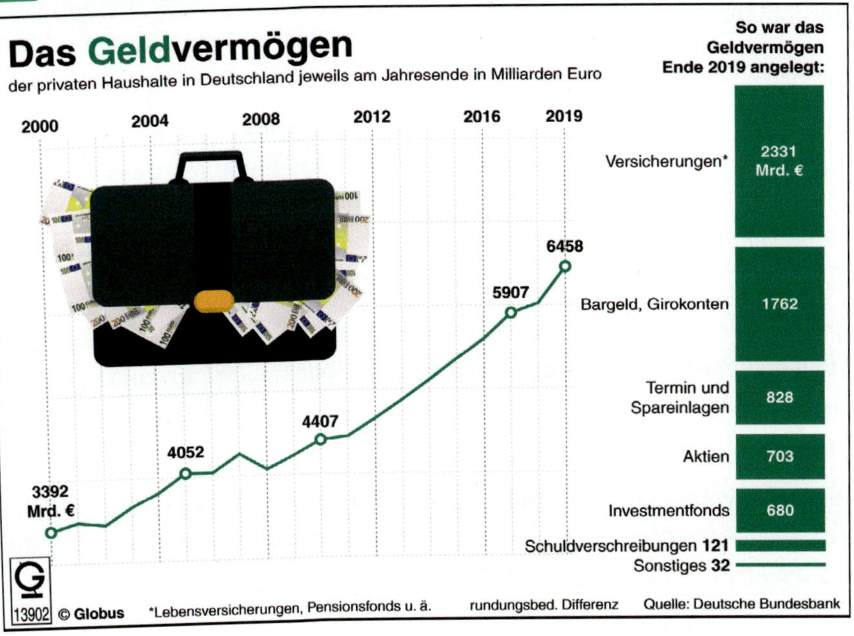

AUFGABEN

1. Bei Festgeldern und Spareinlagen ist es in Ausnahmefällen möglich, auch ohne Einhaltung der Kündigungsfrist über sein Geld zu verfügen, allerdings nur mit finanziellen Einbußen. Begründe dies.
2. a) Berechne, wie viel Prozent des Geldvermögens 2019 in Termin- und Spareinlagen angelegt waren (M1).
   b) Ende 2017 waren noch circa 14 Prozent des Geldvermögens in Termin- und Spareinlagen angelegt. Berechne den Eurobetrag (M1).
   c) Begründe, ob du berechnen kannst, wie viel Prozent 2019 auf die Sichteinlagen entfielen (M1).
   d) Ordne Aktien, Investmentfonds und Schuldverschreibungen (M1) der Übersicht auf S. 132 zu. Beachte hierzu auch die Seiten 134–139.

3.2 Geldanlage in Wertpapieren

Benjamins Kumpel meint, er solle seine Erbschaft in Wertpapieren anlegen. Deshalb informiert sich Benjamin auch über diese Möglichkeiten.

Wertpapiere sind Dokumente, durch die der Besitzer **Rechte an einem bestimmten Vermögen** erhält. Nur durch den Besitz des Wertpapiers (früher physisch, heute oft digital) kann das Recht wahrgenommen werden.

Wertpapiere können **gehandelt** werden. Hierfür wird ein **Wertpapierdepot** benötigt, in dem die gekauften Wertpapiere aufbewahrt werden. Heute findet diese Aufbewahrung ebenfalls nicht mehr physisch, sondern auf Konten statt. Der Handel mit Wertpapieren kann über die Börse erfolgen.

Es gibt **verschiedene Arten von Wertpapieren**. Im Folgenden geht es allerdings nur um die Wertpapiere, die zur Vermögensanlage geeignet sind. Diese kann man je nach dem damit verbundenen Recht in **Gläubiger- und Teilhaberpapiere** unterscheiden.

Gläubigerpapiere

Gläubigerpapiere enthalten das **Recht auf Rückzahlung der verbundenen Forderung** und der entsprechenden **Zinsen**. Das bedeutet, dass Benjamin durch den Kauf dem Herausgeber quasi einen Kredit gewähren würde. Er wäre somit **Gläubiger** gegenüber einem Schuldner und besäße das Recht auf die Rückzahlung seines Geldes (**Forderungsrecht**) zuzüglich der Zinsen.

Beispiel: Wenn Benjamin seine 15.000 Euro in Gläubigerpapieren anlegt, dann stellt er damit dem Herausgeber einen Kredit über 15.000 Euro zur Verfügung. Dafür würde er Zinsen und am Ende der Laufzeit seine 15.000 Euro zurückerhalten.

Benjamin wäre allerdings **nicht der einzige Gläubiger**. Der Schuldner teilt seinen insgesamt benötigten Kreditbetrag in mehrere gleich große Teile auf, die die Anleger dann für eine bestimmte Laufzeit erwerben können.

Je nach **konkreter Ausgestaltung** werden Gläubigerpapiere z. B. auch Schuldverschreibungen, Anleihen, Obligationen oder Rentenpapiere genannt. Sie unterscheiden sich in den folgenden **Bausteinen**:

a) Laufzeit	b) Herausgeber (Emittenten)	c) Zinsen	d) Rückzahlung (Tilgung)

a) Laufzeit

Bei der Laufzeit gibt es folgende Möglichkeiten:

- **kurzfristig**: bis ca. vier Jahre,
- **mittelfristig:** ca. vier bis acht Jahre,
- **langfristig**: ab ca. acht Jahre.

b) Herausgeber (Emittenten)

Herausgeber von Gläubigerpapieren sind:

- **öffentliche Hand**, z. B. Staaten wie die Bundesrepublik Deutschland, Bundesländer, Kommunen,
- **Kreditinstitute** (Banken), z. B. Genossenschaftsbanken, Sparkassen,
- **Industrieunternehmen**.

Die Gläubigerpapiere öffentlicher Stellen heißen **öffentliche Anleihen**. Bei den Kreditinstituten spricht man z. B. von **Bankschuldverschreibungen** und Pfandbriefen. Industrieunternehmen geben **Industrieobligationen** aus.

c) Zinsen

Jeder Emittent besitzt eine unterschiedlich gute **Bonität**, wodurch das Gläubigerpapier sicherer oder risikoreicher ist. Besonders sicher sind z. B. die Staatsanleihen der Bundesrepublik Deutschland.

Je besser jedoch die **Bonität** ist, desto **niedriger** sind die **Zinsen**. Bei Gläubigerpapieren mit niedriger Bonität und damit hohem Ausfallrisiko spricht man von Ramsch-Anleihen, Schrott-Anleihen oder Junk-Bonds.

Die Ratingklasse AAA bedeutet die höchste Bonität.

Benjamin hat somit die Wahl: höheres Risiko und höhere Zinsen oder niedriges Risiko und niedrigere Zinsen.

Die Zinsen der Gläubigerpapiere können für die gesamte Laufzeit **fest** („**Straight**") oder auch **variabel** („**Floater**") sein. Der Zinssatz bleibt also entweder über die gesamte Laufzeit gleich oder er wird in festgelegten Abständen (z. B. halbjährlich) an das aktuelle Zinsniveau angepasst.
Bei **Nullkuponanleihen** erfolgt keine Zinszahlung während der Laufzeit, sondern erst vollständig am Ende der Auszahlung.

d) Rückzahlung (Tilgung)

Bei der Tilgung von Gläubigerpapieren werden unterschieden:

- **gesamtfällige Anleihe:** Tilgung in einer Summe am Ende der Laufzeit,
- **Tilgungsanleihe:** Tilgung in festgelegten Teilzahlungen,
- **ewige Anleihe:** keine Rückzahlung, sondern unbegrenzte Zinszahlung.

Gläubigerpapiere können auch vor dem Ende der Laufzeit wieder verkauft werden. Dabei kann der Wert des Gläubigerpapiers über oder unter dem ursprünglichen Wert liegen. Gründe dafür sind z. B., dass sich das Zinsniveau verändert, oder die Bonität des Herausgebers.

AUFGABEN

1. *Partnerabfrage:*
   a) Erkläre den Begriff Wertpapiere.
   b) Unterscheide Gläubiger- und Teilhaberpapiere.
2. Stelle aus den Bausteinen auf S. 134/135 ein eigenes Gläubigerpapier zusammen, in das du investieren würdest. Begründe deine Auswahl.

Teilhaberpapiere

Teilhaberpapiere enthalten ein **Mitgliedschaftsrecht** an einer **Gesellschaft**. Das bedeutet, Benjamin wäre **Miteigentümer** an einer Gesellschaft und hätte z. B. das Recht auf **Gewinnbeteiligung**.

Aktien

An der **Rechtsform Aktiengesellschaft** (AG) kann man die Unternehmen erkennen, die Aktien ausgeben. Dazu teilt die Aktiengesellschaft ihr Eigenkapital in eine bestimmte Anzahl an Aktien auf. Mit dem Erwerb dieser Aktien ist ein Anleger dann Miteigentümer an der AG.
Beispiel: Eine Aktiengesellschaft teilt ihr Eigenkapital in Höhe von 1.000.000 Euro in 10.000 Aktien auf. Eine Aktie hat damit einen Wert von 100 Euro. Würde Benjamin seine 15.000 Euro in diese Aktien investieren, so gehörten ihm 150 Aktien. Das entspricht einem Anteil von 150 Zehntausendstel (1,5 %) an dem Unternehmen. Benjamin wäre nun ein Aktionär.

Auch bei Aktien gibt es **verschiedene Arten: Stamm- und Vorzugsaktien**.

Als Eigentümer von **Stammaktien** besäße Benjamin folgende Rechte:

INFO

Hauptversammlung
Die Hauptversammlung ist eine Versammlung aller Aktionäre. Diese werden dort über die Entwicklung des Unternehmens informiert und stimmen über diverse Entscheidungen ab.

- **Recht auf Gewinnausschüttung (Dividende)**
  Als Miteigentümer würde Benjamin am Gewinn des Unternehmens beteiligt werden. Die Hauptversammlung entscheidet jedoch, wie hoch diese Gewinnbeteiligung jedes Jahr ist, denn Teile des Gewinns können z. B. auch zur Finanzierung von Erweiterungen verwendet werden.
- **Recht auf Teilnahme an der jährlichen Hauptversammlung**
  Als Aktionär dürfte Benjamin an der Hauptversammlung teilnehmen und hätte zudem für jede Aktie ein Stimmrecht.
- **Bezugsrecht auf junge Aktien**
  Gibt die AG neue Aktien aus, so verlieren die bestehenden Aktien an Stimmrecht. Deshalb erhalten die Aktionäre durch das Bezugsrecht das Recht, neue Aktien zu erwerben.
- **Recht auf Beteiligung am Erlös bei Auflösung**
  Wird die AG aufgelöst, so haben die Aktionäre das Recht, am Verkaufserlös beteiligt zu werden.

Vorzugsaktien dagegen verbriefen bestimmte **Vorzugsrechte**. So hat der Aktionär beispielsweise ein Recht auf eine **höhere Dividende**. Im Gegenzug hat er dann etwa **kein Stimmrecht an der Hauptversammlung**.
Das Beispiel oben zeigt, dass besonders Kleinanleger dies nicht zwingend als Nachteil ansehen. Denn Benjamin würden trotz seines Einsatzes von 15.000 Euro gerade einmal 1,5 % des Unternehmens gehören, sodass seine Stimme in der Hauptversammlung auch nur ein Gewicht von 1,5 % hätte.

INFO

Kurs
Preis, zu dem Wertpapiere an der Börse gehandelt werden, Aktienkurs = Preis einer Aktie

Die **Laufzeit einer Aktie ist unbefristet**. Der Aktionär hat aber auch hier die Möglichkeit, seine Aktien einfach wieder zu verkaufen. Dabei kann der Wert der Aktien sowohl höher als auch niedriger als beim Kauf sein.

M1 Wie funktioniert eine Aktie?

Das ist **Andreas**.
Er ist Besitzer des Handwerkerbetriebs **„Werk fein"**. Da sein Betrieb sehr gut läuft, möchte er ihn vergrößern und wandelt ihn in eine Aktiengesellschaft um. So kann er neues Eigenkapital generieren (erzeugen).

Das Eigenkapital seiner **„Werk fein AG"** wird an der Börse auf **50.000 Euro** festgelegt. Andreas teilt dieses in 500 Aktien mit einem Wert von je 100 Euro auf.
Die Aktien werden wie folgt vergeben:

260 Aktien im Wert von insgesamt 26.000 Euro behält Andreas selbst.

100 Aktien im Wert von insgesamt 10.000 Euro kauft Stammkundin Elise.

140 Aktien im Wert von insgesamt 14.000 Euro kauft Xaver.

Andreas erwirtschaftet im ersten Jahr einen Gewinn von 10.000 Euro und die Hauptversammlung beschließt, 7 % (700 Euro) an die Aktionäre auszuschütten.

Andreas gehören 52 % der Aktien.
Er erhält 364 Euro.

Elise gehören 20 % der Aktien.
Sie erhält 140 Euro.

Xaver gehören 28 % der Aktien.
Er erhält 196 Euro.

Nach: Dominik Moosmann, Der Moosmann, Wie funktioniert eine Aktie?, in: https://moospara.de/wie-funktioniert-eine-aktie-infografik/, München, 15.12.2017 (Zugriff: 14.1.2020) (verändert)

AUFGABEN

1. Erkläre die verschiedenen Rechte als Stammaktienbesitzer.
2. Erstellt in Gruppen eigene Übersichten zur Funktionsweise einer Aktie (M1). Denkt euch dazu ein Unternehmen aus und ergänzt weitere Informationen.

Investmentzertifikate

Mit dem Erwerb von Investmentzertifikaten würde Benjamin Miteigentümer an einem **Investmentfonds** einer Investmentgesellschaft werden. Einen Investmentfonds kann man sich vorstellen wie einen großen „Topf", der sich aus **verschiedenen Wertpapieren**, wie **Aktien** und **Anleihen**, aber z. B. auch aus **Immobilien** und **Rohstoffen** zusammensetzt.

Benjamin und die anderen Anleger investieren somit nicht nur in eine Aktie oder Anleihe *eines* Unternehmens, sondern **gemeinsam in viele verschiedene**. Dadurch ist das **Risiko nicht so hoch** wie bei der Investition in einzelne Aktien, denn wenn eine Aktie im Fonds an Wert verliert, kann dies eventuell durch die anderen Aktien ausgeglichen werden. Von Vorteil für die Anleger ist außerdem, dass man in Fonds bereits mit **kleineren Beträgen** investieren kann.

Mit dem Erwerb des Investmentzertifikats hätte Benjamin **Anspruch** auf die **Ausschüttung der Erträge** (z. B. Dividenden, Zinsen). Während bei manchen Fonds die Ausschüttung jährlich erfolgt (**ausschüttende Fonds**), gibt es andere, die die Erträge direkt wieder anlegen (**thesaurierende Fonds**).

Außerdem haben die Anleger jederzeit das Recht, ihre Fondsanteile wieder zum aktuellen Rückgabepreis zurückzugeben. Dabei kann dieser wieder über oder unter dem ursprünglich gezahlten Preis liegen.

Unterschieden werden u. a. folgende **Fondsarten**:

Aktienfonds	investieren nur in Aktien. Dabei haben manche Fonds besondere Schwerpunkte, wie die Investition in bestimmte Branchen (Branchenfonds) oder Regionen (Länderfonds).
Rentenfonds	investieren in verschiedene Anleihen.
Mischfonds	investieren in verschiedene Anlageklassen, wie Aktien, Anleihen oder z. B. auch Rohstoffe.
Geldmarktfonds	investieren in Anleihen mit kurzen Laufzeiten oder investieren kurzfristig Geld in Banken.
Indexfonds	bilden einen Börsenindex (z. B. DAX) nach, wie z. B. ETF: Exchange Traded Funds.
Immobilienfonds	investieren in Immobilienprojekte, wie z. B. Häuser, Grundstücke oder auch in Einkaufszentren und Hotels.

INFO

DAX
steht für **D**eutscher **A**ktienin**dex**. Ein Aktienindex fasst mehrere Aktien von Unternehmen nach bestimmten Kriterien zusammen, z. B. nur Aktien bestimmer Branchen. Der DAX umfasst die 30 umsatzstärksten börsennotierten Unternehmen Deutschlands.

Weiter lassen sich **offene** und **geschlossene Fonds** unterscheiden:

- Bei **offenen Fonds** kann man unbegrenzt Anteile kaufen und verkaufen.
- **Geschlossene Fonds** sind **begrenzt**. Die Anleger sind an bestimmten **Investitionsprojekten**, z. B. einem Immobilienprojekt, fest beteiligt. Bis zu einem bestimmten Zeitpunkt können sie Fondsanteile erwerben. Danach müssen sie ihre Anteile bis zum **Ende der Laufzeit behalten** und werden dann am **Erlös beteiligt**. Das Risiko bei geschlossenen Fonds ist jedoch höher, da die Anleger leichter auch alles verlieren können.

Fondsmanager kümmern sich um die Zusammensetzung des Fonds und passen diese entsprechend an. Dadurch müsste sich Benjamin als Anleger nicht so intensiv um seinen Fonds kümmern, wie dies z. B. bei einzelnen Aktien der Fall ist. Im Gegenzug fallen jedoch Gebühren an.

M2 Entwicklung der Aktienbesitzer in Deutschland

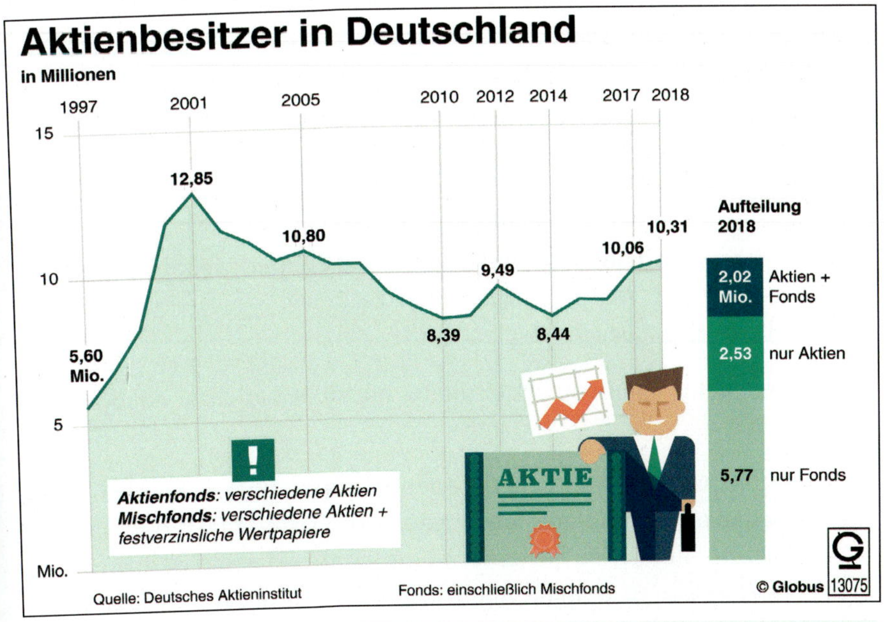

Die Zahl der Besitzer von Aktien und Anteilen an Aktienfonds stieg […] 2018 auf 10,31 Millionen. […]. „Damit erreichte die Zahl der Aktienbesitzer den höchsten Wert seit 2007, erläuterte DAI-Chefin Christine Bortenläger. Der Zuwachs resultierte ausschließlich aus dem Bereich der Aktienfonds: […] Ein Grund für diesen Anstieg dürften die anhaltend niedrigen Zinsen sein; klassische Sparformen wie Sparbücher oder Tagesgeld werfen kaum noch etwas ab. – Trotz des deutlichen Anstiegs seit 2014 sind die Aktionärszahlen von den Zeiten der Börseneuphorie zu Beginn des neuen Jahrtausends noch ein gutes Stück entfernt. 2001 gab es in Deutschland fast 13 Millionen Aktionäre.

Nach: picture-alliance/ dpa-infografik Text zur Grafik oben, 15.3.2019 (verändert)

INFO

DAI
Deutsches Aktieninstitut zur Förderung der Aktienkultur in Deutschland

Negativzinsen
Bei immer weiter sinkenden Zinsen sind auch Negativzinsen möglich. Negativzinsen bedeuten, dass der Anleger für seine Einlagen Zinsen an die Bank bezahlen muss.

AUFGABEN

1. Charakterisiere das Wesen von Investmentzertifikaten.
2. *Fishbowl:* Diskutiert die Fondsarten bezüglich ihrer Zusammensetzung.
3. Beschreibe die möglichen Problematiken bei geschlossenen Fonds.
4. Analysiere das Schaubild und den Infotext M2:
   a) Beschreibe den Verlauf des Aktienbesitzes von 1997 bis 2018.
   b) Erläutere, weshalb die Zahl der Aktienbesitzer 2018 weiter stieg.
   c) Recherchiere aktuelle Zahlen und vergleiche diese mit dem Jahr 2001.

Sich mithilfe einer Mindmap einen Überblick verschaffen

Die vielen Fachbegriffe und Besonderheiten lassen Benjamin leicht den Überblick verlieren. Eine Mindmap kann Benjamin und auch dir dabei helfen, einen besseren Überblick zu gewinnen.

Gehe beim Erstellen einer Mindmap nach den folgenden Schritten vor:

1. Notiere in der Mitte deines leeren Blattes (Querformat) das **Hauptthema** (z. B. Geldanlagemöglichkeiten).
2. Von dem Hauptthema gehen mehrere Äste ab. Diese stellen verschiedene **Teilbereiche** des Themas dar. Notiere an den Ästen die **Oberbegriffe** (z. B. Wertpapiere).
3. Nun kannst du zu den verschiedenen Oberbegriffen weitere **Schlüsselwörter** finden (z. B. Aktien) und neue Äste zeichnen. Lasse immer genügend Platz für weitere Zweige.
4. Erweitere deine Mindmap immer weiter mit all deinen Informationen und Ideen.
5. Verwende zur Gestaltung verschiedene **Farben, unterschiedlich dicke Zweige**, kleine **Zeichnungen** und ergänze ggf. Bilder. Durch die Mindmap erkennst du nun sofort die **Zusammenhänge** zwischen den einzelnen Stichwörtern und du erhältst einen schnellen **Überblick**.

INFO

Mit einer Mindmap kannst du auch zu ganz neuen Themen Ideen sammeln und diese strukturieren.

M1 Benjamins (unvollständige) Mindmap zu Geldanlagemöglichkeiten

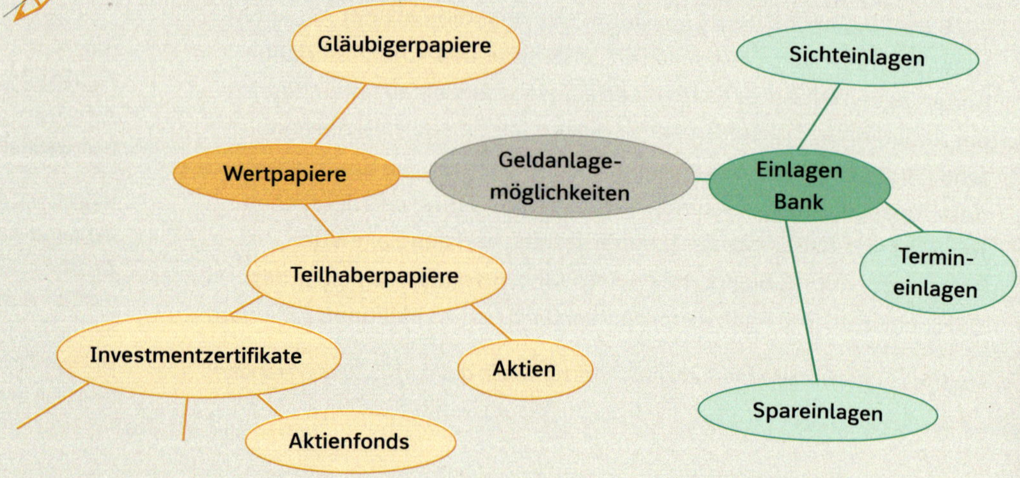

AUFGABEN

1. Übertrage die Mindmap von Benjamin (M1) in dein Heft und ergänze sie.
2. Erstelle eigene Mindmaps zu folgenden Themen:
   a) Sichteinlagen, b) Termineinlagen,
   c) Spareinlagen, d) Wertpapiere,
   e) Gläubigerpapiere, f) Aktien,
   g) Investmentzertifikate.

Sich mithilfe einer Pro-Kontra-Liste entscheiden

Nachdem du dir einen Überblick verschafft hast, kann dir eine **Pro-Kontra-Liste** helfen, eine Entscheidung zu treffen. Diese Methode eignet sich bei **„Ja-Nein-Entscheidungen"** oder Entscheidungen mit **mehreren Alternativen**, wie z. B. „ein neues Konto bei Bank A, Bank B oder Bank C anlegen". Dazu zeichnest du eine Tabelle mit zwei Spalten auf ein Blatt Papier und notierst jeweils die **Pros** (Vorteile, Chancen) und **Kontras** (Nachteile, Gefahren).

Die Entscheidung sollte jedoch nicht nur aufgrund der Anzahl der Argumente getroffen werden. Jedes Argument sollte auch, je nachdem wie wichtig es dir ist, auf einer **Skala bewertet** werden (z. B. von ① bis ⑤). Anschließend kannst du die Punkte addieren und deine Entscheidung treffen.

M2 Benjamins Pro-Kontra-Listen für Teilhaberpapiere

Aktien	
Pro ⑧ • hohe Erträge möglich durch Dividenden und Aktienverkauf zu einem höheren Kurs ⑤ • Mitspracherecht im Unternehmen ③	**Kontra** ⑦ • hohes Risiko, da man auf Erfolg der AG setzt ③ • keine sicheren, festen Erträge ③ • regelmäßige Beobachtung nötig ①

INFO

Auch wenn mehr Kontras auf Benjamins Liste stehen, nach der Gewichtung überwiegt das Pro bei Aktien.

Investmentfonds	
Pro • geringeres Risiko als bei Aktien durch Risikostreuung • wenig Aufwand, da sich fachkundige Fondsmanager um den Fonds kümmern • breit gestreute Anlage ist bereits mit kleinen Beträgen möglich • Sicherheit, da Investmentfonds gesetzlichen Vorgaben folgen müssen • jederzeit Rückgabe der Anteile möglich	**Kontra** • Wertsteigerung einer Aktie wird evtl. durch Wertverlust einer anderen aufgehoben • höhere Kosten als bei Direktanlage (verschiedene Gebühren)

AUFGABEN

1. a) Erstelle Pro-Kontra-Listen für die weiteren Geldanlagemöglichkeiten (S. 132–135) und gewichte diese von ① (unwichtig) bis ⑤ (wichtig).
   b) Ergänze die Pro-Kontra-Listen für Teilhaberpapiere (M2) mit eigenen Aspekten und gewichte auch diese von ① (unwichtig) bis ⑤ (wichtig).
   c) Wähle begründet für Benjamin eine der Geldanlagemöglichkeiten aus.
2. Begründe, welche Anlage du diesen Personen empfehlen würdest:
   a) Die risikofreudige Evi hat 1.000 Euro bei einem Gewinnspiel gewonnen.
   b) Stefanie ist Studentin und kellnert. Als Notgroschen legt sie jeden Monat 50 Euro zur Seite, falls sie schnell einmal Geld benötigt.
   c) Amina hat zum 18. Geburtstag 3.000 Euro bekommen. Sie möchte in fünf Jahren eine eigene Wohnungseinrichtung davon kaufen.
   d) Irmgard möchte in den nächsten drei Jahren (hoffentlich) für ihre Enkelin das Hochzeitskleid kaufen und legt 2.000 Euro beiseite.

4 Möglichkeiten der Kapitalbeschaffung

4.1 Kredite bei der Bank

Unter einem **Kredit** versteht man die **zeitliche Überlassung von Geldmitteln gegen Zahlung von Zinsen**.

Von **Darlehen** spricht man in der Regel bei mittel- bis langfristigen Krediten mit größeren Kreditsummen.

Durch den Kreditvertrag verpflichtet sich der Kreditnehmer zu verschiedenen Zahlungen.

Tilgung	+ Zinsen
= Rückzahlung des Kreditbetrags In der Regel sind dies gleichbleibende Beträge, die in regelmäßigen Abständen, meistens monatlich, zurückgezahlt werden. Manchmal sind auch Sondertilgungen möglich (unregelmäßige Einmalzahlungen).	= Preis für die Überlassung des Kredits Sie werden als Zinssatz (in Prozent) bezogen auf ein Jahr (p. a. = pro anno) angegeben und in der Regel von der Restschuld (= Kreditbetrag – Tilgung) berechnet.
= **regelmäßige Zahlungsrate** (z. B. monatlich, jährlich)	

Voraussetzungen für einen Kredit

- **Kreditfähigkeit:** Die Person muss voll geschäftsfähig sein. Dies ist eine notwendige Voraussetzung.
- **Kreditwürdigkeit:** Die Kreditwürdigkeit wird von der Bank zusätzlich im Hinblick auf folgende Punkte bewertet:
  - **persönliche Verhältnisse** (z. B. Zuverlässigkeit, Zahlungsmoral, Alter, Familienstand)
  - **wirtschaftliche Verhältnisse** (z. B. Einkommens- und Vermögensverhältnisse, Schufa-Eintragungen)

Unterscheidung von Krediten

Bankkunden benötigen aus den unterschiedlichsten Gründen einen Kredit, z. B. für ein neues Auto, ein Eigenheim oder den knappen Geldbeutel am Ende des Monats. Genauso vielfältig wie die Bedürfnisse der Kunden ist auch das Kreditangebot der Banken. Grundsätzlich können Kredite nach verschiedenen Kriterien unterschieden werden:

Laufzeit	Bereitstellung	Besicherung	Verwendungszweck
• kurzfristig: bis 1 Jahr • mittelfristig: 1 bis 4 Jahre • langfristig: über 4 Jahre	• tatsächliche Auszahlung • eingeräumte Kreditlinie	• besicherter Kredit • unbesicherter Kredit	• Produktivkredit (z. B. Investitions- oder Betriebsmittelkredit) • Konsumentenkredit (z. B. Autokredit)

INFO

Kreditwürdigkeit (**Bonität**)
ist die Fähigkeit des Kreditnehmers, die Zahlungen für einen Kredit leisten zu können.

Schufa
Schutzgemeinschaft für allgemeine Kreditsicherung; sie sammelt kreditrelevante Informationen (z. B. Zahlungsmoral bei getilgten Krediten, offene Forderungen). Dadurch erhalten ihre Vertragspartner (z. B. Vermieter, Arbeitgeber, Kreditgeber) Informationen über die Kreditwürdigkeit ihrer Kunden.

besichert
bedeutet, dass der Kreditnehmer Sicherheiten zur Absicherung der Kreditsumme bereitstellen muss, wie z. B. durch ein Haus oder Grundstück.

rschiedene Arten von Krediten

Dispositionskredit

Laufzeit: kurzfristig

Bereitstellung: eingeräumte Kreditlinie

Besicherung: in der Regel unbesichert

Verwendungszweck: Überbrückung von kurzfristigen Liquiditätsengpässen im Privatbereich

Beim Dispositionskredit, auch als Dispo bekannt, räumt die Bank beim Bankkonto des Kreditnehmers eine **Überziehungsmöglichkeit** ein. Dieser kann sein Konto nun bei Bedarf um einen bestimmten Betrag „überziehen“, also z. B. mehr Geld abheben, als auf dem Konto ist. Die Rückzahlung erfolgt üblicherweise mit dem nächsten Gehaltseingang.

Die Höhe der Kreditlinie richtet sich nach den **monatlichen Geldeingängen** und der **Kreditwürdigkeit** des Kreditnehmers.

Vorteilhaft am Dispo ist, dass er **unkompliziert** zu handhaben ist und Zinsen nur auf den **tatsächlich in Anspruch** genommenen Betrag zu zahlen sind. Demgegenüber stehen jedoch **überdurchschnittlich hohe Zinsen**.

Realkredit (auch Baufinanzierung oder Hypothekendarlehen)

Laufzeit: langfristig

Bereitstellung: tatsächliche Auszahlung

Besicherung: besichert

Verwendungszweck: Finanzierung von Immobilien, Renovierungen, Sanierungen

Der Realkredit dient zur Finanzierung von Immobilien und ist in der Regel durch den Eintrag einer **Grundschuld** (ein Grundpfandrecht) im Grundbuch besichert. Die Zinsen für diesen langfristigen Kredit werden häufig über eine bestimmte Zinsdauer festgeschrieben. Für die Abzahlung gibt es verschiedene Möglichkeiten:

- **Annuitätendarlehen:** gleichbleibende Zahlungsrate (Annuität), dabei nimmt die Tilgung zu und die Zinsen ab
- **Endfälliges Darlehen:** Zinsen werden regelmäßig gezahlt, parallel wird gespart und der Darlehensbetrag am Ende der Laufzeit komplett zurückgezahlt
- **Abzahlungsdarlehen:** gleichbleibende Tilgung, abnehmende Zinsen

Ratenkredit (auch Verbraucherdarlehen oder Konsumentenkredit)

Laufzeit: mittel- bis langfristig

Bereitstellung: tatsächliche Auszahlung

Besicherung: besichert

Verwendungszweck: Konsumgüterfinanzierung

Der Ratenkredit ist das klassische Darlehen zur Konsumgüterfinanzierung und wird in **gleichbleibenden monatlichen Raten** abbezahlt. Er kann zur freien Verfügung oder auch zweckgebunden, z. B. für einen Autokauf, ausgestaltet sein.

Die Höhe der Zinsen ist abhängig von der **Kreditwürdigkeit** des Kreditnehmers.

Avalkredit

Der Avalkredit ist kein Kredit im herkömmlichen Sinne, sondern ähnelt einer **Bürgschaft**. Bürgschaft ist auch die Bedeutung des Wortes Aval.

Die Bank **garantiert** einen **festgelegten Geldbetrag** als **Absicherung** gegenüber einem Dritten. Der Kreditnehmer erhält somit nicht direkt eine Geldsumme, sondern die Bank stellt ihm ihre Kreditwürdigkeit zur Verfügung.

Sollte der Kreditnehmer nicht zahlen können, so verpflichtet sich die Bank, die **offene Schuld zu begleichen**.

Für das Aval muss der Kunde eine **Avalprovision** bezahlen.

Besonders häufig ist das **Mietaval**. Dieses ersetzt z. B. die Mietkaution. Im Kautionsfall zahlt dann die Bank den geforderten Betrag.

AUFGABEN

1. *Lerntempoduett:* Begründe, welchen Kredit du empfehlen würdest bei: **a**) Grundstückskauf, **b**) Autosteuer am Ende des Monats, **c**) Küchenkauf.

4.2 Die Gefahr der Überschuldung

Um ihre Verbindlichkeiten begleichen zu können, nehmen Schuldner häuf immer neue Kredite auf oder nutzen ihren Dispo aus. Dadurch entstehen neu finanzielle „Löcher“ durch Zinsen und der Schuldenberg wächst immer weite

M1 Viele Kredite – viele Schulden

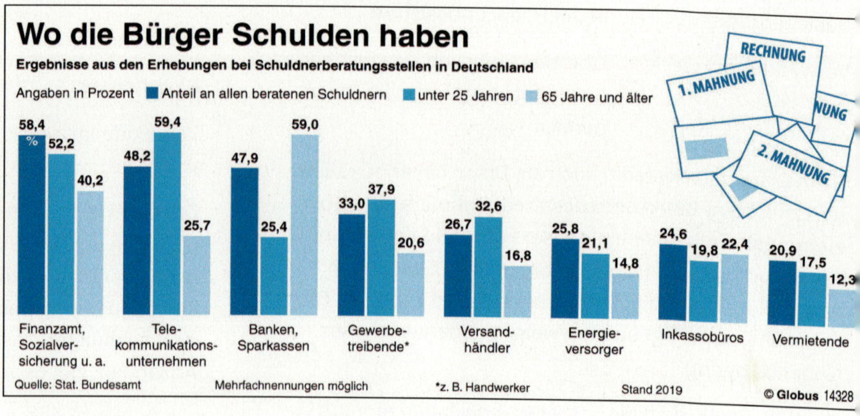

Verschuldet zu sein bedeutet erst einmal nur, dass eine Person Schulden hat Das ist zunächst kein Problem, wenn diese Schulden (z. B. durch eine Kreditaufnahme) ordentlich zurückgezahlt werden können.

Von **Überschuldung** spricht man, wenn das **Vermögen nicht mehr ausreicht, um die Schulden zu decken**. Laut Schuldner-Altas 2018 betrug die Überschuldungsquote in Deutschland rund **10 %**, das bedeutet, dass **6,9 Millionen** Bundesbürger über 18 Jahren überschuldet waren. Bayern hatte im Bundesländervergleich 2018 die niedrigste Überschuldungsquote.

Gründe für Überschuldung

M2 Überschuldung: Wieso? Wie viel?

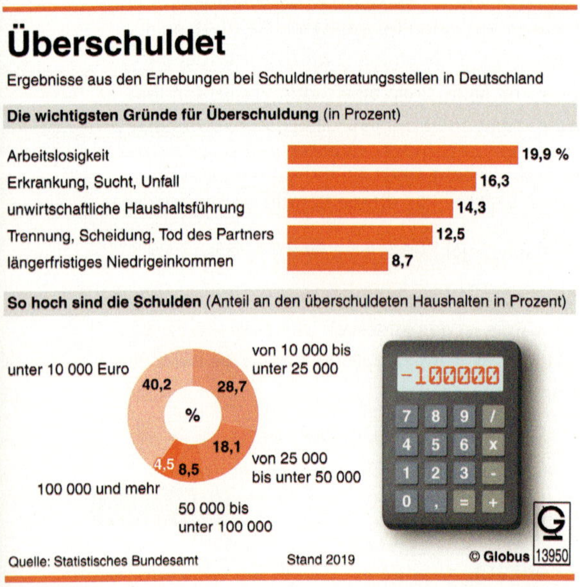

Wie in M2 zu erkennen ist, liegen die Ursachen für Überschuldung häufig in **äußeren Umständen**, die die betroffenen Personen oft nicht selbst verantwortet haben, z. B. Arbeitslosigkeit oder Unfälle. Dennoch ist auch circa jeder Achte aufgrund unwirtschaftlicher Haushaltsführung verschuldet.

Verlockende Angebote wie „Kaufe jetzt – zahle später“ verführen schnell zum Kaufen. Hierfür wird das Konto überzogen oder bargeldlos z. B. mit der Kreditkarte gekauft und erst später bezahlt. Doch wenn „später“ ist und die Raten für die Käufe, die hohen Dispozinsen oder die Kreditkartenabrechnung beglichen werden müssen, wird manchem Verbraucher bewusst, dass er sich das alles gar nicht hätte leisten können. Häufig kommen noch **ungenügende finanzielle Kenntnisse** der Betroffenen hinzu.

Besonders die jüngere Altersgruppe ist von „unwirtschaftlicher Haushaltsführung“ betroffen (siehe M3). Deshalb solltest auch du dir frühzeitig dein **eigenes Konsumverhalten bewusst machen**.

M3 **Überschuldungsfalle: eigenes Konsumverhalten**

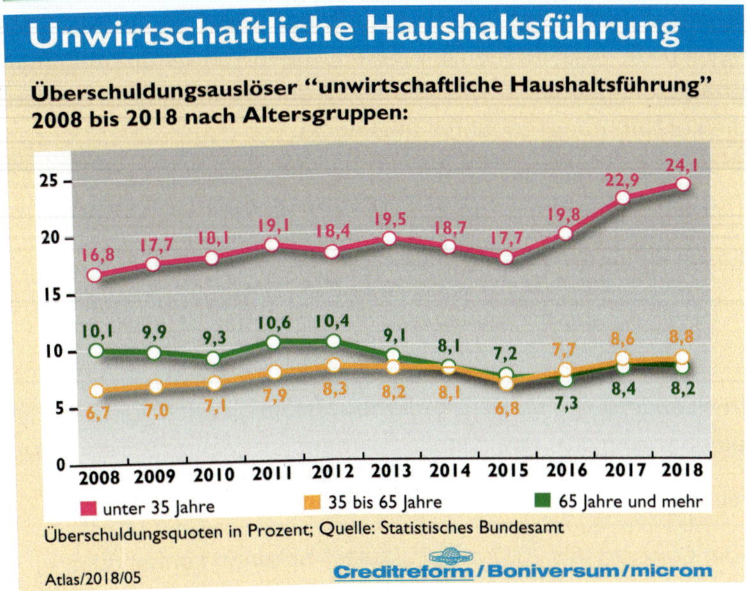

M4 **Junge Schuldner**

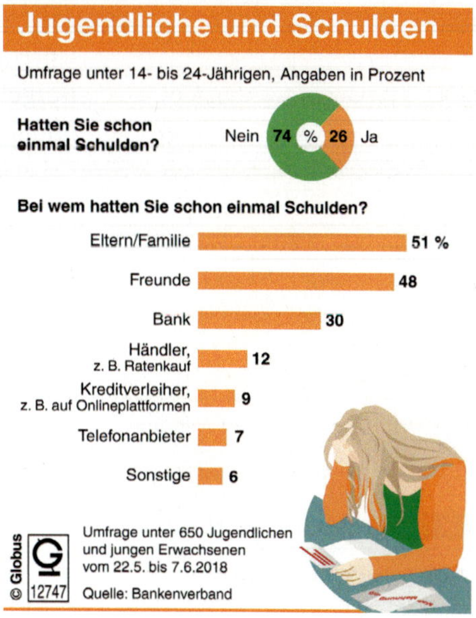

Maßnahmen zur Problemlösung und Prävention

Zuallererst ist es wichtig, dass man sich seine **finanzielle Situation eingesteht** und entsprechend **handelt**. Der folgende Maßnahmenkatalog kann zum Teil bereits zur Prävention genutzt werden, um gar nicht erst in die Überschuldung zu geraten:

- **Überblick** über die **Einnahmen** und **Ausgaben** verschaffen und diese regelmäßig **kontrollieren**,
- **Ausgaben senken** (z. B. durch Vermeidung verzichtbarer Kosten wie Rauchen, Urlaub, Markenartikel, Restaurantbesuche, entbehrliche Mitgliedschaften oder Zeitungsabonnements) und **Einnahmen erhöhen** (z. B. durch Überstunden, Nebenjob),
- **Schuldenübersichtsplan erstellen** (alle Schulden mit Datum, Frist, Höhe etc. dokumentieren),
- **Schuldnerberatungsstellen** aufsuchen,
- **Verbraucherinsolvenz** (**Privatinsolvenz**) als letztes Mittel.

INFO

Schuldnerberatungsstellen
gibt es von öffentlichen Anbietern und in der Regel kostenlos (z. B. Diakonie, Caritas), von privaten Anbietern (Verbände und Vereine) oder bei Rechtsanwälten.

Verbraucherinsolvenz
Ein Verbraucherinsolvenzverfahren kann ein Schuldner beantragen, nachdem eine außergerichtliche Einigung gescheitert ist. Nach sechs Jahren ist der Schuldner schuldenfrei. Zuvor hat er jedoch strenge Auflagen zu befolgen.

AUFGABEN

1. Überprüfe dein eigenes Schuldnerverhalten:
   a) Hattest du bereits Schulden bei einer der in M4 genannten Gruppen? Falls ja, notiere dir auch die ungefähre Höhe deiner Schulden.
   b) Warst du selbst schon einmal überrascht darüber, wie viel Geld du ausgegeben hast? In welchen Situationen? Wie hoch waren diese Ausgaben und wodurch sind diese entstanden?
   c) Erstelle einen tabellarischen Überblick über deine Einnahmen und Ausgaben der nächsten zwei Wochen.
2. Stelle die Gründe für Überschuldung und Gegenmaßnahmen in einer Übersicht dar. Nutze hierfür auch M1 bis M3.

5 Zahlungsverkehr

Unter Zahlungsverkehr versteht man alle Bewegungen von Geldmitteln (mi Bargeld oder bargeldlos). Diese Dienstleistungen der Kreditinstitute werder häufig über die Kontoführungsgebühren abgedeckt.

5.1 Verschiedene Arten von bargeldlosem Zahlungsverkehr

Zum bargeldlosen Zahlungsverkehr gehören:

Girocard | Kreditkarte | Überweisung | Dauerauftrag | Lastschrift

Diese Verfahren können auch mit den modernen Medien genutzt werden, wie z. B. beim **Onlinebanking** oder dem **Mobile Payment** (siehe dazu S. 149–151).

M1 Bargeldlos gewinnt Bedeutung

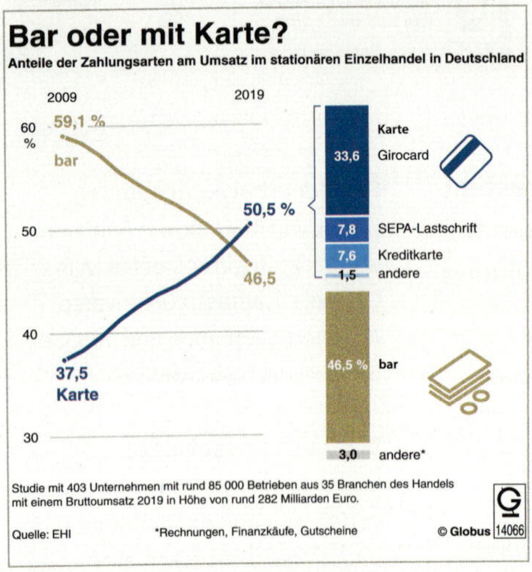

M2 Kreditkartenzahlung

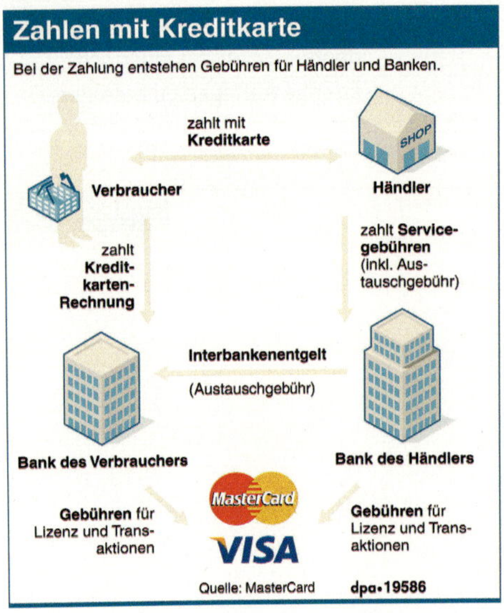

Girocard

Mit der Girocard (bis 2007 als „EC-Karte" bekannt) kannst du u. a.:

- **Bargeld am Geldautomat** im Inland und zum Teil auch im Ausland abheben (Achtung, bei manchen Automaten können Gebühren anfallen!),
- **Kontoauszüge** am Automaten ausdrucken,
- **bargeldlos bezahlen,**
- (teilweise) **Prepaid-Funktionen** (Geldkarte bzw. girogo) nutzen.

Für die Nutzung dieser Funktionen musst du meistens eine **PIN** eingeben. Beim Bezahlen an der Kasse kann statt der PIN auch deine **Unterschrift** erforderlich sein.
Du kannst ebenfalls **kontaktlos** mit der Girocard bezahlen, indem du sie dicht an das Bezahlterminal hältst. Deine Karte und das Bezahlterminal müssen dazu kontaktlosfähig sein.
Die Girocard ist eine **Debitkarte**, das heißt, bei Verwendung der Karte wird das Girokonto sofort belastet.

Kreditkarte

Bekannte Kreditkartenunternehmen sind z. B. Mastercard, Visa oder American Express. Auch mit der Kreditkarte kannst du **weltweit bargeldlos bezahlen** und **Geld abheben**. Dafür benötigst du wieder entweder eine Unterschrift oder eine PIN. Viele Anbieter stellen ihre Kreditkarte kostenlos zur Verfügung, bei anderen fällt eine Jahresgebühr an.

Die klassische Kreditkarte hat ein bestimmtes Limit, das sich nach der **Bonität** (Zahlungsfähigkeit) des Besitzers richtet. Bis zu diesem Limit kannst du in einem Monat verfügen. Im Folgemonat erhältst du dann eine Rechnung, die du ganz oder teilweise bezahlen musst. Durch diese spätere Zahlung wird ein **Kredit** eingeräumt.

Es gibt auch andere Varianten der Kreditkarte, wie z. B. die **Prepaid-Kreditkarten**, die du immer mit einem Geldbetrag aufladen musst, damit du sie nutzen kannst. Kreditkarten haben zudem häufig noch einige **Zusatzleistungen**, wie z. B. Versicherungen oder ein Bonuspunktesystem.

Bei jeder Zahlung mit einer Karte werden **personenbezogene Daten** erhoben, wie z. B. deine Kartennummer, aber auch der Betrag und das Datum. Die Datenschutz-Grundverordnung regelt die Verarbeitung personenbezogener Daten (mehr hierzu erfährst du auf S. 156).

Überweisung

Mit einer SEPA-Überweisung kannst du Geldbeträge von deinem Konto auf ein anderes Konto übertragen. Dazu beauftragst du deine Bank. Die **SEPA-Überweisung** (SEPA = Single European Payment Area = Einheitlicher Euro-Zahlungsverkehrsraum) ist seit Februar 2016 für alle Pflicht. Sie wurde eingeführt, um eine einheitliche bargeldlose Zahlung innerhalb Europas festzulegen.

Der Auftrag funktioniert entweder mit einem **Überweisungsformular** oder per **Online-Überweisung** im Onlinebanking.

Beispiel für eine Online-Überweisung

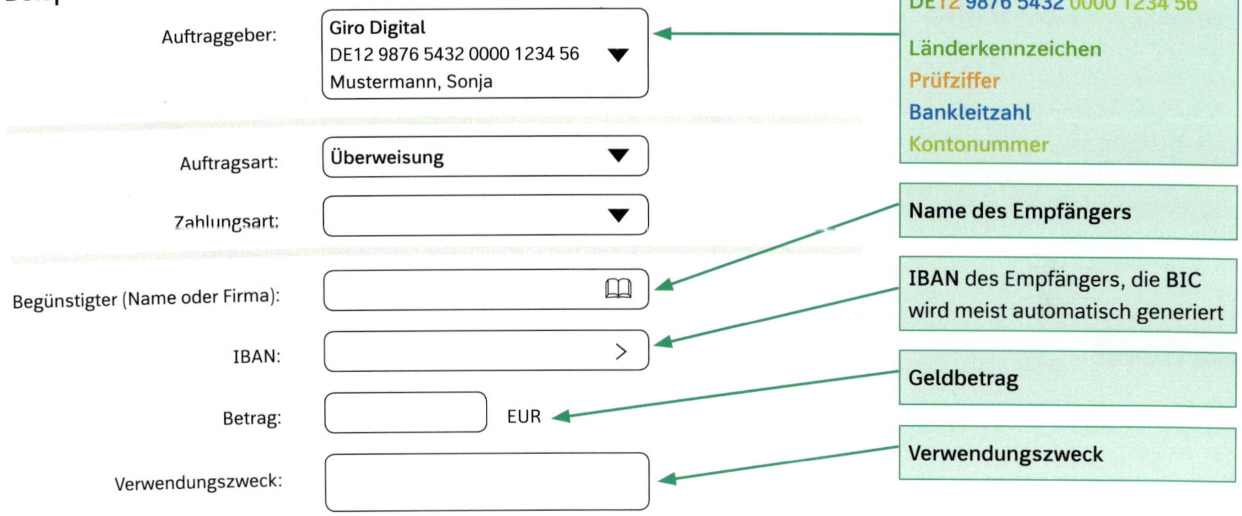

Die **IBAN** (International Bank Account Number) ist die internationale Bankkontonummer. Die **BIC** (Business Identifier Code) ist die internationale Bankleitzahl und wird bei Überweisungen innerhalb Deutschlands nicht benötigt.

Bei einem Überweisungsformular benötigt man deine **Unterschrift**, die Online-Überweisung funktioniert mit einer **TAN** (mehr hierzu auf S. 149).

Dauerauftrag

Bei einem Dauerauftrag beauftragst du dein Kreditinstitut, regelmäßig zu einem bestimmten Zeitpunkt (z. B. jeden Ersten des Monats) einen festen Geldbetrag zu überweisen. Dies bietet sich bei **regelmäßigen Zahlungen mit gleichbleibenden Beträgen** an, z. B. Miete, Leasingraten, Mitgliedsbeiträgen.

Lastschrift

Im Gegensatz zur SEPA-Überweisung beauftragt bei der SEPA-Lastschrift der **Zahlungsempfänger** (Gläubiger) seine Bank, einen bestimmten Geldbetrag vom **Zahlungspflichtigen** (Schuldner) abzubuchen. Zuvor musst du als Schuldner eine Erlaubnis in Form eines **SEPA-Lastschriftmandats** erteilen.

Diese Erlaubnis kannst du jederzeit widerrufen und einmalig oder unbefristet für wiederkehrende Zahlungen erteilen. Als Verbraucher kannst du bei Falschbuchungen zudem das Geld innerhalb von acht Wochen ohne Angabe von Gründen zurückholen.

Das Lastschriftverfahren ist sinnvoll bei **wiederkehrenden Zahlungen**, die **nicht immer in gleicher Höhe** anfallen, wie z. B. Handyrechnungen. Es gibt aber auch viele Einmal-Lastschriften, denn bei der Zahlung mit der Girocard im Supermarkt oder der Tankstelle wird ebenfalls eine Lastschrift getätigt.

INFO

Onlinebezahldienste

Neben der klassischen Lastschrift werden häufig auch Onlinebezahldienste, wie z. B. Paypal, paydirekt, Klarna oder giropay, genutzt. Ihr Vorteil ist, dass sensible Daten, wie z. B. deine IBAN, nicht direkt an den Gläubiger weitergegeben werden müssen, sondern die Zahlung über den Bezahldienst abgewickelt wird.

M3 Ablauf einer SEPA-Basislastschrift

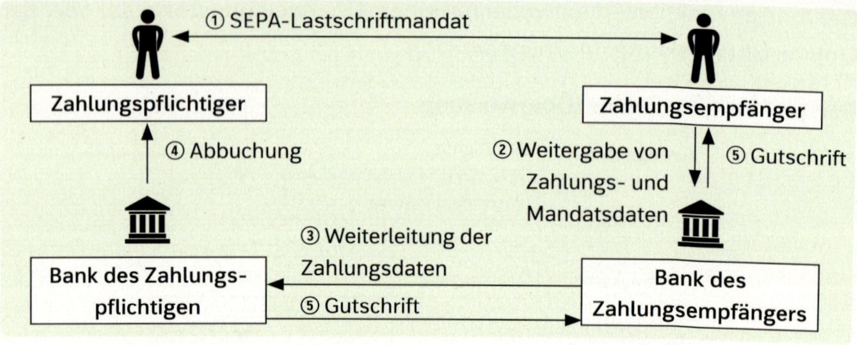

Nach: © 2020 Konto.org, bankfachklasse, Franke-Media.net, Leipzig, https://www.konto.org/lexikon/lastschrift/ (Zugriff: 13.1.2020) (verändert)

AUFGABEN

1 a) Bewerte die Sicherheit einer Unterschrift im Vergleich zur PIN.
b) Ziehe Rückschlüsse auf die Sicherheit der Zahlungsmöglichkeiten.

2. a) Beschreibe die Entwicklung der Bar- und der Kartenzahlung (S. 146, M1).
b) Hinterfrage die Gründe, die dazu führten.

3. Erkläre das Bezahlverfahren mit der Kreditkarte (S. 146, M2).

4. Fülle ein Überweisungsformular deiner Bank mit folgenden Daten aus:
Empfänger: Mona Musterfrau
IBAN: DE12 3456 7891 5555 0000 12
Eigene IBAN, Betrag und Verwendungszweck kannst du dir aussuchen.

5. Begründe für folgende Zahlungen, welche Zahlungsart sinnvoll ist:
a) monatliche Mietzahlung, **b)** Telefonrechnung, **c)** Tankrechnung,
d) Bezahlung der Reisekosten an einen Freund, **e)** Handwerkerrechnung.

6. *Galeriegang:* Teilt die Klasse in vier Gruppen ein und gestaltet jeweils ein Plakat zu den Zahlungsmöglichkeiten hinsichtlich eines dieser Merkmale: **a)** Praktikabilität, **b)** Gebühren, **c)** Sicherheit und **d)** Datenschutz.

7. Erläutere den Ablauf einer SEPA-Basislastschrift (M3).

5.2 Zahlungsverkehr mit modernen Medien

Die modernen Medien sind heute allgegenwärtig. So können sie auch bei deinen alltäglichen Einkäufen zum Einsatz kommen.

Onlinebanking

Was? Onlinebanking ist die Abwicklung von Bankgeschäften per Internet. Bei Direktbanken erfolgt die Kontoabwicklung nur noch online.

Wie? Du kannst das Onlinebanking beantragen und dich dann über die Internetseite oder teilweise auch über eigene Programme anmelden. Jede Überweisung musst du durch eine **eigene TAN** (Transaktionsnummer) autorisieren. Es gibt verschiedene Verfahren:

- **mTAN:** Die TAN wird per SMS aufs Handy geschickt.
- **chipTAN:** Ein spezielles Kartenlesegerät generiert eine TAN nach Überprüfung der Chipkarte.
- **PhotoTAN:** Die Daten werden in einer Grafik oder einem Barcode chiffriert. Dies wird mit einem speziellen Lesegerät oder einer PhotoTAN-App eingescannt und die TAN angezeigt. (Das QR-TAN-Verfahren funktioniert nach dem gleichen Prinzip.)
- **pushTAN:** Eine spezielle App generiert die TAN.

M1 Womit und wieso?

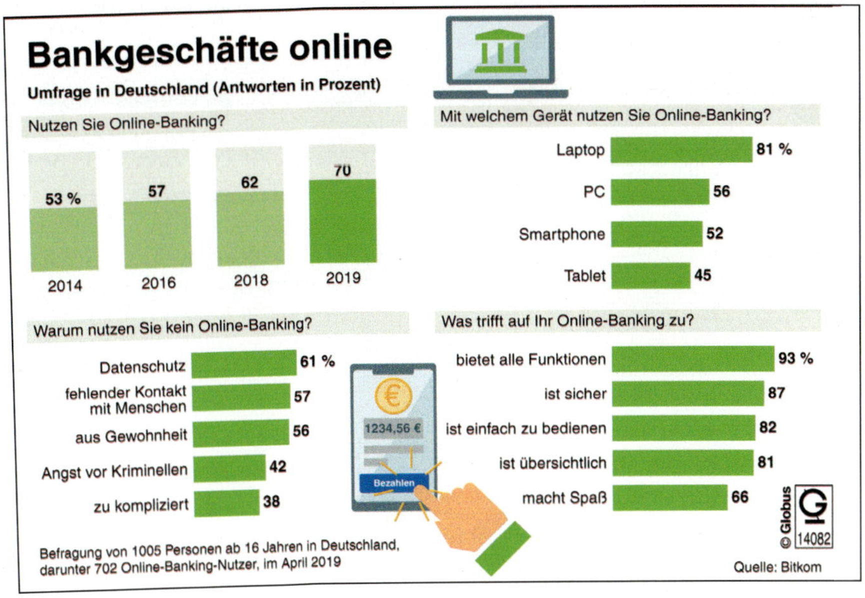

AUFGABEN

1. Analysiere das Schaubild M1 und führe eine eigene Umfrage zu diesen Themen in deiner Familie durch. Erstelle anschließend auch eine Infografik und besprecht eure Ergebnisse in der Klasse.
2. Diskutiert Vor- und Nachteile von Onlinebanking. Nutzt auch M1.
3. *Stühletausch:* Begründe, welches TAN-Verfahren du bevorzugen würdest. Recherchiere hierzu die Kosten und Sicherheit der Verfahren.

Mobile Payment (Mobiles Bezahlen)

Was? Mobile Payment ist das bargeldlose Bezahlen über ein mobiles Endgerät. Dafür musst du auf dem Gerät die **App** deiner Bank oder eines Drittanbieters (z. B. GooglePay, ApplePay) installieren und dein **Bankkonto hinterlegen**.

Wie? Mobile Payment funktioniert über die sogenannte **NFC** (**N**ear **F**ield **C**ommunication = Nahfeldkommunikation). Dafür musst du das Gerät an der Kasse an das kontaktlosfähige Bezahlterminal halten. Alternativ gibt es auch Mobile Payment mit **QR-Code**.

Womit? Mobile Payment ist mit dem **Smartphone**, aber auch mit **Tablet** oder **Smartwatch** möglich.

M2 Mobiles Bezahlen in Deutschland

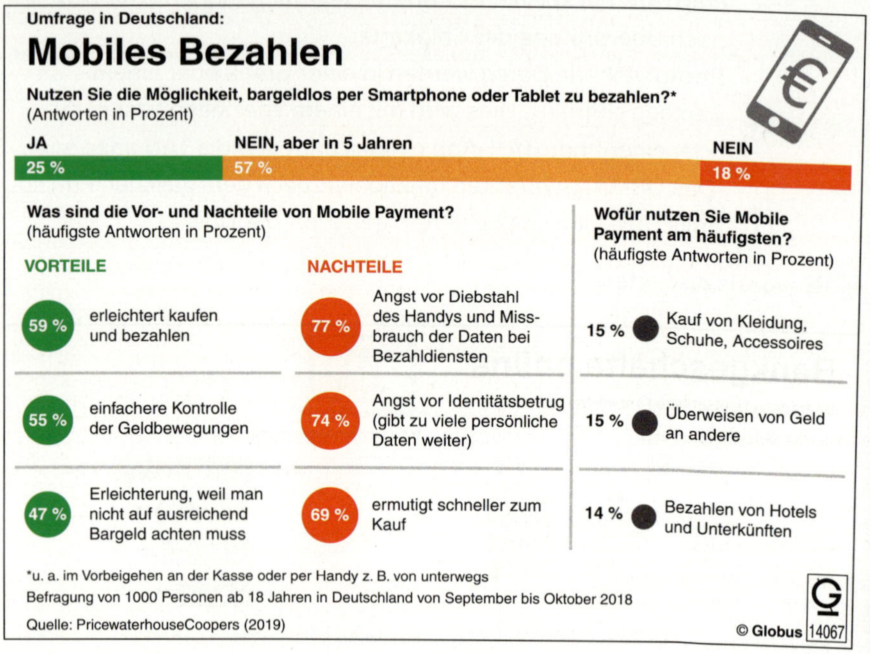

AUFGABEN

1. Informiere dich, ob deine Bank eine App für Mobile Payment anbietet.
2. a) Diskutiert Vor- und Nachteile von Mobile Payment. Nutzt hierfür auch M2.
   b) Konkretisiere die in M2 erwähnten Sorgen zum Datenschutz.
3. *Partnervortrag:* Analysiere M2 hinsichtlich folgender Aspekte: Welche Informationen überraschen dich? Was hattest du erwartet?
4. a) Achte die nächsten fünf Male beim Bezahlen an der Kasse darauf, ob Mobile Payment möglich ist. Führe eine Liste, bei welchen Geschäften es möglich ist und bei welchen nicht.
   b) Vergleicht eure Aufzeichnungen in der Klasse. Achtet zum Beispiel auf bestimmte Arten von Geschäften (Drogerie, Supermarkt etc.).
5. *Stühletausch:* Begründe, warum du Mobile Payment nutzt bzw. ob du es nutzen würdest.

Chancen und Gefahren moderner Medien beim Zahlungsverkehr

M3 Vor- und Nachteile moderner Medien

Es geht alles viel schneller und einfacher.

Was passiert mit meinen ganzen persönlichen Daten?

Meinen Finanzstatus sehe ich immer und überall auf einen Blick.

Ich gebe viel mehr Geld aus, so ganz ohne Bargeld.

Sind meine Bankdaten wirklich sicher?

Jederzeit besteht durch die modernen Medien die Möglichkeit, Zahlungen schnell und überall leisten zu können (z. B. **Onlinebanking** und **Mobile Payment**). Dies bietet sowohl für die Kunden als auch für die Kreditinstitute viele Chancen, birgt aber auch Gefahren, die man stets im Blick behalten sollte.

Chancen	Gefahren
• sehr flexibel: jederzeit und überall, da keine Bindung an Öffnungszeiten und Filialen; auch bequem von zu Hause aus möglich • schnelles Bezahlen möglich • Finanzen einfach im Überblick • kostensenkend für Banken, da Filialen eingespart werden können	• Sicherheit der Bankdaten durch Hackerangriffe gefährdet • Haftungsfrage bei PIN- und TAN-Missbrauch problematisch, da Nachweis schwierig • schnellere Verleitung zum Kauf • Gefahr des „gläsernen Kunden“: alle Zahlungen nachvollziehbar

Deswegen empfiehlt es sich, folgende **Tipps für den sicheren Umgang** mit modernen Medien bei Bankdienstleistungen zu berücksichtigen.

- ✓ Karten und PIN sorgfältig und nicht zusammen aufbewahren
- ✓ Kontobewegungen regelmäßig kontrollieren
- ✓ Karten bei Verlust sofort sperren (Zentrale Sperrnummer: 116 116)
- ✓ Login-Daten nie am PC speichern und nicht an öffentlichen PCs einloggen
- ✓ Virenschutz am PC installieren
- ✓ Mails mit unbekannter Herkunft löschen, keine Anhänge öffnen und niemals PIN und TAN weitergeben

AUFGABEN

1. *Stühletausch:* „Moderne Medien beim Zahlungsverkehr: Fluch oder Segen?" Beurteile diese Frage. Nutze hierzu M3.
2. Teilt die Klasse in drei Gruppen ein und fertigt jeweils ein Plakat an zu: **a)** Vorteilen, **b)** Nachteilen und **c)** Tipps zur Sicherung beim Zahlungsverkehr mit modernen Medien.

6 Nutzung elektronischer Medien als Verbraucher

6.1 Möglichkeiten von E-Commerce

WEBCODE

WES-116647-361
Informationen des Bayerischen Ministeriums für Umwelt und Verbraucherschutz zum wirtschaftlichen Verbraucherschutz bei Internet und E-Commerce

Immer mehr Verbraucher tätigen ihre Käufe im Internet. Der elektronische Handel, auch Onlinehandel, wird als E-Commerce bezeichnet und meint den **Ein- und Verkauf mittels Internet**. Dazu muss man kein Unternehmer sein. Jeder kann im Onlineshop auf verschiedensten Plattformen Waren und Dienstleistungen kaufen und verkaufen.

Die **Vorteile aus Kundensicht** sind vielfältig:

- **Unabhängigkeit von Öffnungszeiten**
  Bequem vom Sofa aus kann der Kunde zu jeder Zeit seinen Einkaufsbummel machen, rund um die Uhr, 24/7 (Stunden/Tage), völlig unabhängig von jeglichen Öffnungszeiten.
- **Größere Produktauswahl**
  Vor Ort hat ein Verbraucher oft nur wenige Geschäfte, die sein Wunschprodukt anbieten. Im Onlineshop jedoch findet er eine weltweite Auswahl an Marken, Preisen und Varianten vor. Manchmal ist sogar eine individuelle Anpassung an den Kundenwunsch möglich. Es gibt viele Waren, die nur noch online verfügbar sind.
- **Schneller Produktvergleich möglich**
  Im Onlinehandel kann man schnell die unterschiedlichen Eigenschaften miteinander vergleichen und auch auf Details achten. In Vergleichsportalen können Preise und Qualität einfach verglichen werden, sodass der Kunde schnell das beste Angebot finden kann. Genaue Produktbeschreibungen und Kundenrezensionen (siehe S. 115) können bei der Auswahl helfen.
- **Lieferung**
  Eine schnelle Lieferung, oft über Nacht, an einen Wunschort ist möglich.

6.2 Gefahren von E-Commerce

Zeichnung: HSB-Cartoon

Der Onlinehandel hat nicht nur Vorzüge. Die Schattenseiten werden jedoch vom Verbraucher oft gar nicht wahrgenommen.

Die Bestellung am Wochenende von der Couch aus kann auch ihren Preis haben, im wahrsten Sinne des Wortes. Ein **Preisvergleich** zu verschiedenen Wochentagen oder Uhrzeiten kann sich lohnen. Oft sind die Angebote am Sonntagabend teurer als z. B. am Dienstagvormittag.

Für viele ist es nach wie vor wichtig, das Produkt anzufassen und auszuprobieren. Vor allem bei **Größen, Material und Qualität** sieht die Realität oft anders aus, als das Bild im Internet verspricht.

Zudem sollten Kunden **einige Dinge beachten**, wenn sie online bestellen:

- Sind die **Preise** tatsächlich Endpreise? Sind alle Verpackungs- und Versandkosten berücksichtigt? Ist die Mehrwertsteuer auch beim Kauf im nichteuropäischen Ausland enthalten?
- Ist eine **Rücksendung** einfach und kostenfrei möglich?
- Hat der Onlinehändler seine **echte Anschrift und Telefonnummer** angegeben? Wie teuer ist die **Kundenservicenummer**?
- Sind die **Allgemeinen Geschäftsbedingungen** einfach zu finden und verständlich formuliert?
- Werden meine **Kundendaten** sicher verwahrt oder womöglich zu Werbezwecken an Dritte weitergegeben?
- Kann ich auch bestellen, ohne ein **Kundenkonto** anlegen zu müssen?

Wenn Verbraucher klassische **Suchmaschinen**, spezielle **Preissuchmaschinen oder Vergleichsportale** nutzen, dann sollten sie wissen, dass

- manche Händler versuchen, **Suchmaschinen zu beeinflussen**, oder **zahlen** dafür (Sponsorenlinks), um oben in der Ergebnisliste zu stehen,
- **Preissuchmaschinen** und **Vergleichsportale** oft **nicht völlig unabhängig** sind, da sie z. B. von Werbung und Vermittlungsprovisionen leben,
- sogenannte **Bots** eigens produziert werden, um z. B. Kundenrezensionen zu schreiben und damit die Beliebtheit eines Produkts zu ändern,
- die Verweildauer und die Augenbewegungen eines Kunden auf Internetseiten gemessen wird, um zu sehen, was er genauer betrachtet (**Eye-tracking-Verfahren**).

Die **Bezahlung im Onlineshop** ist meist auf verschiedene Weisen möglich.

Herkömmliche Bezahlverfahren

In vielen Fällen können Verbraucher auf **Rechnung**, auch **invoice**, bestellen, was allerdings oft mit Kosten verbunden ist. Häufig ist auch eine Bezahlung per **Nachnahme**, per **Vorkasse** oder klassisch per **Überweisung** möglich.

Elektronische Bezahlverfahren

- Bei der Zahlung mit **Kreditkarte** gibt man die Kartennummer, Gültigkeitsdauer der Karte und den Sicherheitscode ein.
- Für **Online-Überweisungen** (Onlinebanking) gibt es verschiedene Systeme wie z. B. giropay, paydirekt oder die Sofortüberweisung.
- Bei der elektronischen **Lastschrift** erhält der Händler eine Einzugsermächtigung vom Kundenkonto über das **SEPA**-Verfahren.
- **Inkasso- oder Billingsysteme** sind zwischen den Anbieter und den Kunden geschaltet. Der Kunde erhält eine Kundennummer und ein Passwort.
- Durch den **Ratenkauf** verpflichtet sich der Kunde zur Zahlung der Teilbeträge an eine Bank, die zwischen dem Händler und dem Kunden arbeitet.
- Speziell bei Musikdownloads wird der Betrag oft direkt über die **Handyrechnung** verrechnet.

INFO

Bot
(von engl.: robot) Computerprogramm, das bestimmte Aufgaben automatisiert ausführt; Social Bots ahmen in sozialen Medien reale Menschen nach und können u. a. kommentieren, liken und retweeten, z. B. um Werbung zu verbreiten.

Eye-tracking-Verfahren
Websites zeichnen auf, welche Produkte ein Kunde auf einer Seite genauer betrachtet hat. Diese Daten werden dem Kundenprofil hinzugefügt.

Nachnahme
Bezahlung des Preises direkt bei der Annahme der Ware.

Vorkasse
Bezahlung des Preises vor Übersendung der Ware

Über die anderen Bezahlverfahren hast du schon einiges auf S. 146–149 erfahren.

Vergleichsportale – sinnvolle Hilfe beim Kauf?

Du möchtest gern eine Fitnessuhr haben. Leider haben deine Eltern keine Zei mit dir einkaufen zu gehen. Du siehst also im Internet nach.

Schnell wirst du fündig. Du hast zwei Uhren entdeckt, die dir auf Anhieb ge fallen.

Allerdings soll nicht nur die Optik entscheiden. Dir sind auch Kriterien wichtig wie Preis, Gewicht und Qualität.

AUFGABEN

1. a) Recherchiere im Internet nach zwei Uhren unterschiedlicher Marken.
   b) Gehe in ein Vergleichsportal und vergleiche die Uhren.
   c) Erstelle eine Übersicht, in der du einträgst, wie die Uhren in den dir wichtigen Kriterien abschneiden. Diese kann so aussehen:

	Uhr A		Uhr B	
Preis	49,95 €	++	37,99 €	+++
Optik	schlank, Display groß	+++	rund, klobig	+
Farbdisplay	nein	+	ja	+++
wasserdicht	ja	+++	nur Spritz-wasser	+
kompatibel zu Handy	ja, sogar Nachrichten lesbar	+++	ja, aber nur Signalton	+
Rezension	4,5 von 5 Punkten	+++	3,8 von 5 Punkten	++

2. Begründe, für welches Produkt du dich entscheiden würdest.
3. Schildere, welche Rolle bei deiner Entscheidung die Rezensionen anderer Kunden spielten.
4. a) Einigt euch zu zweit auf eine Fitnessuhr und recherchiert dazu auf drei verschiedenen Angebotsplattformen. Vergleicht diese Seiten bezüglich
   - Preis,
   - Versandkosten,
   - Layout der Plattformen und
   - Hinweise zum Datenschutz.

   b) Begründet, wo ihr eure Uhr tatsächlich kaufen würdet. Vergesst nicht, dass es auch ein Geschäft vor Ort sein könnte.
5. Diskutiert, inwiefern der Gebrauch einer solchen Uhr für euren persönlichen Datenschutz gefährlich sein kann.
   a) Beachtet, was diese Uhren alles können.
   b) Nutzt dazu die unter dem Webcode angegebenen Internetseiten.

WEBCODE

WES-116647-362
Informationen des Bayerischen Staatsministeriums für Umwelt und Verbraucherschutz zum Thema Datensicherheit im Internet

7 Möglichkeiten und Gefahren sozialer Medien

7.1 Formen und Ziele sozialer Medien

Soziale Medien, oder auch Social Media, sind Plattformen, Websites oder Apps im Internet, auf denen die Nutzer (User) Interessen, Meinungen und Wissen teilen können. Es gibt verschiedenste Plattformen, die ähnliche, aber doch unterschiedliche Schwerpunkte haben und verschiedene Zwecke erfüllen. Das **zentrale gemeinsame Merkmal** ist, dass man **interaktiv** tätig werden kann und mit den anderen Usern kommunizieren kann.

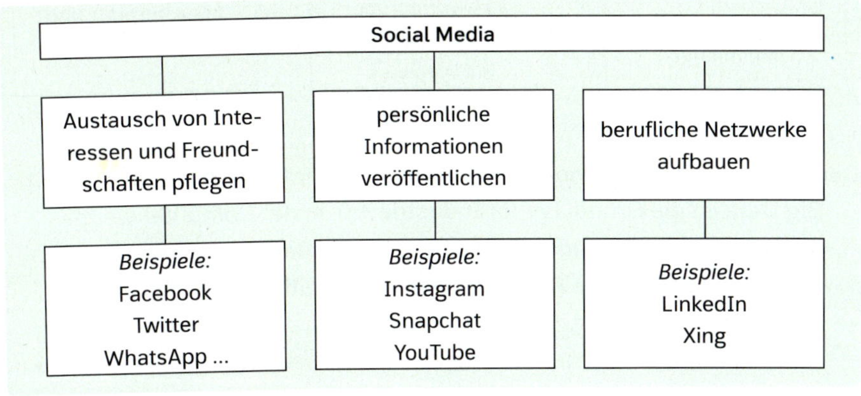

Bevor man jedoch als **User** an den sozialen Medien teilnehmen kann, muss man ein **Profil** mit bestimmten persönlichen Daten anlegen. Auf nahezu allen Plattformen kannst du dann Inhalte auf Dauer veröffentlichen, z. B. als **Posts** oder **Newsfeeds**.

Es gibt aber auch die Möglichkeit, deine Veröffentlichungen automatisch wieder verschwinden zu lassen, wie z. B. durch sogenannte Stories oder **Statusmeldungen**. Auf diesen Wegen können auch die anderen Nutzer mit dir kommunizieren und auf deine Meldung antworten und reagieren.

Soziale Medien leben von den **Mitgliedern**, die sich miteinander verbinden, unabhängig davon, ob sie sich im realen Leben kennen oder nicht. Man kann dann auch zu bestimmten Interessen offene oder geschlossene Gruppen (**Communities**) gründen.

Eine weitere Erfindung der Social Media sind **Hashtags** (#), die es seit 2007 gibt und die Schlagworte in Posts kennzeichnen, damit man deren Inhalte und Themen in sozialen Netzwerken leichter finden kann.

INFO

Post/Posting
Beitrag in einem Internetforum, den sozialen Netzwerken oder in einem Blog

Newsfeed
„Nachrichtenstrom", über den ein Anbieter die Nutzer ständig über Neuigkeiten informiert

Story
„Erzählung", z. B. in Form von Bildern

Statusmeldung
Möglichkeit, über einen Messenger-Dienst mit seinen Kontakten Texte, Bilder oder Videos zu teilen

Hashtag
Ein Hashtag ist ein Rautekreuz #, das Schlagworte einleitet, z. B. #Schulbuch. Setzt man Hashtags unter einen Post, wird er leichter gefunden.

AUFGABEN

1. Gib an, welche Inhalte du hinter dem Hashtag #Schule vermutest.
2. Diskutiert, wie User die tatsächlichen Inhalte hinter einem Hashtag beeinflussen können.

WEBCODE

WES-116647-371
Gesetzestexte werden in Amtsblättern veröffentlicht. Die DS-GVO findest du im **Amtsblatt der Europäischen Union**.

7.2 Rechtliche und ökonomische Aspekte

Seit dem Jahr 2018 gelten für die Datenverarbeitung im Internet besondere europaweite Vorschriften – die **Datenschutz-Grundverordnung** (DS-GVO). Sie bildet den datenschutzrechtlichen Rahmen innerhalb der Europäischen Union (EU) und schützt den Verbraucher im Zeitalter von Big Data, Webtracking und Cloud-Computing.

Aber was ist das denn nun wieder?

Big Data	Webtracking	Cloud-Computing
Verarbeitung enorm großer Datenmengen	Sammlung und Auswertung von Besucherdaten auf Websites	Bereitstellung von Speicherplatz und Software über das Internet

Der **wirtschaftliche** (**ökonomische**) **Nutzen** dieser Möglichkeiten ist enorm:

- **Big Data** ist die Grundlage für Industrie 4.0, in der Computer weitgehend automatisiert und selbstständig untereinander agieren können. Hierzu müssen riesige Datenmengen gleichzeitig verarbeitet werden.
- Auch für **Webtracking** ist Big Data nötig, denn nur dadurch können detaillierte Persönlichkeitsprofile von jedem Einzelnen erstellt werden, der sich im Internet bewegt.
- Zudem nutzen viele User zur Ablage von persönlichen Daten sogenannte **Clouds**, Speicherorte im Internet.

INFO

Laut Bundesministerium der Justiz und für Verbraucherschutz beträgt der Wert der Daten 440 Euro pro User und Jahr.

Diese Daten sind im Einzelnen vielleicht nicht viel wert. Einen persönlichen Datensatz kann man schon für 25 Cent erhalten. Wenn man aber weiß, dass diese **Daten millionenfach weiterverkauft** werden, dann wird einem schnell klar, wie viel Umsatz sich damit erzielen lässt.

7.3 Chancen und Gefahren

Kathi hat vor Kurzem ein Konto, einen **Account**, im sozialen Netzwerk Sofortgram angelegt. Dazu musste sie ihren Namen angeben, einen Benutzernamen erfinden sowie ihr Geburtsdatum, ihre E-Mail-Adresse und ihre Telefonnummer nennen. Nicht wirklich viele Informationen, findet sie. Sie legt auch gleich los und postet fleißig Bilder und veröffentlicht Stories. Die Bilder kann sie mit Verzierungen oder Text versehen und sogar animieren.

Schon nach ein paar Tagen fällt ihr auf, dass sie auf ihrer E-Mail-Seite vermehrt **Werbung** erhält. Zudem sind dort seitlich Werbebanner von Dingen zu sehen, nach denen sie kürzlich suchte. Außerdem bemerkt sie, dass in einem anderen Portal der sozialen Medien die Namen ihrer Freunde genannt werden, sobald diese auf Bildern zu sehen sind.

Kathi findet personalisierte Werbung toll. Auch den **schnellen Austausch** von Texten, Bildern und Filmen zwischen Freunden und oftmals weit entfernten Verwandten schätzt sie sehr. Und das Onlinespiel mit englischen Mitspielern verhilft sogar zum **Vokabeltraining**, zumindest in diesem einen Fachbereich.

Allerdings sollte man eines wissen: **Persönliche Kundendaten** bleiben nicht persönlich. Einige der Anbieter sozialer Plattformen geben ihre Kundendaten untereinander weiter. Sogenannte **Cookies** sammeln persönliche Daten, und viele dieser Daten werden verkauft. Das Datennetzwerk ist also weltweit verzweigt und fasst letztlich alle bekannten persönlichen und geschäftlichen Daten einer Person zusammen.

INFO

Cookies
sind Daten, die Informationen von Internetseiten speichern, die du besuchst. Sie werden beim nächsten Mal wieder aufgerufen.
Cookies speichern also dein Verhalten und deine Wege im Internet.

Auch die **Industrie** nutzt persönliche Daten, wie z. B. die Autoindustrie. Sie verwertet die Informationen zum persönlichen Standort, um bei einem Schaden oder Unfall einen Notruf abzusetzen. Das automatisierte Fahren kann ebenfalls nur funktionieren, wenn man den eigenen Standort veröffentlicht.

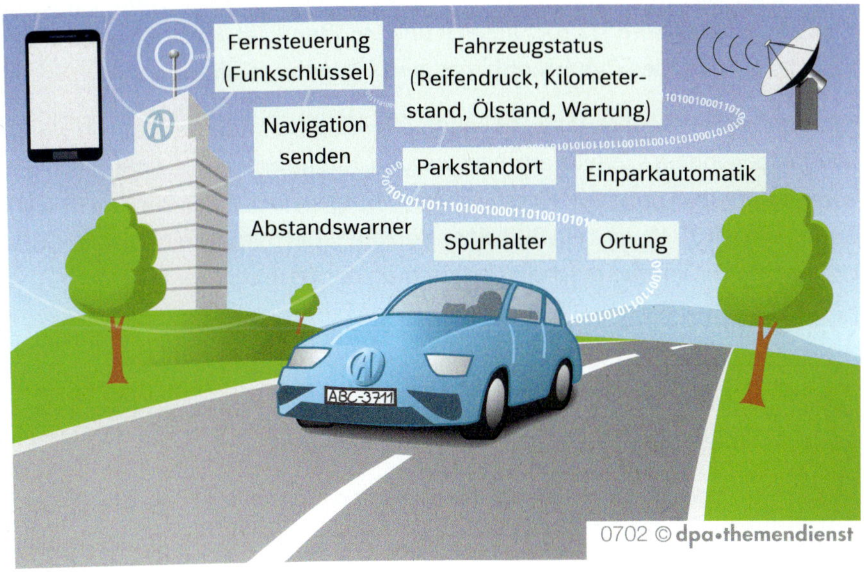

0702 © dpa•themendienst

Ebenso nutzen alle möglichen **Interessenvertreter**, Politiker und Lobbyisten die sozialen Medien, um die Bevölkerung über eigene Inhalte zu informieren. Gerade im Wahlkampf oder bei der Durchsetzung bestimmter Belange und Standpunkte spielen soziale Medien mittlerweile eine zentrale Rolle.

INFO

Lobbyist
ist jemand, der versucht, für bestimmte Interessengruppen, wie z. B. Auto- oder Tabakindustrie, aber auch Verbände, die Politik in eine bestimmte Richtung zu beeinflussen.

Allerdings sollte man immer daran denken, dass letztlich jede Person Inhalte, Ideen und Ansichten im Internet veröffentlichen kann und damit alle möglichen Meinungen erzeugen und lenken kann. Wenn du an die Social Bots denkst, dann weißt du, dass diese Gedanken schnell und vielfach verbreitet werden können.

INFO

Stimmungsmache im Netz

Shitstorm
Sturm der Entrüstung im Internet, der häufig mit Beleidigungen einhergeht

Cybermobbing
Schikanieren, Diffamieren und Verleumden von konkreten Personen über das Internet

Kettenbrief
Brief, der vom Empfänger mehrfach kopiert und weitergeschickt wird

viral
wenn sich Inhalte sehr schnell und weit im Internet verbreiten

Fake News
Falschinformationen oder Nachrichten mit falschem, vorgetäuschtem oder manipuliertem Inhalt

Propaganda
systematische und zielgerichtete Verbreitung von bestimmten, oft falschen politischen Inhalten und Meinungen

Aus einer neutralen und informativen Meinungsbildung kann schnell negative **Stimmungsmache** werden:

Kathi postet auf ihrem Account ein Bild von sich in der neuen und ausgefallenen Jeans. Schnell finden sich Neider, die gemeine Kommentare unter das Bild setzen. Sie versucht, sich zu wehren, was aber nur dazu führt, dass noch mehr Personen Beleidigungen oder sogar Hasskommentare schreiben. Es bricht wie eine Welle über sie herein. Man spricht von einem **Shitstorm**.

Kathis Bild und die Kommentare führen dazu, dass Mitschülerinnen und Mitschüler beginnen, sich hinter ihrem Rücken und im **Chat** zu unterhalten. Sie wird gemobbt und ausgegrenzt. Schlimmer noch wird es, als ihr Foto abgeändert und bearbeitet im Netz auftaucht. Viele machen sich lustig darüber. Als Höhepunkt wird ihr Kopf auf einen anderen Körper gesetzt und veröffentlicht. Kathi ist verzweifelt. Manche Formen des **Cybermobbings** sind übrigens strafbar.

Kettenbriefe sind schon lange bekannt. Allerdings können sie in den sozialen Medien besonders schnell verbreitet werden. Häufig arbeiten sie mit der Angst von Kindern und prophezeien schlimmste Folgen, wenn der Brief nicht weitergeleitet wird. Oft wird ein Bild einer Horrorgestalt mitgeschickt, die angeblich nachts im Zimmer erscheint, wenn man die Kette unterbricht.

Viral über das Netz verbreiten sich auch sogenannte **Fake News**. Durch diese Falschinformationen können gefährliche, meist politische Stimmungen entstehen und die Menschen gezielt getäuscht werden. Zweck ist oft eine politische **Propaganda** oder Verzerrung von Wahrheiten.

Selbst in **Tutorials** oder **Erklärvideos** können sich falsche Inhalte finden. Schließlich kann jeder ein Video erstellen und es im Netz anbieten. So besteht in einem dieser Videos die Bundesrepublik Deutschland aus 17 statt 16 Bundesländern oder der Satz von Pythagoras wird mit dem Satz des Thales erklärt.

AUFGABEN

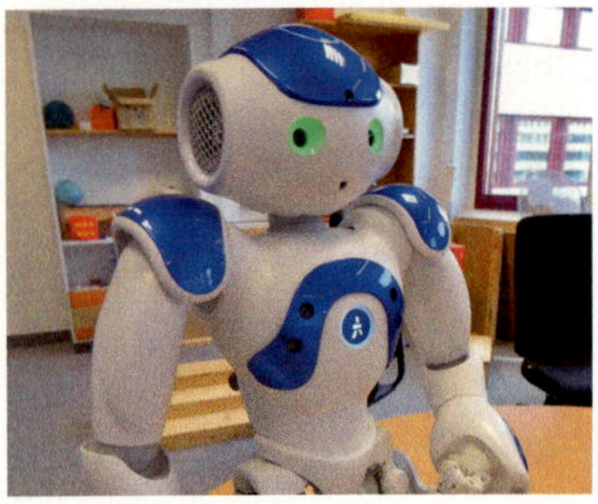

1. Reflektiert in der Klasse, wie man Stimmungsmache und Fake News im Netz aufdecken könnte. Bezieht folgende Aspekte in eure Diskussion mit ein: Zensur von Beiträgen im Hinblick auf das Recht auf Meinungsfreiheit und Kennzeichnungspflicht von Bots (siehe S. 153).
2. Der Roboter links kann sich durch Big Data mit den Menschen unterhalten und ihnen sogar helfen, z. B. in Pflegeheimen.
   a) Findest du das gut? Begründe deine Antwort.
   b) Diskutiert, nach welchen Kriterien ein programmierter Roboter ein Menschenleben retten würde. Nach welchen Kriterien würdet ihr persönlich handeln? Seht ihr Unterschiede?

Fußabdrücke im Netz – Umgang mit persönlichen Daten

Fußabdrücke im Netz

Das ist ja super!	Echt jetzt?
Auf den Fotos können alle sehen, wie toll es hier ist!	Mein Chef hat die Fotos vom Ausflug auch gesehen. Dabei war ich doch offiziell krank.
Es ist total praktisch, wenn ich Werbung speziell für mich bekomme.	Ich bekomme aber plötzlich ganz viele seltsame Werbung und komische Anfragen.
Wenn ich mein Passwort speichere, muss ich es nicht immer eingeben.	Wenn jemand anderer an meine Daten gelangt, dann kann er in meinem Namen alles machen, auch Straftaten begehen.
Meine Freunde können immer sehen, wo ich gerade bin.	In dieser Zeit waren Einbrecher in unserer Wohnung!

Nach: Gute Daten – schlechte Daten (Grafik), in: Förderverein für Jugend und Sozialarbeit e. V., WirtschaftsWerkstatt, Personenbezogene Daten. Was Unternehmen über dich wissen, https://www.wirtschaftswerkstatt.de/Content/74/Themen/Daten/Was_Unternehmen_ueber_dich_wissen.html, Berlin 2020 (Zugriff: 22.4.2020) (verändert)

WEBCODE

WES-116647-372
Film: Einfach erklärt:
Sicher unterwegs im Internet

AUFGABEN

Stell dir vor, du wirst von jemandem gefragt, ob du ihm folgende persönliche Daten geben würdest:

- deine Telefonnummer
- deine E-Mail-Adresse
- Telefonnummern von den Kontakten in deinem Telefonbuch
- dein Profilbild und andere Bilder
- Daten zum Nutzungsverhalten, z. B. wie oft und lange du online bist
- Informationen zu Funktionen, die du nutzt
- Daten zu deinem Smartphone (Modell, Mobilfunknetz etc.)
- Informationen zu deinem aktuellen Standort.

1. Entscheide für dich, welche der Informationen du mitteilen würdest.
2. Besprecht eure Entscheidungen in Zweiergruppen und begründet dabei, warum ihr manche Informationen vielleicht nicht freigeben würdet.
3. Diskutiert in der Klasse eure Haltung zur Weitergabe von persönlichen Daten.
4. Jemand möchte all diese Daten an jemanden anderen weitergeben. Begründe, ob du damit einverstanden oder dagegen wärst.
5. All die oben genannten Informationen werden von den meisten Anbietern in sozialen Netzwerken gesammelt und dokumentiert. Reflektiere, ob dir diese Datensammlung wirklich recht ist.

Hemdenkauf – (k)eine leichte Entscheidung?

Charly muss sich für die nächste große Familienfeier einkleiden. Er möchte seine schwarze Jeans tragen, braucht dafür aber ein weißes Hemd. Eigentlich weiß er gar nicht, warum er sich extra so einen „feinen Zwirn“ kaufen soll, aber seine Mutter besteht darauf und sie weist ihn darauf hin, dass er das Hemd auch für kommende Bewerbungsgespräche für eine Ausbildungsstelle oder ein Praktikum gebrauchen kann. Außerdem möchte er zusammen mit seiner Clique einen Tanzkurs machen. Für den Abschlussball wäre das Outfit ebenfalls gut zu gebrauchen.

Nun überlegt er, welche Größe er braucht. Von seiner Mutter weiß er, dass die Hemdgröße oft mit der Weite des Kragens angegeben wird. Er ist sich aber nicht sicher, ob er Kragenweite 37 oder 38 hat. Und welche Marke ist die beste? Wo soll er das Hemd kaufen? Was kostet eigentlich so ein Hemd?

Er fängt an, im Internet zu recherchieren, und stößt auf ein Hemd der Marke „Eleganz“, das recht schick aussieht. Der Hersteller wirbt mit hochwertigem Stoff und guter Verarbeitung. Auch die Kundenbewertungen lesen sich toll.

1 *Stühletausch:* Eine der Kundenbewertungen zu dem Hemd lautet:

> ☆☆☆☆
>
> Das Hemd hat eine hervorragende Qualität. Es lässt sich sehr gut waschen, und wenn man es zum Trocknen auf einen Kleiderbügel hängt, dann ist es wirklich bügelfrei. Nur zu empfehlen!!!

a) Beurteile, wie vertrauensvoll solche Bewertungen sind.
b) Nenne andere Quellen, die deine Kaufentscheidung verlässlich unterstützen können, und begründe, warum du ihnen vertraust.

2 *Think-Pair-Share:* Auf folgenden drei Wegen könnte Charly zu seinem Hemd gelangen.

Fall A: Charly findet einen Onlinehändler, der die Marke „Eleganz“ führt. Das Hemd kostet 19,99 Euro. Erst ab einem Mindestbestellwert von 50,00 Euro ist der Versand kostenfrei. Die Versandkosten betragen ansonsten 3,95 Euro. Da Charly seine Größe nicht genau kennt, überlegt er, dass er das Hemd ja gleich in zwei Größen bestellen und dann das schlechter passende Hemd zurücksenden könnte.

Fall B: Charly fährt zum Herrenausstatter in die nächstgelegene Stadt, die 20 km weit weg ist. Er probiert dort Hemden der Marke „Eleganz“ an. Größe 37 würde gerade noch passen, sitzt am Hals aber doch etwas eng. Größe 38 ist für ihn angenehmer zu tragen. Das Hemd gefällt Charly gleich auf Anhieb. Es ist im Angebot und kostet 26,00 Euro.

Fall C: Charly sucht im Internet nach Secondhand-Hemden. Nach langer Suche findet er ein Hemd der Marke Eleganz in der Größe 37. Das Hemd wurde zwei Mal getragen, gewaschen und ist nahezu neuwertig. Der private Händler schließt einen Umtausch vollständig aus. Mit Versand kostet das Hemd 14,00 Euro.

a) Diskutiert Vor- und Nachteile der Kaufentscheidungen in den Fällen A bis C. Berücksichtigt neben ökonomischen auch ökologische Aspekte.

Fall	Was spricht für den Kauf?	Was spricht gegen den Kauf?
A	• ... • ...	• ... • ...
B	• ... • ...	• ... • ...
C	• ... • ...	• ... • ...

b) Reflektiert, welche Möglichkeiten Charly hätte, auch soziale Aspekte in den Hemdenkauf einzubeziehen.

3 a) Formuliere Tipps, worauf Charly achten sollte, um so viele Fallen wie möglich beim Internetkauf zu umgehen. Tausche deine Ergebnisse mit deiner Banknachbarin oder deinem Banknachbarn aus.
b) Erstelle eine Tabelle mit unterschiedlichen Möglichkeiten, die Einkäufe im Internet zu bezahlen. Gehe dabei auf mögliche Vor- und Nachteile der unterschiedlichen Zahlungsmöglichkeiten ein.

4 a) Charly sieht im Internet das nebenstehende Siegel. In diesem Schuljahr hat er im Unterricht einige Siegel kennengelernt, aber dieses war nicht dabei. Recherchiere im Internet, was das Siegel aussagt, und beurteile, ob es vertrauenswürdig ist.
b) Nenne weitere Siegel, die dir Auskunft über die Herstellungsbedingungen oder die Qualität der Ware geben könnten.

5 Nach dem Hemdenkauf bekommt Charly im Internet immer wieder Modewerbung eingeblendet. Er fühlt sich ausspioniert. Seine Freundin Kathi hingegen meint, dass dies doch ein sehr praktischer Service sei.
a) Spielt in Zweiergruppen die Diskussion zwischen beiden nach.
b) Tragt eure Argumente in der Klasse zusammen.

6 a) *Galeriegang:* Gestaltet in Gruppenarbeit am Beispiel des Hemdenkaufs oder anderen Beispielen Plakate zu den ökonomischen, ökologischen und sozialen Aspekten einer Kaufentscheidung. Geht dabei darauf ein, welche Fragen bzw. Informationen von Bedeutung sind und welche Handlungsmöglichkeiten die Verbraucher haben.
b) Präsentiert euer Ergebnis einer anderen Wahlpflichtfächergruppe oder macht eine Ausstellung zu diesem Thema.

Quellen für Verbraucherinformationen

unabhängige Quellen, z. B.
Testberichte, Publikationen, Internetauftritte und Beratungsangebote unabhängiger, insbesondere staatlicher oder vom Staat geförderter Institutionen

Einrichtungen zum Verbraucherschutz, z. B.
Stiftung Warentest, Verbraucherzentralen

rechtliche Bestimmungen Verbraucherschutz, z. B.
Güte-/Handelsklassen, Warenkennzeichen, Gütesiegel/Qualitätszeichen, Prüfsiegel, Normungen, E-Nummern, Preisangabenverordnung, Gesundheitsvorschriften

abhängige Quellen, z. B.
Verkäufergespräch,
Empfehlungen von Bekannten,
Werbung,
Produkt- und Preisvergleichsportale,
Testberichte privater Anbieter,
Kundenrezensionen,
Influencer

Entscheidungskriterien beim Kauf

Prinzip der Nachhaltigkeit: nur so viele Ressourcen verbrauchen, dass sich das ökologische System wieder erholen kann

ökonomische Aspekte, z. B.
Planung des Einkaufs, Preisvergleich, Mengen/Rabatte, Zeitpunkt/Saison

ökologische Aspekte, z. B.
Transportwege/-mittel, nachhaltige Produktionsbedingungen, Verkaufsquote, Gesundheitsbelastung, Müllvermeidung, Recyclingfähigkeit

soziale Aspekte, z. B.
Zwangs- und Kinderarbeit, Arbeitnehmerrechte, Umwelt- und Gesundheitsschutz, faire Entlohnung und soziale Absicherung, Entrichtung von Steuern und Sozialabgaben

Kaufentscheidung

Kapitalanlagemöglichkeiten

Einlagen bei der Bank, z. B.
Sichteinlagen, Termineinlagen

Wertpapiere, z. B.
Gläubigerpapiere, Aktien

Kapitalbeschaffungsmöglichkeiten

Kredite bei der Bank, z. B.
Dispositions-, Real-, Raten-, Avalkredit

→ **Achtung vor Überschuldung!**

Bargeldloser Zahlungsverkehr, z. B. Girocard, Kreditkarte, Überweisung, Lastschrift

Moderne Medien beim Zahlungsverkehr, z. B. Onlinebanking, Mobile Payment
bieten Chancen (z. B. flexibles und schnelles Bezahlen), aber bergen auch Gefahren (z. B. Datensicherheit)

E-Commerce
Handel (Ein- und Verkauf) im Internet
- Vorteile: 24/7 geöffnet, große Produktauswahl mit Vergleich, schnelle Lieferung
- Vorsicht: Preise vergleichen, versteckte Kosten, Bezahlverfahren

Social Media
Plattformen mit unterschiedlichem Zweck
Beachtung von DS-GVO bei Big Data, Webtracking, Cloud-Computing
Vorsicht beim Umgang mit persönlichen Daten und bei Meinungsmache im Netz

IV Grundzüge des Rechts

In diesem Kapitel lernst du, ...

- die Ordnungs- und Schutzfunktion des Rechts zu begründen.
- die Bedeutung gesetzlicher Regelungen für dich (z. B. Geschäftsfähigkeit) und die Gesellschaft (z. B. Jugendschutz) zu analysieren.
- Eigentum und Besitz voneinander abzugrenzen.
- die Grundvoraussetzungen eines Kaufvertrags und Handlungsmöglichkeiten bei Pflichtverletzungen zu bestimmen.
- im Bereich des Strafrechts das Strafmonopol des Staates im Rahmen der Rechtsstaatlichkeit zu begründen.
- dich mit dem Zweck und den Voraussetzungen für staatliche Strafen auseinanderzusetzen.
- Rechtsfolgen differenziert nach Straftaten und Ordnungswidrigkeiten zu unterscheiden.
- die Besonderheiten des Jugendstrafrechts zu erläutern.

1 Der Jugendliche in unserer Rechtsordnun

1.1 Funktionen des Rechts und Grundlagen der Rechtsordnung

Gebote und Verbote des Alltags

Stell dir vor, es gäbe keine Regeln im Alltag. Im Straßenverkehr entstün Chaos, in der Schule und im Unterricht würde niemand mehr zurechtkomme

Wenn du in der Überschrift das Wort **„Gebote"** liest, denkst du mögliche weise zuerst an die Zehn Gebote. Diese Gebote sind vor allem Christen u Juden sehr wichtig. Auch im Koran finden sich solche Lebensregeln, z. B. d fünf Säulen des Islam und weitere Gebote des Alltags und des Miteinander Die Gebote, nicht zu töten oder nichts Unwahres über andere sagen, komme in all diesen Religionen vor. Christen und Nichtchristen versuchen, ihr Hande an dem auszurichten, was seit gut zweieinhalbtausend Jahren ein Grundpfe ler der abendländischen Kultur und ihrer Ideale ist.

Ein weiteres Beispiel für ein Gebot – es ist übrigens auch eine der fünf bu dhistischen Grundregeln – lautet einfach formuliert: „Du sollst das Eigentu eines anderen achten." Ist dieses Gebot nicht zugleich ein Verbot, sich nic am Eigentum eines anderen zu vergreifen? Täglich lesen wir aber in den Me dien von Diebstählen und Wohnungseinbrüchen. Menschen halten sich als nicht an diese und andere Gebote.

Worin liegt der Unterschied zwischen Gebot und Verbot?

Gebote und Verbote sind **Verhaltensregeln**.

Gebote können folgendermaßen definiert werden: Sie stellen eine Handlungs pflicht dar. Gebote sollen ein bestimmtes menschliches Verhalten durchset zen.

Ein **Verbot** kann mit einer Anweisung zur Unterlassung einer Handlung um schrieben werden. Diese Anweisung ist meist in gesetzlicher Form geschrie ben. Ein Verbot dient auch zur Gefahrenabwehr und zur Unfallverhütung, als zum Schutze der Bürgerinnen und Bürger.

Beispiele für Gebote und Verbote lassen sich am besten im Straßenverkeh finden (siehe die Abbildungen in M1 auf der nächsten Seite). Doch nicht nu dort sind Regeln aufgestellt. Verhaltensregeln bestimmen grundsätzlich den **Bewegungsspielraum der Menschen**. Sie garantieren einerseits einen gewissen Freiraum, beschneiden aber andererseits einen übergroßen Freiheitsdrang.

Ein friedliches und geordnetes Zusammenleben wäre ohne Regeln nicht möglich. Deshalb sind schriftlich festgehaltene Gebote und Verbote und deren Durchsetzung erforderlich.

M1 Gebote oder Verbote?

AUFGABEN

1. Beschreibe die oben abgebildeten Straßenschilder (M1) und erläutere, inwiefern sie Gebote oder Verbote beinhalten.
2. *Stühletausch:* Eines der Schilder in M1 bebildert eine verkehrsberuhigte Zone. Sie räumt in diesen Straßenabschnitten Kindern und Erwachsenen, die zu Fuß unterwegs sind, Vorrechte ein. Alle anderen Verkehrsteilnehmer, also Autos, Motorräder und auch Radfahrer, müssen auf sie besondere Rücksicht nehmen und Schritttempo fahren. Formuliere anhand dieser Beschreibung eine Definition von Geboten und Verboten.
3. In vielen Klassenzimmern hängen Plakate, in denen Verhaltensregeln beschrieben sind. Stelle einzelne Regeln auf für das Verhalten beim
   a) Pausenverkauf am Kiosk der Schule,
   b) Mittagessen in der Mensa (Kantine, Cafeteria),
   c) Malen im Kunstunterricht.
   Vergleicht eure Regeln mit dem Klassenplakat und ergänzt es eventuell.
4. Begründe, warum in der Sporthalle der Schule das Betreten mit Straßenschuhen nicht erlaubt ist.
5. „Das Befolgen von Geboten ist nur eine freiwillige Sache.“
   Bewerte diese Aussage im Hinblick auf ihre Rechtmäßigkeit und ihre Folgen für das soziale Miteinander.

Rechte und Pflichten

Wir Menschen leben, bis auf sehr wenige Ausnahmen, in einer **Gemeinschaft** zusammen. Deshalb kann der Einzelne nicht immer das tun oder unterlassen, was er jetzt gerade will. Denn die Ausnutzung der **Freiheit des Einzelnen** begrenzt die **Freiheit des anderen**.

Zusammenleben der Menschen

Freiheitsbedürfnis
(Beispiel: Recht, ungehindert Musik zu hören)

↔

Schutzbedürfnis
(Beispiel: Recht auf ruhige Erholung)

Hausordnung
(z. B. 12 bis 15 Uhr Mittagsruhe, ab 22 Uhr keine Ruhestörung)

Mit dem Eigentum an einer Sache sind immer Rechte und Pflichten verbunden.

Beispiel: Florian hat ein Mofa billig erworben. Er kann sein Eigentum benutzen, es verändern, verleihen und auch wieder verkaufen.

Er hat aber zugleich die Pflicht, mit seinem Eigentum anderen Menschen keinen Schaden zuzufügen, z. B. durch Lärm oder Gestank bei nicht ordnungsgemäßer Nutzung.

M2 Freiheitsbedürfnis – Schutzbedürfnis

M3 Recht auf Grillen im Garten und auf dem Balkon?

Das Miet- und Wohnungsrecht sieht keine konkreten Regeln auf Grillen im Freien vor. Zahllose Urteile zeigen, dass die Richter bei den Nachbarstreitigkeiten „Grillen, ja oder nein? Wann? Wie oft?“ meist eher großzügig sind. Entscheidend ist aber immer das Gebot der gegenseitigen Rücksichtnahme. Dies verpflichtet einerseits den Freund frisch gebrutzelten Grillguts, die Nerven der Nachbarn nicht über Gebühr zu strapazieren. Andererseits sind aber auch die Nachbarn verpflichtet, das Grillvergnügen nebenan auszuhalten.
Auf Balkon, Terrasse und im Garten darf nach Herzenslust gegrillt werden – solange es nicht ausdrücklich im Mietvertrag oder durch die Hausordnung verboten ist, erläutert Alfred Poll, Vorsitzender des bayerischen Landesverbands des Deutschen Mieterbunds.
Wer sich an bestehende Regelungen nicht hält, riskiert die Kündigung. Und zwar dann, wenn er nach einer Abmahnung den Verstoß ständig wiederholt, was aber selten vorkomme. Ohne ausdrückliche Regelung aber gilt laut Poll: „Wo kein Kläger, da kein Richter.“
Thomas Fuhrmann, Bayerischer Landesvorsitzender des Wohnungs- und Grundeigentümerverbands in München, ergänzt: Trotzdem darauf achten, dass Rauch und Ruß vom Holzkohlegrill in konzentrierter Form nicht direkt in Nachbarwohnungen ziehen und stören! Das kann sogar einen Verstoß gegen das **Immissionsschutzgesetz** darstellen und mit einer Geldbuße belegt werden.

Nach: Grillen auf dem Balkon: Was ist erlaubt? Die Rechtslage, in: Märkische Oderzeitung, https://www.moz.de/ratgeber/recht-und-finanzen/artikel-ansicht/dg/0/1/973707/, 17.6.2011 (Zugriff: 21.4.2020) © Susanne Sasse (verändert)

INFO

Das **Bundes-Immissionsschutzgesetz** dient dem Schutz vor schädlichen Umwelteinwirkungen z. B. durch Luftverunreinigungen, Geräusche und Erschütterungen.

AUFGABEN

1. Immer mehr Abfälle werden illegal entsorgt (M2). Dies verschandelt nicht nur die Natur, sondern kann auch gesundheitsgefährdend sein.
   a) Erkläre die Überschrift von M2.
   b) Reflektiere die Folgen für Pflanzen und Kleinstlebewesen im Wald.
   c) Stelle die Auswirkungen des illegal entsorgten Plastikmülls im Meer auf die Nahrungskette in einem Flussdiagramm (siehe Randspalte) dar.
2. Gibt es ein grundsätzliches Recht auf Grillen (M3)?
   a) Stelle mithilfe des Textes die Sachverhalte dar.
   b) Diskutiert in einem Rollenspiel die Aussagen des Textes zum „Grillrecht“ aus Sicht von Mietern und Eigentümern.
   c) *Think-Pair-Share:* Formuliere Verhaltensregeln, die als Teil einer Hausordnung ausgehängt werden könnten, und erstelle ein Plakat.
3. In der Hausordnung mancher Schule steht: „Es ist auf ordentliche und angemessene Kleidung zu achten.“ Konkretisiere, was damit gemeint ist.

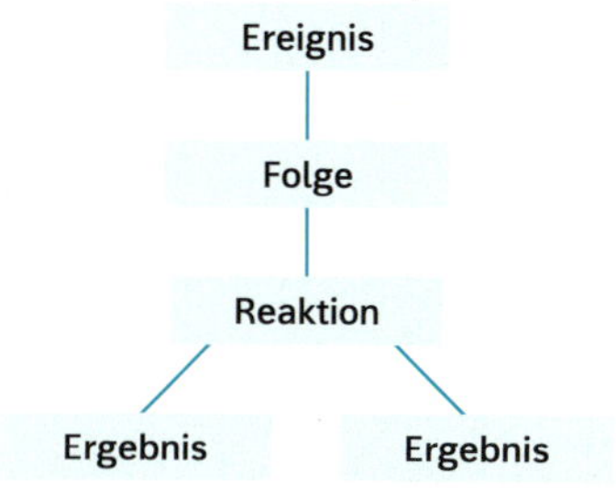

(vereinfachtes) Beispiel eines Flussdiagramms

Ordnungs- und Schutzfunktion des Rechts

Beispiel für die Ordnungsfunktion des Rechts

Aufgabe des Rechts ist es, das **Zusammenleben der Menschen** zu ordn und zu schützen. Dabei erfüllt das Recht mehrere Funktionen: Es soll un anderem gewährleisten, dass Konflikte geordnet und verbindlich gelöst we den. Weiterhin soll es den Einzelnen vor Übergriffen anderer Personen oc des Staates schützen. Durch das Recht gestaltet der Staat Verhaltensweis der Gesellschaft mit.

Ordnungsfunktion

Das Recht gibt die Regeln für das Zusammenleben der Menschen in der G sellschaft vor.

Beispiele zeigen die Regeln in der Straßenverkehrsordnung (StVO): Einbah straße, Rechtsfahrgebot, Geschwindigkeitsbegrenzung.

Schutzfunktion

Das Recht hat insbesondere die Bürgerinnen und Bürger vor unrechtmäßige Vorgehen zu schützen.

Beispiele: Mutterschutz, Arbeitsschutz

Beispiele für die Schutzfunktion des Rechts

Ziel und Grundlage des Rechts sollte immer die **Gerechtigkeit** sein. Durch di öffentliche Ordnung soll das Zusammenleben gerecht gestaltet werden. Da Recht sorgt dafür, dass Konflikte nicht nach dem Recht des Stärkeren gelös werden und dadurch der Schwächere (nicht nur körperlich gemeint) geschütz wird.

Die **Rechtsprechung** (z. B. in einem Gerichtsverfahren) schützt und verwirklich die Rechtsordnung, indem sie Gerechtigkeit walten lässt. Die wesentlicher Merkmale der Gerechtigkeit sind Gleichheit und Billigkeit.

Unter **Gleichheit** ist zu verstehen, dass alle Menschen vor dem Gesetz gleich behandelt werden.

Billigkeit bedeutet, dass die Folgen (z. B. die Strafe) einer Tat für den Täter angemessen sein müssen.

Als eine weitere Aufgabe des Rechts könnte die **Abschreckungsfunktion** genannt werden. Die Androhung von hohen Strafen soll kriminelle Täter abschrecken. Zum Bereich des Strafrechts wirst du Näheres in Kapitel IV.3, S. 208–243, erfahren.

M4 Zwei Ergebnisse von Strafprozessen

Fall 1:
Ein Einbrecherduo wird unterschiedlich bestraft. Der eine, der schon etliche Vorstrafen vorweisen kann, erhält eine höhere Strafe als der andere, der bislang noch nie straffällig geworden ist.

Fall 2:
Einer gut verdienenden Abteilungsleiterin und einer Kassiererin im Supermarkt wird Unterschlagung in gleicher Höhe nachgewiesen. Beide sind nicht vorbestraft. Die eine erhält eine dreifach so hohe Geldstrafe wie die andere.

M5 Justitia – das weltweite Symbol für Gerechtigkeit

Statue der Justitia in Bamberg

M6 Demonstrieren – was muss beachtet werden?

Demonstration für Klimaschutz

AUFGABEN

1. In vielen Wörtern findest du das Wort „Recht“, z. B. Rechtsanwalt, Rechtschreibung, Menschenrechte, gerecht, rechtfertigen ... Erkläre die einzelnen Wörter (Begriffe) und nenne weitere Beispiele.
2. Du stehst an einer Ampel, sie zeigt für Fußgänger auf Rot. Vor dir geht ein Paar über die Straße. Ein alter juristischer Grundsatz lautet: „Keine Gleichheit im Unrecht“. Erläutere diesen Grundsatz.
3. *Think-Pair-Share:* Bewerte in den Beispielen in M4 die Entscheidungen der Gerichte bezüglich des Gebots der Gerechtigkeit.
4. Schon bei den Griechen und Römern galt der Satz: „Recht ist der Wille zur Gerechtigkeit.“ Genau betrachtet enthält die Figur der **Justitia** (M5) drei Elemente. Benenne sie und bestimme ihre Bedeutung.
5. Es gilt das Recht, friedlich seine Meinungen zu äußern (M6). Demonstrationen müssen beim zuständigen Ordnungsamt angemeldet werden. Beschreibe Maßnahmen für einen sicheren Verlauf.

INFO

Justitia ist das lateinische Wort für Gerechtigkeit. Darin steckt auch jus = das Recht. Wenn du hörst, dass jemand „Jus oder Jura“ studiert, ist gemeint, dass er an der Universität Rechtswissenschaft studiert.

INFO

Nicht verwechseln: Rechtsordnung – Rechts*ver*ordnung!

Normen
sind allgemein anerkannte Regeln für das Zusammenleben der Menschen. Rechtsnormen sind solche Regeln, die gesetzlich festgeschrieben sind.

Rechtsordnung

Wie du bereits gesehen hast, sind wir Menschen in ein System von Verhaltensregeln und Ordnungssystemen eingebunden, kurz: im Rechtssystem. Es umfasst die **Gesamtheit der Rechtsnormen**, die in einer Rechtsgemeinschaft gelten. Diese Summe von Rechtsnormen bezeichnet man als **Rechtsordnung**.

Die **Rechtsordnung** regelt **Rechte** (z. B. Ansprüche auf finanzielle Leistungen oder ein bestimmtes Verhalten) und **Pflichten** (z. B. Gebote, Verbote).

↓ wirkt auf Tun oder Unterlassen des Menschen

↑ im Allgemeinen erzwingbar (Ausnahme: Eheschließung)

Der Staat setzt Recht, indem er **Gesetze** erlässt. In der Bundesrepublik geschieht dies auf verschiedenen Ebenen. Hinzu kommt die europäische Ebene.

Hierarchie der Rechtsnormen in der Bundesrepublik

Europarecht
EU-Recht
völkerrechtliche Verträge der EU

Bundesrecht
Grundgesetz
formelle Gesetze
Rechtsverordnungen

Landesrecht
Landesverfassung
formelle Gesetze
Rechtsverordnungen
Satzungen

Kommunalrecht
Rechtsverordnungen
Satzungen

Das Recht muss überwacht und durchgesetzt werden. Mithilfe der **Staatsgewalt** (insbesondere der Polizei) wird die Einhaltung der Gesetze überwacht.

Die **Rechtsprechung** (im Gerichtsverfahren) schützt und verwirklicht die Rechtsordnung, indem sie Gerechtigkeit walten lässt. Dies muss Ziel und Maßstab jeder Rechtsordnung sein. Sie stützt sich dabei auf die Gesetze in den beiden großen Rechtsgebieten: **Öffentliches Recht** und **Privatrecht**.

Manche Streitigkeiten enden vor dem Gericht.

Rechtsgebiete

Privatrecht (auch: **Zivilrecht**): Bürger gegen Bürger	**Öffentliches Recht:** Staat gegen Bürger
z. B. Bürgerliches Recht Rechtsgrundlage: Bürgerliches Gesetzbuch (BGB)	z. B. Strafrecht Rechtsgrundlage: Strafgesetzbuch (StGB)

M7 Ebenen der Setzung von Rechtsnormen

M8 Befriedung von Streitverhältnissen zwischen Bürgern

Eine wichtige Aufgabe der Rechtsprechung ist die Befriedung von Streitverhältnissen. Ein Wohnungseigentümer klagt gegen einen Installateur wegen mangelnder Ausführung des Auftrags. Ein Richter sucht nach einer gerechten Lösung und beendet damit den Streit.

M9 Gemeinde und Bürger im Konflikt

Die Gemeinde Hofstadt will aus Kostengründen das Hallenbad schließen. Sie argumentiert mit den hohen Unterhaltskosten und dem großen Modernisierungsbedarf. Einer Erhöhung der Eintrittspreise stimmt der Gemeinderat nicht zu. Die Bürger starten eine Unterschriftsaktion zum Erhalt des Hallenbades.

AUFGABEN

1. a) Ordne die Bilder in M7 der **hierarchischen Ordnung** der Rechtsnormen (Pyramide auf S. 170) zu.
   b) Erstelle aufgrund dieser Zuordnung eine Liste mit Beispielen für rechtliche Regelungen in deinem Alltag.
2. Stellt die Auseinandersetzung in M8 in einem kleinen Rollenspiel dar.
3. a) Konkretisiere die Interessenlage der Bürger im Fall M9.
   b) Stelle dar, wie eine Einigung erfolgen könnte.
4. Erläutere die Rechtsnormen im Fall M8 und M9.
5. *Placemat:* Belege mit Argumenten, dass Rechtsordnungen unentbehrlich sind.

INFO

Hierarchische Ordnung bedeutet, dass die verschiedenen Rechtsnomen in einer gestuften Rangfolge stehen. Die oberen Rechtsnormen haben Vorrang vor den unteren bzw. beeinflussen diese.

1.2 Recht und Lebensalter

WEBCODE

WES-116647-411
Film: Einfach erklärt:
Stufen der Mündigkeit

WES-116647-412
Bürgerliches Gesetzbuch (BGB)
im Internet

Die Altersgrenze, die dir sicher am bekanntesten ist, ist der **18. Geburtstag**. Damit hast du das 18. Lebensjahr vollendet und bist volljährig. Im deutschen Recht gibt es noch weitere Altersgrenzen. Sie legen unter anderem die Rechts- und Geschäftsfähigkeit fest. Gleiches gilt für die Deliktsfähigkeit sowie die Strafmündigkeit, mit denen du dich noch im Zusammenhang mit den zivil- und strafrechtlichen Folgen einer Straftat befassen wirst (S. 236 und 239).

Rechtsfähigkeit

§ 1 BGB Beginn der Rechtsfähigkeit

Die Rechtsfähigkeit des Menschen beginnt mit der Vollendung der Geburt.

INFO

Eine Besonderheit sieht das Erbrecht vor. Auch ein bereits gezeugtes, ungeborenes Kind kann als Erbe bestimmt werden.

Damit verbunden sind folgende Rechte:

- Recht auf Leben und körperliche Unversehrtheit,
- Namensrecht,
- Eigentumserwerb.

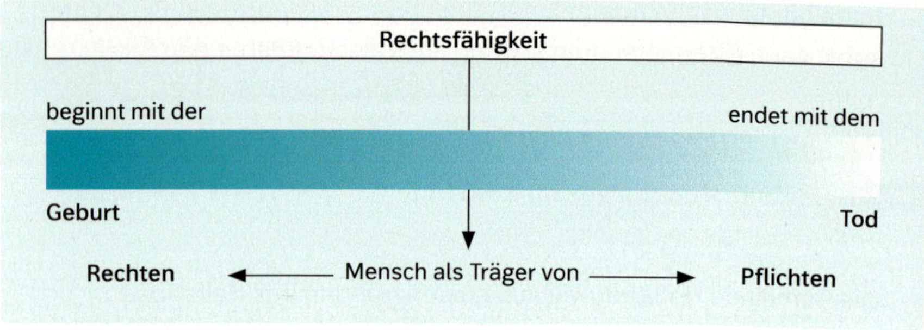

Die Rechtsfähigkeit betrifft alle Menschen. Sie werden im rechtlichen Sinn als **natürliche Personen** bezeichnet.

Daneben kann die Rechtsfähigkeit auch Organisationen betreffen. Sie werden als **juristische Personen** bezeichnet und erhalten die Rechtsfähigkeit durch den Eintrag in ein Register beim zuständigen Amtsgericht, z. B. Vereinsregister, oder durch staatliche Verleihung (Anstalten des Öffentlichen Rechts).

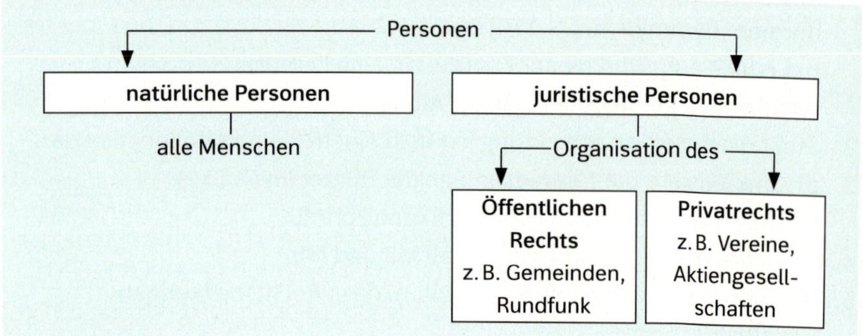

M1 Altersgrenzen in Bezug auf Recht und Lebensalter

Religionszugehörigkeit:
Ab dem 14. Lebensjahr kann ein Jugendlicher selbst bestimmen, ob er einer Religionsgemeinschaft angehören möchte.

Eidesmündigkeit:
Ab dem 16. Lebensjahr muss jedermann als Zeuge seine Aussage auf Verlangen des Gerichts beschwören.

Testierfähigkeit:
Darunter versteht man, dass jemand ein rechtsgültiges Testament errichten kann. Jugendliche unter 16 Jahren sind testierunfähig.

Ausweispflicht:
Jeder Jugendliche ab 16 Jahren muss sich mit einem gültigen Personalausweis oder Reisepass ausweisen können.

Führerscheinerwerb:
Ab dem 15. oder 16. Lebensjahr (je nach Bundesland) kann die Fahrerlaubnis für Mopeds und Leichtkrafträder und ab dem 17. Lebensjahr für Pkws erworben werden. Allerdings muss vor der Volljährigkeit bei jeder Fahrt mit dem Pkw ein eingetragener Begleiter (mindestens 30 Jahre alt und fünf Jahre Führerschein) mitfahren.

Ehemündigkeit:
Sie bedeutet die Fähigkeit einer Person, eine Ehe zu schließen.
- Geschäftsunfähige Personen sind eheunmündig. (Zur Geschäftsfähigkeit siehe S. 174/175.)
- Eine Ehe darf nicht vor Eintritt der Volljährigkeit eingegangen werden.

Wahlrecht:
Für den Bundestag ist das Wahlrecht in Art. 38 Abs. 2 GG geregelt:
- Wahlberechtigt ist, wer das 18. Lebensjahr vollendet hat (aktives Wahlrecht).
- Wählbar ist, wer das Alter erreicht hat, mit dem die Volljährigkeit eintritt (passives Wahlrecht).

In manchen Bundesländern dürfen 16-Jährige bei Landtagswahlen und/oder Kommunalwahlen ihre Stimmen abgeben.

AUFGABEN

1. Begründe, warum die Altersgrenzen in M1 so festgelegt wurden.
2. *Fishbowl:* Diskutiert, ob die einzelnen Altersgrenzen sinnvoll sind.
3. Recherchiere, ab welchem Lebensalter du in eine Partei eintreten darfst.

Geschäftsfähigkeit

Ein kleines Kind kann zwar bereits Erbe eines Vermögens sein, aber es kann darüber nicht selbstständig verfügen. Es ist noch **nicht geschäftsfähig**. Bis zur **vollen Geschäftsfähigkeit** vergehen noch etliche Jahre.

Als Zwischenstufe hat der Gesetzgeber die **„beschränkte Geschäftsfähigkeit"** eingebaut. Eine Beschränkung der Geschäftsfähigkeit schützt Jugendliche vor unüberlegten Handlungen und deren Folgen.

Aus dem Bürgerlichen Gesetzbuch (BGB):

§ 2 Eintritt der Volljährigkeit
Die Volljährigkeit tritt mit der Vollendung des 18. Lebensjahres ein.

§ 104 Geschäftsunfähigkeit
Geschäftsunfähig ist:
1. wer nicht das siebente Lebensjahr vollendet hat,
2. wer sich in einem die freie Willensbestimmung ausschließenden Zustand krankhafter Störung der Geistestätigkeit befindet, sofern nicht der Zustand seiner Natur nach ein vorübergehender ist.

§ 106 Beschränkte Geschäftsfähigkeit Minderjähriger
Ein Minderjähriger, der das siebente Lebensjahr vollendet hat, ist nach Maßgabe der §§ 107 bis 113 in der Geschäftsfähigkeit beschränkt.

§ 107 Einwilligung des gesetzlichen Vertreters
Der Minderjährige bedarf zu einer Willenserklärung, durch die er nicht lediglich einen rechtlichen Vorteil erlangt, der Einwilligung seines gesetzlichen Vertreters.

§ 108 Vertragsabschluss ohne Einwilligung
(1) Schließt der Minderjährige einen Vertrag ohne die erforderliche Einwilligung des gesetzlichen Vertreters, so hängt die Wirksamkeit des Vertrags von der Genehmigung des Vertreters ab.

Geschäftsunfähig sind demnach Kinder, die das siebente Lebensjahr noch nicht vollendet haben. Rechtsgeschäfte, die sie abgeschlossen haben, sind **nichtig (ungültig)**.

Ab dem siebenten Lebensjahr gelten Minderjährige als beschränkt geschäftsfähig. Sie benötigen grundsätzlich die **Zustimmung der Erziehungsberechtigten**. Verweigern diese die Einwilligung zum Kauf einer Ware, d. h., verbieten sie ihn, so ist dieser Kauf nichtig.

Steht die Einwilligung der Erziehungsberechtigten aber bei Vertragsabschluss noch aus, ist dieser Vertrag bis zur Genehmigung bzw. Ablehnung durch die Erziehungsberechtigten **schwebend unwirksam**.

Sind die Erziehungsberechtigen mit dem Kauf einverstanden, ist er **gültig**, sind sie es nicht, ist der Kauf **ungültig**.

Es gibt allerdings Ausnahmen:

Auch **ohne die ausdrückliche Zustimmung der Erziehungsberechtigten** kann ein **beschränkt Geschäftsfähiger** in einigen Fällen von Anfang an gültige Rechtsgeschäfte tätigen:

- Er kann Rechtsgeschäfte tätigen, die ihm **ausschließlich einen rechtlichen Vorteil** bringen und keine Rechtsverpflichtung nach sich ziehen, wie z. B. ein Geldgeschenk annehmen. Anders ist es, wenn z. B. Folgekosten aus dem Geschenk entstehen, etwa die Hundesteuer beim Verschenken eines Hundes (§ 107 BGB).
- Der beschränkt Geschäftsfähige kann über sein **Taschengeld** frei verfügen (§ 110 BGB, siehe S. 176). Dies gilt jedoch nur für einmalige Zahlungen. Nicht ohne Zustimmung der Erziehungsberechtigten gültig sind z. B. Ratenkäufe, Handyverträge oder Zeitschriftenabos.
- Er kann mit **Mitteln**, die ihm **für einen bestimmten Zweck** (z. B. Kauf einer Ware) überlassen worden sind, vollgültige Kaufverträge abschließen (§ 110 BGB).
- Er kann **im Rahmen eines Arbeitsverhältnisses**, zu dem die Erziehungsberechtigten ihre Zustimmung gegeben haben, Rechtsgeschäfte tätigen (§ 113 BGB).

INFO

Ein **Ausbildungsvertrag** gilt nach überwiegender Meinung nicht als Arbeitsverhältnis im Sinne von § 113 BGB.

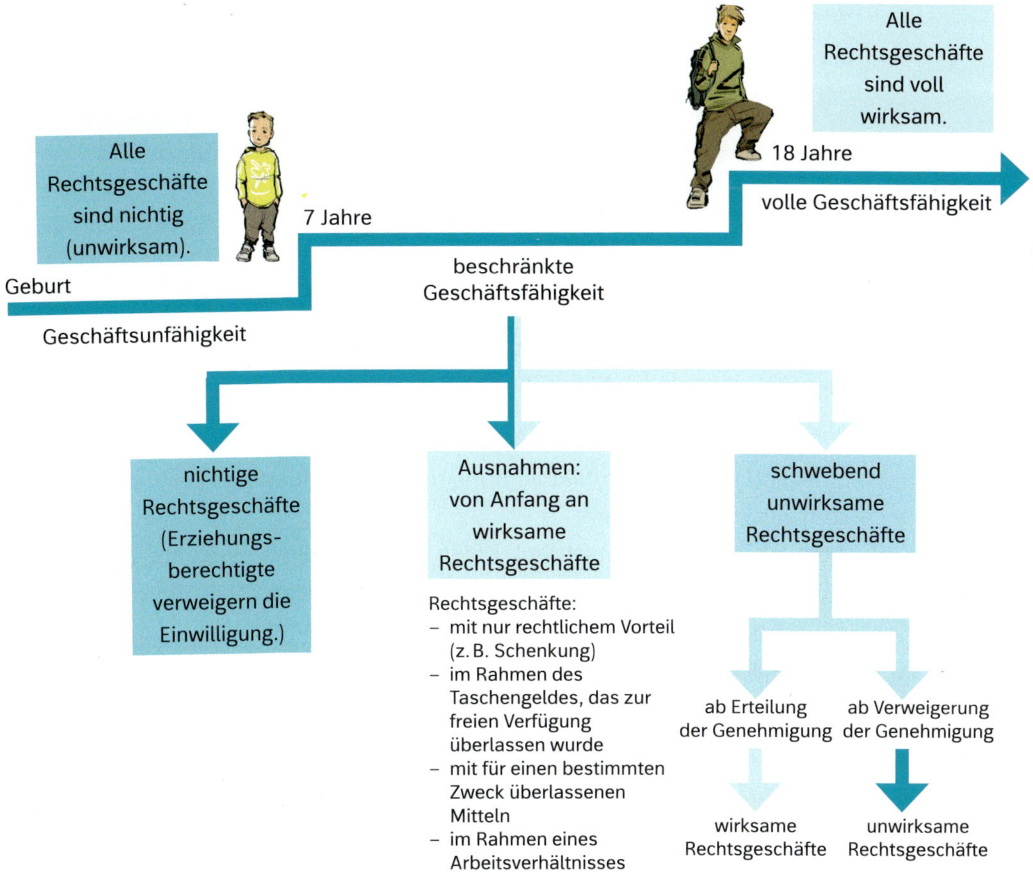

Mit Gesetzestexten arbeiten

Es ist oft schwierig, den Inhalt von Gesetzestexten zu verstehen. Das kommt zum einen daher, dass manche Texte sehr lang, umfangreich und mit vielen Bezügen auf andere Paragrafen abgefasst sind, zum anderen weil wir nicht an die sogenannte Juristenfachsprache gewöhnt sind.

Nicht nur Schülerinnen und Schüler haben Schwierigkeiten, das Gemeinte zu verstehen. Die Gesetzbücher erheben selbstverständlich nicht den Anspruch, anschaulich erzählend zu sein, sondern müssen allgemeingültige Definitionen enthalten und sollten für jeden Bürger verständlich sein. Oft streiten sich aber selbst Juristen untereinander, weil sie manche Paragrafen oder Teile davon unterschiedlich auslegen.

Jedes Gesetz stellt allgemeine Regeln für die Entscheidung von Fällen auf. Es gilt als rechtliche Grundlage für das Zusammenleben der Bürger.

Anhand des sogenannten Taschengeldparagrafen wollen wir versuchen, einen Gesetzestext zu erschließen. Da der Text eine Fülle von zunächst eher unverständlichen Formulierungen enthält, teilen wir den Text und versuchen, ihn zu gliedern.

§ 110 BGB „Taschengeldparagraf"

Ein von dem Minderjährigen ohne Zustimmung des gesetzlichen Vertreters geschlossener Vertrag gilt als von Anfang an wirksam, wenn der Minderjährige die vertragsmäßige Leistung mit Mitteln bewirkt, die ihm zu diesem Zwecke oder zu freier Verfügung von dem Vertreter oder mit dessen Zustimmung von einem Dritten überlassen worden sind.

1. Lies den Text langsam und mehrmals im Zusammenhang.
Beachte die Satzzeichen, schreibe die Nebensätze auf ein Blatt Papier.

2. Zerlege den Text, reduziere ihn auf den wesentlichen Inhalt.
Beispiel: Ein von dem Minderjährigen [...] geschlossener Vertrag (Kauf einer CD) gilt als [...] wirksam.
Versuche jetzt, die Einschränkungen oder Zusätze einzubauen, z. B.:
a) [...] ohne Zustimmung des gesetzlichen Vertreters (z. B. Eltern) ... oder
b) [...] mit Mitteln (Geld) bewirkt, die ihm zu diesem Zwecke (Kauf einer CD) [...] überlassen worden sind oder
c) [...] zur freien Verfügung (Taschengeld) [...] überlassen worden sind.

3. Erläutere, kläre und diskutiere die Fachbegriffe
- minderjährig → Welche Altersgruppe ist gemeint?
- gesetzlicher Vertreter → Wer vertritt Minderjährige nach dem Gesetz im Normalfall? Welche Ausnahmen gibt es?

- Vertrag → Immer schriftlich notwendig?
- Mittel → Bargeld, Geldkarte oder Girocard?
- von einem Dritten → An wen ist hier gedacht?

In § 110 BGB sind sinngemäß folgende Arten von Taschengeld genannt:
- zweckgebundene Mittel,
- Mittel zur freien Verfügung, vom gesetzlichen Vertreter überlassen,
- Mittel von Dritten, mit Kenntnis des gesetzlichen Vertreters.

4. Kläre Inhalte mithilfe anderer Paragrafen
- minderjährig → Lies die §§ 2 und 106 BGB (S. 174).
- Aufgrund des § 2 BGB und des § 106 BGB ergibt sich die Altersgruppe der Minderjährigen: von 7 bis 18 Jahren.
- Aus § 106 BGB ergibt sich außerdem, dass Minderjährige in ihrer Geschäftsfähigkeit beschränkt (eingeschränkt) sind.
  Worauf eingeschränkt? Lies dazu auch die §§ 107 und 108 BGB (S. 174).

5. Bearbeite folgende Fälle:

Fall 1: Die 17-jährige Sophia kauft von einem Geldgeschenk ihrer Oma eine teure Daunenjacke. Als sie nach Hause kommt, verweigern ihre Eltern die Zustimmung. Sophia bringt die Jacke in die Boutique zurück und möchte ihr Geld wiederhaben. Die Geschäftsfrau lehnt jedoch ab.

Fall 2: a) Der 15-jährige Lukas hat sich zu Weihnachten von seinen Onkeln und Tanten als Geschenk Geld gewünscht. Nun reicht es zum Kauf des lang ersehnten Mofas. Als er es in einem Geschäft kaufen möchte, verlangt der Händler MOVE noch keine Zahlung, will aber das Mofa erst an Lukas aushändigen, wenn dieser die Genehmigung seiner Eltern zum Kauf vorlegt.

b) Lukas ist durch das Verhalten des Händlers MOVE gekränkt. Er sagt: „Mit meinem Taschengeld kann ich machen, was ich will!" Empört verlässt er den Laden und geht ins nächste Geschäft. Dort sieht er ein tolles Motorrad. Es ist zwar ein Gebrauchtfahrzeug, aber ein einmaliges Schnäppchen. Leider hat es den Nachteil, dass es 200 Euro mehr kostet, als er hat. Lukas erklärt, dass er die Maschine von seinem Taschengeld kaufen wolle, der Händler MOBO müsse ihm nur gestatten, einen Rest des Kaufpreises in zwei Raten abzuzahlen. Auch der Händler MOBO verkauft ihm kein Zweirad.

AUFGABEN

1. a) Löse den Fall 1 mithilfe des „Taschengeldparagrafen".
   b) Begründe, ob Sophia das Geldgeschenk überhaupt annehmen durfte.
   c) Erkläre, wer den Schaden zu tragen hätte, wenn die Jacke auf dem Weg von der Wohnung zurück zur Boutique schmutzig oder beschädigt worden wäre.
2. Beurteile das Verhalten der Händler MOVE und MOBO im Fall 2 von der rechtlichen Seite.

M2 Sind diese Geschäfte rechtsgültig?

Fall 1: Lian, 6 Jahre alt, kauft sich am Kiosk mehrere Zeitschriften und Süßigkeiten. Sein Vater verlangt, dass der Kauf rückgängig gemacht wird. Wird er damit Erfolg haben?

Fall 2: Der 15-jährige Alex kauft sich im Elektromarkt eine Soundbar für 259 Euro. Das Geld hierfür hat er sich teils ausgeliehen, teils angespart. Seine Eltern sind gegen den Kauf und verlangen vom Verkäufer, dass der Verkauf rückgängig gemacht wird. Sind sie im Recht?

Fall 3: Lea, 12 Jahre, hat von ihrer Mutter 40 Euro erhalten. Sie soll sich eine neue Jeans kaufen. Ist der Kauf gültig?

M3 Kauf mit Zustimmung der Eltern

Nach § 106 BGB sind Minderjährige, die zwischen sieben und siebzehn Jahren alt sind, beschränkt geschäftsfähig. Das heißt im Klartext, dass sie durchaus wirksam Verträge schließen können, wenn ihre Eltern es erlauben. (Bei Geschäftsunfähigen gibt es dagegen nicht einmal eine Zustimmungsmöglichkeit der Eltern!) Diese Zustimmung kann erstens vor Vertragsschluss gegeben werden, dann heißt sie Einwilligung.
Bsp.: Felix (15) fragt seine Eltern, ob er sich das Tablet kaufen darf. Diese sagen Ja, woraufhin Felix zum Fachmarkt geht und das Tablet erwirbt.

Andererseits können die Eltern aber auch zustimmen, nachdem der Vertrag schon geschlossen wurde. Dies bezeichnet man dann als Genehmigung.
Bsp.: Felix hat sich das Tablet gekauft, ohne seinen Eltern davon etwas zu sagen. Tage später beichtet er es ihnen. Sie sind zwar nicht begeistert, finden es aber letztendlich in Ordnung.

Bis zur Genehmigung von Felix‘ Eltern war der Kaufvertrag hier genau genommen „schwebend unwirksam“, erst mit der Genehmigung ist er dann endgültig wirksam geworden.

Nach: Wenn Kinder Verträge schließen, in: https://www.anwalt.de/rechtstipps/wenn-kinder-vertraege-schliessen_068468.html, Nürnberg, 17.4.2015 (Zugriff: 4.4.2020) (verändert)

AUFGABEN

1. Löse die Fälle in M2 mithilfe der *Methode* auf S. 176/177.
2. *Partnervortrag:* Erläutere, welches Risiko ein Verkäufer eingeht, wenn er mit Minderjährigen einen Vertrag abschließt (M3).

M4 Schuldenfalle Handy

Deutschlandweit sind rund 6,8 Millionen Menschen überschuldet. Der Anteil der unter 25-Jährigen steigt dabei rasant an: Knapp jeder Dritte dieser Altersgruppe hat schon einmal Schulden gemacht!
Hauptgrund für die Verschuldung ist immer häufiger das Handy: Hohe Anschaffungspreise von bis zu 900 Euro, Vertragslaufzeiten von 24 Monaten, kostenpflichtige Apps bzw. In-App-Käufe oder teure Roaming-Gebühren im Ausland lassen schnell den Überblick verlieren.

Nach: Jetzt wird's teuer – Schuldenfalle Handy, in: https://www.handysektor.de/artikel/jetzt-wirds-teuer-schuldenfalle-handy/, Landesanstalt für Kommunikation (LFK), Stuttgart , 4.1.2017 (Zugriff: 21.4.2020) (verändert)

Methode

Expertengespräch mit der Schuldnerberatung

1. Vorbereitung:
Ihr könnt die anstehenden Aufgaben gut in Gruppenarbeit erledigen. Organisiert ein Expertengespräch mit einem Schuldnerberater in eurem Klassenzimmer (Beratungsstelle finden, Termin absprechen, Ablauf des Gesprächs planen, Zeitvorgabe usw.). Bereitet Fragen an den Experten vor:

- allgemeine Fragen zur Verschuldung von Jugendlichen,
- die Rolle des Handys bei der Verschuldung,
- Lösungsmöglichkeiten aus Expertensicht.

2. Durchführung des Gesprächs:
Beachtet die Grundregeln jeglicher Diskussion: z. B. andere ausreden lassen, keine Zwischenrufe, beim Thema bleiben, immer redet nur einer usw. Beginnt mit einer Anmoderation, stellt eure Fragen laut und deutlich, denkt am Ende an Dank und Verabschiedung.

3. Nachbereitung:
Haltet die Ergebnisse fest und präsentiert sie in der folgenden Unterrichtsstunde. Mit Einverständnis des Experten könnt ihr z. B. auch einen Artikel für die Schülerzeitung schreiben.

AUFGABEN

3. Vergleiche die Vor- und Nachteile der Tarifarten „Prepaid" und „Vertrag".
4. Gestaltet gemeinsam einen kleinen Ratgeber für Jugendliche mit Tipps, wie die „Schuldenfalle Handy" (M4) vermieden werden kann.
5. Führt mithilfe der obigen *Methode* ein Expertengespräch zum Thema „Verschuldung Jugendlicher" durch.

1.3 Jugendschutzgesetz

Das Jugendschutzgesetz hat den Zweck, Kinder und Jugendliche vor Gefahren und negativen Einflüssen in der Öffentlichkeit und den Medien zu schützen. Aus dieser Aufgabe ergeben sich vereinfacht folgende Begriffsbestimmungen:

- **Kinder** sind Personen, die noch nicht 14 Jahre alt sind,
- **Jugendliche** sind Personen, die 14, aber noch nicht 18 Jahre alt sind.

Weiter wird zwischen **„personensorgeberechtigten“** und **„erziehungsberechtigten“ Personen** unterschieden.

Schwerpunkte, in denen das Jugendschutzgesetz wirkt, sind der Jugendschutz

- in der Öffentlichkeit
- im Hinblick auf Alkohol und Tabak, E-Zigaretten, Shishas usw.
- im Bereich der Medien.

INFO

„Personensorgeberechtigt“ sind in der Regel die Eltern. **„Erziehungsberechtigt“** kann jede Person über 18 Jahre sein, die von den Eltern beauftragt wurde, das Kind/den Jugendlichen z. B. zu Veranstaltungen zu begleiten.

Das Jugendschutzgesetz (JuSchG)

erlaubt (grün) – nicht erlaubt (rot)

Eltern müssen nicht alles erlauben, was das Gesetz gestattet. Sie tragen bis zur Volljährigkeit die Verantwortung.

§		Kinder unter 14 Jahre	Jugendliche unter 16 Jahre	Jugendliche unter 18 Jahre
§4	**Aufenthalt in Gaststätten**	nicht erlaubt ●	nicht erlaubt ●	bis 24 Uhr
§4	**Aufenthalt in Nachtbars**, Nachtclubs oder vergleichbaren Vergnügungsbetrieben	nicht erlaubt	nicht erlaubt	nicht erlaubt
§5	Anwesenheit bei öffentlichen Tanzveranstaltungen, u. a. **Disco** (Ausnahmegenehmigung durch zuständige Behörde möglich)	nicht erlaubt ●	nicht erlaubt ●	bis 24 Uhr
§5	**Anwesenheit bei Tanzveranstaltungen von anerkannten Trägern der Jugendhilfe.** Bei künstl. Betätigung o. zur Brauchtumspflege	bis 22 Uhr	bis 24 Uhr	bis 24 Uhr
§6	**Anwesenheit in öffentlichen Spielhallen.** Teiln. an Spielen mit Gewinnmöglichkeiten	nicht erlaubt	nicht erlaubt	nicht erlaubt
§7	**Anwesenheit bei jugendgefährdenden Veranstaltungen und in Betrieben** (Die zuständige Behörde kann Alters- und Zeitbegrenzungen sowie andere Auflagen anordnen.)	nicht erlaubt	nicht erlaubt	nicht erlaubt
§8	**Aufenthalt an jugendgefährdenden Orten** (Die zuständige Behörde kann Maßnahmen zur Gefahrenabwehr treffen.)	nicht erlaubt	nicht erlaubt	nicht erlaubt
§9	**Abgabe / Verzehr von Bier, Wein, Schaumwein, Mischungen mit Bier, Wein o. ä.** (Ausnahme: Erlaubt bei 14- u. 15-Jährigen in Begleitung einer personensorgeberechtigten Person [Eltern])	nicht erlaubt	nicht erlaubt	erlaubt
§9	**Abgabe / Verzehr von anderen alkoholischen Getränken oder Lebensmitteln** z. B. Spirituosen	nicht erlaubt	nicht erlaubt	nicht erlaubt
§10	**Abgabe/Konsum von Tabakwaren, E-Zigaretten / E-Shishas** (auch nikotinfrei)	nicht erlaubt	nicht erlaubt	nicht erlaubt
§11	**Kinobesuche** Nur bei Freigabe des Films und Vorspanns: „ohne Altersbeschr. / ab 6 / 12 / 16 Jahren“ (Kinder unter 6 Jahren nur mit einer erziehungsbeauftragten Person. Die Anwesenheit ist grundsätzlich an die Altersfreigabe gebunden! Ausnahme: „Filme ab 12 Jahren“: Anwesenheit ab 6 Jahren in Begleitung einer personensorgeberechtigten Person [Eltern] gestattet.)	bis 20 Uhr	bis 22 Uhr	bis 24 Uhr
§12	**Abgabe von Filmen o. Spielen** (auf DVD, Video usw.) nur entsprechend der Freigabekennzeichen: „ohne Altersbeschr. / ab 6 / 12 / 16 Jahren“	erlaubt	erlaubt	erlaubt
§13	**Spielen an elektron. Bildschirmspielgeräten** ohne Gewinnmögl. nur nach den Freigabekennzeichen: „ohne Altersbeschr./ ab 6 /12 /16 Jahren“	erlaubt	erlaubt	erlaubt

● = **Beschränkungen**, **Zeitliche Begrenzungen** werden durch die Begleitung einer erziehungsbeauftragten Person aufgehoben.

Ein Nebenaspekt des Jugendschutzes betrifft das **Arbeitsrecht**.

Fallbeispiel:
Lena und Clara, beide 14 Jahre alt, wollen in den Ferien ihr Taschengeld durch kleine Jobs aufbessern.

Ab wann Schülerinnen und Schüler etwas Taschengeld dazu verdienen dürfen, regelt das **Jugendarbeitsschutzgesetz** (JArbSchG). Es besagt, dass grundsätzlich niemand arbeiten darf, der jünger als 13 Jahre ist (siehe auch S. 70).

13- und 14-Jährige wie Lena und Clara dürfen an fünf Tagen in der Woche jeweils zwei Stunden lang arbeiten. Es sind nur leichte Arbeiten erlaubt, z. B. Zeitungen oder Werbeprospekte austragen oder Haustiere betreuen.

Unter bestimmten Voraussetzungen und nur mit Zustimmung der Erziehungsberechtigten ist es auch Kindern unter 13 Jahren erlaubt, leichte Tätigkeiten aufzunehmen, z. B. bei Theateraufführungen oder Film- und Fotoaufnahmen zu Werbezwecken.

Jugendliche von 15 bis 17 Jahren dürfen insgesamt vier Wochen im Jahr arbeiten. Ausnahmen gelten für Jugendliche in der Ausbildung und in Maßnahmen der beruflichen Orientierung.

M1 Mögliche Gefahren für Jugendliche

1

2

3

4

M2 Zigaretten für alle?

M3 Ist das Verhalten korrekt?

INFO

Die Organisation **Freiwillige Selbstkontrolle der Filmwirtschaft GmbH** (FSK) legt fest, für welche Altersgruppen Filme und Serien geeignet sind. Für öffentliche Vorführungen ist diese Angabe verbindlich.

a) Andi, 17 Jahre, geht nach dem Training gerne ein Bier in seinem Vereinslokal trinken. Das Training endet um 22.30 Uhr.

b) Kaito und sein Freund Maik, beide 15 Jahre, möchten gerne die Abendvorstellung folgender Filme besuchen:

- „Harry Potter", freigegeben ab 6 Jahre, Ende um 22.30 Uhr,
- „Mord nach eins", freigegeben ab 16 Jahre, Ende um 22.00 Uhr.

c) Die 14-jährige Realschülerin Betül raucht auf dem Nachhauseweg von der Schule eine Zigarette. Eine Lehrkraft fordert sie auf, die Zigarette sofort auszumachen. Empört rechtfertigt sich Betül damit, dass die Schulordnung hier nicht gelte, da sie sich nicht mehr auf dem Schulgelände befände.

M4 Stufen der Mündigkeit

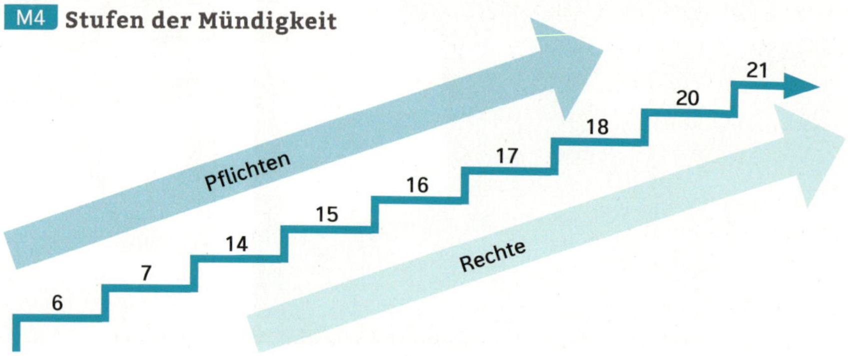

Methode

Expertengespräch zum Thema „Jugendschutz in der Öffentlichkeit“

Polizeistern der Bayerischen Polizei

1. Vorbereitung:
Ihr könnt die anstehenden Aufgaben gut in Gruppenarbeit erledigen. Organisiert ein Expertengespräch mit einer Polizistin oder einem Polizisten in eurem Klassenzimmer (bei der Polizei vorsprechen, Termin finden, Ablauf des Gesprächs und Zeitvorgabe planen usw.). Lasst euch dabei von eurer Lehrkraft helfen.

Bereitet Fragen an die Polizistin bzw. den Polizisten vor:

- allgemeine Fragen nach ihrer bzw. seiner Erfahrung mit Verstößen gegen das Jugendschutzgesetz,
- Maßnahmen der Polizei bei Verstößen gegen das Gesetz,
- Fragen zur Rolle der Erziehungsberechtigten,
- Fragen nach dem Sinn des Gesetzes.

2. Durchführung des Gesprächs:
Siehe hierzu die Hinweise auf S. 179.

3. Nachbereitung:
Haltet die Ergebnisse des Gesprächs fest und präsentiert sie in der folgenden Unterrichtsstunde (digital, Fotos, Wandzeitung usw.).

AUFGABEN

1. Beschreibe die Bilder in M1 und ordne sie der Grafik zum JuSchG zu.
2. Erläutere, wie technische Hindernisse das Jugendschutzgesetz beim Zigarettenkauf umsetzen (M2).
3. *Galeriegang:* Beurteile auf Grundlage des JuSchG die Fälle in M3.
4. Ordne in die Grafik M4 folgende Altersgrenzen ein:
   a) Schulpflicht,
   b) Entscheidung über Religionszugehörigkeit,
   c) Beschäftigungserlaubnis,
   d) Ausweispflicht,
   e) Geschäftsfähigkeit,
   f) Eidesmündigkeit,
   g) Testierfähigkeit,
   h) Fahrerlaubnis für Pkws,
   i) Gaststättenbesuch,
   j) Volljährigkeit,
   k) Ehemündigkeit.
5. Führt mithilfe der obigen *Methode* ein Expertengespräch durch.

2 Privatrechtliche Regelungen aus dem Eigentums- und Vertragsrecht

2.1 Das Eigentumsrecht

Ein wesentlicher **Pfeiler der Sozialen Marktwirtschaft** ist das **Eigentumsrecht.** Die Leistungsfähigkeit einer Wirtschaft steigt erheblich, wenn jeder Marktteilnehmer den Erfolg seiner Arbeit für sich allein beanspruchen und vor dem Zugriff anderer schützen kann. Die Eigentumsform, bei der jemandem das alleinige Recht an einer Sache zukommt, nennt man **Privateigentum.**

Die Rechtsordnung schützt die Marktteilnehmer durch die Einräumung des Eigentumsrechts. Es räumt ihnen bestimmte **Rechte** ein, ist aber auch mit **Pflichten** verbunden.

Fallbeispiel:
Familie Schröder zieht in ihr neues Reihenhaus ein, das sie sich gekauft hat. Die beiden Kinder freuen sich über ein eigenes Zimmer. Fabian spielt leidenschaftlich Schlagzeug, Maja lernt in ihrem Zimmer Stepptanz. Der Hund bellt oft und viel. Vater Theo ist Berufsmusiker und übt täglich einige Stunden auf seiner Trompete. Schröders nutzen damit ihr Eigentumsrecht aus und freuen sich, dass sie keine Mitmieter mehr haben. Was aber, meinst du, sagen die Nachbarn, die gerne ihre Ruhe genießen möchten?

§ 903 BGB Befugnisse des Eigentümers

Der Eigentümer einer Sache kann, soweit nicht das Gesetz oder Rechte Dritter entgegenstehen, mit der Sache nach Belieben verfahren und andere von jeder Einwirkung ausschließen. [...]

Der § 903 BGB lässt sich in drei wesentliche Kernaussagen einteilen.

1. „nach Belieben verfahren"
Grundsätzlich darf der Eigentümer mit seinem Eigentum alles machen, was er möchte. Er kann es z. B. benutzen, verkaufen, vermieten oder verändern.

2. Der Eigentümer wird in der Ausnutzung seines Eigentumsrechts eingeschränkt, soweit **„das Gesetz oder Rechte Dritter“** dem entgegenstehen.

Beispiel: Martin will sein altes Fahrrad loswerden. Er nimmt es und wirft es in den nächsten Fluss. Dem stehen z. B. Gesetze zur Abfallentsorgung und des Wasserschutzes entgegen.

3. „andere von jeder Einwirkung ausschließen“
Die Sachen, die jemandem gehören, darf z. B. kein anderer benutzen oder verändern, es sei denn, der Eigentümer erlaubt es ihm und schränkt dadurch selbst sein Eigentumsrecht ein.

M1 Kann ich mein Eigentum jederzeit zurückholen?

Philipp hat seinem Freund Jochen sein Fahrrad für den Sommerurlaub geliehen. Am nächsten Tag sieht Philipp sein Fahrrad vor dem Haus von Jochen stehen. Er bereut seine Großzügigkeit vom Vortag und sagt zu sich selbst: Das ist ja mein Fahrrad, ich kann es ja Jochen auch wieder wegnehmen.
Darf Philipp sein verliehenes Fahrrad ohne die Zustimmung von Jochen einfach so wieder mitnehmen?

M2 Wie weit darf der Baum in Nachbars Garten wachsen?

Herr Bauer pflanzt an der Grundstücksgrenze einen großen Obstbaum. Mit den Jahren wachsen die Äste immer mehr auf das Grundstück des Nachbarn, der jedes Jahr im Herbst das herunterfallende Obst und die herunterfallenden Blätter entsorgen muss.
Muss Herr Bauer etwas dagegen unternehmen?

Zeichnung: Martin Guhl

M3 Kann ich mein Eigentum nach Belieben entsorgen?

Die Reifen von Maxis Roller sind nicht mehr zu gebrauchen.
Sie lässt sich neue Reifen auf die Felgen montieren. Zu Hause hat sie keine Verwendung für die alten Reifen. Sie bringt sie zum Spielplatz, weil sie denkt, dass die Kinder damit gut spielen können. Dort gibt es schließlich auch eine Reifenschaukel, die alle Kinder gern benutzen.
Ist es erlaubt, dass Maxi die Reifen auf dem Spielplatz lässt?

AUFGABEN

1. Stelle die Rechte und Pflichten eines Eigentümers in einer Grafik oder einer Mindmap (*Methode* auf S. 140) dar.
2. Löse anhand von § 903 die Fälle M1, M2 und M3.
3. *Placemat:* Diskutiert, ob Herr Schröder aus dem Fallbeispiel auf S. 184 als Musiker üben darf, auch wenn die Nachbarn davon nicht immer begeistert sind.
4. Erläutere, warum sich Privateigentum positiv auf die wirtschaftliche Entwicklung eines Landes auswirken kann.

2.2 Eigentum und Besitz

M1 ... zu vermieten

Wo liegt der Unterschied zwischen Eigentum und Besitz? Die Begriffe werden im Alltag meist als Synonyme, also bedeutungsgleiche Wörter, verwendet. Das ist aber rechtlich unkorrekt. Eigentum und Besitz beschreiben zwei unterschiedliche Rechtsstellungen.

Unter **Eigentum** versteht man die **rechtliche Herrschaft** über eine Sache, während **Besitz** die **tatsächliche Herrschaft** über die Sache ist.

§ 854 BGB Erwerb des Besitzes

(1) Der Besitz einer Sache wird durch die Erlangung der tatsächlichen Gewalt über die Sache erworben.

Fallbeispiel:

Teresa hat sich vor Jahren eine schicke Eigentumswohnung in München gekauft, die sie bis jetzt selbst bewohnte. Nun wird sie beruflich nach Hamburg versetzt. Da sie die Wohnung in München selbst nicht mehr braucht, vermietet sie diese an Erwin. Sie gibt ihm zum Mietbeginn die Schlüssel der Wohnung.

Bis zur Schlüsselübergabe hatte Teresa Besitz und Eigentum an ihrer Wohnung. Als Teresa die Schlüssel an Erwin abgab, erhielt jedoch Erwin die tatsächliche Herrschaft über die Wohnung, er erhielt von Teresa den Besitz.

Teresa gehört nach wie vor die Wohnung. Sie ist also immer noch Eigentümerin und hat damit die rechtliche Herrschaft darüber. Sie kann die Wohnung immer noch verkaufen und sie z. B. auch renovieren.

Tatsächlich nutzen darf Teresa die Wohnung jedoch nicht mehr. Das Nutzungsrecht hat sie mit Abschluss des Mietvertrages nun an Erwin abgegeben. Erwin ist Besitzer der Wohnung.

Fallen Besitz und Eigentum wie hier auseinander, dann haben die beiden Rechtspositionen, Besitz und Eigentum, jeweils eigene **Rechte und Pflichten**:

Der **Eigentümer** darf z. B. nicht mehr in der Wohnung wohnen, er darf sie auch ohne Zustimmung seines Mieters nicht mehr betreten.

Der **Mieter** darf zwar in der Wohnung wohnen, er darf aber die Wohnung ohne Zustimmung des Eigentümers nicht wesentlich umgestalten. Wenn er z. B. neue Fliesen an der Wand anbringen will, braucht er die Zustimmung des Eigentümers. Am Ende des Mietverhältnisses hat der Mieter die Pflicht, den Besitz wieder an den Eigentümer zurückzugeben.

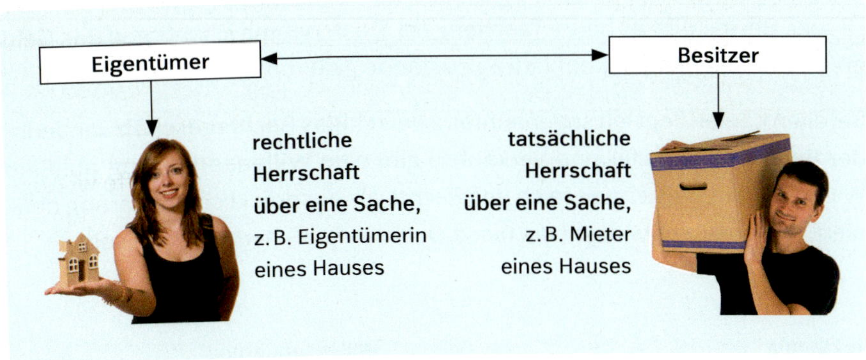

Achtung: Eigentümer und Besitzer können auch eine Person sein!

M2 Wer ist Eigentümer, wer Besitzer?

a) Murat kauft sich einen neuen Füller.

b) Moritz nimmt den Füller von seinem Freund.

c) Christiane bekommt zum Geburtstag ein Buch geschenkt.

d) Johanna leiht sich ein Hörbuch aus der Stadtbibliothek.

e) Du benutzt momentan dein Buch Forum 9.

f) Oskar mietet sich ein Schleifgerät im Baumarkt „Hobel“.

AUFGABEN

1. Schildere anhand eines der Beispiele aus M1 die Rechte und Pflichten, die der Inhaber des Geschäfts und seine Kunden jeweils haben.
2. *Partnervortrag:* Erläutere den Unterschied zwischen Besitz und Eigentum.
3. Entscheide, ob die Personen in den Beispielen in M2 Besitzer oder Eigentümer sind, und erstelle dazu eine Tabelle.

2.3 Abschluss eines Kaufvertrags

Noch kurz vor dem Unterricht im Supermarkt ein Wasser kaufen, in der Pause beim Hausmeister eine Semmel, nach dem Unterricht ein Pizzateilchen beim Italiener usw. Du schließt sehr häufig Kaufverträge ab, ohne dir viele Gedanken darüber zu machen.

Fallbeispiel:
In der Pause erzählt Max seinem Klassennachbarn Tobias, dass er zum 13. Geburtstag ein neues Skateboard bekommen hat. „Du kennst doch mein altes. Möchtest du es für 20 Euro haben? Meine Eltern sind damit einverstanden. Du könntest es morgen bei mir zu Hause abholen." Tobias antwortet: „Super. Bei mir gibt es heute Taschengeld. Dann nehme ich morgen das Geld gleich mit." Ist hier ein Kaufvertrag zustande gekommen?

Bei allen Käufen liegt ein sogenanntes **zweiseitiges Rechtsgeschäft** vor. Jeder der Beteiligten (Käufer und Verkäufer) gibt eine **Willenserklärung** ab. Eine Willenserklärung ist im Bereich des Rechts als ausdrückliche Erklärung definiert, die eine Rechtsfolge (wie hier z. B. einen Kauf) herbeiführen soll.

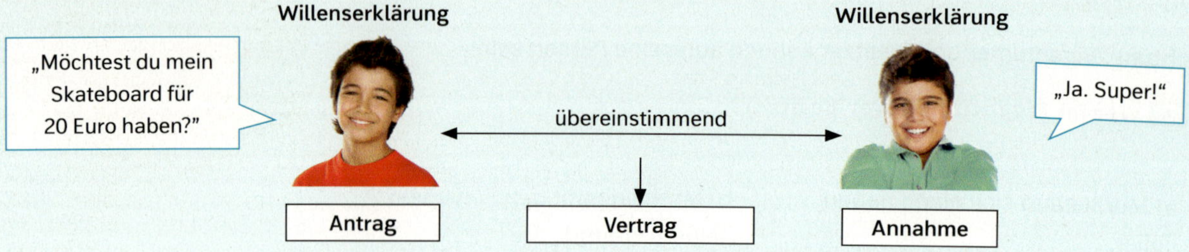

INFO

Der **Antrag** muss nicht vom **Verkäufer** gemacht werden. Genauso gibt es Kaufverträge, bei denen der Antrag vom **Käufer** gemacht wird.

Tobias und Max haben hier einen **Kaufvertrag** abgeschlossen. Max hat den Antrag abgegeben, ein Skateboard verkaufen zu wollen. Tobias nimmt den Antrag unverändert an. Die beiden Willenserklärungen stimmen überein.

Formen von Willenserklärungen:

- **Mündlich:** Siehe obiges Fallbeispiel.
- **Schriftlich:** Elias Schreiner unterschreibt bei der Bank einen Darlehensvertrag (zum Darlehen siehe auch S. 142 in Kapitel III.4.1).
- **Schriftlich mit notarieller Beurkundung:** Heinz Müller kauft von Werner Huber ein kleines Appartement. Sie treffen sich beim Notar und unterschreiben dort beide den Kaufvertrag.
- **Schlüssiges Handeln:** z. B. Zeigen einer bestimmten Ware, Kopfnicken, Einsteigen in den Bus, Handheben bei Versteigerungen
- **Elektronisch:** z. B. Download eines Musiktitels im Internet, Kauf eines Buches im Internet (zum E-Commerce siehe auch Kapitel III.6, S. 152 – 154).

Einseitiges und zweiseitiges Rechtsgeschäft

Ein **einseitiges Rechtsgeschäft** liegt vor, wenn die Willenserklärung einer Person genügt, um bestimmte Rechtsfolgen herbeizuführen.

Beispiele:
- Aufsetzen eines Testaments
- Aussprechen einer Kündigung, wie z. B. der Wohnung
- Ankündigung einer Belohnung

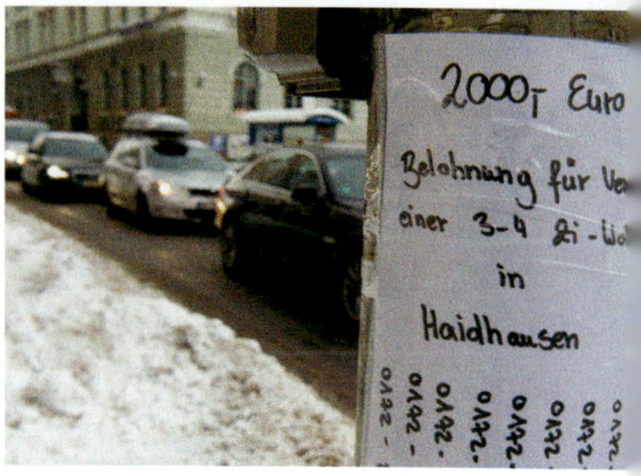

Ein **zweiseitiges Rechtsgeschäft** wird durch die Willenserklärung zweier oder auch mehrerer Personen abgeschlossen. Ein zweiseitiges Rechtsgeschäft nennt man **Vertrag**.

> **§ 145 BGB Bindung an den Antrag**
>
> Wer einem anderen die Schließung eines Vertrages anträgt, ist an den Antrag gebunden [...].

Ein Vertrag kommt durch die **Annahme des Antrags** zustande.

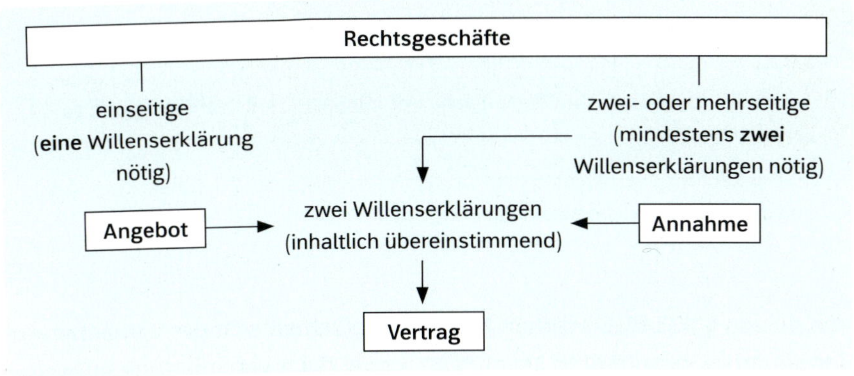

AUFGABEN

1. Erkläre, in welchen Schritten Max und Tobias (Fallbeispiel auf S. 188) einen Kaufvertrag abgeschlossen haben.
2. Max und Tobias sind beide beschränkt geschäftsfähig. Begründe, warum der Vertrag trotzdem Gültigkeit besitzt.
3. Formuliere ein Beispiel, in dem der Käufer den Antrag macht.
4. Der kaufwillige Herr Schrauber schreibt an den Lieferanten: „Ich kaufe die Maschine, falls Sie mir noch einen Rabatt von 10 % gewähren."
   a) Begründe, ob hier ein Kaufvertrag zustande gekommen ist oder nicht.
   b) *Think-Pair-Share:* „Das Zustandekommen eines Kaufvertrages und ein Reißverschluss haben etwas gemeinsam."
   Belege diese Aussage anhand des Beispiels und stelle die Lösung bildlich dar.

Der Kaufvertrag – ein Verpflichtungsgeschäft

Fallbeispiel:
Rainer Wagner unterschreibt im Autohaus Kaiser den Kaufvertrag über den Kauf eines neuen Leguan 2000.

Der Verkäufer Tobias Schuster erklärt ihm: „Die Lieferung erfolgt in der 31. Kalenderwoche. Wir rufen Sie an. Der Betrag von 23.000 Euro muss sofort bezahlt werden. Kümmern Sie sich bitte um Ihre Versicherung, dann können wir Ihnen die Fahrzeugpapiere bei der Abholung des Fahrzeugs sofort aushändigen."

Der Verkäufer hat hier einige **Verpflichtungen** erwähnt, die auf beide Vertragspartner zukommen.

Beim Kauf eines Autos in einem Autohaus handelt es sich um einen sogenannten **Verbrauchsgüterkauf**. Ein Verbrauchsgüterkauf ist ein Kaufvertrag über eine bewegliche Sache (z. B. Rucksack) zwischen einem Verbraucher und einem Unternehmen (z. B. Supermarkt).

Pflichten aus dem Kaufvertrag:

§ 433 BGB Vertragstypische Pflichten beim Kaufvertrag

(1) Durch den Kaufvertrag wird der Verkäufer einer Sache verpflichtet, dem Käufer die Sache zu übergeben und das Eigentum an der Sache zu verschaffen. Der Verkäufer hat dem Käufer die Sache frei von Sach- und Rechtsmängeln zu verschaffen.

(2) Der Käufer ist verpflichtet, dem Käufer den vereinbarten Kaufpreis zu zahlen und die gekaufte Sache abzunehmen.

Wie du aus § 433 BGB ersehen kannst, verpflichten sich der Verkäufer und der Käufer zu bestimmten Leistungen, die je nach Vereinbarung entweder sofort oder später zu erfüllen sind.

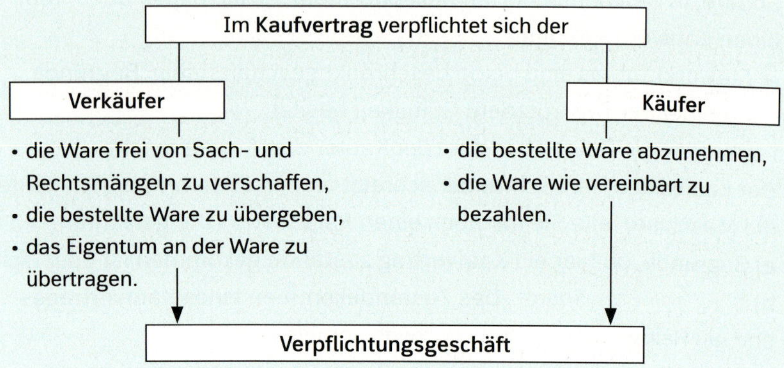

Kriterien der Vertragserfüllung – das Erfüllungsgeschäft

Kommen wir noch einmal zum Fallbeispiel auf S. 190 zurück. Rainer Wagner und das Autohaus müssen nach dem Vertragsabschluss nun auch ihre Pflichten aus diesem Vertrag erfüllen. Diese Handlung bezeichnet man als **Erfüllungsgeschäft**. Beide erfüllen hier konkret ihre Pflichten, indem

- Rainer Wagner den Betrag von 23.000 Euro bezahlt.
- Rainer Wagner das Auto in Empfang nimmt.
- das Autohaus Kaiser das Fahrzeug übergibt und mit der Übergabe der Fahrzeugpapiere dem Käufer auch das Eigentum verschafft.

Das Erfüllungsgeschäft

Verkäufer: „Hier sind Ihr Fahrzeug, die Autoschlüssel und Wagenpapiere."	Käufer: „Ich habe Ihnen den Betrag auf Ihr Konto überwiesen." Er steigt ins Auto und fährt weg.
• Warenübergabe • Übertragung des Eigentums an der Ware	• Geldübergabe • Annahme der Ware

M1 Einkauf in der Geschenkboutique

Nachdem Maria zwei Kerzenleuchter aus dem Regal von Maximas Geschenkeboutique genommen hat, geht sie zur Kasse und legt die Ware auf das Band (= Antrag). Die Verkäuferin tippt den Betrag ein (= Annahme) und übergibt ihr den Kassenzettel (siehe Randspalte) und die Leuchter. Wie so häufig im Alltag sind hier der Kaufvertragsabschluss (= Verpflichtungsgeschäft) und die Erfüllung der Vertragspflichten (= Erfüllungsgeschäft) zeitlich zusammengefallen.

Maximas Geschenkeboutique
Inh. Sonja Fröhlich
Leuchtergasse 15
82357 München
Tel.: 089/1245xxxx

Artikel	Menge	Summe
012345 Leuchter Ciao	2	6,90
033421 Kerzen	2	2,50
	Gesamt Euro	9,40
	Betrag, netto	7,90
	MwST 19%	1,50
	Bar	10,00
	Rückgeld	0,60

Vielen Dank für Ihren Besuch!
Umtausch nur mit Kassenbon
Es bediente Sie Frau Hafner
Datum 19.03.20xx
Bon Nr.: 00000212304

26220EX

AUFGABEN

1. Formuliere ein eigenes Fallbeispiel, in dem der Kaufvertragsabschluss und die Erfüllung des Kaufvertrages zeitlich auseinanderfallen.
2. a) Beschreibe die Schritte, die im Fall M1 zum Kaufvertragsabschluss geführt haben.
   b) An der Kasse erfüllen nun beide Vertragspartner ihre Verpflichtungen aus diesem Kaufvertrag. Erläutere die Erfüllung des Kaufvertrages
   - durch das Geschäft,
   - durch Maria.
3. Spielt zu zweit einen Buchkauf in einzelnen Schritten durch (einer/eine ist Kunde/Kundin, einer/eine Verkäufer/-in).

Der Erfüllungsort (Leistungsort)

Fallbeispiel:
Ella Schön aus Wasserburg kauft bei der „Munich Medien GmbH“ in München den PC Primary X1. Sie vereinbart mit dem Verkäufer die Lieferung nach Wasserburg und die sofortige Begleichung der Rechnung (siehe S. 194).

Bei diesem Fallbeispiel fallen der Kaufvertragsabschluss und die Erfüllung des Kaufvertrages zeitlich und auch räumlich auseinander, weil Käufer und Verkäufer an verschiedenen Orten wohnen.

Deshalb muss geklärt werden, zu welchem Zeitpunkt (Wann?) und an welchem Ort (Wo?) ein Kaufvertrag erfüllt werden muss. Wir bezeichnen diesen Ort als **„Erfüllungsort“** oder **„Leistungsort“**.

Der Erfüllungsort legt fest, wo die beiden Schuldner aus einem Kaufvertrag (**Warenschuldner, Geldschuldner**) ihre Leistung erbringen müssen. Grundsätzlich können beide Parteien den Erfüllungsort bei Kaufvertragsabschluss frei vereinbaren (**vertraglicher Erfüllungsort**).

Warenschuldner

München – Sitz des Verkäufers

Geldschuldner

Wasserburg – Wohnort des Kunden

Vertraglich kann sowohl München, Wasserburg oder auch ein anderer Ort als Erfüllungsort für die Warenübergabe bzw. Geldübergabe vereinbart werden, z. B.: Der Erfüllungsort für beide Teile ist München.

Auswirkungen des Erfüllungsortes

Die Wahl des Erfüllungsortes kann z. B. auf folgende Aspekte Einfluss haben:

- **auf den Preis:** Der Erfüllungsort kann sich auf den Preis auswirken, wenn z. B. Versandkosten übernommen werden müssen.
- **auf die korrekte Erfüllung:** Der Waren- und der Geldschuldner haben ihre Pflichten erst richtig erfüllt, wenn ihre Leistung (Warenlieferung, Geldübermittlung) am richtigen Ort erbracht wurde.
- **auf den Gerichtsstand:** Der Erfüllungsort hat einen Einfluss darauf, bei welchem Gericht im Falle eines Prozesses geklagt werden kann.

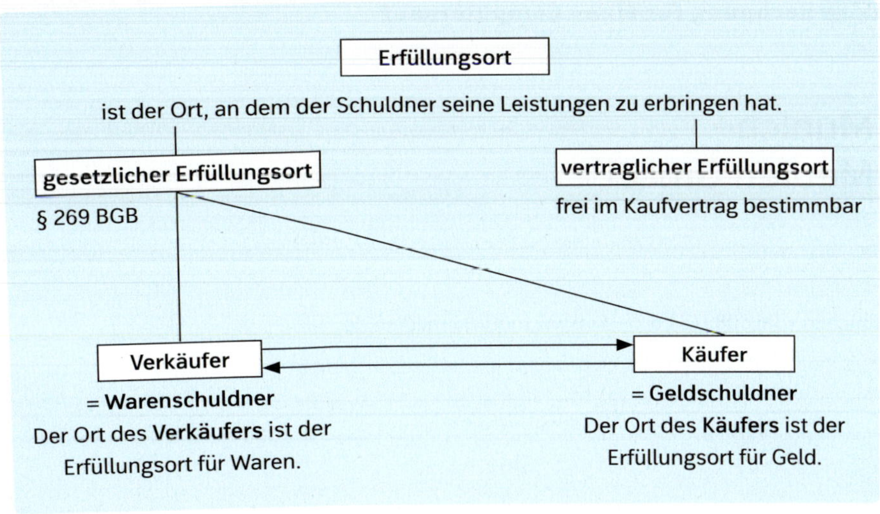

Wurde im Kaufvertrag nichts anderes vereinbart, so gilt die gesetzliche Regelung. Grundsätzlich gilt dann:

- **Warenschulden sind Holschulden.**

Der Käufer muss die gekaufte Sache beim Verkäufer abholen. Wohnen beide an verschiedenen Orten, so hat der Verkäufer seine Leistung erfüllt, wenn er die Ware ordnungsgemäß der Post oder einem Spediteur übergeben hat. Die Versandkosten trägt der Käufer, wenn vertraglich keine andere Vereinbarung getroffen worden ist.

- **Geldschulden sind Bringschulden.**

Der Käufer ist verpflichtet, den Kaufpreis auf seine Rechnung und Gefahr dem Verkäufer zu senden. Der Kaufvertrag ist erst dann erfüllt, wenn der Verkäufer den Kaufpreis erhalten hat.

INFO

Beim **Kauf im Internet** ist in der Regel ein Versendungskauf vereinbart, eine Holschuld scheidet damit aus.

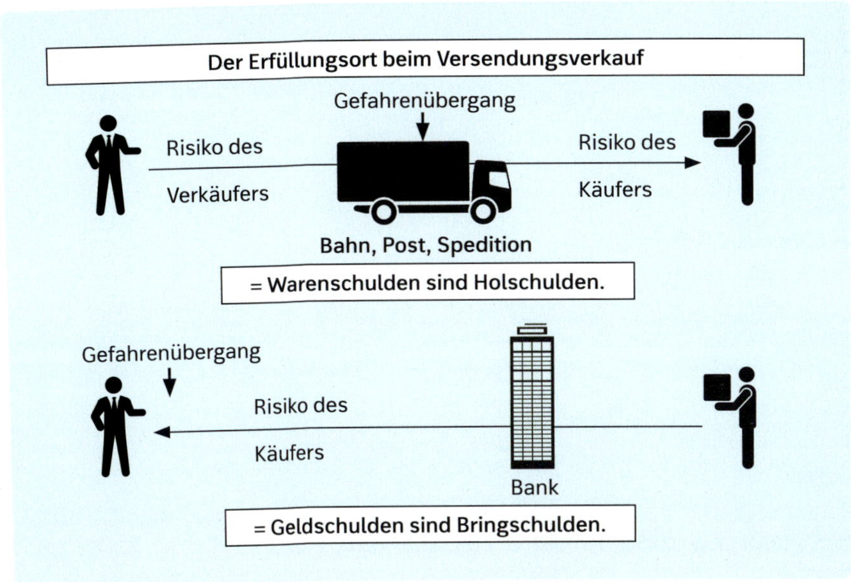

M2 Rechnung für einen Computerkauf

Munich Medien GmbH

Schwabinger Str. 12a-g • 85620 München • Tel.: 089/34xxxx-0 • www.munich-medien.de

Ella Schön
Färbereigasse 12
83512 Wasserburg

Datum: 11.03.20xx
Steuer-Nr.: 234/028/34182

Rechnung Nr.: 8216
(bei Zahlung bitte angeben)

Ihr Auftrag vom 03.03.20xx Auftrags-Nr.: 134/3 Kunden-Nr.: 2651

Sehr geehrte Frau Schön,
wir lieferten Ihnen am 03.03.20xx:

Pos.	**Menge**	**Art.-Nr.**	**Leistung**	**Einzelpreis (€)**	**Gesamtpreis (€)**
1	1	7890	PC Primary X1	Warenwert	675,00
			Versandkosten		5,00
				Netto	680,00

Nettowert:	Versand:	USt. 19%	**Rechnungsbetrag: 809,20 €**
675,00 €	5,00 €	129,20 €	

Zahlungsbedingungen:
Die Rechnung ist fällig am 03.04.20xx.
Bei Zahlung bis zum 21.03.20xx gewähren wir 2 % Skonto.
Die Ware bleibt bis zur vollständigen Bezahlung unser Eigentum.

Munich Medien GmbH
Schwabinger Str. 12a-g • 85620 München
E-Mail: kontakt@munich-medien.de
Fax: 089/34xxxx-89
Geschäftsführer: Sebastian Reiser
Registergericht München HRB 25140982
UStID-Nr. DE 123456789
Bankverbindung: Sparbank München • IBAN DExx 3345 2316 0502 xx • BIC SPBAxxxxx

M3 Lückentext

Aus der Rechnung in M2 ist zu ersehen, dass im Kaufvertrag die Lieferbedingung „_____①_____“ vereinbart worden ist.

Der Computer wurde Frau _____②_____ sofort geliefert. Aus der Rechnung geht hervor, dass der Rechnungsbetrag über _____③_____ bis zum _____④_____ zu begleichen ist (Zahlungsziel). Wäre hier kein Datum genannt, müsste der Betrag _____⑤_____ beglichen werden.

Die links stehende Rechnung sagt viel über den Erfüllungsort im Falle eines Versendungskaufes aus:

Der Erfüllungsort für die Ware ist _____⑥_____ (Ort des _____⑦_____). Weil hier laut Gesetz der Kunde verpflichtet ist, sich die Ware in _____⑧_____ abzuholen, muss er die Kosten für den Versand der Ware nach _____⑨_____ tragen. Weil der Erfüllungsort für die Zahlung _____⑩_____ ist, muss der _____⑪_____ den Betrag auf das Konto des Lieferers aus _____⑫_____ überweisen.

INFO

Zu den zwei unterschiedlichen Lieferbedingungen „ab Werk“ und „frei Haus“ siehe auch S. 99, Abschnitt b.

M4 Fernsehkauf mit Hindernissen

Frau Beyer kauft beim örtlichen Fernsehhändler Eisenhofer einen Fernseher. Sie vereinbart mit dem Verkäufer, dass er das Gerät liefert, aufstellt und die Programme einstellt. Der Verkäufer stolpert bei der Zustellung auf der Treppe vor der Wohnungstür und lässt den Karton mit dem Fernseher fallen. Das Gerät ist jetzt stark beschädigt.

AUFGABEN

1. Stelle das Wesen des gesetzlichen Erfüllungsortes (obere Grafik auf S. 193) heraus.
2. Ergänze mithilfe von M2 den Lückentext in M3 in deinem Heft.
3. a) *Partnervortrag:* Erkläre, warum im Fall M4 der Verkäufer für den Schaden haftet. Verwende dabei den Begriff „Gefahrenübergang“ und erläutere ihn.
   b) Arbeite aus der unteren Grafik auf S. 193 heraus, dass es für die Haftungsfrage ohne Bedeutung ist, ob der Kaufpreis schon im Geschäft entrichtet wurde oder erst bei der Lieferung zu bezahlen gewesen wäre.

Eigentumsvorbehalt

„Die Ware bleibt bis zur vollständigen Bezahlung unser Eigentum."

Diesen Vermerk nennt man **Eigentumsvorbehalt**.

§ 449 BGB Eigentumsvorbehalt

(1) Hat sich der Verkäufer einer beweglichen Sache das Eigentum bis zur Zahlung des Kaufpreises vorbehalten, so ist im Zweifel anzunehmen, dass das Eigentum unter der aufschiebenden Bedingung vollständiger Zahlung des Kaufpreises übertragen wird (Eigentumsvorbehalt) [...].

In der Regel wird ein Eigentumsvorbehalt dann vereinbart, wenn der Käufer den Kaufpreis nicht sofort entrichtet und der gelieferte Gegenstand nur erwartungsgemäß im Besitz des Käufers bleiben wird (z. B. Computer, Fahrzeuge). Ein Eigentumsvorbehalt bewirkt, dass der gelieferte Gegenstand zwar **dem Käufer übergeben** wird, aber bis zur vollständigen Bezahlung des Kaufpreises im **Eigentum des Lieferanten** verbleibt. Wird der Kaufpreis nicht entrichtet, holt der Lieferer den gelieferten Gegenstand wieder zurück.

Der Eigentumsvorbehalt ist auf diese Weise eine sehr gute Sicherung eines Warenkredits.

Allgemeine Geschäftsbedingungen (AGB) – das „Kleingedruckte"
Wegen der oft komplexen Wirtschaftsbeziehungen werden heute fast überall in der Wirtschaft zusätzliche Vertragsbedingungen (z. B. Lieferfristen, Zahlungsbedingungen, Eigentumsvorbehalt, Leistungsort) im Rahmen der Allgemeinen Geschäftsbedingungen (AGB) vereinbart.

§ 305 BGB Einbeziehung Allgemeiner Geschäftsbedingungen in den Vertrag

(1) Allgemeine Geschäftsbedingungen sind alle für eine Vielzahl von Verträgen vorformulierten Vertragsbedingungen, die eine Vertragspartei (Verwender) der anderen Vertragspartei bei Abschluss eines Vertrags stellt [...].

Hast du schon einmal die AGB bei einem Onlinekauf durchgelesen? Hier musst du ausdrücklich auf sie aufmerksam gemacht worden sein und musst ausdrücklich zustimmen.

☐ Ich habe die AGB oder Nutzungsbedingungen gelesen und stimme zu.

Falls du aber direkt im Laden kaufst, akzeptierst du die AGB automatisch.

Vertragsgrundsätze

In Deutschland herrscht grundsätzlich (aus den Grundrechten des GG abgeleitete) **Vertragsfreiheit**. Diese zeigt sich in folgenden Grundsätzen:

a) **Abschlussfreiheit:** Jeder kann frei entscheiden, ob, mit welchem Inhalt und mit wem er einen Vertrag abschließen möchte. Die Vertragsfreiheit findet jedoch ihre Grenzen, wenn z. B. Verträge abgeschlossen werden, die die Rechte bestimmter Personengruppen, wie Minderjährige oder Verbraucher, einschränken (siehe auch S. 174–179).

b) **Formfreiheit:** In der Regel sind die Willenserklärungen nicht an eine bestimmte Form gebunden (Formfreiheit). Nur bei manchen Verträgen empfiehlt sich vor allem wegen ihrer Bedeutung als Beweisgrundlage die Schriftform, wie bei einem Mietvertrag, einem Arbeitsvertrag oder beim Abschluss eines Darlehensvertrages. Beim Kauf einer Immobilie schreibt der Gesetzgeber sogar die notarielle Beurkundung vor.

c) **Inhaltsfreiheit:** Jeder kann frei über den Inhalt des Vertrags entscheiden. Ausgenommen davon sind Verträge, die gegen die guten Sitten (z. B. „Wuchergeschäfte", § 138 BGB) oder ein Gesetz verstoßen (z. B. Kauf von Drogen).

d) **„Treu und Glauben":** Dieser altmodisch und auch unbestimmt klingende Grundsatz der **„Vertragstreue"** gibt an, wie eine Leistung zu erfüllen ist. Er besagt, dass Verträge unbedingt einzuhalten sind, d. h., dass alles getan werden muss, die Leistung „treu" zu erbringen und so ein Vertrauen auf Zuverlässigkeit und Ehrlichkeit zu schaffen. In diesem Zusammenhang ist auch zu sehen, dass der Kunde (außer im Onlinekauf) beim Kauf einer einwandfreien Ware **kein gesetzliches Umtausch- oder Rückgaberecht** besitzt. Dieses Recht räumen die Geschäfte ihren Kunden allerdings oft freiwillig ein.

e) **Vertrauensschutz:** Der Grundsatz des Vertrauensschutzes beinhaltet, dass sich Privatpersonen (= Bürger) unbedingt auf schriftliche behördliche Zusicherungen verlassen können müssen. Behördliche Maßnahmen zum Schutze der Bürger erwecken ein Gefühl der Sicherheit. Dieses Vertrauen der Bürger in staatliche Behörden ist zu schützen.

INFO

Obwohl das Gesetz nur für ganz wenige Verträge Formvorschriften erlassen hat (siehe b), werden sehr viele Verträge schriftlich abgeschlossen, z. B. Handyverträge. Dabei kann jeder über SMS- oder Gesprächsflatrate und Datenvolumen frei entscheiden (siehe c).

§ 242 BGB Leistung nach Treu und Glauben

Der Schuldner ist verpflichtet, die Leistung so zu bewirken, wie Treu und Glauben mit Rücksicht auf die Verkehrssitte es erfordern.

AUFGABEN

1. Stelle das Wesen des Eigentumsvorbehalts (§ 449 BGB) heraus.
2. Bestimme die beiden Phasen des Kaufvertrages und unterscheide sie.
3. Erkläre die Aussage: „Kaufverträge werden in der Regel formfrei abgeschlossen."
4. Folgere, warum der Gesetzgeber beim Immobilienkauf die notarielle Beurkundung vorschreibt.
5. Immer wieder werden Behörden beschuldigt, Massenveranstaltungen ohne die notwendigen Vorsichtsmaßnahmen genehmigt zu haben. Recherchiere ein Ereignis, bei dem es zu großen Unfällen kam. Stelle einen Zusammenhang zu den Vertragsgrundsätzen d) und e) sowie zu deren Verletzung durch die Behörden her.

2.4 Pflichtverletzung bei Kaufverträgen

Nicht immer werden alle Kaufverträge in der Weise erfüllt, wie es die Vertragsparteien vereinbart haben. Wir sprechen dann von **Pflichtverletzungen**. Es lassen sich dabei verschiedene Formen unterscheiden:

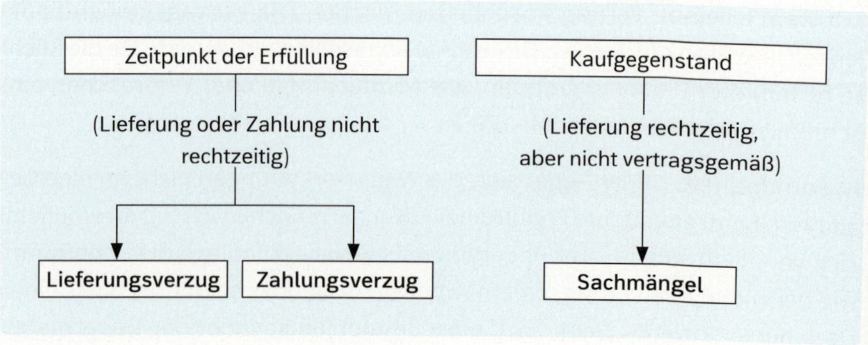

Lieferungsverzug (Nicht-Rechtzeitig-Lieferung)

Fallbeispiel:
Radio Rottmann hat mit Jakob Häusler einen Kaufvertrag über einen LED Smart TV mit einem großen Bildschirm abgeschlossen. Weil er inzwischen jedoch das letzte Gerät einem guten Freund verkauft hat, konnte Rottmann den vereinbarten Liefertermin zum Eröffnungsspiel der Fußball-WM am 1. Juni nicht einhalten.

Voraussetzungen für einen Lieferungsverzug

a) Fälligkeit
- Wenn der Liefertermin „nach dem Kalender bestimmt" ist, z. B. am 1. Juni (siehe Fallbeispiel oben).
- Die Lieferung von Osterhasen erfolgt erst am Dienstag nach Ostern.
- Ein Brautstrauß wird erst nach der Hochzeit geliefert.

In diesen Fällen mit einem bestimmtem Liefertermin ist **keine Mahnung** seitens des Käufers notwendig.

Wenn allerdings der **Liefertermin nicht genau bestimmt** ist, wie z. B. „Liefertermin Mitte Juli" oder „Liefertermin in einem Monat", dann ist unbedingt eine **Mahnung** notwendig, in welcher der Käufer dem Lieferer eine zumutbare Frist setzt.

b) Schuld
Den Lieferer im Fallbeispiel oben traf die Schuld an der verspäteten Lieferung, weil er mit voller **Absicht** (**vorsätzlich**) einen anderen Kunden vorgezogen hat. Auch ein **fahrlässiges Verhalten**, z. B. ein Versäumnis aus Schlamperei, hätte ein Verschulden des Lieferers bedeutet.

Kein Verschulden liegt bei **unvorhersehbarer höherer Gewalt** wie Brand, Hochwasser, Schneekatastrophe, Erdbeben usw. vor.

§ 280 BGB Schadensersatz wegen Pflichtverletzung

(1) Verletzt der Schuldner eine Pflicht aus dem Schuldverhältnis, so kann der Gläubiger Ersatz des hierdurch entstehenden Schadens verlangen. Dies gilt nicht, wenn der Schuldner die Pflichtverletzung nicht zu vertreten hat.

§ 286 BGB Verzug des Schuldners

(4) Der Schuldner kommt nicht in Verzug, solange die Leistung infolge eines Umstands unterbleibt, den er nicht zu vertreten hat.

Rechte des Käufers bei Lieferungsverzug

Der Käufer kann je nach Interesse zwischen diesen Rechten wählen.

- Auf nachträgliche Lieferung bestehen, eventuell ...
  - ... Schadensersatz neben der Leistung = Verzögerungsschaden (verspätete Lieferung)
- Mahnung schreiben und ggf. eine angemessene Nachfrist setzen, in welcher die Lieferung noch angenommen wird. Gleichzeitig die Ablehnung androhen. Nach der Frist ...
  - ... Schadensersatz statt der Leistung = Nichterfüllungsschaden (keine Lieferung)
  - ... Rücktritt vom Vertrag

M1 Berechtigter Rücktritt vom Kauf der Gartenliege?

Die Lieferung einer Gartenliege wird für Mitte Juni vereinbart. Am 20. Juni teilt der Kunde Forsch dem Möbelhändler Spät telefonisch mit, dass er keinerlei Interesse mehr an der Lieferung hat. Er werde sich noch heute die Gartenliege woanders kaufen.

§ 323 BGB Rücktritt wegen nicht oder nicht vertragsgemäß erbrachter Leistung

(1) Erbringt bei einem gegenseitigen Vertrag der Schuldner eine fällige Leistung nicht oder nicht vertragsgemäß, so kann der Gläubiger, wenn er dem Schuldner erfolglos eine angemessene Frist zur Leistung oder Nacherfüllung bestimmt hat, vom Vertrag zurücktreten.

M2 Streit um den Weihnachtsbaum

Deine Eltern bestellen in der Gartenabteilung des Baumarkts einen Christbaum. Nachdem am 24. Dezember vormittags immer noch keine Lieferung erfolgt ist, fragen deine Eltern nach und erfahren, dass der Baumarkt wegen eines Sturms keine Baumlieferung mehr erhalten hat und deshalb die Aufträge nicht erfüllen kann. Deine Eltern gehen zum örtlichen Gärtner und erstehen dort einen um 20 Euro teureren Baum. Die Mehrkosten stellen sie dem Baumarkt in Rechnung, da die Lieferung ja für Heiligabend zugesagt worden war.

AUFGABEN

1. a) Führt zu zweit das Telefongespräch aus M1 durch.
   b) Findet gemeinsam für Spät Argumente aus § 323 BGB (Randspalte auf S. 199), die ihm helfen, den Kaufvertragsrücktritt zu verhindern. Führt nun das entsprechende Telefonat vor der Klasse.
2. a) Ist der Baumarkt in Verzug geraten? Löse den Fall in M2 mithilfe des § 286 Abs. 2 und Abs. 4 BGB (S. 200 und Randspalte auf S. 198).
   b) Begründe mit § 280 BGB (Randspalte auf S. 198), ob deine Eltern Schadensersatz in Gestalt der Mehrkosten in Anspruch nehmen können.

Zahlungsverzug (Nicht-Rechtzeitig-Zahlung)

Hat ein Schuldner seine Schuld **zum vereinbarten Zeitpunkt nicht bezahlt**, so sprechen wir von **Zahlungsverzug**.

Fallbeispiel 1:
Familie Ohnesorg kauft für ihren neuen Fitnessraum eine Kraftstation für 3.500 Euro. Die Station wird am 14. Mai geliefert und die beiliegende Rechnung beinhaltet folgende Zahlungsbedingung: „Zahlung unter Abzug von 2 % Skonto innerhalb von 10 Tagen oder spätestens bis 14. Juni“. Herr Ohnesorg kommt leider in der Zwischenzeit in finanzielle Schwierigkeiten und lässt den Zahlungstermin verstreichen.

Ist Herr Ohnesorg mit seiner Zahlung im Verzug?

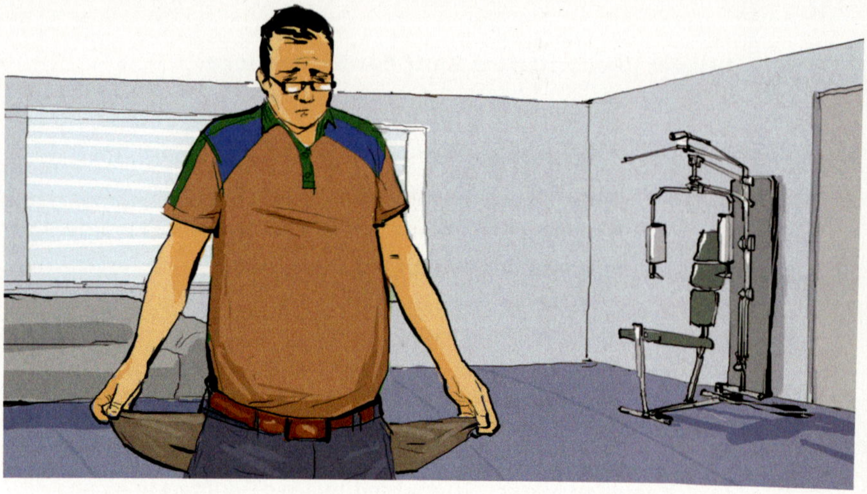

Bei der Lösung dieses Falles hilft dir das BGB:

§ 286 BGB Verzug des Schuldners

(1) Leistet der Schuldner auf eine Mahnung des Gläubigers nicht, die nach dem Eintritt der Fälligkeit erfolgt, so kommt er durch die Mahnung in Verzug [...].
(2) Der Mahnung bedarf es nicht, wenn
1. für die Leistung eine Zeit nach dem Kalender bestimmt ist [...].

Weil Herrn Ohnesorgs Schuld am 14. Juni fällig ist („nach dem Kalender bestimmt“), kommt er am 15. Juni auch ohne Mahnung in Verzug.

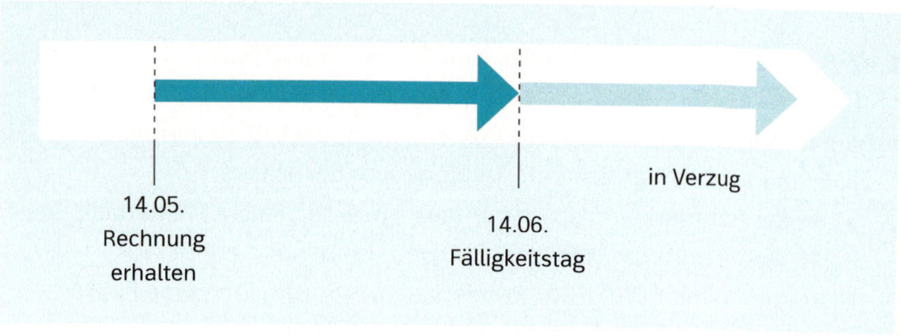

Fallbeispiel 2:
Da dem Nachbarn Benedikt Springer der Fitnessraum des Nachbarn sehr gefällt, möchte er sich auch einen solchen einrichten. Er beginnt mit der Anschaffung eines Laufbandes in einem Rosenheimer Sportgeschäft. Dieses wird am 1. April geliefert. In der mitgelieferten Rechnung steht folgende Zahlungsbedingung: „Die Rechnung ist sofort zahlbar." Genauso wie sein Nachbar lässt er fast sieben Wochen vergehen, ohne zu zahlen.

Ist Herr Springer in Verzug?

§ 286 BGB Verzug des Schuldners

(3) Der Schuldner einer Entgeltforderung kommt spätestens in Verzug, wenn er nicht innerhalb von 30 Tagen nach Fälligkeit und Zugang einer Rechnung oder gleichwertigen Zahlungsaufstellung leistet; dies gilt gegenüber einem Schuldner, der Verbraucher ist, nur, wenn auf diese Folgen in der Rechnung oder Zahlungsaufstellung besonders hingewiesen worden ist. [...]

Herr Springer ist nicht in Verzug. Als Verbraucher hätte er gemahnt werden müssen, weil er
- keinen festen Zahlungstermin hatte und
- in der Rechnung auf die Folgen einer verspäteten Zahlung hinzuweisen gewesen wäre.

Beim Fehlen eines konkreten Zahlungstermins schützt das Gesetz den in der Regel nicht so gut informierten Verbraucher durch diese Sonderregelung.

oder:

Hinweis:
Erfolgt innerhalb von 30 Tagen nach Zugang der Rechnung kein Zahlungseingang, kommen Sie automatisch in Zahlungsverzug.

Voraussetzungen des Zahlungsverzugs

1. Fälligkeit

2. Mahnung: Wann ist eine Mahnung notwendig?

keine Mahnung bei:
- festem Zahlungstermin
- bei unbestimmtem Zahlungstermin 30 Tage nach Rechnungseingang, wenn Hinweis für den Verbraucher, dass keine Mahnung erfolgen wird

Mahnung bei:
- unbestimmtem Zahlungstermin, z. B. „Zahlung sofort", 30 Tage nach Rechnungseingang – ohne Hinweis für den Verbraucher, dass keine Mahnung erfolgen wird

WEBCODE

WES-116647-421
Auf ihrer Homepage veröffentlicht die Deutsche Bundesbank gemäß § 247 BGB den jeweils aktuellen Basiszinssatz. Dieser ändert sich zum 1.1. und zum 1.7. eines jeden Jahres.

Welche Folgen hat der Zahlungsverzug?

- **Verzugszinsen:** Sie betragen für den Verbraucher 5 Prozent zuzüglich des jeweils geltenden Basiszinssatzes.
- alle **Auslagen**, die dem Gläubiger bisher entstanden sind, z. B. Bearbeitungsgebühren, Mahngebühren
- **Schadensersatz (Verzugsschaden)**, z. B. wenn sich der Gläubiger aufgrund mangelnder Liquidität einen teureren Kredit beschaffen muss

Abgesehen von der rechtlichen Situation versuchen die meisten Gläubiger, ihre Schuldner einfach erst einmal nur, an ihre Schuld zu „erinnern". Es gilt ja immer, die bestehende Geschäftsbeziehung zu erhalten.

Falls allerdings trotz Erinnerungsschreiben oder Mahnungen keine Zahlung erfolgt, kann der Gläubiger bei Gericht Klage erheben und das **gerichtliche Mahnverfahren** einleiten lassen.

M3 Entwicklung der Zahlungsmoral

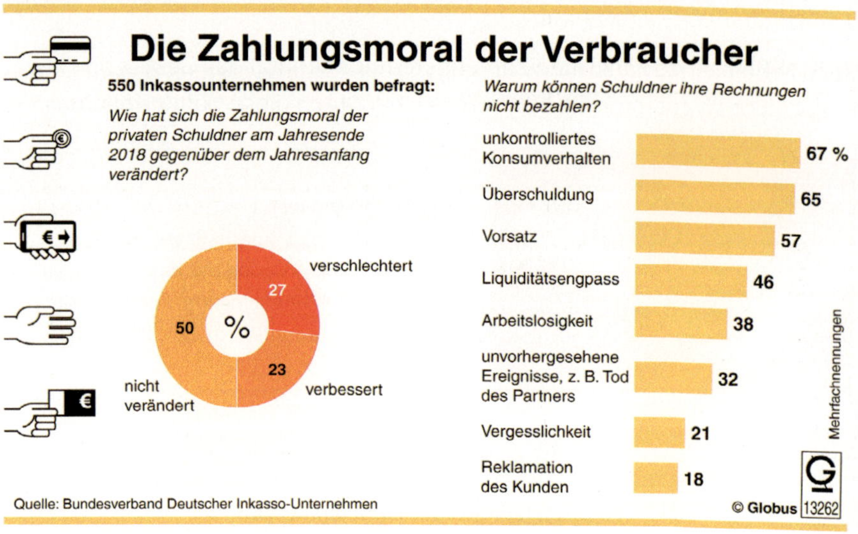

AUFGABEN

1. *Stühletausch:* Erkläre die Aussage: „Nicht pünktlich bezahlte Rechnungen können zu einer Kettenreaktion führen."
2. Beurteile folgende Aussage: „Das BGB schützt den Verbraucher bei einem möglichen Zahlungsverzug."
3. Recherchiere im Internet den aktuellen Basiszins und ermittle den derzeit geltenden Verzugszinssatz für den Verbraucher (Webcode oben).
4. Analysiere die Grafik M3 mithilfe der *Methode* auf S. 22:
   a) Beschreibe, wie sich die Zahlungsmoral verändert hat.
   b) Nenne die zwei häufigsten Gründe für den Zahlungsverzug.
   c) Erkläre, was hier der Begriff „Mehrfachnennungen" bedeutet.

Sachmängel

Fallbeispiel:
Amelie kauft sich mit ihrem Vater ein Smartphone. Nach zweiwöchiger Nutzung lässt es sich wegen eines Wackelkontakts nicht mehr aufladen. Die beiden gehen in das Geschäft und zeigen dem Verkäufer das defekte Handy. Dieser schlägt ihnen vor, es für ein paar Tage im Geschäft zu lassen, damit es gegebenenfalls repariert werden kann. Amelie kann sich aber keinen Tag ohne ihr Handy vorstellen und möchte sofort ein neues bekommen.

In diesem Fall handelt es sich, wie bei den letzten beiden Kaufvertragsstörungen auch (S. 198–202), um eine Pflichtverletzung. Jedoch liegt sie nicht darin, dass eine Leistung zu spät erfüllt wird. Vielmehr liegt der Fehler in der gelieferten Sache selbst. Es handelt sich hier um einen sogenannten **Sachmangel**.

Arten der Mängel

Wer eine Ware geliefert bekommt, sollte unverzüglich prüfen:

- Wurde die gleiche Sache geliefert, die bestellt wurde?
- Wurde die bestellte Menge geliefert?
- Ist die gelieferte Ware fehlerfrei, ist sie für die vorausgesetzte Verwendung geeignet?
- Wurde die Montage sachgerecht durchgeführt (wichtig z. B. bei Möbeln und Installationen) oder (bei „do it yourself") ist die Montageanleitung eindeutig und fehlerfrei?

Sachmängelarten				
Beschaffenheitsmängel (fehlerhafte Ware)	**Montagemängel**		**Falschlieferung**	**Minderlieferung**
entspricht nicht der vertraglichen Beschaffenheit und eignet sich nicht für die vertraglich vorausgesetzte Verwendung	Montagefehler	mangelhafte Montageanleitung	andere Sache geliefert	zu geringe Menge geliefert
	unsachgemäße Montage des Verkäufers	Folge: falsche Montage durch den Käufer („Ikea-Klausel“)		
Beispiele				
defekte Fahrradbremse	falsche Druckerinstallation	fehlerhafte Anleitung für den Bau eines Modellflugzeugs	Fußball statt Volleyball	4 statt 10 Stück

AUFGABEN

1. Gib an, welcher Mangel im obigen Fallbeispiel vorliegt.
2. Benenne die Ansprüche, die Amelie zu besitzen glaubt.
3. Überprüfe mithilfe der nächsten Seiten (S. 204/205), ob du Amelies Ansprüche für berechtigt hältst.

INFO

- Immer den Kassenbeleg aufheben (möglicher Nachweis bei Reklamationen)!
- Ware immer sofort überprüfen!
- Die Gewährleistung gilt auch für reduzierte Ware, wenn ein Mangel vorliegt (falls dieser nicht ausdrücklich Grund für den Preisnachlass war).

Der Mangel muss genau bezeichnet werden. Es stärkt in jedem Fall die Rechtsposition des Kunden, wenn er den Mangel möglichst sofort anzeigt, ihn genau bezeichnet und ihn schriftlich darlegt.

M4 Auszug aus einem Reklamationsschreiben

Passau, den 01.09.20xx

Sehr geehrte Damen und Herren,

am 01.04.20xx habe ich bei Ihnen den Heim-Video-Beamer High-Tech X 680 gekauft. Leider lässt er sich seit gestern nicht mehr einschalten.

Ich bitte Sie um kostenfreie Reparatur, denn ich würde dieses Modell weiterhin gerne nutzen.

Bitte rufen Sie mich zwecks einer Terminvereinbarung für eine kostenfreie Abholung oder Neulieferung an.

Mit freundlichen Grüßen

Ralph Krüger

Wie wir hier sehen, reklamiert der Kunde nach fünf Monaten. Hat er nach dieser Zeit überhaupt noch einen der in dem Brief gestellten Ansprüche?

Gewährleistungsfrist

Die Gewährleistungsfrist ist jener Zeitraum, in dem ein Unternehmen (Hersteller oder Verkäufer) für einen Mangel einzustehen hat. Sie beträgt zwei Jahre ab Übergabe der Sache an den Kunden.

Die **gesetzliche Gewährleistung** darf nicht mit der **freiwilligen Garantieleistung** verwechselt werden. Während die gesetzliche Gewährleistung immer gilt, kann auf die Garantieleistung nur zurückgegriffen werden, wenn der Händler oder der Hersteller sie im Einzelfall freiwillig anbietet.

Je länger die Auslieferung zurückliegt, desto schwerer ist der Nachweis, ob der Mangel bereits bei der Übergabe bestanden hat oder erst später durch einen Fehler des Kunden verursacht wurde.

Im Gesetz ist dies durch die sogenannte **„Beweislast“** geregelt. Sie besagt, wer wann seinem Vertragspartner etwas beweisen muss.

Die Beweislast liegt

bis 6 Monate	später (max. 2 Jahre)
beim Unternehmen (Hersteller/Verkäufer)	beim Käufer

Rechte des Käufers bei Mängeln

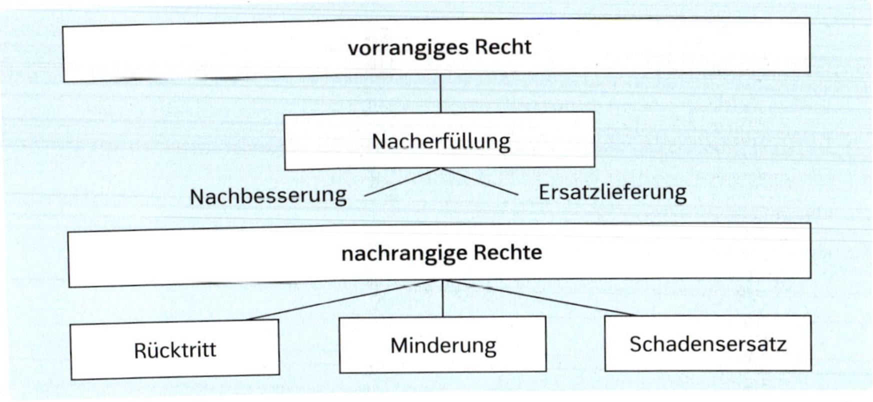

INFO

Rechtsprinzip „Vertragstreue“
(siehe S. 197)
Nacherfüllung hat Vorrang vor Rücktritt!

Vorrangiges Recht: Nacherfüllung

Der Käufer kann zwischen zwei Möglichkeiten wählen:

- Neu- oder Ersatzlieferung (Lieferung einer mangelfreien Sache)
  Beispiel: Das Touchpad am Tablet ist defekt. Hier ist meist der Ersatz des Geräts am sinnvollsten. (Beachte: Neu- und Ersatzlieferung ist nur möglich bei Gegenständen, die serienmäßig hergestellt werden.)
- Nachbesserung (Reparatur)
  Beispiel: Der defekte Anlasser am Auto wird durch einen neuen ersetzt.

Ist dem Verkäufer die vom Verbraucher gewählte Art der Nacherfüllung nicht zuzumuten bzw. nur mit unverhältnismäßig hohen Kosten möglich, kann er sie ablehnen und eine andere Form der Nacherfüllung wählen.

Nachrangige Rechte: Rücktritt vom Vertrag, Minderung, Schadensersatz

Auf das Recht auf Rücktritt sowie das Recht auf Minderung des Kaufpreises hat der Käufer nur Anspruch, wenn zwei durchgeführte Reparaturen erfolgslos waren oder die Ware gar nicht mehr geliefert werden kann.

Ist dem Käufer zusätzlich ein Schaden entstanden, hat er das Recht auf Schadensersatz für entstandene Aufwendungen und auch Folgeschäden.
Beispiel: Durch Kurzschluss explodiert der Mixer und überall in der Küche sind die Spritzer vom roten Fruchtsaft. Die Wände müssen neu gestrichen werden. Der Hersteller hat den Verkäufer auf die defekten Kontakte hingewiesen und einen Verkauf dieser Serie verboten.

AUFGABEN

1. *Think-Pair-Share:* Unterscheide Garantie und Gewährleistung.
2. Erkläre das Wesen der sogenannten Beweislastumkehr.
3. Beurteile, ob Ralph Krüger (M4) Gewährleistungsansprüche hat.
4. Unterscheide die Prinzipien „Vor- und Nachrangigkeit“ im Kaufrecht.
5. Nenne Voraussetzungen für Rücktrittsmöglichkeiten vom Kaufvertrag im Falle einer mangelhaften Lieferung und grenze den Rücktritt vom Umtausch ab.

M5 **Nass im wetterfesten Zelt**

Georg bekommt zum Geburtstag ein neues, in der Werbung als wetterfest bezeichnetes Trekkingzelt geschenkt. Als er mit seinen Kumpels über das Wochenende auf ein Musikfestival fährt, prasselt ein starkes Gewitter nieder. Die Jungs werden in der Nacht tropfnass, denn das Zeltdach lässt den Regen nach fünf Minuten ungehindert durch.

M6 **Undichte Waschmaschine**

Simon kauft sich für seine erste eigene Wohnung eine neue Waschmaschine. Nachdem sie fünf Monate einwandfrei funktioniert hat, muss er allerdings plötzlich feststellen, dass aus der Maschine Wasser läuft. Erschrocken stellt er die Waschmaschine sofort ab und wischt den nassen Boden auf.

M7 **Umtausch von reduzierter Ware?**

Lorenzo hat eine reduzierte Jeansjacke gekauft. Zu Hause stellt er fest, dass der Reißverschluss klemmt. Er geht zurück und möchte eine andere reduzierte Jacke oder den Kaufpreis zurückhaben. Die Verkäuferin weist ihn darauf hin, dass Ausverkaufsware vom Umtausch ausgeschlossen ist.

M8 **Brand durch defekte Lichterkette**

Ilse Sommer kauft in einem Elektronikfachmarkt eine Lichterkette für ihr nächstes Fest. Diese verursacht in ihrer Wohnung wegen eines Kurzschlusses einen Zimmerbrand. Der Defekt dieses Modells war beim Hersteller bereits bekannt und der Verkäufer wurde vom Hersteller ausdrücklich darauf hingewiesen, diese Lichterkette aus dem Verkauf zu nehmen.

M9 Yasmin und Isabella kaufen Joggingschuhe

a) Yasmin hat um 30 Euro reduzierte Schuhe gekauft. Zu Hause stellt sie fest, dass ihr die Farbe der Schuhe nun doch nicht gefällt.

b) Ihre Freundin Isabella findet ebenfalls ein Paar Joggingschuhe. Auch sie zahlt einen reduzierten Preis. Nach zwei Joggingrunden reißen die seitlichen Nähte auf.

Beide gehen nach einer Woche ins Geschäft und möchten ihre Schuhe umtauschen.

AUFGABEN

1. Gruppenarbeit: Tauscht eure Erfahrungen mit fehlerhafter Ware aus.
   - Welche Rechte hättet ihr laut Gesetz gehabt?
   - Wie haben sich die Verkäufer in der Realität verhalten?
   - Welche Gründe gibt es für das Verhalten der Händler?

   Die Gruppensprecherin bzw. der Gruppensprecher präsentiert euer Ergebnis vor der Klasse.
2. a) Gib an, um welchen Mangel es sich in M5 handelt.
   b) Georgs Eltern bringen das defekte Zelt zurück. Nenne alle Ansprüche, die sie gegenüber dem Verkäufer geltend machen können.
   c) Erläutere, von welchem Recht sie sinnvollerweise Gebrauch machen werden.
3. 💡 Begründe, ob sich Simon auf sein Gewährleistungsrecht berufen kann (M6).
4. Der Geschäftsinhaber weist Lorenzo (M7) auf die Umtauschregelung für reduzierte Ware hin und ergänzt: „Du kannst meinetwegen einen Gutschein haben. Eine andere Jacke kann ich dir leider nicht geben, weil keine vorrätig ist. Dies mache ich aber nur kulanterweise. Verpflichtet bin ich dazu nicht."
   Beurteile die Aussage des Geschäftsinhabers.
5. a) Bestimme, um welchen Mangel es sich im Fall M8 handelt.
   b) Ilse Sommer wendet sich an einen Rechtsanwalt, der mit dem Geschäft Kontakt aufnimmt und die Ansprüche von Frau Sommer darlegt. Begründe jeweils einzeln, welche das sein könnten.
6. Vergleiche beide Fälle in M9 und arbeite die Unterschiede bei den jeweiligen Rechtsansprüchen auf Umtausch heraus, wenn an der Kasse beim Einkauf das Schild „Ausverkaufsware ist vom Umtausch ausgeschlossen" angebracht war.

INFO

Monopol
alleiniger Anspruch

3 Strafrecht

3.1 Das staatliche Strafmonopol

Die Ordnungs- und Schutzfunktion des Staates

Fallbeispiel 1:
Franz Weininger steigt nach einer Betriebsfeier trotz reichlichen Alkoholgenusses in sein Auto und macht sich auf den Heimweg. In der Dunkelheit übersieht er an einem Fußgängerübergang den 18-jährigen Moritz Weber. Sein Fahrzeug drückt den Jungen mit voller Wucht gegen einen Zaun. Herbeieilende Passanten setzen sofort einen Notruf ab und kümmern sich um den Schwerverletzten.

Weil der Unfall kurz vor dem Elternhaus von Moritz passiert ist, eilt sein Vater Arthur Weber zur Unfallstelle. Nach dem Abtransport seines Sohnes rennt er auf den Autofahrer zu, der gerade auf dem Weg zum Polizeiwagen ist, wo er einen Blutalkoholtest machen soll. Der völlig verzweifelte Vater schlägt so lange wütend auf den stark nach Alkohol riechenden Fahrer ein, bis ihn ein Polizist zurückhält.

In diesem Fallbeispiel hat sich Franz Weininger durch die lebensgefährliche Verletzung des jungen Mannes unter Alkoholeinfluss strafbar gemacht.

Allerdings darf in unserem heute bestehenden Rechtssystem nicht jeder selbst den Täter fassen und ihn dann womöglich auch selbst bestrafen. Diese **Selbstjustiz** würde in ihrer Willkürlichkeit meist zu noch größerem Unrecht führen und **widerspricht unserer gängigen Rechtsordnung**.

Die **Strafe** ist eine Maßnahme, die der **Staat** gegen einen Menschen ergreift, der eine strafbare Handlung begangen hat. Die Strafe ist ein **Mittel**, den durch Straftaten gestörten **Rechtsfrieden** wiederherzustellen.

er **Staat** hat im Rahmen seiner **Ordnungs- und Schutzfunktion** alleine das echt, Angriffe auf seine Rechtsordnung abzuwehren und im Zuge dessen enschen zu bestrafen. Man spricht in diesem Zusammenhang auch von nem **Strafmonopol** des Staates.

rundlage für diese staatliche Macht sind die vom Parlament im Rahmen der esetzgebung geschaffenen **Strafgesetze**. Mit diesen Strafgesetzen legt das arlament fest, welche Handlungen strafbar sind, d.h., welche Taten die emeinschaft und das Zusammenleben der Menschen beeinträchtigen.

n Rahmen seines Strafmonopols hat der Staat folgende Aufgaben:

- **Ermittlung von Straftaten:**
  Nur Polizeibehörden und die Staatsanwaltschaft sind berechtigt und verpflichtet, Täter zu ermitteln und zu ergreifen.
- **Verurteilung von Straftätern:**
  Unabhängige Gerichte fällen ihr Urteil und legen entsprechende Strafen fest.
- **Vollzug der verhängten Strafe:**
  Allein staatliche Behörden, wie z.B. Justizvollzugsanstalten, sind für den Strafvollzug zuständig.

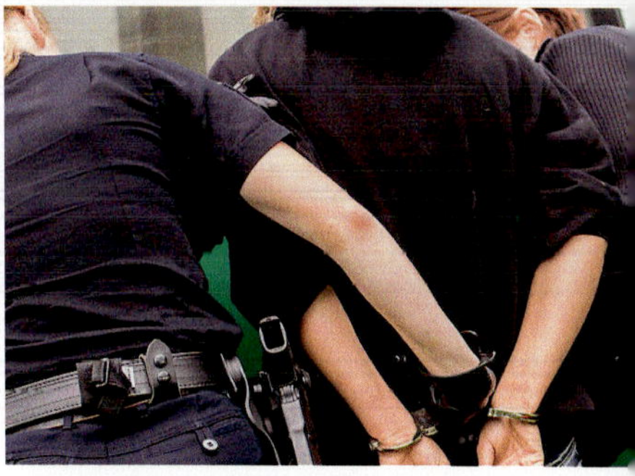
Ermittlung von Straftaten

Verurteilung von Straftätern

Vollzug der verhängten Strafe

Fallbeispiel 2:
Vroni kauft ein Buch. Zu Hause stellt sie allerdings fest, dass zehn Seiten fehlen. Daher nimmt sie das Buch am nächsten Tag mit in die Schule, weil sie es am Nachmittag in die Buchhandlung zurückbringen möchte. Völlig unbeobachtet stiehlt Reni das Buch in der Pause aus Vronis Rucksack.

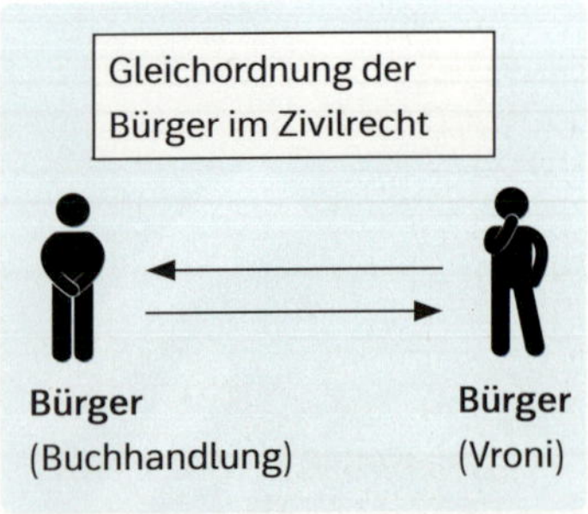

Der Kauf des Buches ist eine zivilrechtliche Angelegenheit, die das Bürgerliche Gesetzbuch (BGB) regelt. Das **Zivilrecht** (siehe S. 170) betrifft die Rechtsbeziehungen der Bürger untereinander, wie hier die Beziehung der Buchhandlung zu Vroni. Es basiert auf dem Grundsatz der Gleichordnung.

Erst durch den Diebstahl ist die Rechtsordnung gestört worden und der Staat wird in seiner Funktion als Ordnungshüter aufgerufen. Er bestraft Angriffe auf die Rechtsordnung, die mit Rücksicht auf das Interesse der Gemeinschaft und ihr Zusammenleben nicht erlaubt werden können.

Das wichtigste Buch aus dem Bereich des Strafrechts ist das Strafgesetzbuch (StGB). Es ist im Gegensatz zum bürgerlichen Recht (BGB) hoheitliches Recht, d. h., es wird durch den Staat und seine Organe ausgeübt und basiert auf dem Grundsatz der Unterordnung der Bürger unter den Staat.

M1 Ist das erlaubt?

AUFGABEN

1. Erkläre mithilfe der Schaubilder oben, wodurch sich die Rechtsbeziehungen im bürgerlichen Recht vom Strafrecht unterscheiden. Nutze dafür auch S. 170.
2. Problematisiere die Bestrafung durch Arthur Weber im Fallbeispiel 1.
3. a) Erinnere dich an die Regelungen aus dem Kaufrecht im BGB und nenne Vronis Ansprüche gegen die Buchhandlung im Fallbeispiel 2.
   b) Vroni ist nach der Entdeckung des Diebstahls sehr wütend und leert alle Rucksäcke ihrer Mitschüler, die sie zu fassen bekommt, auf dem Boden aus (M1). Einige möchten dies jedoch nicht und verweigern Vroni dieses Vorgehen. Beurteile die Argumentation von Vroni: „Ich darf das im Interesse unserer Klassengemeinschaft tun."
   c) Beschreibe ein in deinen Augen angemessenes Verhalten von Vroni und stelle dabei einen Zusammenhang mit der Ordnungs- und Schutzfunktion des Staates her.
4. *Stühletausch:* „Das Strafrecht ist das schärfste Schwert des Staates." Belege diese Aussage.

Der Zweck des staatlichen Strafens

Fallbeispiel 3:
Ein Schiedsrichter reagiert auf das schwere Foul eines Fußballspielers mit der roten Karte.

Der Spieler hat gegen die Spielregeln verstoßen und wird demzufolge bestraft. Der Schiedsrichter muss dafür sorgen, dass das Spiel fair und regelgerecht fortgesetzt wird.

Genauso wie im Sport müssen auch für uns alle Regeln gelten, die unser Zusammenleben friedlich und ordnungsgemäß ermöglichen. Diese Aufgabe der Ordnungs- und Schutzfunktion erfüllt der Staat, indem er einzelne Täter bestraft. Die **Strafe** soll bei den **Tätern bestimmte Wirkungen** erzielen.

Es geht jedoch beim Strafen nicht nur um den einzelnen Täter. Denn die gegen den Einzelnen ausgesprochene Strafe bleibt kein Geheimnis. Gerichtsverhandlungen sind in der Regel öffentlich. Auch in den Zeitungen wird darüber berichtet. Wir bilden uns eine Meinung über das Vorgefallene, über die Persönlichkeit des Täters (z. B. wie er vor Gericht reagiert, ob er Einsicht und Reue zeigt oder nicht) und über die verhängte Strafe.

Auf diese Weise wirken die strafbare Handlung und ihre Folgen auf die **gesamte Gesellschaft** zurück. Wir müssen uns daher fragen:

Welche Ziele hat die vom Staat für ein bestimmtes Delikt angedrohte oder von einem Richter verhängte Strafe?

Wir können **zwei Hauptziele der Strafe** unterscheiden: **Vergeltung und Vorbeugung** (Prävention).

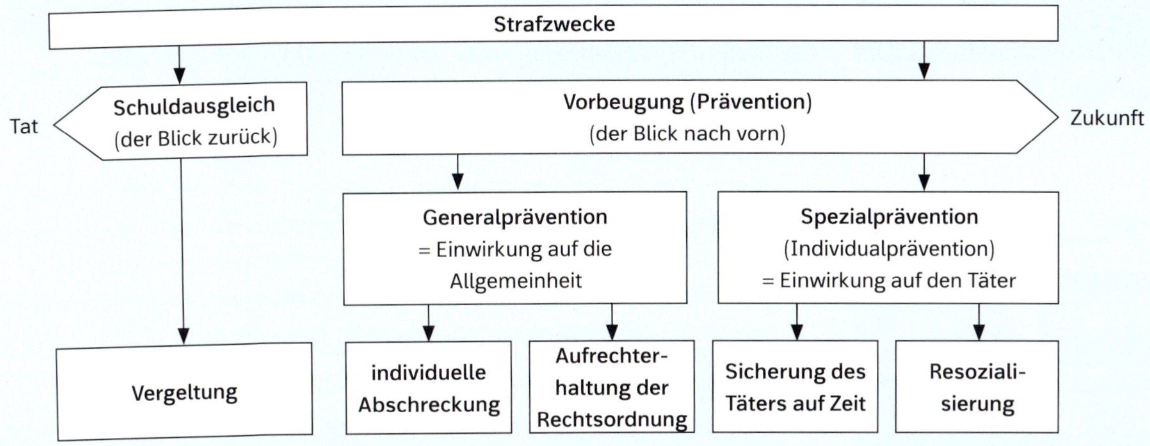

In unserem Strafrecht kommen alle dargestellten Strafzwecke zum Tragen. Die Resozialisierung und die Aufrechterhaltung der Rechtsordnung stehen in neuerer Zeit bei der Fortentwicklung des Strafrechts im Vordergrund.

Keiner der Strafzwecke wird heute isoliert angewandt. Vielmehr steht der Einzelfall in seiner Vielschichtigkeit im Vordergrund. So sind z. B. bei einem jugendlichen Täter die Resozialisierungsmaßnahmen vorrangig, während ein gefährlicher Wiederholungstäter zum Schutze der Allgemeinheit inhaftiert und eventuell dauerhaft zur Sicherung verwahrt wird.

Elektrischer Stuhl in den USA. In Deutschland ist die Todesstrafe seit 1949 laut Grundgesetz verboten.

Vergeltung
Der Strafzweck der Vergeltung sieht nur die begangene Tat als solche und verfährt nach dem Grundsatz: „Wie du mir, so ich dir." In dieser Straftheorie finden z. B. auch die grausamen Hinrichtungsarten des Mittelalters ihre Begründung. Eine begangene Tat soll durch eine vergleichbare Handlung ausgeglichen werden: Wer auf brutale Weise einen Menschen umbringt, hat selbst sein Leben verwirkt. Die Situation des Täters und die besonderen Umstände zum Zeitpunkt der Tat werden nicht beachtet.

Abschreckung
Ein wesentlicher Zweck von Strafen ist die Verhinderung weiterer Straftaten (Prävention). So sollen durch die Androhung einer hohen Strafe im Allgemeinen oder durch Verhängung einer besonders schweren Strafe im Einzelfall mögliche andere Straftäter abgehalten werden.

Kunsttherapie in der JVA Aichach

Aufrechterhaltung der Rechtsordnung
Dieser Strafzweck sieht nicht nur den einzelnen Täter, sondern das geordnete Zusammenleben der Menschen als Wert an sich. Konsequente Verbrechensbekämpfung und Strafverfolgung dienen dazu, das Vertrauen der Bürger in die Rechtsordnung zu erhalten. Sie sollen die Sicherheit haben, dass der Staat ihre Rechte schützt und Rechtsbrecher konsequent verfolgt.

Resozialisierung
Der Täter soll dazu gebracht werden, sich wieder in die Gesellschaft einzugliedern und in Zukunft keine Straftat mehr zu begehen. Im Mittelpunkt stehen Maßnahmen während des Freiheitsentzugs. Dazu gehören z. B.:

- psychologische Betreuung während der Haft, um das eigene Fehlverhalten aufzuarbeiten,
- Erlernen eines Berufes in der Haftanstalt, um nach der Haft bessere Chancen für die Wiedereingliederung in die Gesellschaft zu erreichen,
- leistungsgerechte Entlohnung, damit der Straffällige seine Familie unterstützen oder einen angerichteten Schaden wiedergutmachen kann,
- Vermittlung einer Arbeitsstelle nach der Haftentlassung.

Einrichtung für Sicherungsverwahrung

Sicherung
Jede Gefängnisstrafe ist zwar eine sehr harte Bestrafung, aber letztendlich dient sie auch dazu, die Gesellschaft vor dem Täter zu schützen. Besonders notwendig erscheint dieser Aspekt bei gefährlichen Gewalt- und Sexualstraftätern, für die sogar die Sicherungsverwahrung angeordnet werden kann. Diese wird im Anschluss an die Freiheitsstrafe durchgeführt (siehe dazu auch S. 223).

M2 Verschiedene Strafzwecke

Strafe des Untertauchens

Häftlinge in der Gefängniswäscherei

M3 Das Problem der Rückfälligkeit

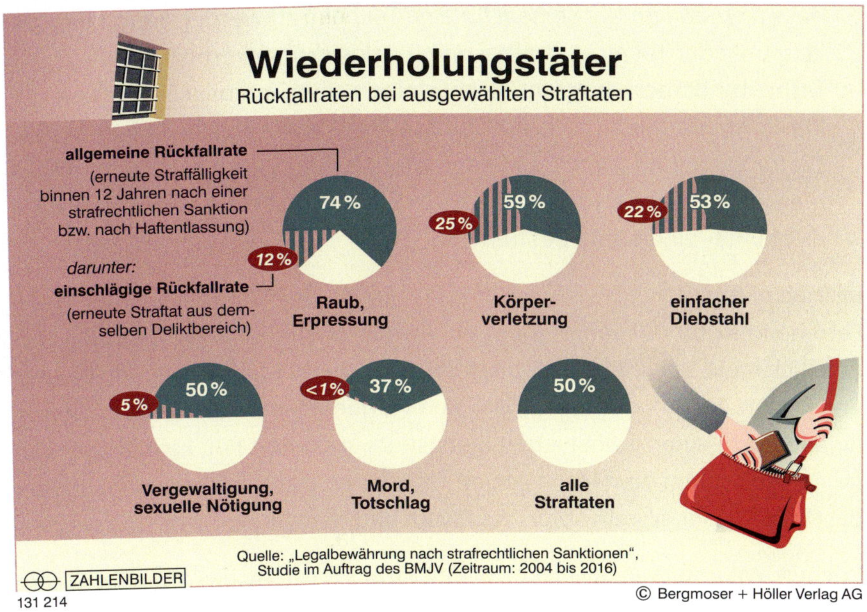

AUFGABEN

1. Placemat: Konkretisiere, mit welchen Maßnahmen der Staat den Bürgern das Bewusstsein vermitteln kann, dass Rechtssicherheit besteht.
2. Vergleiche die Bilder in M2 im Hinblick auf den dargestellten Strafzweck.
3. a) Ermittle aus M3, bei welchen Straftaten die Wiederholungsrate besonders hoch bzw. niedrig ist, und nenne mögliche Gründe hierfür.
   b) Schätze ein, aus welchen Gründen
   - Jugendliche eine höhere Rückfallquote verzeichnen als Erwachsene.
   - Männer eher rückfällig werden als Frauen.

   c) Entwickelt im Klassengespräch mögliche Lösungsansätze, um Wiederholungstaten zu verhindern.
4. „Die Strafe hat keine abschreckende Wirkung, weil jeder Täter glaubt, nicht erwischt zu werden." Diskutiert diese Aussage.

WEBCODE

WES-116647-431
Hier findest du das Strafgesetzbuch im Internet.

INFO

Rechtsstaat
Wesen eines Rechtsstaats ist es, dass das Handeln aller staatlichen Organe ausschließlich im Rahmen bestehender Gesetze erfolgt.

3.2 Grundsätze der Rechtsstaatlichkeit im Strafrecht

Eine Strafe – wie im extremsten Fall die Freiheitsstrafe – stellt einen starken Eingriff des Staates in das Leben seiner Bürger dar. Um die Menschen vor Willkür zu schützen, ist eine Bestrafung an bestimmte Grundsätze gebunden. Grundlegend ist hierbei das sogenannte **Gesetzlichkeitsprinzip**:

> **§ 1 StGB Keine Strafe ohne Gesetz (wiederholt Art. 103 Abs. 2 GG)**
>
> Eine Tat kann nur bestraft werden, wenn die Strafbarkeit gesetzlich bestimmt war, bevor die Tat begangen wurde.

Dieser Paragraf besagt u. a.:

- Für jede Tat muss es eine gesetzliche Grundlage geben. Dies heißt auch, dass niemand im Nachhinein für eine Tat bestraft werden kann, die zum Zeitpunkt der Tat nicht strafbar war (**Rückwirkungsverbot**).
- **Tatbestandsmerkmale** und **Rechtsfolgen** einer Tat müssen **im Gesetz klar formuliert** sein, sodass der Täter genau weiß, welche Folgen seine Tat für ihn haben kann. Das Gesetz gibt hierfür einen gewissen Strafrahmen an, z. B. wird laut § 249 StGB ein Räuber „mit einer Freiheitsstrafe nicht unter einem Jahr bestraft."

Fallbeispiel 1:
Ferdinand Krafft (24 Jahre) joggt am frühen Abend im Englischen Garten. Plötzlich stellt sich ihm ein Mann in den Weg, bedroht ihn mit einem Messer und fordert ihn auf, das Handy und den Geldbeutel herauszugeben. Da Ferdinand Krafft einen Selbstverteidigungskurs absolviert hat, kann er sich befreien und schlägt dem Mann gezielt ins Gesicht. Dabei bricht er dem Räuber die Nase. Dieser ergreift sofort die Flucht und rennt ohne Diebesgut weg.

Wichtig: Wir untersuchen hier nicht den Straftatbestand des Raubs, sondern klären hier ausschließlich die Frage:

Muss sich Ferdinand Krafft wegen Körperverletzung verantworten?

Um entscheiden zu können, ob sich Ferdinand Krafft der Körperverletzung schuldig gemacht hat und für diese bestraft werden kann, müssen wir die drei Voraussetzungen für die Strafbarkeit einer Tat genauer untersuchen.

Die drei Grundvoraussetzungen für die Strafbarkeit einer Tat sind:

Tatbestandsmäßigkeit + Rechtswidrigkeit + Schuld

Eine Tat ist nur dann strafbar, wenn **alle drei Voraussetzungen** erfüllt sind. Entfällt nur einer der drei Teile, liegt keine Straftat vor.

Tatbestandsmäßigkeit

Zu prüfen ist immer, ob **alle im Gesetz genannten Elemente eines strafbaren Tatbestandes genau erfüllt** sind, das heißt im Fallbeispiel 1: Liegt eine tatbestandsmäßige Handlung laut § 223 StGB Körperverletzung vor?

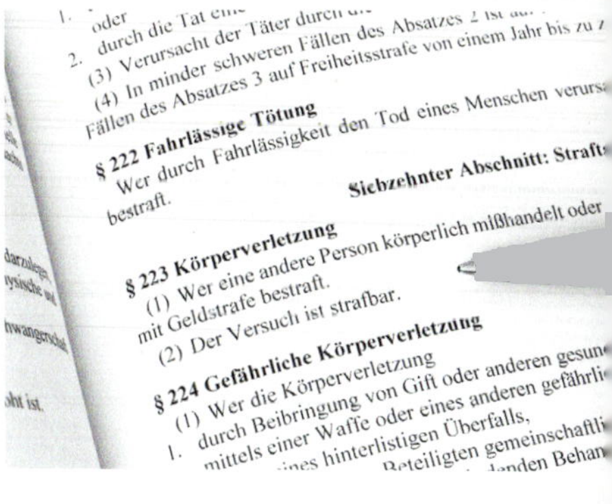
oder
durch die Tat ...
(3) Verursacht der Täter durch ...
(4) In minder schweren Fällen des Absatzes 3 auf Freiheitsstrafe von einem Jahr bis zu ...
Fällen des Absatzes ...
§ 222 Fahrlässige Tötung
Wer durch Fahrlässigkeit den Tod eines Menschen verurs...
bestraft.
Siebzehnter Abschnitt: Straft...
§ 223 Körperverletzung
(1) Wer eine andere Person körperlich mißhandelt oder ...
mit Geldstrafe bestraft.
(2) Der Versuch ist strafbar.
§ 224 Gefährliche Körperverletzung
(1) Wer die Körperverletzung
1. durch Beibringung von Gift oder anderen gesun...
2. mittels einer Waffe oder eines anderen gefährli...
3. mittels eines hinterlistigen Überfalls,

> **§ 223 StGB Körperverletzung**
>
> (1) Wer eine Person körperlich misshandelt oder an der Gesundheit schädigt, wird mit Freiheitsstrafe bis zu fünf Jahren oder mit Geldstrafe bestraft.

Es gibt objektive und subjektive Tatbestandsmerkmale.

a) Objektiver Straftatbestand (äußere Merkmale der Tat):
Was ist konkret geschehen?
In unserem Fallbeispiel ist der **objektive Tatbestand** der Körperverletzung durchaus erfüllt, da Ferdinand Krafft

- eine Person (den Dieb)
- körperlich misshandelt (Schlag ins Gesicht) und
- gesundheitlich geschädigt (Nase gebrochen) hat.

Ohne den Schlag ins Gesicht wäre der Räuber nicht verletzt worden.

b) Subjektiver Straftatbestand (innere Einstellung zur Tat):
Handelt der Täter vorsätzlich oder fahrlässig?
Eine Tat muss vorsätzlich ausgeführt werden, d. h., der Täter muss sich bewusst sein, eine Straftat zu begehen. Für Richter ist es oftmals schwer, vorsätzliches von fahrlässigem Handeln zu unterscheiden. Fahrlässiges Handeln ist nur in bestimmten Fällen strafbar (siehe Fallbeispiel 2 unten).

INFO

vorsätzliche Straftat
„mit Wissen und Willen" begangene Straftat (z. B. Absicht)

fahrlässiges Handeln
Fehlverhalten, das bei größerer Sorgfalt zu vermeiden gewesen wäre

In unserem Fallbeispiel 1 ist der **subjektive Straftatbestand** eindeutig erfüllt, denn Ferdinand Krafft hat den Dieb mit voller Absicht geschlagen.
Ergebnis: Der Straftatbestand der Körperverletzung liegt vor.

Fallbeispiel 2:
Frau Blume gießt die Blumen auf ihrem Balkon. Dabei stößt sie an einen Blumentopf, der einen Fußgänger unten auf der Straße am Arm und an der Hand trifft. Der Mann erleidet zwei komplizierte Brüche und muss ins Krankenhaus.

Zeichnung: Dorothee Mahnkopf

> **§ 229 StGB Fahrlässige Körperverletzung**
>
> Wer durch Fahrlässigkeit die Körperverletzung einer anderen Person verursacht, wird mit Freiheitsstrafe bis zu drei Jahren oder mit Geldstrafe bestraft.

Frau Blume hat beim Gießen nicht die notwendige Sorgfalt walten lassen. Da sie jedoch ohne Absicht (Vorsatz) gehandelt hat, ist ihre Schuld an der Tat geringer. Dies wird sich durchaus strafmildernd auf das Urteil auswirken.

Rechtswidrigkeit

Zudem ist stets zu klären, ob der Täter **gegen das geltende Recht verstoßen** hat, also hier: Hat sich Ferdinand Krafft (Fallbeispiel 1) rechtswidrig verhalten?

Im Normalfall kann man davon ausgehen, dass eine Tat auch rechtswidrig ist, wenn sie wie hier den Tatbestand der Körperverletzung erfüllt. Allerdings müssen wir noch eine Ausnahme berücksichtigen: Kann sich der Täter für sein Verhalten rechtfertigen?

Die **Rechtfertigungsgründe Notwehr** oder **Notstand** stellen Ausschlussmöglichkeiten einer Bestrafung dar.

Rechtfertigungsgründe

a) Notwehr

§ 32 StGB Notwehr

(1) Wer eine Tat begeht, die durch Notwehr geboten ist, handelt nicht rechtswidrig.
(2) Notwehr ist die Verteidigung, die erforderlich ist, um einen gegenwärtigen rechtswidrigen Angriff von sich oder anderen abzuwenden.

Die Notwehr stellt eine Ausnahme zum Strafmonopol des Staates (S. 208–210) dar. Dafür hat der Gesetzgeber strenge Voraussetzungen festgelegt:

- Eine Notwehrlage muss an einen gegenwärtigen Angriff gegen ein Rechtsgut (z. B. Gesundheit oder Eigentum) geknüpft sein. Der Angriff darf auf keinen Fall schon beendet sein, sodass jemand sich nur noch nachträglich am Angreifer rächen will.
  Im Fallbeispiel 1 liegt ein **gegenwärtiger rechtswidriger Angriff** auf Ferdinand Krafft vor. Dieser kann die bestehende Gefahr für sich und für sein Eigentum nur mithilfe einer Notwehraktion abwenden.
- Es ist jederzeit das **mildeste Verteidigungsmittel** zu wählen. Das Mittel muss aber auch dazu geeignet sein, den Angriff zu beenden.
  Ferdinand Krafft wehrt sich gegen den Messerangriff mit einem Schlag auf die Nase des Täters.

Ergebnis: Die Körperverletzung durch Ferdinand Krafft kann nicht bestraft werden, weil sie wegen Notwehr zu rechtfertigen ist.

b) Notstand

Fallbeispiel 3:
Ein Passant entdeckt an einem sehr heißen Sommertag ein in ein Auto eingeschlossenes brüllendes Baby mit hochrotem Kopf. Er bricht das Auto auf, um das Leben des Babys zu retten.

Stellt der Autoeinbruch eine strafbare Sachbeschädigung dar?

§ 303 StGB Sachbeschädigung

(1) Wer rechtswidrig eine fremde Sache beschädigt oder zerstört, wird mit Freiheitsstrafe bis zu zwei Jahren oder mit Geldstrafe bestraft.

Nach: § 34 StGB Notstand (zusammengefasst)

Ein Notstand liegt vor, wenn ein geringwertiges Rechtsgut geopfert wird, um ein höherwertiges Rechtsgut zu schützen.

Im Gegensatz zur Notwehr besteht hier eine Gefahr für ein höherwertiges Rechtsgut (Leben des Babys), die durch die Beschädigung eines geringwertigen Rechtsguts (Auto) bekämpft wird. Anders als bei der Notwehr entsteht der Notstand nicht durch einen rechtswidrigen Angriff eines Menschen.

Ergebnis: Hier wird keine Bestrafung wegen Sachbeschädigung erfolgen, weil sich für den Passanten der Notstand als Rechtfertigungsgrund ergibt.

Schuld

Die Schuldfähigkeit des Täters

Eine weitere Voraussetzung für die Strafbarkeit einer Tat stellt die Schuld des Täters dar. Es gilt der Grundsatz: **„Keine Strafe ohne Schuld!"**

INFO

Im **Zivilrecht** (BGB) kennst du einen **anderen Schuldbegriff**. Schuld bedeutet dort: Verpflichtung zur Leistung. Wer z. B. einen Vertrag abschließt, muss die versprochene Leistung erfüllen.

Bei jeder Tat muss neben der inneren Einstellung des Täters zur Tat (siehe S. 215: subjektiver Straftatbestand) also auch seine **Schuldfähigkeit** überprüft werden.

Die Strafbarkeit einer Tat setzt voraus, dass sich der Täter auch anders hätte verhalten können, wenn er gewollt hätte. Nur wer das Unrecht seiner Tat einsehen kann, ist dafür strafrechtlich verantwortlich.

Die Schuldfähigkeit des Täters
(Frage: In welcher geistig-seelischen Verfassung befand sich der Täter zur Tatzeit?)

- **nicht schuldfähig** (z. B. strafunmündig, massive seelische Störung)
- **vermindert schuldfähig** (z. B. Drogeneinfluss, seelische Störung)
- **voll schuldfähig** (Bestrafung im gesetzlichen Strafrahmen)

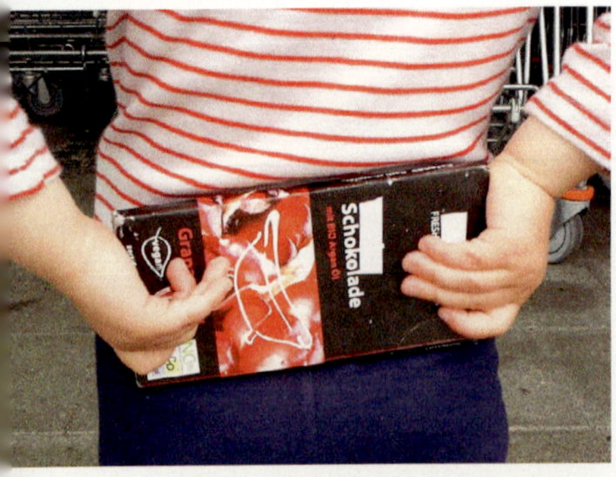

Wie du weißt, sind Kinder unter 14 Jahren strafunmündig.

Mit Fahren unter Drogen- oder Alkoholeinfluss gefährdet man sich und andere.

Schuldausschließungsgründe

Bei der Prüfung der Schuldfähigkeit eines Täters gelten folgende **Schuldausschließungsgründe**:

Strafunmündigkeit (unter 14 Jahren)

Einem Kind mangelt es an der notwendigen Einsichtsfähigkeit und es wird deshalb keinem gerichtlichen Strafverfahren ausgesetzt (siehe auch S. 239).

§ 19 StGB Schuldunfähigkeit eines Kindes

Schuldunfähig ist, wer bei Begehung der Straftat noch nicht vierzehn Jahre alt ist.

Drogen- und Alkoholeinfluss, psychische und geistige Einschränkungen können die Einsichtsfähigkeit und damit die Schuld des Täters im Einzelfall

- ganz verhindern, z. B. bei Fahren mit einem Blutalkoholgehalt von 3 Promille (Schuldunfähigkeit). Dann greift ggf. § 323a StGB, der für eine im vorsätzlich oder fahrlässig herbeigeführten Vollrausch begangene Tat eine Freiheitsstrafe bis zu fünf Jahren oder eine Geldstrafe vorsieht.
- herabsetzen, z. B. bei geringerem Blutalkoholgehalt (Schuldverminderung).

§ 20 StGB Schuldunfähigkeit wegen seelischer Störungen

Ohne Schuld handelt, wer bei Begehung der Tat wegen einer krankhaften seelischen Störung, wegen einer tiefgreifenden Bewusstseinsstörung oder wegen Schwachsinns oder einer schweren anderen seelischen Abartigkeit unfähig ist, das Unrecht einer Tat einzusehen oder nach dieser Einsicht zu handeln.

§ 21 StGB Verminderte Schuldfähigkeit

Ist die Fähigkeit des Täters, das Unrecht der Tat einzusehen oder nach dieser Einsicht zu handeln, aus einem der in § 20 bezeichneten Gründe bei Begehung der Tat erheblich vermindert, so kann die Strafe [...] gemildert werden.

Überblick: Voraussetzungen für die Strafbarkeit einer Tat

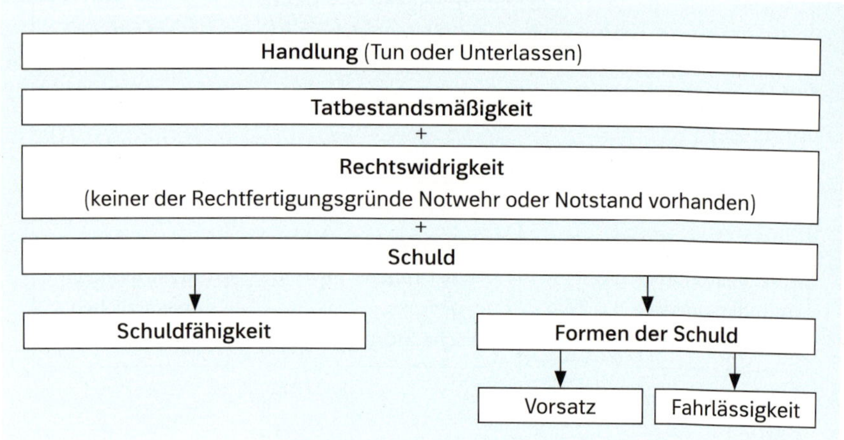

M1 Abwehr mit Schirm

Eine Seniorin macht mit ihrer Freundin einen Ausflug. Beim Einsteigen in die S-Bahn bemerkt sie, wie ihr jemand die Handtasche öffnen möchte. Geistesgegenwärtig und beherzt entreißt sie ihrer Freundin deren Schirm und schlägt auf den Dieb ein. Dieser schreit vor Schmerz auf und rennt weg. Die Freundin ist nicht begeistert, denn der teure, ganz neue Schirm ist nicht mehr zu gebrauchen.

M2 Fahrlässiges Handeln?

a) Ein Soldat hat seine Pistole entladen. Bei der anschließenden Reinigung löst sich ein Schuss und tötet seinen Kollegen neben ihm.
b) Ein Jäger schießt im Nebel auf ein Wildschwein und verletzt dabei einen Pilzsammler.
c) Ein Golfspieler schlägt seinen Ball ab und trifft seinen Partner am Kopf, der dadurch eine schwere Gehirnerschütterung erleidet.
d) Ein Bankräuber schießt auf den Bankangestellten, um ihn daran zu hindern, den Alarm auszulösen.

M3 Gefährlicher „Bubenstreich“

Vier Jungen zwischen acht und elf Jahren legen eine Betonplatte auf die Bahngleise. Der nächste Zug muss eine Notbremsung durchführen und wird dabei stark beschädigt. Zum Glück wird niemand verletzt. Im Präventionsgespräch mit der Polizei zeigt sich, dass sich die Kinder der Gefahr nicht bewusst waren. Sie versprechen, so etwas in Zukunft zu lassen, und sind froh, dass nicht mehr passiert ist.

AUFGABEN

1. a) Belege mithilfe der §§ 249 und 242 StGB, dass es sich im Fallbeispiel 1 (S. 214) um den Tatbestand Raub und nicht um Diebstahl handelt.
   b) Überprüfe am Fallbeispiel 1, ob eine Körperverletzung vorliegt.
2. a) 💡 Begründe, ob die Seniorin in M1 in Notwehr gehandelt hat.
   b) 💡 Überprüfe anhand aller notwendigen Kriterien, ob sich die Seniorin wegen Sachbeschädigung strafbar gemacht hat.
3. Begründe jeweils, ob bei den Fällen in M2 fahrlässig gehandelt wurde.
4. 💡 Überprüfe die Strafbarkeit der Tat in M3 anhand aller notwendigen Kriterien.

INFO

Die Handlungen in M1 und M3 werden sicherlich noch **zivilrechtliche Folgen** haben. Siehe dazu S. 236–238.

3.3 Strafrechtliche Folgen strafbarer Handlungen

Hat jemand eine rechtswidrige Straftat begangen, muss er mit strafrechtlichen Folgen, wie z. B. Strafen, rechnen. Strafen setzen ein schuldhaftes Verhalten des Täters voraus (siehe Kapitel IV.3.2, S. 214–219). Falls man aber dem Täter keine Schuld vorwerfen kann, wie z. B. bei einer psychischen Erkrankung, sind oft Maßnahmen wie therapeutische Behandlungen eine Alternative zu Strafen.

Strafen

Die Schwere des begangenen Unrechts und damit die gefundene Strafzumessung hängen nicht nur von der **Tat an sich** ab, sondern entscheidend auch von den **Tatumständen** und der **Persönlichkeit des Täters** wie

- Schwere der Schuld (Schuldminderung, z. B. durch Alkoholeinfluss),
- Gesinnung (z. B. Heimtücke),
- Art der Tat und ihre Auswirkung auf andere,
- Werdegang des Täters (Elternhaus usw.),
- Wiederholung einer Straftat,
- mögliche Wirkung der Strafe auf den Täter und das zukünftige Verhalten.

Das Strafgesetzbuch unterscheidet zwischen **Hauptstrafen** (Freiheits- und Geldstrafe) und **Nebenstrafen**.

Hauptstrafen

a) Geldstrafe
Der Großteil der von den Gerichten nach Erwachsenenrecht ausgesprochenen Strafen sind Geldstrafen. Sie werden in Tagessätzen verhängt.

Die **Anzahl der Tagessätze** hängen von der **Schwere der Tat** ab, **die Höhe des Tagessatzes** vom **Einkommen**.

> **§ 40 StGB Verhängung von Tagessätzen**
>
> (1) Die Geldstrafe wird in Tagessätzen verhängt. Sie beträgt mindestens fünf und, wenn das Gesetz nichts anderes bestimmt, höchstens dreihundertsechzig volle Tagessätze.
> (2) Die Höhe der Tagessätze bestimmt das Gericht unter Berücksichtigung der persönlichen und wirtschaftlichen Verhältnisse des Täters. Dabei geht es in der Regel von dem Nettoeinkommen aus, das der Täter durchschnittlich an einem Tag hat oder haben könnte. Ein Tagessatz wird auf mindestens einen oder höchstens 30.000 Euro festgesetzt.

Beispiel: Ein Richter verurteilt einen Ingenieur zu 30 Tagessätzen à 150 Euro. Die Geldstrafe beträgt deshalb 4.500 Euro. Ein Krankenpfleger müsste beim gleichen Vergehen wesentlich weniger zahlen, z. B. 30 Tagessätze à 70 Euro.

b) Freiheitsstrafe
Eine Freiheitsstrafe kann zeitlich begrenzt (zeitig) oder lebenslänglich sein.

§ 38 StGB Dauer der Freiheitsstrafe

(1) Die Freiheitsstrafe ist zeitig, wenn das Gesetz nicht lebenslange Freiheitsstrafe androht.
(2) Das Höchstmaß der zeitigen Freiheitsstrafe ist fünfzehn Jahre, ihr Mindestmaß ein Monat.

In Deutschland stellt die lebenslange Freiheitsstrafe die höchste Strafe dar, die ein Gericht verhängen kann. Sie ist deshalb nur für wenige Delikte, wie z. B. Mord, vorgesehen. Der Verurteilte muss dann für unbestimmte Zeit, mindestens aber für 15 Jahre, ins Gefängnis.

Da die Freiheitsstrafe entscheidend in das Leben eines Menschen eingreift (Trennung von Familie, Arbeitsplatzverlust), kann sie in bestimmten Fällen zur Bewährung ausgesetzt, d. h. auf die Vollstreckung verzichtet werden.

Freiheitsstrafe				
zeitig				lebenslänglich
1 bis 5 Monate	6 bis 12 Monate	bis 2 Jahre	bis 5 Jahre	ab 15 Jahre
in der Regel nur Geldstrafe	in der Regel Bewährung	in Ausnahmefällen Bewährung	keine Bewährung	anschließend evtl. Bewährung

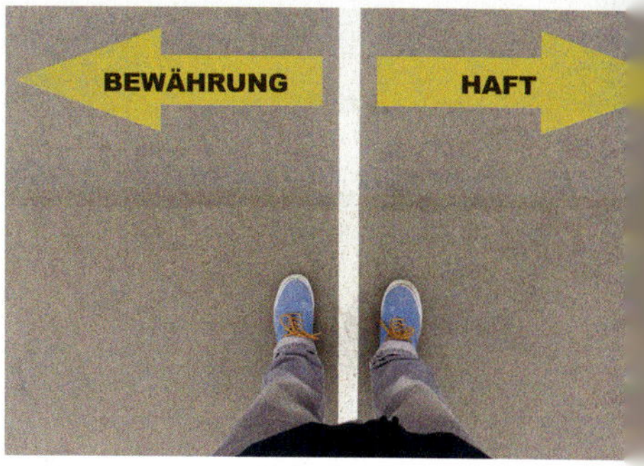

Eine **Bewährungsstrafe** nach § 56 StGB Strafaussetzung wird oft bei Freiheitsstrafen bis zu einem Jahr verhängt. Das Verhängen einer Bewährungsstrafe hängt allerdings nicht nur von der **Dauer der Freiheitsstrafe** ab, sondern vor allem auch von der **Persönlichkeit des Täters**, die erwarten lässt, dass er während der **Bewährungszeit** keine weitere Straftat begehen wird.

Beispiel eines Gerichtsurteils: „Der Angeklagte ist schuldig eines Vergehens des schweren Diebstahls. Er wird laut § 243 StGB zu einer Freiheitsstrafe von acht Monaten verurteilt. Die Strafe wird laut § 56 Abs. 1 für zwei Jahre zur Bewährung ausgesetzt."

Nebenstrafen
Neben einer Freiheits- oder Geldstrafe wird manchmal noch eine Nebenstrafe, wie das **Fahrverbot (§ 44 StGB)**, ausgesprochen. Sie dient meist zur Warnung und stellt **nie eine eigenständige Bestrafung** dar.

§ 44 StGB Fahrverbot

(1) Wird jemand wegen einer Straftat zu einer Freiheitsstrafe oder einer Geldstrafe verurteilt, so kann ihm das Gericht für die Dauer von einem Monat bis zu sechs Monaten verbieten, im Straßenverkehr Kraftfahrzeuge [...] zu führen. [...]

Beispiel: Beim Ausparken auf einem Parkplatz beschädigt ein Autofahrer das nebenstehende Fahrzeug. Trotzdem fährt er einfach davon. Das Amtsgericht verhängt gegen ihn wegen unerlaubten Entfernens vom Unfallort eine Geldstrafe. Außerdem spricht das Gericht ein einmonatiges Fahrverbot aus, damit er sich wieder auf seine Pflichten als Verkehrsteilnehmer besinne.

Der Führerschein wird bei der zuständigen Polizeistelle verwahrt und kann nach Ablauf der Sperrfrist wieder abgeholt werden.

INFO

Achtung:
In der **Probezeit bzw. für unter 21-Jährige** gilt die 0,0-Promille-Regelung.
Auch beim **Fahrradfahren** führt Alkoholkonsum zu Fahruntüchtigkeit (ab 1,6 Promille absolute Fahruntüchtigkeit).

Rechtsfolgen bei Trunkenheit am Steuer

Alkohol- und Drogenkonsum führen zu Fahruntüchtigkeit. Das Führen eines Fahrzeugs in diesem Zustand wird bestraft (§§ 315c und 316 StGB). Die Rechtsprechung unterscheidet je nach Blutalkoholkonzentration zwischen relativer Fahruntüchtigkeit und absoluter Fahruntüchtigkeit. Die Grafik zeigt die jeweiligen rechtlichen Folgen einer Teilnahme am Straßenverkehr.

Straftat nach §§ 315c oder 316 StGB

relative Fahruntüchtigkeit ab 0,3 Promille bis 1,1 Promille

Bei auffälligem Fahren oder einem Unfall kommt es zu:

- Führerscheinentzug
- Geldstrafe
- Freiheitsstrafe
- Punkte in Flensburg (S. 233)

§ 24a Ordnungswidrigkeit

- Bußgeld (500–1.500 Euro, bei Vorsatz bis 3.000 Euro)
- 1–3 Monate Fahrverbot

absolute Fahruntüchtigkeit

Ab 1,1 Promille sind keine Auffälligkeiten notwendig.

Es kommt zu:

- Führerscheinentzug
- Geldstrafe
- Freiheitsstrafe
- Punkte in Flensburg (S. 233)

0,3 0,5 1,1 Promille

AUFGABEN

1. Vor 1969 wurde im Strafrecht die Geldstrafe (S. 220, Abschnitt a) in festen Beträgen verhängt.
   a) Stelle heraus, welcher Gedanke damals im Vordergrund stand.
   b) Diskutiert, ob die Tagessatzregelung dem Grundsatz „Gleiches Recht für alle“ entspricht.
2. Die zeitige Freiheitsstrafe (S. 221, Abschnitt b) ist auf maximal 15 Jahre begrenzt. Begründe diese Regelung.
3. Nicht jeder bekommt bei einer Freiheitsstrafe von bis zu einem Jahr automatisch eine Bewährungsstrafe (S. 221). Nenne mithilfe des § 56 StGB Personen, die hier gemeint sein könnten.
4. Begründe, dass die absolute Fahruntüchtigkeit beim Pkw-Fahrer bereits bei 1,1 Promille liegt und beim Fahrradfahrer erst bei 1,6 Promille.
5. *Galeriegang:* Recherchiert in Arbeitsgruppen in eurer Schulordnung nach Schulstrafen und grenzt sie von juristischen Strafen ab.
   a) Jede Gruppe konstruiert für eine bestimmte Strafe ein Vergehen.
   b) Die anderen Gruppen beurteilen das jeweilige Strafmaß.

Maßregeln der Besserung und Sicherung

Obwohl Maßregeln Folgen einer Straftat sind, stellen sie **keine Strafe im juristischen Sinne** dar. Sie dienen zum einen dem **Schutz der Gesellschaft** vor einem gefährlichen Täter, sind also Vorbeugemaßnahmen. Zum anderen können sie der **Besserung des Täters** dienen. Maßregeln können auch unabhängig von der Schuld bzw. einer Hauptstrafe verhängt werden.

Beispiele für Maßregeln ohne Freiheitsentzug

- **Berufsverbot (§ 70 StGB)**
  Ein Berufsverbot kann verhängt werden, wenn ein Täter seinen Beruf missbraucht, schwerwiegende Straftaten zu begehen, und die Gefahr besteht, dass er dies wieder tut. Es gilt für ein bis fünf Jahre oder für immer.

Beispiel: Ein Mediziner hat über mehrere Jahre seine Leistungen bei den Krankenkassen betrügerisch abgerechnet. Zusätzlich zu einer Geldstrafe wird ihm die Approbation (Berufserlaubnis) entzogen.

- **Entziehung der Fahrerlaubnis (§ 69 StGB)**
  Der Fahrerlaubnisentzug wird ausgesprochen, wenn sich ergibt, dass jemand zur Führung eines Kraftfahrzeugs ungeeignet ist. Im Gegensatz zum Fahrverbot wird der Führerschein eingezogen und erst nach Ablauf einer Sperrfrist kann ein neuer Führerschein erworben werden.

Beispiel: Ein Autofahrer verursacht einen schweren Unfall und flüchtet, ohne den Schwerverletzten Hilfe zu leisten.

Beispiele für Maßregeln mit Freiheitsentzug

- **Unterbringung in einem psychiatrischen Krankenhaus (§ 63 StGB)**
  Straftäter, die psychisch oder geistig eingeschränkt sind und daher nicht für ihre Tat zur Verantwortung gezogen werden können (siehe S. 218), können vom Gericht in eine psychiatrische Klinik eingewiesen werden. Die zeitliche Dauer ist abhängig vom Erfolg der Therapie.

Beispiel: Ein an Schizophrenie Erkrankter begeht einen Mord. Er hatte seine Medikamente verringert und so einen Krankheitsschub ausgelöst.

- **Sicherungsverwahrung (§ 66 StGB)**
  Hat das Gericht eine Sicherungsverwahrung angeordnet, kommt der Täter nach Verbüßen seiner Strafe nicht frei, sondern wird in eine geschlossene Einrichtung zur Verwahrung überführt. Dadurch soll die Allgemeinheit vor besonders gefährlichen Tätern geschützt werden. Die Sicherungsverwahrung dient also der Prävention. Zusätzlich soll eine Resozialisierung durch individuelle Therapiemaßnahmen ermöglicht werden. Jährlich wird geprüft, ob der Täter noch gefährlich ist.

Beispiel: Ein Täter wird wiederholt wegen sexuellen Missbrauchs verurteilt.

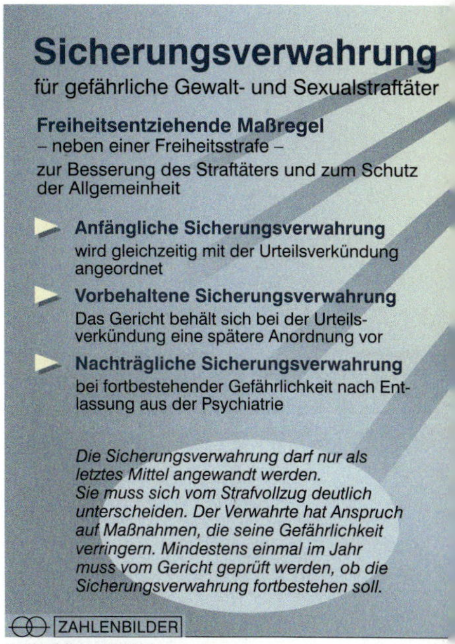

Zahlenbilder 131220

Überblick: Folgen strafbarer Handlungen

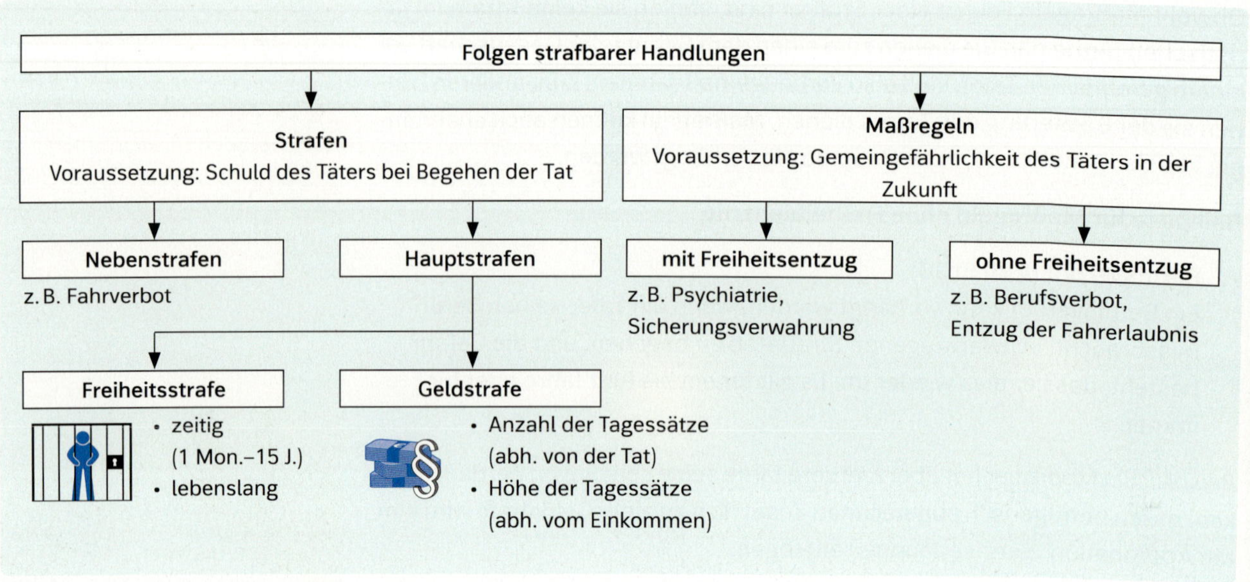

M1 Die häufigsten Strafen und Straftaten

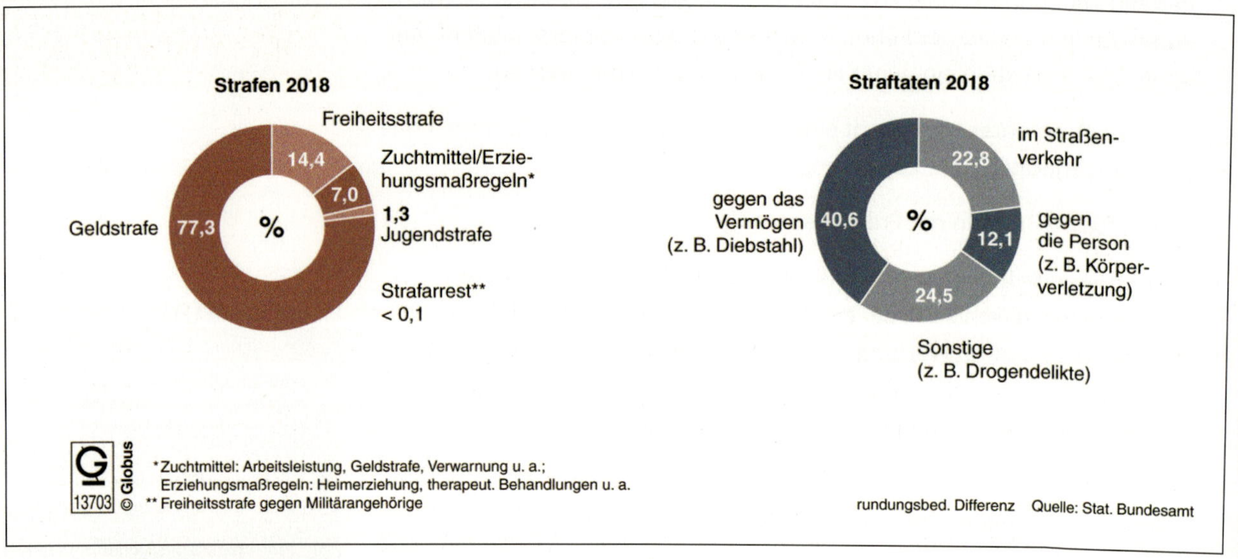

M2 Cybercrime

Robert Späher steht wegen Internetkriminalität erstmals vor Gericht. Er gibt zu, die persönlichen Daten zahlreicher Computernutzer ausspioniert und sich dabei auch private Fotos beschafft zu haben. Die gegen ihn verhängte Freiheitsstrafe von einem Jahr und sechs Monaten wird zur Bewährung ausgesetzt.

M3 Gefälschte Zeugnisse

Der 50-jährige Systemelektroniker Magnus Kaul wird festgenommen, weil er im Verdacht steht, Schulzeugnisse gegen Bezahlung zu fälschen. Bei der Durchsuchung seiner Wohnung kann die Polizei elektronische Vorlagen sicherstellen. In der Hauptverhandlung gesteht Herr Kaul die Tat. Er war schon einmal wegen Fälschung eines Realschulzeugnisses verurteilt worden.

M4 Betrunkene Fahrt mit Folgen

Herbert Fröhlich ist eines Abends mit seinem Auto in Schlangenlinien unterwegs. Er wird zufällig von einem Polizisten beobachtet. Das Stoppen des Pkw-Fahrers fällt der herbeigerufenen Streife nicht leicht, denn Herbert Fröhlich denkt gar nicht daran, anzuhalten. Vielmehr beschleunigt er und touchiert mehrere andere Fahrzeuge. Endlich hält er an. Bei einem Alkoholtest werden 2,5 Promille festgestellt. Sein Führerschein wird sofort sichergestellt. Obwohl der Fahrer niemanden verletzt hat, riskiert er Geld und Führerschein.

AUFGABEN

1. M1 zeigt, dass die Geldstrafe die häufigste Bestrafungsform ist. Begründe dies, indem du einen Zusammenhang der beiden Grafiken herstellst.
2. § 47 StGB schreibt vor, dass der Richter möglichst Freiheitsstrafen unter einem halben Jahr vermeiden soll. Begründe diese Regelung.
3. Erläutere die Überlegungen, die den Richter in M2 zum Fällen seines Urteils veranlasst haben könnten. Beachte hierbei § 202a StGB (rechts).
4. a) Bestimme, welche Straftat Herrn Kaul in M3 vorgeworfen wird. Nutze dafür § 267 StGB.
   b) Beschreibe den Strafrahmen, den das Gesetz für diese Tat vorsieht.
   c) Nenne ein angemessenes Strafmaß für Herrn Kaul und begründe es.
5. a) Unterscheide das Fahrverbot (S. 221/222) von der Entziehung der Fahrerlaubnis (S. 223).
   b) Begründe, welches von beidem Herbert Fröhlich in M4 treffen wird.
6. *Think-Pair-Share:* Nach § 44 StGB kann ein Fahrverbot auch verhängt werden, wenn die Tat nichts mit dem Führen eines Fahrzeugs zu tun hat. Begründe diese Regelung.
7. Unterscheide die Sicherungsverwahrung (S. 223) von der Freiheitsstrafe.
8. „Das härteste Urteil ist die Sicherungsverwahrung, weil nur durch sie jemand ein ganzes Leben lang eingesperrt werden kann." Beurteile diese Aussage.

§ 202a StGB Ausspähen von Daten

(1) Wer unbefugt sich oder einem anderen Zugang zu Daten, die nicht für ihn bestimmt und die gegen unberechtigten Zugang besonders gesichert sind, unter Überwindung der Zugangssicherung verschafft, wird mit Freiheitsstrafe bis zu drei Jahren oder mit Geldstrafe bestraft.

3.4 Der Ablauf eines Strafverfahrens

M1 Zwei Zeitungsmeldungen

„Schwabinger Drogendealer gefasst"
(3. Jan.) Am letzten Freitag wurde der Schwabinger Bäcker Marco K. (45) verhaftet. Die Polizei konnte ihn zufällig ertappen, als sie einen Drogenkonsumenten verfolgte. Der Angeklagte kam gerade mit einer größeren Menge Heroin in der Tasche aus seiner Wohnung. Dort konnten weitere Mengen Heroin, Waagen, Streckmittel, Spritzen usw. sichergestellt werden. Die Polizei überstellte ihn der Staatsanwaltschaft. Diese ordnete Untersuchungshaft bis zum Prozess an.

„Schwabinger Drogendealer muss ins Gefängnis"
(25. Nov.) Gestern sprach der Richter am Landgericht München II Marco K. des unerlaubten Handeltreibens mit Betäubungsmitteln laut § 29 BtMG schuldig. Er wurde zu einer Freiheitsstrafe von fünf Jahren verurteilt. Auf Rat eines Gutachters wurde die Unterbringung in einer Entziehungsanstalt angeordnet, da Marco K. schon wiederholt rückfällig wurde.

INFO

In einer **Pressemitteilung über eine Straftat** darf auf keinen Fall der Name eines Verdächtigen veröffentlicht werden.

Betäubungsmittelgesetz (BtMG)
Strafgesetz, das den Umgang mit Betäubungsmitteln und Drogen regelt

Es ist die alleinige Aufgabe des Staates, Straftaten zu verfolgen und zu ahnden (S. 208–210). Dies ist auch im Fall M1 ersichtlich. Im Gegensatz zum Zivilprozess, der nur durchgeführt wird, wenn mindestens eine der beiden Parteien klagt, besteht im **Strafprozess** für die Staatsanwaltschaft bei berechtigtem Verdacht ein **Verfolgungszwang**, der zur öffentlichen Klageerhebung führt.

Die Strafprozessordnung (StPO) regelt den Ablauf eines Strafverfahrens.

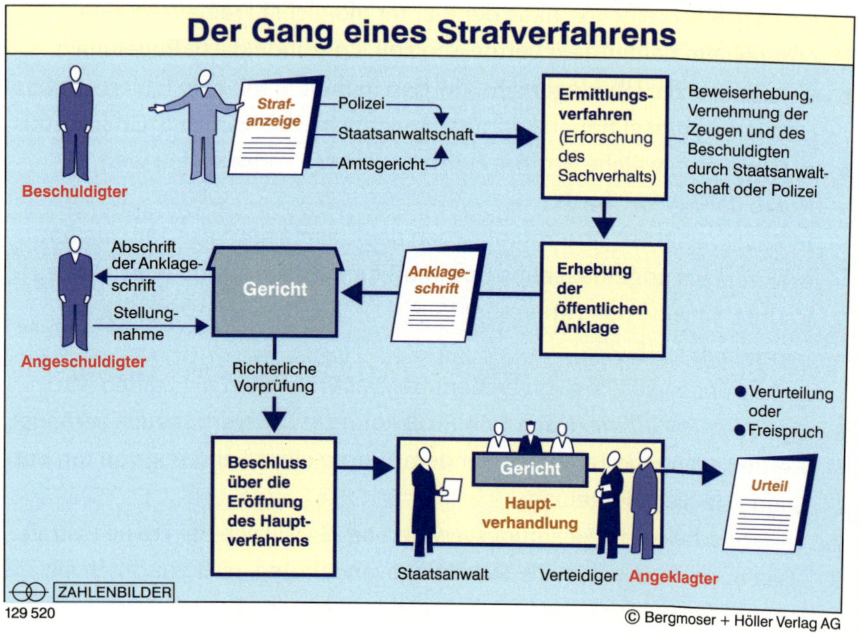

Strafanzeige und Strafantrag

Gewöhnlich wird ein Strafverfahren durch eine **Strafanzeige**, eine Mitteilung über eine Straftat, eingeleitet. Sie kann entweder bei der Polizei, direkt bei der Staatsanwaltschaft oder beim Amtsgericht erstattet werden. Durch eine Strafanzeige verschafft man den Behörden Kenntnis von einer Straftat und löst damit polizeiliche Ermittlungen aus.

Die meisten Straftaten sind **Offizialdelikte**, die von Amts wegen verfolgt werden müssen. In diesen Fällen reicht eine Strafanzeige aus, um ein Verfahren einzuleiten.

Bei einigen Delikten mit geringerem Unrechtsgehalt, sogenannten Bagatelldelikten, wie z. B. einer Beleidigung oder einem Hausfriedensbruch, muss vom Anzeigeerstatter ein **Strafantrag** gestellt werden.

Da der Staat diese Delikte nicht von sich aus verfolgt, nennt man sie **Antragsdelikte**. Anders als eine Strafanzeige kann ein Strafantrag nicht von jedem gestellt werden, sondern nur vom Opfer selbst oder von seinen gesetzlichen Vertretern.

Das Ermittlungsverfahren

Jede Anzeige und jeder Strafantrag wird von der **Polizei** an die **Staatsanwaltschaft** weitergeleitet. Die Bezeichnung Staatsanwalt drückt bereits die Aufgabe aus, nämlich Vertreter (= Anwalt) des Staates zu sein, wenn gegen eine Person ein Strafverfahren in Gang gesetzt werden soll.

Die Staatsanwaltschaft ist der Träger des **Ermittlungsverfahrens**. Bei allen Ermittlungen bedient sie sich der Hilfe der Polizei und erforscht die Sachverhalte der Tat, sichert Spuren, vernimmt die Beschuldigten und befragt Zeugen.

Die Einleitung eines Ermittlungsverfahrens macht eine betroffene Person allerdings noch lange nicht zu einem Kriminellen. Sie besagt lediglich, dass Anhaltspunkte für einen Verdacht vorliegen. Man hüte sich vor einer **Vorverurteilung**.

Falls sich bei den durchgeführten Ermittlungen gegen den Beschuldigten ein hinreichender Tatverdacht ergibt, erhebt die Staatsanwaltschaft **öffentliche Klage** durch Einreichung der Klageschrift beim zuständigen Gericht. Für Strafsachen ist meist das Amtsgericht zuständig. Bei erwarteter Sicherungsverwahrung oder Freiheitsstrafen über vier Jahren z. B. ist jedoch das Landgericht zuständig.

Nur wenn dem Beschuldigten im bevorstehenden Prozess die Tat wahrscheinlich nachgewiesen werden und mit einer Verurteilung gerechnet werden kann, beschließt das Gericht die **Eröffnung des Hauptverfahrens**.

Muster einer Strafanzeige wegen Diebstahls

Staatsanwaltschaft Musterstadt
(oder: Polizeistation Musterstadt)
Hauptstraße 1
98765 Musterstadt

Strafanzeige wegen Diebstahls
Sehr geehrte Damen und Herren,
hiermit erstatte ich Strafanzeige gegen Unbekannt wegen Diebstahls.
In der Nacht auf den 15.5.20xx wurde mein Motorrad im Wert von 5.000 Euro gestohlen.
Es befand sich in der abgeschlossenen Garage neben dem Wohnhaus. Am Morgen des 15.5.20xx war das Garagentor aufgebrochen und das Motorrad entwendet worden.

...

Mit freundlichen Grüßen

Mirko Mustermann

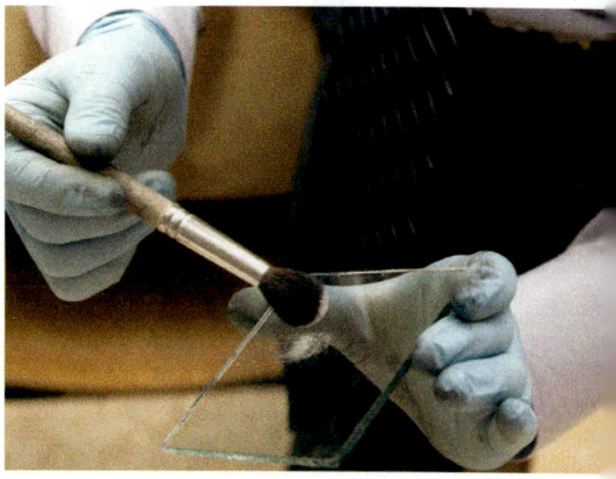

Das Hauptverfahren

Träger des Hauptverfahrens ist das **Gericht**. Seine Hauptaufgaben sind die Teilnahme an Untersuchungshandlungen, wie der Erlass der Strafbefehle, und die Vorbereitung der Hauptverhandlung, wie Ladungen, Terminbestimmungen usw.

Die Hauptverhandlung ist das Kernstück des Strafprozesses.

Die beteiligten Personen

M2 Typischer Beginn einer Urteilsverlesung

Richter
Er untersucht in einer mündlichen und meist öffentlichen Verhandlung, ob die gegen den Angeklagten erhobenen Vorwürfe zutreffen und die Tat nachgewiesen werden kann. Er entscheidet, ob er den Angeklagten für schuldig hält oder freispricht. Im Falle einer Urteilsverkündung wird er das Strafmaß, das gegen den Angeklagten verhängt wird, bekanntgeben und die wesentlichen Urteilsgründe nennen.

Bei seiner Urteilsfindung ist der Richter völlig **unabhängig** und an **keine Weisungen** von einer vorgesetzten Behörde gebunden. Für die richterliche Entscheidung sind nur die vorliegenden Beweismittel und die geltenden Gesetze maßgebend.

Ein wichtiger Grundsatz beim Fällen des Urteils lautet: **„Im Zweifel für den Angeklagten"**. Ein Gericht darf einen Angeklagten nur dann wegen einer Straftat verurteilen, wenn es von seiner Schuld überzeugt ist.

Neben den **Berufsrichtern** üben bei schwereren Straftaten während der Hauptverhandlung **Laienrichter (Schöffen)** das Richteramt in vollem Umfang und mit gleichem Stimmrecht aus.

Staatsanwalt
Der Staatsanwalt ist nicht nur bei der Vorbereitung der Verhandlung im Rahmen des Ermittlungsverfahrens tätig, sondern vertritt während der ganzen Verhandlung die Anklage und überwacht auch die Vollstreckung des Urteils.

Verteidiger
Der Angeklagte kann sich bei der Verhandlung durch einen Rechtsanwalt vertreten lassen, der auch das Recht zur Akteneinsicht hat. Er vertritt die Interessen des Angeklagten und steht ihm während der Verhandlung zur Seite. Jeder Angeklagte hat die freie Wahl eines Verteidigers. Falls er bei schwerwiegenden Straftaten keinen Verteidiger bestimmt, muss das Gericht einen Pflichtverteidiger bestimmen.

Berufung und Revision
Sowohl der Angeklagte als auch die Staatsanwaltschaft können innerhalb einer bestimmten Frist gegen das Urteil Rechtsmittel einlegen, d. h. in Berufung bzw. Revision gehen. Diese Verfahren werden in der nächsthöheren Instanz durchgeführt.

Das Vollstreckungsverfahren

Wird auf Rechtsmittel verzichtet, erlangt das Urteil **Rechtskraft** und kann vollstreckt werden. Zuständig für das Vollstreckungsverfahren ist wieder die **Staatsanwaltschaft**. Zu den **wichtigsten Aufgaben der Strafvollstreckung** gehören:
- Einziehung der Geldstrafe,
- Durchführung des Strafvollzugs bei Freiheitsstrafen in Justizvollzugsanstalten (JVA),
- Durchführung der Maßregeln zur Sicherung und Besserung.

Überblick: Gewaltenteilung im deutschen Strafrecht

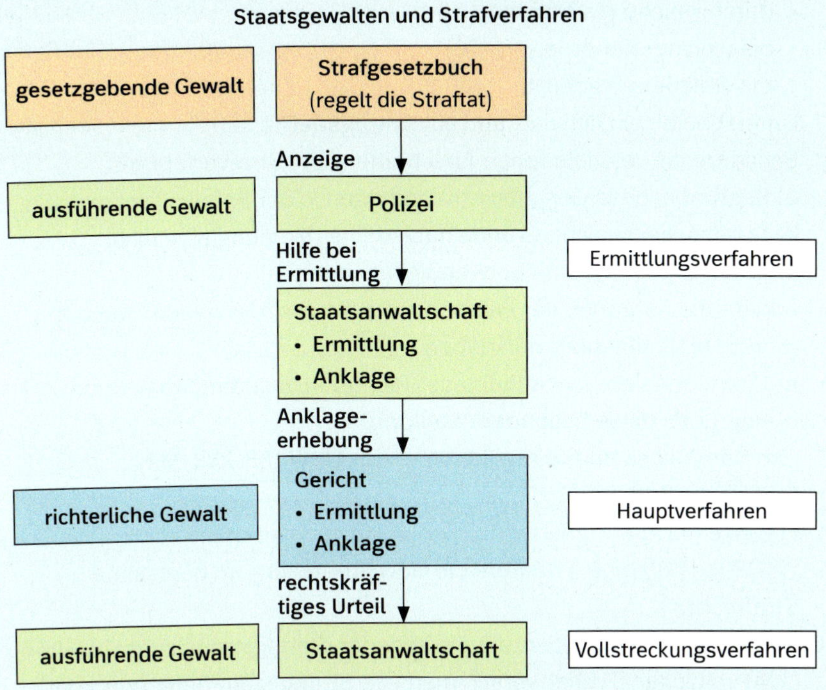

Legende: Legislative (orange), Exekutive (grün), Judikative (blau)

Der Weg durch die Instanzen der ordentlichen Gerichtsbarkeit in Strafsachen

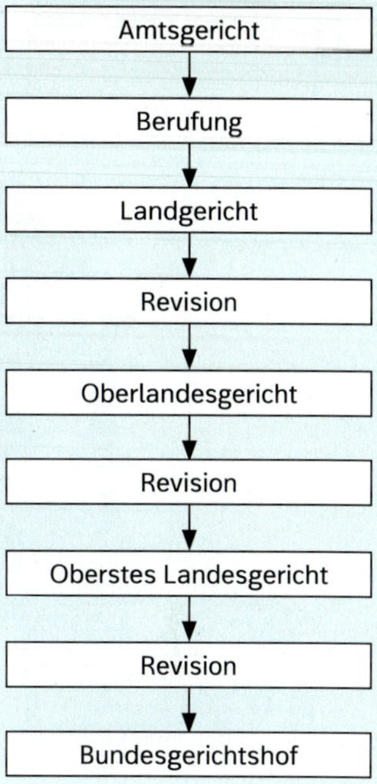

INFO

Revision
Überprüfung

M3 Der Strafprozess

Nach der Anzeige einer ___①___ beginnt das ___②___.

Die ___③___ vernimmt die Zeugen und den ___④___.

Die ___⑤___ entscheidet, ob eine ___⑥___ gegen den Beschuldigten beim zuständigen ___⑦___ erhoben werden kann.

In der ___⑧___ verliest der Staatsanwalt den Anklagesatz.

Im Rahmen des ___⑨___ werden die Zeugen zur Erforschung der Wahrheit vernommen.

Dann tragen der ___⑩___ als Ankläger und der ___⑪___ ihre Plädoyers vor.

Der ___⑫___ hat das letzte Wort.

Der Richter verkündet das ___⑬___.

Der ___⑭___ und der ___⑮___ können gegen das Urteil Rechtsmittel einlegen. Ansonsten erlangt es ___⑯___.

AUFGABEN

1. Beschreibe, wie ein Strafverfahren eingeleitet wird:
   - durch welche Maßnahme,
   - bei welcher Behörde,
   - mit welchem Ergebnis.
2. Unterscheide ein Offizial- und ein Antragsdelikt.
3. Schildere die verschiedenen Abschnitte eines Strafverfahrens.
4. a) Begründe, dass Gerichtsverhandlungen in der Regel öffentlich sind.
   b) Schätze ein, welche Gründe nach deiner Meinung eine nicht öffentliche Verhandlung notwendig machen.
5. Erkläre die Aufgaben der Personen, die am Prozess gegen Marco K. (S. 226, M1) teilgenommen haben.
6. a) Charakterisiere die Stellung der Richter in unserem Staat.
   b) Begründe diese besondere Stellung.
7. „Im Namen des Volkes ergeht folgendes Urteil" (S. 228, M2). Erkläre die Bedeutung dieser Formulierung.
8. Ergänze die nummerierten Lücken in M3 in deinem Heft.
9. *Partnerabfrage:* Erläutere die Gewaltenteilung im deutschen Strafrecht.
10. Heute werden Freiheitsstrafen in sogenannten Justizvollzugsanstalten (JVA) vollzogen. Früher sprach man von Strafanstalt, Gefängnis oder Zuchthaus. Reflektiere, was den Gesetzgeber wohl bewogen hat, die Bezeichnung zu ändern.

Besuch einer Gerichtsverhandlung/ Experteninterview

Verhandlungen gegen erwachsene Straftäter, z. B. beim Amtsgericht vor einem Einzelrichter oder vor einem Schöffengericht, sind in der Regel öffentlich. Daher dürft ihr sie nach Voranmeldung als Schulklasse besuchen. Bei Gericht könnt ihr den **Ablauf eines Strafprozesses verfolgen**. Wenn ihr euer eigenes StGB mit in den Gerichtssaal nehmt, könnt ihr vielleicht einige im Prozess genannte Paragrafen nachlesen.

Nach der Verhandlung habt ihr Gelegenheit, mit dem Richter zu sprechen. Beobachtet deshalb den Prozess sehr genau. Die untenstehende Tabelle hilft euch, den Prozess genau zu verfolgen und schriftlich Fragen an den Richter für ein anschließendes **Experteninterview** vorzubereiten.

Beispiel für den Aufbau eines Beobachtungsbogens:

Ablauf der Hauptverhandlung	Meine Beobachtungen
Aufruf zur Sache durch den Richter	Worum geht es?
Vernehmung des Angeklagten zur Person	Wie ist der persönliche Hintergrund des Angeklagten (z. B. Familie, Beruf ...)?
Verlesung des Anklagesatzes durch den Staatsanwalt	Was wird dem Angeklagten vorgeworfen?
Vernehmung des Angeklagten zur Sache	Was sagt der Angeklagte zum Vorwurf?
Beweisaufnahme	Was sagen Zeugen, Polizeibeamte oder Sachverständige zur Sache aus?
Schlussplädoyer (Schlussvortrag) des Staatsanwaltes	Wie argumentiert er?
Schlussplädoyer des Verteidigers	Wie argumentiert er? Was spricht für den Angeklagten?
Letztes Wort des Angeklagten	Welches Schlusswort spricht der Angeklagte?
Urteilsverkündung durch den Richter	Wie lautet das Urteil? Wie wird es begründet?

Im Anschluss könnt ihr z. B. folgende Aspekte beurteilen und diskutieren:

- die Verhandlungsführung durch den Richter,
- die Argumentation des Verteidigers und des Staatsanwalts,
- das Strafmaß – ist es eurer Meinung nach gerecht?

Vielleicht habt ihr aber auch noch **Fragen zum Berufsbild des Richters** und interessiert euch für seine Erfahrungen und Probleme im Beruf.

AUFGABEN

1. Bereitet mithilfe der *Methode* den Besuch einer Gerichtsverhandlung vor.
2. Führt im Anschluss an euren Besuch ein Experteninterview mit dem Richter durch.

3.5 Straftaten und Ordnungswidrigkeiten

Verstößt jemand gegen ein Gesetz, liegt eine **rechtswidrige Handlung** vor. Man unterscheidet zwei verschiedene Arten rechtswidriger Handlungen:

rechtswidrige Handlung

→ **Ordnungswidrigkeit**
- kleiner Gesetzesverstoß
- keine kriminelle Energie
- geringer Unrechtsgehalt

→ **Ordnungswidrigkeitengesetz**

→ **Straftat**
- rechtswidrige Tat
- schuldhafte Handlung
- schwerer Unrechtsgehalt

→ **Strafgesetzbuch**

Die Definitionen und Folgen rechtswidriger Handlungen sind im **Strafgesetzbuch (StGB)** und **Ordnungswidrigkeitengesetz** (OWiG) beschrieben.

Ordnungswidrigkeiten

Fallbeispiel 1:
Frau Nebel bringt ihre Tochter Janine jeden Morgen zur Schule. Heute ist sie zu spät dran und missachtet deshalb die Geschwindigkeitsbegrenzung in der Tempo-30-Zone. Die Polizeikontrolle ergibt eine Überschreitung der Geschwindigkeit von über 20 km/h.

Frau Nebel begeht eine Ordnungswidrigkeit. Ihre Tat hat einen **minder schweren Unrechtsgehalt**, es ist ein „leichter" Verstoß gegen das Gesetz. Außerdem handelte sie im Moment der Tat wohl leichtsinnig und unüberlegt, aber **nicht mit krimineller Energie**.

Trotzdem wird die Handlung von der zuständigen Verwaltungsbehörde verfolgt. Meist sind es Bußgeldstellen, die von der Stadt, der Gemeinde oder dem Landkreis beauftragt sind. Die Ermittlung übernimmt allerdings die Polizei.

Beispiele für Verfehlungen, die nach dem OWiG geahndet werden:

- Verstöße gegen die Straßenverkehrsordnung, wie z. B. Falschparken, Rotlichtmissachtung, Handy am Steuer, Verstoß gegen Anschnallpflicht,
- Lärmbelästigung in der Nachbarschaft, z. B. Nichteinhaltung von Ruhezeiten,
- Rauchen in öffentlichen Gebäuden oder Verkehrsmitteln.

Ordnungswidrigkeiten werden entweder mit einer **Verwarnung** geahndet oder es droht ein **Bußgeldverfahren** und es muss dementsprechend eine Geldbuße gezahlt werden. Die Geldbuße darf nicht mit der Geldstrafe als mögliche Folge einer Straftat verwechselt werden.

Gesetzesverstöße im Straßenverkehr

Die häufigsten Gesetzesverstöße, die zu den Ordnungswidrigkeiten zählen, geschehen im **Straßenverkehr**.

Beispiele aus dem Bußgeldkatalog:

Überschreitung der Höchstgeschwindigkeit innerorts (Pkw)		Einbahnstraße	
Verstoß	**Bußgeld**	**Verstoß**	**Bußgeld**
bis 10 km/h	15 € (geplant: 30 €)	mit dem Fahrrad in falscher Richtung befahren	20 €
16 bis 20 km/h	35 € (geplant: 70 €)	... mit Gefährdung	30 €
26 bis 30 km/h	100 €	... mit Sachbeschädigung	35 €

Daten: https://www.bussgeldkatalog.org/ (Zugriff: 16.03.2021)

INFO

Durch eine Änderung der Straßenverkehrsordnung wurden Ende April 2020 die Strafen u. a. für Geschwindigkeitsüberschreitung verschärft. Wegen eines Formfehlers bei der Gesetzesänderung wird jedoch derzeit meistens noch der alte Bußgeldkatalog angewandt, so auch in Bayern (Stand: März 2021).

Bei der Ordnungswidrigkeit, die Frau Nebel im Fallbeispiel 1 begangen hat, gibt es in der Regel einen bestimmten **Ablauf beim Bußgeldverfahren**.

- Zuerst erhält sie einen **Anhörungsbogen**. Hiermit wird ihr die Möglichkeit gegeben, sich zur Sache zu äußern. Das muss sie allerdings nicht, es besteht lediglich eine Pflicht, Angaben zur eigenen Person abzugeben.
- Etwa zwei bis vier Wochen später trifft dann der **Bußgeldbescheid** ein. Frau Nebel hat nun die Möglichkeit, **Einspruch** gegen die Ordnungswidrigkeit und den Bußgeldbescheid einzulegen. Dafür hat sie **14 Tage** Zeit.
- Verstreicht die Frist, dann gilt der Bescheid als **rechtskräftig** durchsetzbar und die Geldbuße für die Ordnungswidrigkeit muss gezahlt werden.

Bei **schweren Verstößen gegen die Straßenverkehrsordnung** droht zudem eine Eintragung in die vom Kraftfahrt-Bundesamt geführte **Verkehrssünderkartei in Flensburg**. In manchen Fällen kann sogar der Führerschein eingezogen oder ein Fahrverbot ausgesprochen werden (siehe S. 221/222).

Lärmbelästigung und Missachtung des Rauchverbots

Das Problem von **Ruhestörungen** regelt § 117 OWiG:

> **§ 117 OWiG Unzulässiger Lärm**
>
> (1) Ordnungswidrig handelt, wer ohne berechtigten Anlass oder in einem unzulässigen oder nach den Umständen vermeidbaren Ausmaß Lärm erregt, der geeignet ist, die Allgemeinheit oder die Nachbarschaft erheblich zu belästigen oder die Gesundheit eines anderen zu schädigen.

Das Bußgeld beträgt in der Regel maximal 1.000 Euro, kann aber in Ausnahmefällen deutlich höher ausfallen.

Die **Missachtung des Rauchverbots** in öffentlichen Einrichtungen wird meistens mit einem Verwarnungsgeld geahndet.

Straftaten

Fallbeispiel 2:
Zwei Jugendliche geraten in der S-Bahn mit einem älteren Herrn in Streit. Ein 25-jähriger Student mischt sich ein und will den Streit schlichten. Als bei der Endhaltestelle alle aussteigen, kommt es zu einer Schlägerei, in der der Student erheblich verletzt wird.

Dem Verhalten der Jugendlichen liegt ein **schwerer Unrechtsgehalt** zugrunde. Es ist damit nicht mehr als Ordnungswidrigkeit, sondern als Straftat einzuordnen.

In den vorangegangenen Kapiteln hast du dich bereits mit dem Bereich des Strafrechts und dem Strafgesetzbuch auseinandergesetzt. Im StGB sind eine große Anzahl von Straftaten und deren Folgen aufgeführt. Jede Straftat verletzt ein Rechtsgut, das als schützenswert gilt.

Der Unrechtsgehalt der Straftaten ist jedoch verschieden groß.
Beispiele: Betrug, Körperverletzung, Sachbeschädigung, Raub, Diebstahl usw.

Je nach Schwere der Tat unterscheidet der § 12 StGB **Verbrechen und Vergehen**:

Straftat

Verbrechen	**Vergehen**
Beispiele: Raub, gefährliche Körperverletzung, Mord	*Beispiele:* Diebstahl, Bedrohung, Unterschlagung
Strafandrohung: mindestens ein Jahr Freiheitsstrafe oder mehr	*Strafandrohung:* weniger als ein Jahr Freiheitsstrafe oder Geldstrafe

INFO

Laut **Polizeikriminalstatistik** des Bundeskriminalamts hat die Polizei im Jahr **2018** fast sechs Millionen Straftaten in Deutschland registriert. Die Aufklärungsquote lag bei über 57 Prozent, d. h., die Polizei hat bei über der Hälfte der Fälle einen Tatverdächtigen gefunden. Insgesamt wurden über zwei Millionen Tatverdächtige ermittelt. Diebstähle haben mit fast 40 Prozent den größten Anteil an den Straftaten.

Bevor es im Fall einer Straftat zu einem **Strafbefehl gegen den (vermutlichen) Täter und damit zu einem gerichtlichen Strafverfahren** kommt, leitet die Polizei die Untersuchungen zu dem Fall. Sie versucht, Beweismaterial und Zeugen zu finden.

Sollte es sich bei dem Fall offenkundig um eine schwere Straftat, also um ein Verbrechen, handeln, kann ein Amtsgericht bereits vor dem gerichtlichen Verfahren einen **Haftbefehl** erlassen. Voraussetzung dafür ist, dass der Beschuldigte dringend tatverdächtig ist. Er wird dann in **Untersuchungshaft** genommen. Dies gilt auch, wenn Fluchtgefahr besteht bzw. der Beschuldigte bereits geflohen ist oder wenn er Beweismaterial verschwinden lassen könnte (Verdunklungsgefahr).

M1 Lange Finger beim Kosmetikkauf

Die Studentin Maja deckt sich im Drogeriemarkt mit Kosmetika ein. Dabei lässt sie eine kleine Dose mit künstlichen Wimpern in ihrer Handtasche verschwinden. Beim Zahlen wird sie von einer Verkäuferin aufgehalten und aufgefordert, die Handtasche zu öffnen.

M2 Ausgelassene Geburtstagsfeier

Sofia und Serge feiern Geburtstag, die Musik dröhnt bis spät in der Nacht. Ein Nachbar fordert sie mehrmals auf, leiser zu sein. Letztlich ruft er bei der örtlichen Polizeidienststelle an.

M3 Falsche Scheine

Gregor spendiert auf dem Volksfest großzügig Getränke und Essen. Der Bedienung fallen die gefälschten 50-Euro-Scheine auf.

M4 Einbruch im Supermarkt

Jonas und seine Freunde brechen die hintere Tür eines Supermarkts auf. Sie fliehen mit dem Diebesgut.

AUFGABEN

1. a) Ordne zu, ob es sich bei M1 bis M4 um Ordnungswidrigkeiten oder um Straftaten handelt.
   b) Unterscheide bei den Straftaten zwischen Verbrechen und Vergehen.
2. Ergänze in deinem Heft:
   a) Straftaten werden von der ① verfolgt und mit ② oder ③ geahndet.
   b) Ordnungswidrigkeiten werden von der ④ verfolgt und oft mit ⑤ geahndet.
3. Grenze Straftaten und Ordnungswidrigkeiten voneinander ab. Erstelle dazu eine Tabelle.
4. *Fishbowl:* Begründet, warum neben dem Strafrecht ein eigenständiges Ordnungswidrigkeitenrecht besteht.
5. „Die Ordnungswidrigkeit ist die kleine Schwester der Straftat.“ Beurteile diese Aussage.
6. *Galeriegang:* Gestaltet ein Plakat mit Ordnungswidrigkeiten, die Schüler betreffen könnten und mit Bußgeld bis zu 35 € geahndet werden.

3.6 Zivilrechtliche Folgen strafbarer Handlungen

Neben der **strafrechtlichen Verfolgung** durch den Staat (siehe S. 220–231) kann eine strafbare Handlung auch **zivilrechtliche Folgen** haben. Voraussetzung dafür ist die **Deliktsfähigkeit** der Person, die einen Schaden verursacht.

Deliktsfähigkeit

Deliktsunfähigkeit — 0 Jahre
fehlendes Einsichtsvermögen
→ Eltern haften für ihre Kinder, d. h., sie leisten Schadensersatz (bei Verletzung der Aufsichtspflicht).

beschränkte Deliktsfähigkeit — 7 Jahre
Prüfung der Einsichtsfähigkeit
→ Ja: Schadensersatzpflicht des Kindes/Jugendlichen
→ Nein: Haftung der Eltern (bei Verletzung der Aufsichtspflicht)

volle Deliktsfähigkeit — 18 Jahre
volles Einsichtsvermögen
→ Volljährige sind voll schadensersatzpflichtig.

Stufen der Deliktsfähigkeit

Fallbeispiel 1:
Ben, sechs Jahre alt, fährt mit seinem Skateboard eine ruhige Seitenstraße entlang und zerkratzt mit dem Hausschlüssel parkende Autos.

> **§ 828 BGB Minderjährige**
>
> (1) Wer nicht das siebente Lebensjahr vollendet hat, ist für einen Schaden, den er einem anderen zufügt, nicht verantwortlich.
>
> (2) Wer das siebente, aber nicht das zehnte Lebensjahr vollendet hat, ist für den Schaden, den er bei einem Unfall mit einem Kraftfahrzeug [...] einem anderen zufügt, nicht verantwortlich. Dies gilt nicht, wenn er die Verletzung vorsätzlich herbeigeführt hat.

Als **Delikt** bezeichnet man eine durch Gesetze verbotene Handlung. Im Strafrecht kann eine solche Handlung eine Freiheits- oder Geldstrafe zur Folge haben. Im **Zivilrecht** geht es darum, ob der entstandene **Schaden zu ersetzen** ist. In jedem Fall ist bei Kindern und Jugendlichen zu prüfen, in welchem Alter sie verbotswidrig gehandelt haben und ob sie deshalb für den angerichteten Schaden verantwortlich sind. Die entsprechenden **Altersstufen der Deliktsfähigkeit** kannst du nebenstehender Grafik entnehmen. Ben ist laut § 828 BGB für einen fahrlässig oder vorsätzlich angerichteten Schaden nicht verantwortlich und kann somit auch nicht haftbar gemacht werden.

M1 Deliktsfähigkeit

Der achtjährige M. fährt auf seinem BMX-Bike auf der Fahrbahn einer leicht befahrenen Straße, weil dort kein Radweg vorhanden ist. Ihm kommt ein Auto entgegen. Er will die Straße überqueren und denkt, er schafft dies noch vor dem Auto. Weil er aber nicht einschätzen kann, wie schnell das Auto fährt, biegt er ab und der Pkw muss ausweichen und fährt gegen die Leitplanke. Diesen Schaden kann der Autofahrer nicht von M. ersetzt verlangen, weil dieser aufgrund seiner Überforderungssituation im Straßenverkehr nicht deliktsfähig war. Eventuell kommt aber ein Schadensersatzanspruch gegen die Eltern in Betracht, wenn diese ihre Aufsichtspflicht gegenüber M. verletzt haben.

Aus: Wann machen sich Kinder schadensersatzpflichtig?, in: https://www.minilex.de/a/wann-machen-sich-kinder-schadensersatzpflichtig, Minilex Oy, 2020, Oulu (Zugriff: 4.4.2020)

Zivilrechtliche Folgen einer strafbaren Handlung

Wie du weißt, regelt das **Zivilrecht** das **Verhältnis zwischen den Bürgern** untereinander. Bei einem Strafprozess wird zwar der Täter bestraft, doch der Geschädigte möchte auch eine finanzielle Wiedergutmachung in der Form, dass sein Schaden ersetzt wird.

Zivilrechtlich leitet sich der Schadensersatz aus dem **Bürgerlichen Gesetzbuch (BGB)** ab. Dieser Rechtsanspruch wird vor einem **Zivilgericht** geführt. Zum Beispiel fällt eine Körperverletzung unter das Strafrecht. Im zivilrechtlichen Verfahren kann außerdem Schmerzensgeld verlangt werden.

Fallbeispiel 2:
Bernhard Ollmann fährt mit seinem Kleintransporter die Karlstraße entlang. Er biegt, ohne den Blinker zu setzen, schnell in Höhe der Marsstraße rechts ab und übersieht dabei die Radfahrerin Moni Gundel. Sie stürzt, fällt auf den Randstein und bricht sich den rechten Unterarm. Einen Monat später erhält Herr Ollmann einen Brief mit einem Fragebogen, weil gegen ihn wegen fahrlässiger Körperverletzung ermittelt wird.

Die polizeilichen Ermittlungen stützen sich auf zwei Straftatbestände:

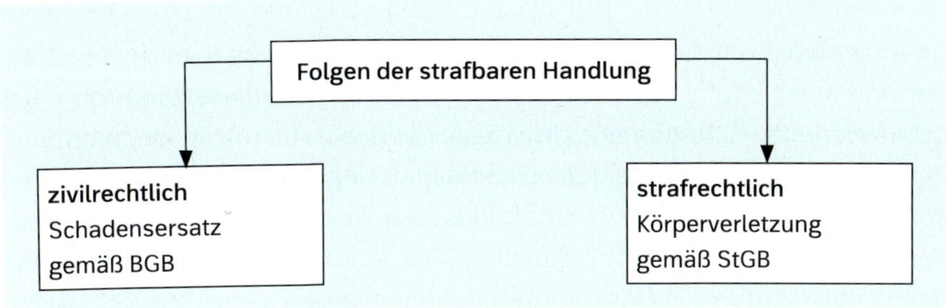

§ 315c StGB Gefährdung des Straßenverkehrs

(1) Wer im Straßenverkehr [...] grob verkehrswidrig und rücksichtslos [...] an Straßenkreuzungen [...] zu schnell fährt, und dadurch Leib oder Leben eines anderen [...] gefährdet, wird mit Freiheitsstrafe bis zu fünf Jahren oder mit Geldstrafe bestraft.

§ 229 StGB Fahrlässige Körperverletzung

Wer durch Fahrlässigkeit die Körperverletzung einer anderen Person verursacht, wird mit Freiheitsstrafe bis zu drei Jahren oder mit Geldstrafe bestraft.

Nach einem halben Jahr wird Bernhard Ollmann zu einer **Geldstrafe** verurteilt. Frau Gundel fordert mithilfe eines Rechtsanwalts **Schadensersatz** für das irreparable Fahrrad und den kaputten Fahrradhelm.

INFO

Die **Geldstrafe** aus dem Strafprozess **ersetzt nicht den Schadensersatz oder das Schmerzensgeld**. Die Geldstrafe wird meist einer gemeinnützigen Organisation zugeführt. Der Geschädigte erhält durch den Strafprozess keine Zahlung.

> **§ 823 BGB Schadensersatzpflicht**
>
> (1) Wer vorsätzlich oder fahrlässig das Leben, den Körper, die Gesundheit, die Freiheit, das Eigentum oder ein sonstiges Recht eines anderen widerrechtlich verletzt, ist dem anderen zum Ersatz des daraus entstehenden Schadens verpflichtet.

Außerdem erhebt Moni Gundel Anspruch auf **Schmerzensgeld**, weil sie starke Nackenschmerzen hatte. Um nachzuweisen, dass die Verletzungen Folge des Schadensereignisses sind, ist eine **ausführliche Dokumentation** notwendig. Ein Arzt wird eine Diagnose vornehmen und auch in einem Gutachten feststellen, ob mögliche Folgeschäden zu befürchten sind.

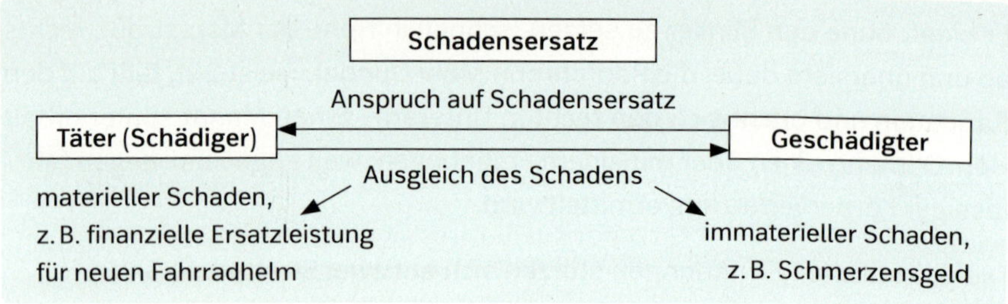

Im Allgemeinen ist die **Höhe der Schadensersatzleistung schwer feststellbar** und muss häufig in einem Gerichtsverfahren durchgesetzt werden. Bei den **materiellen Schäden** sind die Fragen der Reparaturkosten, der Wertminderung und des Zeitwertes des beschädigten Gegenstandes (z. B. des Fahrzeugs) zu betrachten. Hinzu kommt, dass der Geschädigte oft nicht nur den Vermögensschaden ersetzt bekommen will, sondern auch einen Ersatz für den Verdienstausfall als Einkommensschaden fordert.

Wer durch einen Unfall oder eine körperliche Auseinandersetzung **gesundheitliche Schäden** beklagt, hat Anspruch auf **Schmerzensgeld**. Die Entschädigung für tatsächlich ertragene Schmerzen ist **individuell zu klären**. Es kommt auch darauf an, wie lange der Heilungsprozess dauert und ob eventuelle Folgeschäden zu berücksichtigen sind. Ganz schwierig wird es, die Höhe des Schmerzensgeldes festzusetzen, wenn außer den **physischen** auch **psychische Folgen** in Betracht kommen.

INFO

physisch
den Körper betreffend,
z. B. Armbruch

psychisch
die Seele betreffend,
z. B. Depression

AUFGABEN

1. a) Erkläre die Sachlage im Fall M1.
   b) 💡 Beurteile, ob die Sachlage anders wäre, wenn M. das Fahrrad geschoben und aus Versehen ein parkendes Auto beschädigt hätte.
2. Erkläre, warum die Verpflichtung zum Schadensersatz im bürgerlichen Recht und nicht im Strafrecht geregelt ist.
3. Die meisten Familien sichern sich mit einer Haftpflichtversicherung gegen Schadensersatzansprüche ab. Informiere dich über verschiedene Arten von Haftpflichtversicherungen. Erstelle ein Informationsplakat.

3.7 Das Jugendstrafrecht

Strafmündigkeit

Fallbeispiel 1:
Die Dreizehnjährigen Milan, Timm und Sammy wollen grillen und „besorgen" sich Brennmaterial, indem sie Latten von Gartenzäunen wegreißen.

Von den drei Dreizehnjährigen aus dem Fallbeispiel 1 kann **Schadensersatz** verlangt werden. Sie können jedoch noch **nicht strafrechtlich** verantwortlich gemacht werden, d. h. gerichtlich bestraft werden.

Bei der **Strafmündigkeit** werden Altersgrenzen festgelegt. Diese kannst du nebenstehender Grafik entnehmen. Der Gesetzgeber gibt damit vor, dass die Gerichte im Entscheidungsfalle die geistige Reife und die Einsichtsfähigkeit des Jugendlichen beurteilen.

Die **Stufen der Strafmündigkeit** legt das **Jugendgerichtsgesetz** fest:

- **Kinder** sind nicht strafmündig und können nicht vor Gericht gestellt werden.
- **Jugendliche** unterliegen immer dem Jugendstrafrecht.
- Für **Heranwachsende** kann noch das mildere Jugendstrafrecht zutreffen, wenn es sich um eine typische Jugendverfehlung handelt.
- **Erwachsene** sind strafrechtlich voll für ihre Handlungen verantwortlich.

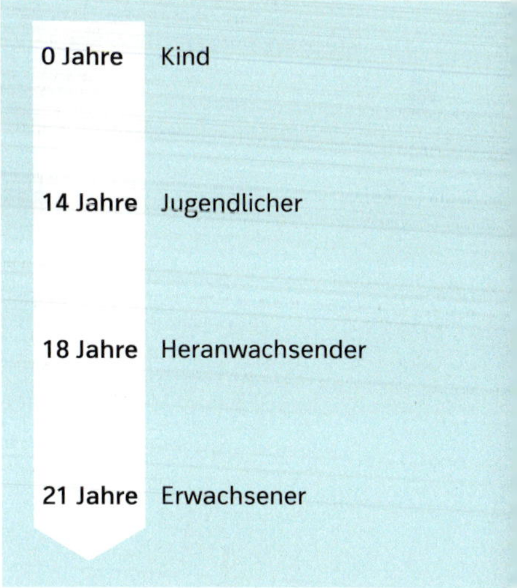

Altergrenzen der Strafmündigkeit

INFO

Das **Jugendgerichtsgesetz** (JGG) ist ein nur für Jugendliche und Heranwachsende geltendes Strafprozessrecht.

M1 Strafmündigkeit

Bayreuth. Der Fall der 80-jährigen Frau, die am Sonntagabend von einer Unbekannten [...] beschimpft und tätlich angegriffen wurde, steht offenbar kurz vor der Aufklärung.
Die Rentnerin war am frühen Sonntagabend zunächst im Bus von einer Jugendlichen beschimpft und später an der Haltestelle [...] attackiert worden. Die Schlägerin bewarf die ältere Frau mit brennenden Zigaretten, dabei soll sie auf ihr Gesicht gezielt haben. Anschließend schlug sie die Rentnerin nieder und ergriff die Flucht. Die 80-Jährige erlitt leichte Verletzungen.
Dringend tatverdächtig ist eine 13-jährige Schülerin [...]. Viel hängt jetzt davon ab, ob die Frau die 13-Jährige identifiziert. Weil die 13-Jährige noch nicht strafmündig sei, könne sie im Fall einer Identifizierung nicht strafrechtlich belangt werden, erklärt der Polizeisprecher. „Sie ist schuldunfähig, die Strafverfolgung kann da nichts machen." Allerdings werde das Jugendamt eingeschaltet, möglicherweise auch die Schule des Mädchens.

Aus: Christophe Braun, Angriff auf Rentnerin in Bayreuth: Verdächtige ist 13, in: Nordbayerischer Kurier, https://www.kurier.de/inhalt.polizei-findet-konkrete-spur-angriff-auf-rentnerin-in-bayreuth-verdaechtige-ist-13.eceabe05-10e6-4d47-9429-20462171cd37.html, 4.1.2015 (Zugriff: 21.4.2020)

Anwendungsbereich des Jugendstrafrechts

Für **alle strafbaren Handlungen** gelten die **Vorschriften des allgemeinen Strafrechts**. Für Jugendliche und zum Teil für Heranwachsende gibt es jedoch **besondere Bestimmungen**, die im **Jugendgerichtsgesetz** (JGG) geregelt sind. Das JGG definiert dabei keine eigenen Straftatbestände. Unterschiede zum Erwachsenenstrafrecht bestehen aber bei den **Rechtsfolgen** einer Straftat (Sanktionen) und beim **Strafverfahren**.

In § 1 legt das JGG fest, für welchen **Personenkreis** das Jugendstrafrecht anzuwenden ist.

> **§ 1 JGG Persönlicher und sachlicher Anwendungsbereich**
>
> (1) Dieses Gesetz gilt, wenn ein Jugendlicher oder ein Heranwachsender eine Verfehlung begeht, die nach den allgemeinen Vorschriften mit Strafe bedroht ist.
>
> (2) Jugendlicher ist, wer zur Zeit der Tat vierzehn, aber noch nicht achtzehn, Heranwachsender, wer zur Zeit der Tat achtzehn, aber noch nicht einundzwanzig Jahre alt ist.

Ob das allgemeine Strafrecht oder das Jugendstrafrecht anzuwenden ist, hängt vorwiegend vom **Alter** und von der **Reife des Straftäters** ab. Das JGG unterscheidet vier **Altersstufen**:

INFO

Bei den genannten **Altersstufen** fallen die Grenzen der Zuordnung nicht genau mit dem Datum des Geburtstags zusammen.

Von einer **Jugendverfehlung** spricht man, wenn die Tat typisch für Jugendliche ist, weil sie zum Beispiel aus Leichtsinn oder Unüberlegtheit geschieht.

unter 14 Jahre	14 bis unter 18 Jahre	18 bis unter 21 Jahre	ab 21 Jahre
Kinder	Jugendliche	Heranwachsende	Erwachsene
strafunmündig	Jugendstrafrecht zwingend ←	Jugend- oder Erwachsenen-strafrecht möglich	→ Erwachsenenstraf-recht zwingend
Das Handeln der Kinder hat keine strafrechtlichen Folgen.	Die Strafe richtet sich nach der sittlichen und geistigen Reife des Jugendlichen.	Bei fehlender Reife oder einer sog. Jugendverfehlung wird Jugendstraf-recht angewendet.	

Fallbeispiel 2:

Nina (15) und ihre Freundin Saschi (16) probieren in einem Modegeschäft mehrere Shirts. Saschi behält ein Shirt unter ihrer Jacke an. Beim Verlassen des Geschäftes werden sie von einer Angestellten aufgehalten. Der Geschäftsführer erwirkt eine Anzeige. Die polizeilichen Ermittlungen ergeben, dass gegen die beiden schon öfter wegen Eigentumsdelikten ermittelt wurde.

Mit Zustimmung der Jugendrichterin stellt die Staatsanwaltschaft das Verfahren ein. Es kommt zu keiner Gerichtsverhandlung. Nina und Saschi werden allerdings verpflichtet, Sozialstunden im Altersheim abzuleisten.

Ziele des Jugendstrafrechts

Nach dem Jugendgerichtsgesetz sollen Vergehen und andere Straftaten von Jugendlichen anders bewertet werden als die von Erwachsenen. Bei der richterlichen Bewertung einer Straftat steht der **erzieherische Gedanke** im Vordergrund. Ziel soll es sein, den Jugendlichen nicht als Straftäter abzustempeln, sondern durch frühe Hilfestellungen und pädagogische Maßnahmen eine **Wiederholung der Straftat zu vermeiden**. Hintergrund ist auch, dass der Jugendliche das **Unrecht seines Verhaltens einsieht**.

Maßnahmen im Jugendstrafrecht

Bei der Verhängung von Maßnahmen gemäß dem Jugendgerichtsgesetz ist immer zu prüfen, ob der Jugendliche zum Zeitpunkt der Tat nach seiner **sittlichen und geistigen Entwicklung** reif genug war, das Unrecht seiner Tat einzusehen und nach dieser Einsicht zu handeln.

INFO

Sittliche Reife
bedeutet, dass der Jugendliche gesellschaftlich anerkannte moralische Werte und Regeln verinnerlicht hat und dadurch zwischen Recht und Unrecht unterscheiden kann.

Da im Jugendstrafrecht der Erziehungsgedanke vorherrscht, bietet das JGG den Jugendrichtern eine **Vielzahl von Möglichkeiten**, auf Gesetzesübertretungen zu reagieren. Die Strafrahmen des Strafgesetzbuches gelten nicht. Es gibt keine Mindeststrafen und keine zwingende Notwendigkeit, auf Straftaten in bestimmter Weise zu reagieren. Nach Prüfung jedes einzelnen Falles können der Tat angemessene Maßnahmen getroffen werden.

§ 5 JGG Die Folgen der Jugendstraftat

(1) Aus Anlass der Straftat eines Jugendlichen können Erziehungsmaßregeln angeordnet werden.

(2) Die Straftat eines Jugendlichen wird mit Zuchtmitteln oder mit Jugendstrafe geahndet, wenn Erziehungsmaßregeln nicht ausreichen.

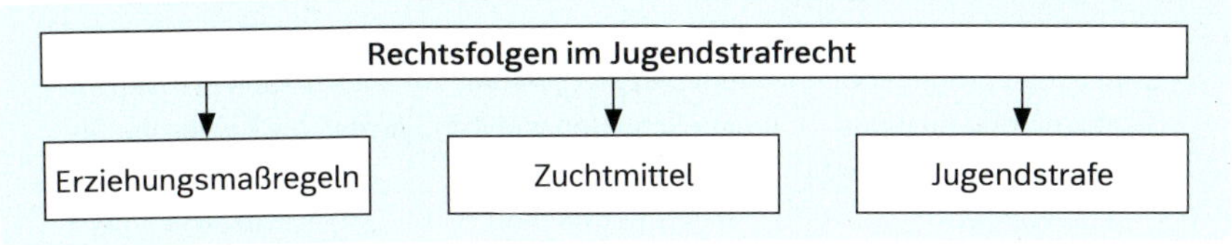

INFO

Die sogenannte **Beförderungserschleichung**, umgangssprachlich „Schwarzfahren", ist eine Straftat (§ 265a StGB).

Erziehungsmaßregeln

Fallbeispiel 3:
Pia (15) wird in der U-Bahn ohne gültigen Fahrausweis erwischt. Ihre Personalien werden festgestellt. Sie gibt einen falschen Namen an und kann sich auch durch einen Schülerausweis nicht identifizieren.

Pias Verhalten stellt zwar eine Straftat dar, hat aber strafrechtlich wahrscheinlich keine Konsequenzen. In diesem Fall wird sich eventuell das Jugendamt einschalten und eine Erziehungsmaßregel verhängen.

Erziehungsmaßregeln stellen die mildeste Reaktion auf die Straftat eines Jugendlichen dar. Hierzu gehören die:

INFO

Für weitere **Beispiele für Weisungen** siehe § 10 JGG.

a) Erteilung von **Weisungen**, d. h. von Geboten und Verboten, die sich auf die Lebensführung des Jugendlichen beziehen, zum Beispiel Weisungen,

- die sich auf den Aufenthaltsort beziehen (z. B. bestimmte Gaststätten oder Wohnungen zu meiden),
- eine Arbeitsleistung zu erbringen (z. B. in einem Altenheim),
- an einem Wochenendkurs teilzunehmen, um sich mit Sozialverhalten zu beschäftigen (z. B. Achtung vor dem Eigentum),
- einen sogenannten Täter-Opfer-Ausgleich vorzunehmen (z. B. Vermittlung von Gesprächen zwischen Täter und Opfer).

b) **Anordnung**, Hilfen zur Erziehung in Anspruch zu nehmen, z. B. Erziehungsbeistand oder betreute Wohnform.

Zuchtmittel

Fallbeispiel 4:
Tom (15) legt in der Nacht vor der Tür eines Lokals Feuer, weil er sich ärgert, von dem Wirt kein Bier bekommen zu haben. Tom war wegen Diebstahlsdelikten schon mehrmals mit der Polizei in Kontakt gekommen.

Da bisher die Erziehungsmaßregeln anscheinend nicht ausgereicht haben, Toms kriminelle Energie einzubremsen, greift der Jugendrichter zu der Maßnahme des **Zuchtmittels**. Mit Zuchtmittel ist nicht Körperstrafe (Züchtigung oder Prügelstrafe) gemeint. **Zuchtmittel** sollen dem Jugendlichen bewusst machen und als ernste Warnung dienen, dass er für das begangene Unrecht einzustehen hat. Zuchtmittel haben nicht die Rechtswirkungen einer Strafe.

Zuchtmittel

Verwarnung	Erteilung von Auflagen	Jugendarrest
Damit soll dem Jugendlichen eindringlich das Unrecht der Tat bewusst werden.	Zum Beispiel soll der Jugendliche den von ihm verursachten Schaden wiedergutmachen.	Dieser kann als Freizeitarrest, als Kurzarrest über 2 oder 4 Tage oder als Dauerarrest von 1 bis 4 Wochen verhängt werden.

Jugendstrafe

Fallbeispiel 5:
Boris (17) und sein Freund Ralf (19) werfen Steine und andere Gegenstände von einer Brücke auf einen Regionalzug und danach von einer Autobahnbrücke Pflastersteine und größere Holzteile.

Nach ihrer Festnahme gibt die Staatsanwaltschaft bekannt, dass die beiden sogar wegen versuchten Mordes angeklagt werden.

Hier liegt eine **besonders schwere Tat** vor und Täter, denen erhebliche Anlagen zur Kriminalität vorgeworfen werden, da ihnen die **Folgen der Tat bewusst** sein müssten. Daher könnte im Urteil eine Jugendstrafe mit einem Freiheitsentzug in einer Jugendstrafanstalt folgen. Die Dauer der Jugendstrafe reicht von sechs Monaten bis zu einem Höchstmaß von zehn Jahren. Die Verhängung einer Strafe bis zu zwei Jahren kann allerdings zur Bewährung ausgesetzt werden.

M2 Überfall von zwei jugendlichen Straftätern

Zwei 14-Jährige bedrängen einen anderen Jugendlichen, Geld und Handy herauszugeben. Der überfallene Jugendliche wehrt sich. Daraufhin schlägt einer der Täter ihm mit der Faust ins Gesicht. Als das Opfer bereits am Boden liegt, versetzen ihm beide Täter Tritte gegen den Kopf.

M3 Die Folgen des Überfalls

Einer der Täter ist bereits vorbestraft. Gegen ihn verhängt das Gericht eine Jugendstrafe von einem Jahr und sechs Monaten auf Bewährung sowie einen dreiwöchigen Arrest.
Der andere, bisher nicht strafrechtlich in Erscheinung getretene Täter, wird zu vier Wochen Dauerarrest und zur Teilnahme an einem sozialen Trainingskurs verurteilt.

AUFGABEN

1. a) Erkläre die Sachlage im Fall M1 (S. 239).
   b) Erläutere die Folgen, wenn die Schülerin 2 Jahre älter gewesen wäre.
2. Stelle in den Fallbeispielen 1 bis 5 (S. 239–243) heraus, inwieweit Alter und Reife für die Schuldfähigkeit eine Rolle spielen.
3. a) Erläutere den Grundgedanken des Jugendstrafrechts.
   b) Begründe, warum dieser Gedanke gerechtfertigt ist.
4. Begründe, warum eine Jugendgerichtsverhandlung nicht öffentlich geführt wird.
5. *Think-Pair-Share:* Bewerte folgenden Sachverhalt: Personen gelten ab dem 18. Lebensjahr als Erwachsene und damit als voll geschäftsfähig. Das Erwachsenenstrafrecht ist jedoch erst ab 21 Jahren zwingend anzuwenden.
6. a) Prüfe die Straftatbestände im Fall M2 nach dem StGB.
   b) Beurteile, inwieweit das Jugendgerichtsgesetz zuständig ist.
   c) Ordne die von dem Jugendgericht verhängten Strafen (M3) im Maßnahmenkatalog des Jugendstrafrechts ein.

Organisation eines Zeltausflugs

Realschule Neufichtal im Mai 20xx:
In der Pause stehen Matze, Ella, Finn und Paul aus der 9a zusammen und diskutieren darüber, wie sie die Pfingstferien gerne verbringen würden. Die Idee eines Zeltlagerausflugs wird geboren. Sie fangen gleich mit der Planung an. Vier Tage sollte die Fahrt dauern. Das Ziel ist schnell gefunden: der Campingplatz am Drollsee. Doch bereits bei der Vorbereitung gibt es die ersten Schwierigkeiten ...

1 Matze erkundigt sich beim Campingplatzbetreiber über die Buchungsbedingungen.
a) Erläutere unter Zuhilfenahme der passenden Paragrafen aus dem Bürgerlichen Gesetzbuch das Problem, das bei der Buchung im Zusammenhang mit der Geschäftsfähigkeit auftaucht.
b) Formuliere mithilfe des BGB einen Ratschlag, wie die Clique dennoch an einen Zeltplatz kommen kann.

2 *Think-Pair-Share:* Ellas Eltern machen sich große Sorgen um ihre Tochter, die zum ersten Mal alleine wegfährt. Da sie Ellas Freunde nicht kennen, möchten sie Regeln sehen, die von allen vieren unterschrieben sind. Ellas Freunde finden diese Idee gar nicht so schlecht, damit es bei ihrem ersten gemeinsamen Urlaub nicht zum Streit kommt.
a) Stellt eine solche „Verhaltenstabelle" auf.
b) Begründet, warum auch in jeder Rechtsordnung bestimmte Verhaltensregeln gelten.

3 Matze schlägt vor, mit dem Rad zu fahren. Paul besitzt keinen Fahrradhelm und möchte auch keinen aufsetzen. Recherchiere in den Regelungen in der Straßenverkehrsordnung (StVO):
a) ob es in Deutschland eine Helmpflicht für Fahrradfahrer gibt.
b) ob ein Bußgeld fällig wird, wenn Paul keinen Helm aufsetzt.
c) wie streng die Regeln in anderen europäischen Ländern sind.

4 Fahrradfahren mit Helm soll bei einem Sturz Kopfverletzungen vermeiden. Es gibt aber auch Argumente gegen die Helmpflicht. Diskutiert die beiden Sichtweisen in einer Pro- und Kontra-Diskussion.

5 *Stühletausch:* Auf der Fahrt zum Drollsee sehen die Ausflügler nebenstehendes Verkehrszeichen.
a) Gib an, ob sie den Weg befahren dürfen und ob es sich dabei um ein Gebot oder um ein Verbot handelt.
b) Erkläre den Sinn dieses Verkehrszeichens.
c) Folgere, wie die Fahrt mit einem Auto auf diesem Weg begründet werden müsste.

6 Am Abend des ersten Tages wollen sie Würstchen grillen. Ella hat einen Grillrost dabei. Ganz urig wollen sie mit Holz feuern und dann brutzeln.

a) Begründe, ob sie im angrenzenden Wald, der dem Campingplatzbetreiber gehört, Holz einsammeln dürfen.

b) Erläutere, was beim Abfallentsorgen beachtet werden muss. Bediene dich dabei der Begriffe Freiheitsbedürfnisse und Schutzbedürfnisse.

7 Recherchiere in der Bayerischen Verfassung nach einem Artikel über die Erholung in der freien Natur und gestaltet in Zweiergruppen eine kleine Infotafel mit den Regelungen dieses Artikels.

8 Paul nimmt Federballschläger mit. Sie spielen oft miteinander, bis sich die Zeltnachbarn über die Lautstärke beklagen. Paul liest in den Campingplatzregeln nach.

a) Benenne die Rechtsquelle, die du hier erkennen kannst.

b) Begründe, ob die folgende Regelung in diesem Fall anwendbar ist. Bediene dich dafür der Schritte der *Methode* auf S. 176/177.

> **§ 117 Ordnungswidrigkeitengesetz: Unzulässiger Lärm**
>
> (1) Ordnungswidrig handelt, wer ohne berechtigten Anlass oder in einem unzulässigen oder nach den Umständen vermeidbaren Ausmaß Lärm erregt, der geeignet ist, die Allgemeinheit oder die Nachbarschaft erheblich zu belästigen oder die Gesundheit eines anderen zu schädigen.

9 Am dritten Tag entdeckt Ella in einem ihrer Chatrooms Fotos von sich, die digital bearbeitet wurden, um Ella lächerlich zu machen.

a) Diskutiert über die Folgen von Cybermobbing für Betroffene.

b) Recherchiert die Folgen der Straftatbestände Beleidigung, üble Nachrede und Verleumdung.

c) Entwickelt Ideen, wie Mitglieder der Schulfamilie dem Cybermobbing präventiv entgegnen können.

10 Damit es richtig lustig wird, wollen sie Bier kaufen. Der 13-jährige Finn bittet einen Kunden, sich als sein Vater auszugeben und die vier kleinen Flaschen zu kaufen. Die Verkäuferin an der Kasse des Supermarktes verweigert den Verkauf.
Begründe, warum die Verkäuferin richtig handelt.

11 Das Jugendschutzgesetz soll Kinder und Jugendliche stärken und schützen.

a) Gib an, an welche Personengruppen sich die einzelnen Regelungen des Gesetzes richten.

b) Beurteile, inwieweit der Gesetzgeber durch Artikel 1 und 2 des Grundgesetzes verpflichtet ist, Schutzmaßnahmen zu ergreifen.

Recht
umfasst die Gesamtheit der staatlich festgelegten Normen des Verhaltens der Menschen in der Gesellschaft. Es beinhaltet sowohl eine **Ordnungsfunktion** als auch eine **Schutzfunktion**.

↓

Diese Normen (Verhaltensregeln) sind in Gesetzestexte gefasst. Sie beinhalten **Gebote** und **Verbote**, aus denen sich bestimmte **Rechte** und **Pflichten** ergeben.

↓

Recht und Lebensalter
spielt im deutschen Recht eine große Rolle, insbesondere was Rechte und Pflichten betrifft. Zu unterscheiden ist zwischen **Rechtsfähigkeit** (ab der Geburt) und **Geschäftsfähigkeit** (ab 18 Jahre, zwischen 7 und 17 Jahren beschränkt).

↓

Das **Jugendschutzgesetz** stellt Kinder und Jugendliche außerdem unter einen besonderen Schutz.

Das Recht gliedert sich in die zwei großen **Rechtsgebiete Privatrecht** und **Öffentliches Recht.**

↓

Privatrecht (Zivilrecht) umfasst z. B.

Eigentumsrecht (Sachenrecht)

- **Eigentum** rechtliche Herrschaft über eine Sache → **Besitz** tatsächliche Herrschaft über eine Sache
- Eigentümer und Besitzer haben jeweils **eigene Rechte und Pflichten**.

Vertragsrecht (Schuldrecht)

- **Abschluss des Kaufvertrags** durch zwei übereinstimmende Willenserklärungen: **Antrag** und **Annahme**
- Es kann jedoch zu **Pflichtverletzungen** kommen: Zahlungsverzug, Lieferungsverzug, mangelhafte Lieferung

\+

Öffentliches Recht umfasst z. B. das **Strafrecht**.

↓

Der Staat hat das alleinige Recht zu bestrafen (**Strafmonopol**).
Zwecke des Strafens: Vergeltung, Abschreckung, Aufrechterhaltung der Rechtsordnung, Resozialisierung, Sicherung.

↓

Voraussetzungen für eine **Straftat** nach dem **Strafgesetzbuch: Tatbestandsmäßigkeit, Rechtswidrigkeit, Schuld.**

↓

Rechtswidrige Handlungen werden nach Schwere des Gesetzesverstoßes unterschieden: **Ordnungswidrigkeit** und **Straftat**.

↓

Folgen einer strafbaren Handlung:
zivilrechtlich (gemäß BGB, z. B. Schadensersatz; Voraussetzung: **Deliktsfähigkeit**)
strafrechtlich (gemäß StGB, z. B. Geld- bzw. Freiheitsstrafe; Voraussetzung: **Strafmündigkeit**)

↓

Ablauf eines Strafverfahrens:
Anzeige → Ermittlungsverfahren → Gerichtsprozess (Hauptverfahren) → Urteil → Vollstreckungsverfahren

↓

Auch im Strafrecht gelten Besonderheiten für Jugendliche: **Jugendstrafrecht**.

Hilfestellungen

Kapitel I

SEITE 13, AUFGABE 3:
Verwende folgenden Webcode zum BERUFENET für die Suche: WES-116647-132

SEITE 13, AUFGABE 4:
Verwende folgenden Webcode zu Planet Beruf für deine Suche: WES-116647-133

SEITE 17, AUFGABE 3:
Lies dazu folgende Artikel genauer:
a) und b) Art. 166 (3) BV,
c) Art. 166 (2) BV.

SEITE 23, AUFGABE 5:
Bezieht z. B. diese Aspekte ein: Arbeitsweg, Austausch mit Kollegen, Flexibilität, Verhältnis Arbeit/Freizeit ...

SEITE 27, AUFGABE 1:

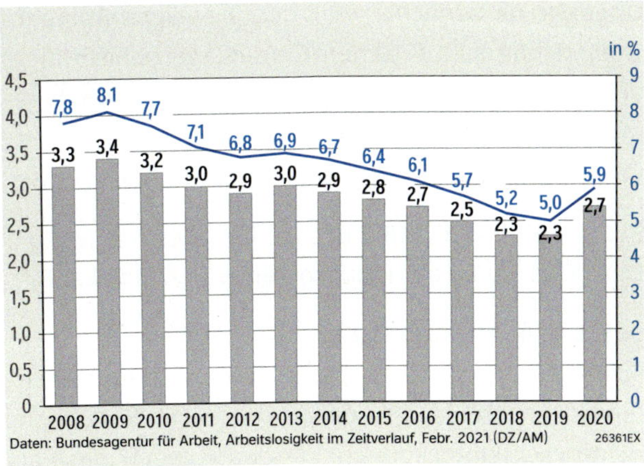

SEITE 33, AUFGABE 5 b:
Denke z. B. an Sprache, persönliche Entwicklung, Kontakte, Erwartungen späterer Arbeitgeber, zeitliche Flexibilität in verschiedenen Lebensphasen ...

SEITE 49, AUFGABE 4 a:
Beispiele für Anforderungen sind z. B. Schulabschluss oder Teamfähigkeit.

SEITE 59, AUFGABE 2:
Übersetzung der Begriffe aus dem Englischen:
- Assessment = Bewertung, Einschätzung
- Goal = Ziel
- Evaluation = Bewertung
- Analysis = Analyse/Auswertung
- Audit = Prüfung
- Plan = Plan
- Result = Ergebnis
- Progress = Fortschritt
- Measure = Messung

SEITE 69, AUFGABE 6:
Siehe dazu im § 13 (3) BBiG nach.

SEITE 72, AUFGABE 2 a:
Auf S. 53 und 55 findest du je ein Beispiel für ein fertiges Bewerbungsanschreiben und einen Lebenslauf.

SEITE 73, AUFGABE 4 b:
Denkt z. B. an:
- Begrüßung,
- Körperhaltung (Sitzhaltung, Mimik, Gestik),
- Ansprache des Gegenübers (Name),
- Reaktion auf Fragen,
- eigene Fragen.

Kapitel II

SEITE 77, AUFGABE 5:
Welcher Stufe würdest du z. B. ein Smartphone zuordnen? Gehört es zu den Sicherheitsbedürfnissen (in Notfällen erreichbar sein oder telefonieren können), den sozialen Bedürfnissen (mit anderen in Kontakt sein) oder den Individualbedürfnissen (als Statussymbol) ...?

SEITE 79, AUFGABE 4:
Denke dabei z. B. an saubere Luft, Sand oder Schnee.

SEITE 83, AUFGABE 4:
Die Tabelle kannst du z. B. wie folgt anlegen. Formuliere zu jedem Punkt einen Satz oder Stichworte:

Angebot	Nachfrage
Preis: Steigt der Preis, steigt auch das Angebot, sinkt der Preis, verringert es sich.	Preis: ...
Herstellungskosten: ...	Einkommen: ...
Konkurrenz: ...	Preis anderer Güter: ...
Kapazitäten: ...	Bedürfnisse: ...
Gewinnhöhe: ...	Einstellung: ...

SEITE 85, AUFGABE 1:
Verwende dabei z. B. die Formulierung:
„Je höher ..., desto ...“ bzw. „Je niedriger ..., desto ...“.

SEITE 93, AUFGABE 7:
Betrachte hierbei zum einen die einzelnen Bereiche, in denen sich der Preis auf dem Markt bildet, sowie zum anderen die Vorschriften, die vom Staat erlassen werden und die die einzelnen Bereiche beeinflussen.

SEITE 93, AUFGABE 8:
Denke an Maßnahmen, mit denen der Staat die Bürgerinnen und Bürger unterstützt.

SEITE 95, AUFGABE 2:
Im Handwerksbereich wurde vor einigen Jahren die Notwendigkeit des Meisterbriefs als Voraussetzung für eine Unternehmensgründung beseitigt. Überlege dir z. B., welche Vor- und Nachteile damit verbunden sind.

SEITE 97, AUFGABE 2 a:
Beachte z. B. die Illustration auf S. 96 oben.

SEITE 98, AUFGABE 2 a:
Beachte z. B. die Illustration auf S. 98 oben.

SEITE 100, AUFGABE 4:
Erstelle die Mindmap z. B. für eine Bekleidungsfirma mit ein, zwei Maßnahmen. Beachte z. B. Rohstoffe, Produktion, Verpackung, Arbeitsbedingungen, Transport ...

SEITE 101, AUFGABE 2:
Denke z. B. an den Standort, den Kundenstamm oder die Parkplatzsituation bzw. Geschäfte im Umkreis.

SEITE 107, AUFGABE 1:
Charakterisiere dabei Ziele, Grundsätze und Bereiche.

SEITE 109, AUFGABE 6:
Suche nach einem Rechner für eine private Altersvorsorge bzw. einer privaten Rentenversicherung und gib dein Geburtsdatum und den Einzahlungsbetrag an. Achte aber darauf, dass du keinen Vertrag abschließt!

Kapitel III

SEITE 115, AUFGABE 1:
Bedenke z. B. Frische, Vitamine, Vielfalt, Saisonabhängigkeit, Haltbarkeit, Zubereitungsaufwand, Geschmack.

SEITE 121, AUFGABE 6:
Zuverlässige Informationen findest du z. B. beim Bundesministerium für Ernährung und Landwirtschaft oder beim Bayerischen Staatsministerium für Ernährung, Landwirtschaft und Forsten.
Das Infoblatt sollte z. B. auf diese Fragen eingehen: Was macht artgerechte Tierhaltung aus? Welche Vorteile hat dies für Verbraucher? Woran erkennt man, dass ein Produkt aus artgerechter Haltung stammt?

SEITE 123, AUFGABE 3:
These a) bezieht sich auf die Gerechtigkeit innerhalb eines Landes.
These b) bezieht sich auf die Gerechtigkeit zwischen verschiedenen Ländern.

SEITE 129, AUFGABE 3:
Erinnere dich an das Verhalten der Marktteilnehmer (S. 82/83): Unternehmen wollen möglichst viele Produkte absetzen, Verbraucher möglichst wenig ausgeben.

SEITE 141, AUFGABE 2:
Überlege dir zunächst, was den jeweiligen Anlegern wohl wichtig ist (z. B. sichere Geldanlage, hohe Erträge) und wähle dann systematisch aus allen Geldanlagemöglichkeiten aus. Du kannst hierfür die Pro-Kontra-Listen aus M2 und Aufgabe 1a und b zu Hilfe nehmen.

SEITE 145, AUFGABE 1 b:
Denke z. B. auch an Handykosten oder Onlinekäufe.

SEITE 158, AUFGABE 1:
Fake News sind kaum noch zu unterscheiden von echten Nachrichten. Denkt daran, dass auch Bots Nachrichten schreiben können. Was wäre, wenn diese als programmierte Nachrichten gekennzeichnet werden müssten? Wer profitiert? Wer hätte Nachteile? Fallen Fake News nicht unter das Recht auf Meinungsfreiheit?

SEITE 158, AUFGABE 2 b:
Überlege, warum Roboter so handeln, wie sie handeln. Wer hat sie so programmiert? Was und wie viel können Roboter selbstständig lernen?
Stell dir vor, ein autonom fahrendes Auto muss ausweichen. Fährt es rechts an den Baum und riskiert das Leben des Fahrers oder fährt es links, wo eine Gruppe von Kindern spielt, oder fährt es geradeaus, wo ein Lastwagen steht, dessen Fahrer auf der Straße steht?

Kapitel IV

SEITE 165, AUFGABE 5:
Bedenke, was passieren würde, wenn man sich nicht an ein Gebot hält, z. B. an das Verkehrsschild, das einen Fußgängerweg kennzeichnet. Welche Folgen für die Menschen hätte dies? Würde man dafür bestraft werden?

SEITE 169, AUFGABE 4:
Beachte Augenbinde, Waage und Schwert.

SEITE 171, AUFGABE 1 a:
Die Bilder zeigen: (1) Europäisches Parlament, (2) Bundestag, (3) Bayerischer Landtag, (4) Schulgebäude, (5) Rathaus.

SEITE 179, AUFGABE 3:
Prepaid: Der Nutzer zahlt im Voraus ein Guthaben ein, das er nach und nach verbraucht.
Vertrag: Der Nutzer bindet sich über einen bestimmten Zeitraum (z. B. zwei Jahre) an einen Anbieter und zahlt einen festen monatlichen Betrag.

SEITE 189, AUFGABE 2:
Beachte dafür S. 174–179.

SEITE 195, AUFGABE 1:
Was findet am Erfüllungsort statt? Was müssen Verkäufer und Käufer dafür jeweils tun? Wo haben sie ihre Pflichten nach der gesetzlichen Regelung zu erfüllen?

SEITE 197, AUFGABE 2:
Betrachte hierzu die Grafiken auf S. 190 und 191.

SEITE 197, AUFGABE 5:
Recherchiere z. B. zur Loveparade in Duisburg 2010. Welche Sicherheitsvorkehrungen erwartest du von den Behörden, wenn du ein Open-Air-Festival besuchst?

SEITE 202, AUFGABE 2:
Beachte hierfür § 286 Abs. 3 BGB auf S. 201.

SEITE 205, AUFGABE 4:
Unterscheide zuerst die zwei Begriffe in ihrer allgemeinen Bedeutung und nenne dann die konkreten Rechte.

SEITE 207, AUFGABE 3:
Simon weiß, dass er die Waschmaschine nicht unbeaufsichtigt laufen lassen darf, weil er sonst fahrlässig handelt. Daher wäscht er abends oder am Wochenende.

SEITE 210, AUFGABE 3 a:
Berücksichtige das gesetzliche Gewährleistungsrecht.

SEITE 213, AUFGABE 1:
Finde Beispiele für Maßnahmen der Legislative (Gesetzgebung), Judikative (Rechtsprechung) und Exekutive (z. B. Polizeiarbeit).

SEITE 213, AUFGABE 3 c:
Denke an Maßnahmen im Strafvollzug und im Anschluss.

SEITE 219, AUFGABE 2:
Nutze für a) § 32 StGB und für b) § 34 StGB.

SEITE 219, AUFGABE 4:
Belege, dass dies von der einzelnen Täterpersönlichkeit und der jeweiligen Straftat abhängen wird.

SEITE 222, AUFGABE 5:
- Wer hat die Regelungen jeweils ausgearbeitet?
- Wer urteilt über den jeweiligen Verstoß?
- Wer kann bestraft werden?

Schulstrafen: Schlagt Art. 86 im BayEUG nach, z. B. im Internet unter dem Webcode WES-116647-441
Juristische Strafen: Siehe die Tabelle auf S. 224.

SEITE 225, AUFGABE 3:
Untersuche den Strafrahmen und begründe die verhängte Bewährungsstrafe.

SEITE 225, AUFGABE 7:
Berücksichtige Unterschiede hinsichtlich der Voraussetzung, des Sinns, des Ablaufs und der Maximaldauer.

SEITE 235, AUFGABE 3:
Du kannst z. B. diese Tabellenvorlage nutzen:

Kriterium	Ordnungswidrigkeit	Straftat
	Gemeinsamkeiten	
z. B. Legalität	...	
	Unterschiede	
z. B. Folgen	...	...

SEITE 235, AUFGABE 4:
Beachtet dazu die Grafik auf S. 232.

SEITE 238, AUFGABE 1 b:
Lies dafür § 828 Abs. 3 BGB.

Seite 243, Aufgabe 5:
Denke an die zivilrechtlichen bzw. strafrechtlichen Folgen und bewerte dann den Sachverhalt.

akg-images GmbH, Berlin: 88.3, 213.1; mauritius images/Pollmann, Heinz 25.2 | **Alamy Stock Photo (RMB),** Abingdon/Oxfordshire: imageBROKER 182.1, 186.2; PE Forsberg 186.3; Schaefer, Anja 228.2 | **Baaske Cartoons,** Müllheim: Klaus Puth 51.1; Mester, Gerhard 24.1; Plaßmann, Thomas 56.1 | **Bayerisches Staatsministerium des Innern, für Sport und Integration,** München: © Bayerisches Innenministerium 183.1 | **Bayerisches Staatsministerium für Umwelt und Verbraucherschutz,** München: Verbraucherportal vis.bayern.de 126.1 | **Bergmoser + Höller Verlag AG,** Aachen: 37.2, 89.1, 93.1, 105.2, 213.3, 223.1, 226.3 | **Bitkom,** Berlin: 50.2, 56.2 | **BRmedia Service GmbH,** München: © BR/Max Hofstetter; in Lizenz der BRmedia Service GmbH 16.1 | **Bundesministerium für Arbeit und Soziales,** Berlin: 106.2 | **Bundesministerium für Ernährung und Landwirtschaft (BMEL),** Bonn: 127.3 | **Creditreform e.V.,** Neuss: 145.1 | **Deutsche Gesetzliche Unfallversicherung e.V. / DGUV e.V.,** Sankt Augustin: 127.5 | **Deutscher Verkehrssicherheitsrat e.V. (DVR) / www.dvr.de,** Bonn: 165.6 | **DIHK Deutscher Industrie- und Handelskammertag,** Berlin: 65.1 | **Disney Publishing Worldwide,** München: 77.1 | **Drei-W-Verlag GmbH,** Essen: 180.1 | **Erndl, Waltraud,** Künzing: 45.1, 45.2, 220.1 | **Europäische Kommission,** Berlin: © Europäische Union, 1995-2018 127.4 | **European Union,** Brüssel: © 2019 127.2 | **Fairtrade Deutschland,** Köln: 123.1 | **Fischer, Christine,** Ebersberg: 218.1 | **Forest Stewardship Council (FSC) Deutschland,** Freiburg: 123.2 | **fotolia.com,** New York: Berg, Martina 209.2; bluedesign 34.1; Coloures-pic 142.1; eccolo 18.1; Ernst, Daniel 168.1; Herbie 26.2; jonasginter 209.1; Marco2811 114.1; marcus_hofmann 132.5; PhotoSG 132.2; Pixi 127.1; Popov, Andrey 153.1; Rawpixel 14.6; reinhard sester 189.1; Sanders, G. 144.3; Schlierner 132.6; Witt, Volker 66.2 | **Getty Images,** München: 2009 Tom Stoddart 122.1; Whittaker, Max 92.1 | **GoodWeave International,** Berlin: 123.3 | **Händlerbund Management AG,** Leipzig: 98.2 | **Haus der Geschichte der Bundesrepublik Deutschland,** Bonn: Angelika Winkhaus/Visuelle Kommunikation (Entwurf) 90.1 | **Imago,** Berlin: MITO 14.4; Photocase 14.1, 14.5; Westend61 14.2, 14.3 | **iStockphoto.com,** Calgary: AJ_Watt Titel; anyaberkut 3.2; g-stockstudio 224.7; gilaxia 167.1; klarnetci 128.1; olaser 3.1, 8.1, 9.1; Solovyova-Vincent, Alina 176.1; Zloyel 102.2 | **Kartographie Michael Hermes,** Hardegsen Hevensen: 69.2, 69.3, 69.4, 105.1, 224.1, 224.2 | **kompetenzz / girls-day.de,** Bielefeld: Boys'Day – Jungen-Zukunftstag, www.boys-day.de 43.2; Girls'Day – Mädchen-Zukunftstag, www.girls-day.de 43.1 | **luna-park GmbH,** Köln: 121.1 | **Nürnberg Institut für Marktentscheidungen e.V.,** Nürnberg: Kooperationsprojekt von Bertelsmann Stiftung und GfK Verein 15.1, 15.2 | **OEKO-TEX® Service GmbH,** Zürich: 161.2, 161.3 | **PantherMedia GmbH (panthermedia.net),** München: Honstetter, Anna-Katharina 70.3 | **Picture-Alliance GmbH,** Frankfurt/M.: 35.1, 209.3; All Canada Photos/Maxim, Alex 158.1; Anderson, Tomas 10.6; AP/Sullivan, Pat 212.1; Balk, Matthias 44.1; Baumgarten, Ulrich 10.2; Berg, Oliver 12.1; chromorange 28.2; dieKLEINERT.de/Mahnkopf, Dorothee 215.2; dieKLEINERT.de/Osinger, Rainer M. 60.1; Dilly, Gabi 21.2; dpa 240.1; dpa-infografik 13.5, 19.1, 19.2, 20.1, 20.2, 22.1, 23.1, 25.1, 25.4, 26.3, 27.1, 29.3, 29.4, 31.1, 31.2, 37.1, 69.1, 69.5, 76.1, 116.1, 119.1, 133.1, 139.2, 144.2, 144.4, 145.2, 146.1, 146.2, 149.3, 150.3, 157.1, 202.1, 224.3, 224.4, 224.5, 224.6; dpa-Zentralbild 212.3; dpa/Karmann, Daniel 32.1; dpa/Marks, Bodo 17.3; dpa/Pilick, Stephanie 213.2; dpa/Rohwedder 91.1; dpa/Weigel, Armin 226.1; dpa/Weihrauch, Roland 222.2; dpa/Zinken, Paul 243.2; Ebener, David 169.1; Fischinger, Mareen 10.4; Geisler-Fotopress/Hardt, Christoph 107.1; Geisler-Fotopress/Zumbusch, Jennifer 169.2; Guhl, Martin 185.2; Hase, Tobias 47.1; Hoppe, Sven 25.3; Ingold, Daniel 11.1, 11.3, 21.1; Kaegi, Bruno 11.4; KEYSTONE/GAETAN BALLY 34.7; Klose, Christin 11.9; Kneffel, Peter 189.3; Koester, Reinhard 122.2; Linke, Heinz 34.2; Mediacolors 17.1; Michaudeau, Fabrice 46.1; MITO images 10.3; Nietfeld, Kay 122.3; Osterrieder, Michael 78.1; Pacek, Andreas 11.6; Paul, Stefanie 158.2; Pindyurin, Vasily 11.8; Pleul, Patrick 10.5; Popov, Andriy 17.2; Schellnegger, Alessandra 34.3; Schmidt, Christoph 171.2; Scholl, Peter 11.2; Shotshop/marcus 13.2; Synnatzschke, Kniel 30.1; SZ Photo/Puchner, Stefan 212.2; Umstätter, Uwe 10.1, 26.1, 34.12; Wavebreak Media LTD 12.2; Westend61/Gustafsson 11.7; Westend61/Runkel, Michael 70.7; Westend61/Szewczyk, Bartek 70.4; Westend61/Vorhofer, Christian 34.5; Wiegmann, Arnd 79.2; Woitas, Jan 120.1; Wolf, Jens 186.1; Yuhe, Geng 34.11; ZB/Woitas, Jan 28.1; ZB/Wolf, Jens 221.1; zerocreatives 11.5 | **plainpicture,** Hamburg: Schlossnickel, Robert 106.1 | **Pöppl, Michael,** Aidenbach: 51.2, 53.1, 55.1 | **Pritscher, Jakob:** 171.1, 171.3, 171.4, 171.5 | **Schwarzstein, Yaroslav,** Hannover: 29.2, 38.1, 38.2, 38.3, 38.4, 38.5, 38.6, 38.7, 39.1, 62.1, 63.1, 63.2, 63.3, 71.1, 72.1, 72.2, 73.1, 92.3, 96.1, 96.2, 97.1, 98.1, 99.1, 100.1, 101.1, 102.1, 103.1, 104.1, 108.1, 108.2, 108.3, 108.4, 108.5, 108.6, 110.1, 111.1, 117.1, 130.2, 151.1, 159.1, 160.1, 160.2, 161.1, 161.4, 174.1, 175.1, 175.2, 178.1, 185.1, 185.3, 195.1, 199.1, 200.1, 201.1, 203.2, 205.1, 205.2, 208.1, 209.4, 210.3, 214.2, 216.1, 219.1, 219.2, 219.3, 228.1, 230.1, 231.1, 244.1, 245.1, 245.2, 245.3 | **Shutterstock.com,** New York: Halfpoint 207.1; morrowlight 206.3 | **Stiftung Warentest,** Berlin: 124.1, 124.2, 124.3 | **stock.adobe.com,** Dublin: 3dddcharacter 136.1; ADDICTIVE STOCK 34.4; aliyev84 193.1, 193.2, 193.5, 193.6; anetlanda 184.1; animaflora 206.4; Anna Om 188.1, 188.2, 188.3; anton vasilev 166.1; arborpulchra 242.1; arsdigital 120.2; artem_goncharov 181.4; askib 164.1; auremar 168.3; Balk, Lena 148.1; bannafarsai 70.8; beerfan 83.1; blende11.photo 204.1, 215.1; bluedesign 28.3; Bokeh Art Photo 128.2; Boros, E./Reddogs 70.2; ChaotiC_PhotographY 132.4; Chatzilidis, Simeon/SianStock 70.6; Coloures-Pic 29.1, 132.3; contrastwerkstatt 34.13, 168.2; Daisy Daisy 179.1, 186.4; Daxenbichler, Patrick 235.2; detailblick-foto 54.1; Dian Elvina 80.1; dreamer29 150.1; Dron 206.2; DWP 181.1; ebenart 118.1; eccolo 196.1; ehrenberg-bilder 40.1; Eisenhans 149.2; Eppele, Klaus 236.1; Ernst, Daniel 13.3, 203.1; F8studio 177.2; fotoak80 136.2; fotohansel 193.3; Fotosasch 147.1; franz12 227.1; geschmacksRaum® 142.2; goodluz 150.2; gpointstudio 61.4; Gresei 79.6; Gstudio Group 137.7, 137.11; Halfpoint 87.1, 168.4; hanohiki 234.1; Herrndorff 34.9; HuHu Lin 137.2, 137.4; IEVGEN 190.1; industrieblick 13.1, 67.1; Innovated Captures 170.1; ipopba 149.1; JackF 87.2; Jackson, Brian 68.2; Janina Dierks 187.1; Jeanette Dietl 79.5; Jemastock 137.1, 137.5, 137.6, 137.8, 137.9, 137.10; jk1991 34.8; Julie Clopper 114.3; jura 192.1; Jürgen Fälchle 80.2; Kadmy 13.4; Kaspars Grinvalds 150.4; kasto 114.2; Kittiphan 151.2; Kneschke, Robert 66.1; Kobold, S. 70.1; Kzenon 237.1; leremy 148.2, 148.3, 210.1, 210.2, 210.4; Ljupco Smokovski 95.1; Lorelyn Medina 206.1; Losevsky, Pavel 240.2; LStockStudio 58.1; lucadp 154.1; made_by_nana 182.2; markus_marb 165.4, 165.7; Menzl, Günter 67.2; MichaelJBerlin 221.2; michelangeloop 177.1; Monkey Business Images 70.5; motortion 61.2; mouse_md 189.4; mykhailobokovan 137.3; Natalia 94.1; Nataliya Hora 79.4; NatureQualityPicture 79.1; NicoElNino 139.1; nikolae 165.3; olegan 211.1; Olga 156.2; pandavector 193.4; pathdoc 141.2; Petair 218.2; peterschreiber.media 57.1; Photographee.eu 243.1; Pict, Brad 156.1; PictureP. 165.2; pikselstock 181.2; Pixelot 48.2; Popov, Andrey 138.1, 140.2; Pretorius, Belinda 181.3; racamani 21.3; Race, Dan 197.1; Racle Fotodesign 42.1, 49.1, 51.3, 51.4; Raths, Alexander 64.1, 70.9; Rawf8 235.3; rbkelle 118.3; relif 59.1; Robert Kneschke 34.10; Rother, Jens 235.4; S.H.exclusiv 82.1; S_E 118.2; Sabphoto/u(` 68.1; Sanders, Gina 135.2, 189.2; Seisenberger, Helmut 241.1; SENTELLO 144.1; Seybert, Gerhard 225.2; Song_about_summer 140.1, 141.1; Stefan Yang 135.1; Steinbach, Manfred 192.2; stockphoto-graf 165.1; StockPhotoPro 238.1; styleuneed 201.2; Sutipond Stock 61.3; SZ-Designs 232.1; Teteline 165.5; TimeStopper 151.3; v_sot 222.1; vchalup 198.1; vege 191.1; Video_StockOrg 61.1; VRD 187.2; vxnaghiyev 148.4, 148.5; Waldteufel 192.3; Wellnhofer Designs 235.1; windu 81.1; Wissmann Design 225.1; Witt, Volker 132.1, 134.1; Worring, Christian-P. 242.2; Wylezich, Björn 50.1; yeehaaa 130.1; Yemelyanov, Maksym 34.6; Yeti Studio 220.2; Yumemiru shijin 79.3; zapp2photo 150.5; © Picture-Factory 48.1 | **toonpool.com,** Berlin, Castrop-Rauxel: HSB-Cartoon 152.1 | **ullstein bild,** Berlin: 88.1, 88.2, 91.2; Konwitschny 92.2 | **Verband der TÜV e.V.,** Berlin: 127.6 | **Verbraucherzentrale Bayern e.V.,** München: Gebauer/Verbraucherzentrale NRW e.V. 125.1 | **Verlag C.H. Beck,** München: 214.1, 226.2 | **VFR Verlag für Rechtsjournalismus GmbH,** Berlin: bussgeldkatalog.org 233.1.

Wir arbeiten sehr sorgfältig daran, für alle verwendeten Abbildungen die Rechteinhaberinnen und Rechteinhaber zu ermitteln. Sollte uns dies im Einzelfall nicht vollständig gelungen sein, werden berechtigte Ansprüche selbstverständlich im Rahmen der üblichen Vereinbarungen abgegolten.

Operatorenübersicht – Hinweise zum Bearbeiten der Aufgaben

Operatoren sind Verben, die in den Aufgabenstellungen verwendet werden. Hinter jedem Operator steckt ein konkreter Arbeitsauftrag, den es zu bearbeiten gilt, das heißt, der Operator sagt dir genau, was du bei einer bestimmten Aufgabe tun sollst.
Im Folgenden wollen wir dir die in diesem Band verwendeten Operatoren für das Fach Wirtschaft und Recht kurz vorstellen.

abgrenzen
Hier sollst du unterschiedliche Sachverhalte begründet voneinander trennen, also die Unterschiede zwischen zwei Inhalten (z. B. Leihen und Mieten) verdeutlichen.

ableiten
Du sollst bestimmte Verhaltensweisen begründen. Beispielsweise kannst du aus einer dir bekannten Situation oder aus einem Modell Rückschlüsse darauf ziehen, was in einer ähnlichen Situation passieren wird.

analysieren
Du untersuchst ein Material (z. B. ein Beispiel, einen Text oder eine Grafik) gezielt auf seine wichtigen Merkmale oder nach in der Aufgabe genannten Kriterien. Deine Ergebnisse stellst du strukturiert und ohne Bewertung dar. Für die Analyse von Grafiken kannst du die Methode auf S. 22 nutzen.
Bei Texten solltest du Belegstellen angeben (siehe Zeile XY) oder Zitate einbinden.

angeben
Du sollst knapp und genau etwas benennen.

aufstellen/erstellen
Informationen sollen von dir zu einem bestimmten Zweck zusammengestellt bzw. in eine bestimmte Form (z. B. Liste, Tabelle) gebracht werden.

auswählen
Unter mehreren Alternativen/Möglichkeiten wählst du etwas aus. Häufig wird von dir auch eine Begründung erwartet.

auswerten
Dies wird oft bei der Bearbeitung von Grafiken/Statistiken verlangt. Du sollst die Daten, Einzelergebnisse oder sonstigen Sachverhalte in einen Zusammenhang bringen und gegebenenfalls zu einer abschließenden Gesamtaussage zusammenführen.
Dabei solltest du zuerst einzeln die Aussagen erarbeiten, sie anschließend miteinander verknüpfen und am Ende ein Fazit ziehen.

begründen
Du sollst eine vorgegebene Aussage oder eine von dir selbst zu findende Lösung durch Argumente untermauern.

belegen
Hier ist etwas nachzuweisen oder zu beweisen. Während bei „begründen" der Schwerpunkt auf der Argumentation liegt, ist bei „belegen" das Anführen von Beweisen für eine Aussage/Lösung zentral.

berechnen/ermitteln
Entweder ist eine Rechenaufgabe zu lösen oder du sollst aus einem Material bestimmte, in der Aufgabe vorgegebene Aspekte herauslesen.

beschreiben
Die wichtigsten Informationen eines Textes oder einer Grafik sollen von dir herausgefiltert werden und ohne Bewertung in eigene Worte gefasst werden. Achte dabei auf eine nachvollziehbare logische Struktur deiner Aussagen, schreibe ganze Sätze und verwende die Fachsprache.

bestimmen
Du sollst etwas ermitteln, klären oder definieren. Es ist eine präzise und eher knappe Antwort gefragt.

beurteilen (kritisch)
Du stellst deine eigene Meinung zu einer Aussage oder einem Problemfall dar und begründest sie schlüssig mithilfe deines Fachwissens und in der Fachsprache. In der Regel sind in der Aufgabe Kriterien vorgegeben, auf die du dich beziehen sollst.
Es geht hier vor allem um eine sachliche Argumentation, die aber kritisch sein soll. Das heißt, du solltest verschiedene Positionen bedenken und dich begründet für eine entscheiden.

bewerten (kritisch)
Du gehst hier ähnlich vor wie bei „beurteilen", begründest also deine Meinung zu einer bestimmten Fragestellung.
Nun beziehst du dich aber auf vorgegebene Wertmaßstäbe (z. B. Gerechtigkeit).

charakterisieren
Wesentliche Merkmale und Besonderheiten einer Sache, Situation oder Person sollen von dir anschaulich und treffend herausgestellt werden.

darstellen
Du beschreibst einen Sachverhalt oder eine Entwicklung zusammenhängend und geordnet. Eventuell wird dir eine Form der Darstellung vorgegeben, z. B. ein Flussdiagramm. Verwende bei Texten ganze Sätze.

differenzieren
Ähnlich wie bei „abgrenzen" sollst du genau zwischen etwas unterscheiden.